悦用 · 全方位 · 多品种

公益蓝皮书

BLUE BOOK OF
CIVIC PHILANTHROPY

中国公益发展报告
（2012）

ANNUAL REPORT ON CHINA'S CIVIC PHILANTHROPY
DEVELOPMENT (2012)

主　编／朱健刚

社会科学文献出版社
SOCIAL SCIENCES ACADEMIC PRESS (CHINA)

图书在版编目（CIP）数据

中国公益发展报告. 2012/朱健刚主编. —北京：社会科学
文献出版社，2013.5
（公益蓝皮书）
ISBN 978 - 7 - 5097 - 4660 - 8

Ⅰ.①中… Ⅱ.①朱… Ⅲ.①公用事业 - 研究报告 - 中国 -
2012 Ⅳ.①F299.24

中国版本图书馆 CIP 数据核字（2013）第 102283 号

公益蓝皮书
中国公益发展报告（2012）

主　　编／朱健刚

出 版 人／谢寿光
出 版 者／社会科学文献出版社
地　　址／北京市西城区北三环中路甲 29 号院 3 号楼华龙大厦
邮政编码／100029

责任部门／社会政法分社（010）59367156　　责任编辑／李　响
电子信箱／shekebu@ssap.cn　　　　　　　　 责任校对／白桂和　白　云
项目统筹／王　绯　李　响　　　　　　　　　 责任印制／岳　阳
经　　销／社会科学文献出版社市场营销中心（010）59367081　59367089
读者服务／读者服务中心（010）59367028

印　　装／北京季蜂印刷有限公司
开　　本／787mm×1092mm　1/16　　　　　印　　张／23.5
版　　次／2013 年 5 月第 1 版　　　　　　　字　　数／381 千字
印　　次／2013 年 5 月第 1 次印刷
书　　号／ISBN 978 - 7 - 5097 - 4660 - 8
定　　价／78.00 元

公益蓝皮书编委会

摘 要

2012 年中国全民公益事业的发展没有 2011 年的危机四起、波澜起伏，却在较少的社会关注中悄然形成突出重围之势。基于对 2012 年我国全民公益事业发展状况的总结和分析，其总体呈现以下基本趋势。

2012 年全民公益事业的发展见证了青年公益的兴起。年青一代开始越发意识到自己的社会使命和责任，选择积极参与到社会公益行动当中，并逐渐成为推动我国全民公益事业发展的有生力量。与老一代公益人相比，年青一代内心不乏理想，且更加充满阳光，这为整体公益事业的发展注入了创造力和行动力。

2012 年全民公益事业发展呈现强烈的跨界合作趋势，表现为市场部门对公益慈善事业参与度的显著提升，商业手段和公益目标有效结合而形成的社会企业的兴起，以及媒体对公益界的深度参与和跨界合作趋势。

策略联盟逐渐成为民间公益生态系统的有效行动策略，表现在公益行业内部对处于行业价值链上游基金会与大量一线公益服务机构合作关系建构的大力倡导与实践推动，不同服务领域草根 NGO 合作与联盟关系的有效建构及其效应的逐渐显现，以及 2012 年基于普通公民个体自发组织和参与的"群体性公益行动"的大量涌现。

长期处于草根发展状态的我国民间公益事业也在外部和内部动力的双重推动下逐渐走上专业化发展道路。一方面，公益机构的内部志愿组织、管理和动员模式向专业化转型；另一方面，在经历过 2011 年一系列公信力事件的冲击和洗礼后，公益机构也越来越重视自身透明度及外部公信力的建设。

上述整体公益慈善事业的发展和转型，离不开每一位公益人和公益行动者的努力、奋斗和坚持。本报告延续 2011 年《公益蓝皮书》的整体框架，继续研讨"公民公益"战略理论。公民公益战略理论认为，每一位公益行动者都

是以一名普通公民的身份自主、独立地志愿参与到社会公益行动当中。因此，每一个普通公民的公益参与行为都可以被赋予更高的价值期待。正是这种基于公民身份的公益行动，推动政府和民间良性互动，以建设一个以民为本、志愿参与、多元开放、多方合作的公民社会；而通过公民社会的自然生长又形成中国社会转型的根本动力，化解中国环境与社会发展的矛盾，最终推动中国社会治理的民主化转型，是为中国社会转型的民间道路。

Abstract

Though China's civic philanthropy did not underwent such a dramatic development in 2012 as it had done in 2011, it did make a remarkable progress under a relatively peaceful circumstance. Based on insight and analysis, this report summarizes the general trend of China's civic philanthropy in 2012 as follows:

China's civic philanthropy in 2012 witnessed deep engagements of young Chinese. They are willing to fulfill their social responsibilities, choose to engage themselves actively in various kinds of philanthropic actions, and so have become an indispensable part of the force that promotes the development of China's civic philanthropy. Compared with former generations of Chinese charity practitioners, the younger one is also full of dreams and even sunnier, thus making China's philanthropy more creative and animated.

Another visible trend of China's civic philanthropy in 2012 was the burgeoning growth of cross-sector collaborations, which was demonstrated by the increasing participation in charity of the market sector, the rise of social enterprises, and the deep involvement of the media in philanthropy.

Besides, strategic alliance has gradually become an effective strategy adopted within the civic philanthropic ecosystem. It was hard advocated and also put into practice actively by internal practitioners who held that the role of foundations was grant-maker and that foundations should directly support the grassroots NGOs. NGOs from different fields and service areas get together to make partnership of which the effectiveness has gradually shown. Also, alliances have been fostered when many independent individuals have taken part in various kinds of collective philanthropic actions.

Finally, China's grassroots philanthropic organizations have started to be professional. On the one hand, Chinese NGOs have become increasingly professional in terms of internal governance, management and volunteer mobilization. On the other hand, Chinese NGO leaders have stressed more about organization transparence

and external credibility since a series of scandals in 2011.

The above developments resulted from every philanthropic practitioner's hard work, endeavor and persistence. According to the civic philanthropy strategic theory proposed by this report, every practitioner ought to engage him/herself in philanthropic actions independently as an ordinary citizen. So, citizens' regular and simple philanthropic activities are endowed with much higher expectations than just helping someone out of difficulties. It is this kind of citizenship-based philanthropic actions that is promoting interactions between state and society, and cultivating a real civil society in China. The construction of a real civil society will help to resolve different kinds of social problems and promote China's democratization. Such is the civic path to China's general social transformation.

序　言

在这篇序言开端，请让我先与各位分享一个好消息。中山大学公益慈善研究中心已于 2013 年 4 月，正式更名为中山大学中国公益慈善研究院（下文简称"研究院"）。借此良机，我将研究院编写的《中国公益发展报告（2012）》，带到每一位关心中国公益慈善事业的读者面前。

2008 年被认为是中国现代公益元年，至此中国现代公益慈善事业飞速发展，中华民族悠久的慈善传统在我国社会建设的伟大使命和实践中展现出独特的魅力，与西方社会现代慈善数百年的发展史形成鲜明对比。以我之浅见，其缘由至少来自两方面的推动：首先，中国公益慈善事业的可持续发展，是中国特色社会主义事业发展的内在要求。为此，我们不仅急需总结自身发展过程中的实践和理论，也需要从不同领域吸纳更丰富的资源、更前沿的技术知识及培养优秀的专业人才。其次，在全球化的时代，世界也急切希望了解和传播中国公益慈善发展的经验，并且期望中国成为世界公益慈善事业的中坚力量，共建人类美好家园。我深感这是新时代赋予我们的重要使命，我和我的团队将全力以赴，希望中山大学中国公益慈善研究院成为具有世界影响的公益智库。

任重而道远，不积跬步无以至千里。这部《中国公益发展报告》体现了一群满怀社会关怀和抱负的年轻学者，对推进我国现代公益慈善事业发展孜孜不断的追求。全书试图向读者展示 2012 年中国公益慈善领域在"全民公益"核心概念下的发展趋势，包括有特色的实践探索，以及不同视域的研究成果。作为公益慈善领域的学习者和行动者，我以为其中提及的两点新趋势尤其值得关注：第一，青年公益正在兴起。大家也许注意到，在许多公共事件中，80后和90后年轻人逐渐成为公益行动的活跃群体，例如大学生环保社团拜客广州提倡低碳出行，沪粤两地中学生志愿者在保钓游行中呼吁理性爱国、自发清理游行队伍的垃圾。中国青年一代在自主参与公益实践中所表现出来的社会责

任感与探索精神是令我感佩的！十八大报告提出"全面提高公民道德素质"，对于成长中的青年来说，这正是最有效的途径之一。我相信在不久的将来，青年群体中将产生具有号召力的未来公益领袖，吸引更多有志青年加入中国社会建设、解决世界棘手难题的公益事业中，这对我本身也是一种鼓励。因此，青年做公益不仅是中国公益慈善领域目前发展的潮流，而且是中国乃至世界公益事业可持续发展的希望所在。中山大学中国公益慈善研究院将继续与其他世界一流大学和机构紧密合作，为培育公益慈善领域的青年才智承担自身的时代重任。

第二，全民公益正在逐步朝专业化方向发展。"加强和创新社会管理，推动社会主义和谐社会建设"是党的十八大提出的要求，而公益团队、公益组织和公益行动向专业化转型，既是落实创新社会管理的内容，也是中国公益慈善领域从业者目前应努力的方向。何谓"专业化"也是业界热烈讨论的话题，例如强调项目的效率和结果，机构和项目的信息披露，解决问题所需的地方性知识，具备认证资格的专业人士等。以我粗浅之理解，这些对公益专业化的争论，恰好表明中国公益慈善领域正在逐步形成一系列行业标准，对组织和项目评估优劣、区分良莠。中国公益慈善领域开始建立自身的评价标准，一方面会激励中国公益从业者努力提高各方面的知识和才能，另一方面能够完善世界公益慈善事业的评估体系。研究院将继续借助蓝皮书以及其他各种形式，为讨论、传播和检验中国公益慈善领域的专业标准贡献一份力量。

《中国公益发展报告（2012）》作为研究院编写的《公益蓝皮书》系列第二本，付梓在即，衷心感谢研究院全体同仁为编写此书付出的辛劳，也再次感谢为此书出版给予支持的同仁，更希望此书所展示的新成果、新看法和新实践，能够鼓舞公益慈善领域的同仁们齐心协力，为改变中国特有和全球性的社会问题继续探索和努力。

中山大学中国公益慈善研究院　院长

李萍　于康乐园

2013 年 5 月 20 日

目录

ⒷⅣ　公益政策

ⒷⅤ　公益文化

皮书数据库阅读**使用指南**

CONTENTS

B IV   Philanthropic Policy

B V   Culture of Philanthropy

导　论

朱健刚*

在未来的十年间，中国进入社会转型的关键时期。同时中国社会也进入社会矛盾的凸显期。在这个过程中，如何实现中国社会和平理性的转型，如何既能够化解社会矛盾，又能够实现社会公正，成为中国转型的重要议题。以往人们把注意力主要投射到如何依靠国家和政府的力量来解决这样的社会问题。但是我们也应该看到，21世纪以来，中国的社会力量正成为不容忽视的一股力量。中国的转型同样依赖于普通公民的崛起。因此自下而上的视角不可或缺，在改革派陷入"转型陷阱"、利益集团缺乏改革动力的背景下，这种公民努力就更显得弥足珍贵。正是从这个视角，集合多年的研究和思考，我们提出公民公益的战略，主张通过每一个普通公民的公益行动，推动政府和民间的良性互动，建设一个以民为本、志愿参与、多元开放、多方合作的公民社会。而通过这种公民社会的自然生长又形成中国社会转型的根本动力，化解中国环境与社会发展的矛盾，最终推动中国社会治理的民主化。我们将此思路称为中国社会转型的民间道路。以下我们将从社会建设、公民公益、社区公益、公益组织、公益倡导、公益文化六个方面进一步阐述。

一　社会转型与社会建设

20世纪末到21世纪初的第一个十年，中国发展战略从关注市场转型逐渐转为关注社会转型。过去的30年，由于国弱民穷，"发展"成为中国最强劲的关键词。自上而下的经济改革开放对中国的经济与社会产生了重要的影响。1992年以来市场导向的改革激发了中国人的创业活力，这种全民经商的活力

---

*　朱健刚，中山大学社会学与人类学学院教授，中山大学中国公益慈善研究院执行院长。

与政府"集中力量办大事"的政治经济一体化战略结合在一起，直接推动了中国经济的崛起，2001年中国加入WTO，标志着中国作为市场体系国家得到国际社会的认可，也意味着经济转型的框架基本形成。市场制度在文化上破除了众多意识形态的障碍，创造了市场神话：连续十年的GDP增长，使2010年中国的国民生产总值跃升为世界第二位，外汇储备居世界第一位，中国在世界贸易中的比重从4.3%提高到10.4%，成为世界第一大出口国、第二大进口国。中国的经济增长成为推动世界经济增长的重要发动机。经济的渗透效应也使得全国农村贫困人口从2.5亿减少到2010年的2688万。

同时，这种由计划体制向市场体制的过于迅速的转型也悄然引发社会的迅速转型。这种社会转型一方面使得中国从乡土社会转为市场社会，另一方面，也从过去的总体性社会逐渐转变为以平等为前提的多元社会。这就使得社会呈现双面性：一面是社会冲突凸显，社会呈现溃败①；另一面是社会自我组织，社会呈现自我建设的新局面。

市场社会的转型正如博兰尼所预言，市场原则通行整个社会，在解决贫困问题的同时，也导致贫富急剧分化，基尼系数越过警戒线。它造成全球化的市场经济难以依靠国家管控，而在强大的市场力量面前，社会又缺乏自我保护的能力，社会建设远远不能适应经济结构的转换。在缺乏对市场有效约束的情况下，社会矛盾开始凸显，城乡关系、劳资关系、生态关系都发生扭曲。民生与社会发展议题等日积月累、层出不穷。久而久之，民间积累了深层次的民怨，形成普遍的不满乃至愤怒。

而总体性社会的转型就更为困难。总体性社会以权力的全面渗透和控制以及社会各部分无法独立运转为特征，当上述社会问题出现的时候，总体性政府采取的是以维稳政治一味地压制民怨。而以计划思维垄断的社会管理在这些问题面前又显得无力，甚至维稳政治最终导致了维稳产业的产生，进一步生产社会的"不稳定"，由此引发官民关系的紧张乃至冲突，有些甚至转化为暴力。在最近的十年间，以泄愤性为特征的群体暴力事件愈演愈烈，社会危机已经初露端倪。人们在自己的日常生活中普遍有不安

---

① 孙立平等：《"中等收入陷阱"还是"转型陷阱"？》，《开放时代》2012年第3期。

全感，对于未来普遍感到不确定。孙立平用"社会溃败"来描述这一社会转型的危机局面。所谓社会溃败，是指政治结构刚性稳定，但是社会制度和道德却失去规范。人们很容易把这种失范的原因归咎于政府腐败，但是人们不思考如何去制止这种腐败，反而更多地群起效尤，这就使得社会进一步溃败。在社会冲突凸显而又得不到有效缓解的情况下，公共道德的底线被穿透，人们产生普遍的信仰缺失感，社会失去信任、互惠和相互关爱。这种社会冷漠、金钱至上及大众消费主义的心态相对于制度性的社会矛盾更难得到纠正。

当人们发现自己也不得不卷入整个腐败机制共同腐败的时候，人们在获得物质满足的同时却不会产生更多的幸福感，反而有更强的无力感。这种无力感一方面让人们出于自保而进一步参与社会溃败，另一方面也会"用脚投票"，离开这个国家。据招商银行的调查，60％的高收入人群已经移民或者有移民倾向[①]。

但是，在社会矛盾凸显的另一面，我们也看到，社会转型呈现社会自我组织和自我建设的表征。全球化的流动、互联网的兴起及底层抗争和公民意识的觉醒也不断推动着社会向以追求权利平等为原则的公民秩序的转变。在最近的十年间，尤其是 2008 年以后，面对自身的社会问题和社区发展的需求，越来越多的普通人开始自我组织起来，形成各种类型的社会组织；同时社会也逐步多元化，价值观开始分流，一部分普通人的公民意识和公共精神开始觉醒。这种觉醒特别表现在公益慈善领域的兴起。2008 年以来，社会各阶层纷纷参与到公益慈善领域中来。在这种社会自我建设的过程中，政府的政策也逐步向民生和社会发展议题倾斜，民生政治引发政治家更多地关注民意要求。虽然对于这类社会自我建设是否会催生出中国的公民社会，人们还有许多怀疑，政府也仍然有诸多限制，但是无论如何，社会自组织依旧呈现惊人的强大活力。

一边在溃败，一边在建设，这就是中国社会转型的双面特征。这种双面特

---

① 2012 年 4 月 20 日，招商银行与贝恩公司联合发布《2011 中国私人财富报告》，该报告以大样本量调研为基础，针对中国大陆高端私人财富市场进行了深入研究。

征使得未来十年作为中国社会转型的关键期具有高度的不确定性。在过去的十年间，无论新左派还是自由派，人们都太多地强调国家的作用，关注如何改变政府，却忽略了社会自身变革的重要意义。人们或者期待政府改革，或者要求改变权力性质。但是，如果只是依赖于自上而下的改革，那么我们需要注意到在过去的十年间，改革者本身已经形成维持现状的既得利益集团，从而失去继续改革的动力。本来是过渡性的政治经济双轨体制反而被固化形成"转型陷阱"①，当政府改革缺少足够的动力时，利益集团的板结化使得腐败更加难以根治。社会危机也因为既得利益集团的"转型陷阱"而被日益压制和隐藏，这样依赖政府，最终中国只能形成一个高度精密化的"维稳"控制机制，从而使得民间彻底丧失活力。

另一方面，如果期待通过暴力革命来改变政权性质，那么一旦发生政治危机就注定引发底层民怨转化为暴力抗争，就很容易被一些政治集团利用而产生突变式的"民主革命"。这种"民主革命"对我们并不陌生，充满理想激情，结果却可能只会激化利益集团的斗争，形成暴力性的内乱，甚至带来更加专制的后果。

这两种可能性都会使得中国人付出不堪承受的代价。正是对这两条道路的焦虑，Civil Society 概念得以被介绍进中国，在 20 世纪 90 年代，它被翻译成"市民社会"②。但是在 21 世纪，"公民社会"的翻译成为公共话语的主流。人们期待借由公民社会这一概念，来为中国找到第三种可能性：建设一个和平、理性、接地气的公民社会，推动社会温和、渐进地转型。它既对应于民间渴望社会转型的需求，又不与政府的建设和谐社会的战略相冲突，从而使得人们有可能在官民良性互动中，通过合作创新建设一个成熟理性的美好社会。相信这种思路具有可能性的原因不仅仅是政府内部仍然有社会改革和开放的意愿，而且是民间的普通公民正在公益慈善领域自我组织、创造性地行动起来。这种志愿行动我们称之为公民公益。

---

① 孙立平等：《"中等收入陷阱"还是"转型陷阱"？》，《开放时代》2012 年第 3 期。
② 邓正来、J. C. 亚历山大：《国家与市民社会：一种社会理论的研究路径》，北京，中央编译出版社，1999。

二　公民社会与公民公益

在 20 世纪 90 年代，公民社会这一概念因为太过于西方化而常常受到质疑。但是即使这样，进入 21 世纪，公民社会已经成为社会发展领域实践者的主流话语，因为在这 20 年间，中国社会转型的一个突出现象就是大量志愿者和民间公益组织的出现，这一现象在 2008 年"5.12"地震的救灾和灾后重建过程中得到集中体现，更有学者称之为"中国公民社会的成年礼"①。

其实，Civil Society 即使在西方也从来就没有形成一个精确而被广泛接受的定义。它的根源可以追溯到古希腊政治哲学关于公民性的探讨。在当代，对中国最有影响的公民社会理论之一来自法国政治哲学家亚历克西·德·托克维尔（Alexis de Tocqueville），他将公民社会描述成公民社团，由慈善团体、青年旅舍、兄弟会、公民联盟及宗教团契组成。在托克维尔看来，公民社会通过将孤立的个人编织进更大的群体网络之中，从而建立社会纽带和相互之间的责任感，使得他们朝向超越个人利益的目标，成为美国民主的基础②。这一理论给了很多中国公民社会的践行者以无尽的想象。在政府和市场之间一个主要由公益组织及其志愿行动所构成的多元开发的公共领域构成了中国公民社会的主要理念。它作为一个重要的概念工具被引入，倒不是因为考虑到它能有助于建立民主，而是因为一方面人们希望它能团结民间的力量参与社会建设，解决社会问题，另一方面人们认识到健康的公民社会力量并不会形成破坏性、暴力性的对抗，而是有可能转化成为一种与国家良性互动的建设性力量，最终能够和中华文化的民本传统相嵌入，再造中国以民为本的公共文化。对于中国的社会转型来说，在社区层面，公民社会为社区提供社会资本；在公众层面，公民社会创造公共领域，让人们可以对话和协商；在治理层面，公民社会成为第三部门，与政府、市场形成善治，在公益领域解决社会问题。

---

① 高丙中：《中国公民社会发展蓝皮书》，北京，北京大学出版社，2008。
② 托克维尔：《论美国的民主》，北京，商务印书馆，1988，第 368 页。

正是在公民社会思潮的影响下，中国的公益慈善事业从原有的计划慈善向公民公益转变。公民公益强调普通人通过创新的志愿行动来实现公共利益或者公共价值。这种行动方式与市场行为和政府行为的不同是：第一，它是志愿的，而非被迫的，它是普通人自愿地、不计报酬地实现自助、互助和他助；第二，它是公共的，而非个人的，作为公共行为，公民公益或者追求公共利益，或者展现公共价值；第三，它是公民性的，这种公民性体现在它试图超越以往国家主义的计划慈善和纯粹个人性的施舍行为，而走向以公民为主体、以社群为基础的公益慈善。它既可以表现为参与服务，也可以表现为公益维权，它既不主张大公无私，也不强调单纯的功利，而是强调公益是人与人之间的互惠关系，是一种情感和价值的礼物交换。除此之外，公民公益还寻求官民共识，强调以公民社会的方式合作解决社会问题，化解社会矛盾。因为这是一条公民自发、自愿和自主的道路，因此公民公益并不存在一种整体的规划，它常常是自发的、自主的和独立的，但同时它也常常是散漫的、脆弱的，容易自生自灭。因此公民公益仍然需要政府和公众给予整体关注，建设一个有利于公民公益的生态系统；同时公民公益的主体，无论是组织还是个人，都需要自身的能力建设和战略规划，使得公民公益可以持续，并形成能够推动社会转型的力量。

大体来说，建立这样的公民公益的社会生态可以有四个层面的演进。

其一，公民公益是基于日常生活的公民行动。它是普通人个体面对日常生活中遇到的社会问题和困难而自发地去寻求创造性的方法加以解决的过程。因为社区是人们日常生活之地，因此公益的行动者最容易在自己的家园中产生。公民公益也因此常常基于社区需求而产生。大量的公民公益首先发生在社区，它常常表现为个人性或者家庭性的捐赠行为、志愿服务行为，甚至也可能成为基于社群的集体行动，包括集体性的维权行动。社区的概念也可以从邻里延伸为信仰群体、网络社区等。我们称之为社区公益。

其二，当这些个人性的公民公益越来越持续时，公益就开始跨越社区，逐渐制度化和规范化，形成各类专业性公益组织。公益组织的创新动力来自于组织追求提高公益服务的执行效率、提升组织的公信力，以及谋求更大范围的影响力。公益组织的发展逐渐形成整个公益组织的生态价值链条。它包括直接服务的民间公益组织和提供资金资助的基金会，也包括国际机构、企业 CSR 和政府的购买服务部门，它们的互动与创新构成了整个公益组织的生态。

当各类专业性和正式性的公益组织日益发展壮大的时候，就需要形成更明确的法律法规和社会政策来对之加以规范和引导。公民公益的第三个层面是公益政策。这个政策并非只是法律法规文本，而是包含着议题设定、政策选择、政策执行和政策评估的整个过程。这个过程并非是政府单方面促成的，而往往是利益相关方通过公益倡导等方式来影响相关法规和社会政策的创新，促进受助群体的权益保障。公益倡导通过对政府的表达、要求、对话甚至抗争，使得政府能够调整政策、改变制度，以满足民生和社会发展需要，从而实现社会的善治。

其四，无论是公益行为、公益组织还是公益政策，其出发点及最终的归宿点都落到公益文化的层面。公益文化即有关公益的意义价值体系，它形成人们的心智和性情。对这种意义价值体系的建构在现代社会中，主要来自于各种类型的传播、教育和公益知识的生产机制。不过宗教、家庭、宗族、邻里这些传统的力量也仍然起着不可忽视的作用，正是这些传统的力量使得当代公益最终嵌入到华人慈善历史的脉络中去，而公益文化最终培养的是具有公共精神、权责意识和包容美德的公民美德，这种公民美德的形成为公民社会的形成奠定了文化基础。

正是这些层面上的创新及相互之间的关联构成了公民公益的战略框架（见公益创新分析框架图）。

我们的战略正是基于这种通过层层推动的公民公益来确立社会重建的策略，其方向就是建设一个成熟理性的公民社会。战略的基本观点是：社会转型需要上下互动的社会创新，需要社会自身的改革开放，这一次改革开放与先前的改革不同的是，它的根本动力不再只是上层精英自上而下的突破，而更强调普通人能够形成和平的、理性的、有秩序的公益行动，同时也强调政府逐步实现政社分离，进一步释放社会空间，使得公民的公益创新能够得到包容、鼓励和支持。在这个过程中，以和谐社会和可持续发展为目标，我们一方面需要通过社会组织的崛起来突破既得利益格局，推动社会改革开放，实现社会治理的

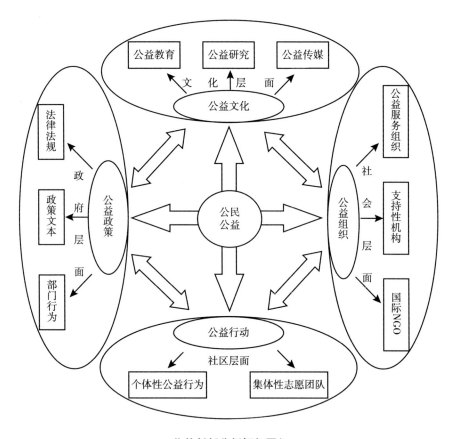

公益创新分析框架图*

　　* 结构注释：如图所示，在公民公益的逻辑框架下，首先是许许多多普通人参与到公益行动当中，以个体公益行为或集体公益志愿团队的形式，形成公益的"社区层面"。公益行动的组织化和制度化逐渐产生公益组织，包括直接提供公益服务的民间公益组织及其外围支持性机构，其中国内支持机构由中国本土基金会、企业 CSR、慈善家及能力建设机构等构成，国际支持机构包括国际发展机构、外国基金会等，各种类型的公益组织形成了公益的"社会层面"。而由相关部门、法律法规、公共政策构成的制度环境提供"政府层面"的规范与鼓励。公民公益的最上层是由公益教育、公益研究及公益传媒构成的开放性的公益文化，与公益行动、公益组织、公益政策均存在双向的相互支持和影响。在此框架中，公民公益的四个层面——社区层面、社会层面、政府层面、文化层面之间形成循环贯通的动态性联系。

民主化；另一方面，又可以通过公益行动化解贫富分化等带来的社会矛盾，从而在不直接挑战政治权威的情况下，逐步塑造宪政民主的公民文化基础。这就是社会转型的动力过程，而在这个过程中最重要的就是要有千千万万的积极公民在行动，而这就需要公民的养成，需要在社区中培力。

三　积极公民与社区培力

公民和国家紧紧相连。有什么样的国家就有什么样的公民。公民首先是指一个政治共同体的权利与义务载体。但是仅仅如此理解还是不够的。公民同时也有一个自己的完整的权责建构过程。完整的公民权责（citizenship）包括基本的言论、集会等的自由，包括政治选举和被选举的权责，此外还包括它在社会福利与发展领域中的权责。公民权责的建构过程需要和国家能力的建设过程相适应，在现阶段的政治条件下，公民权责的完善集中在公民生存和社会发展权责的建设上，包括公民的就业和劳动的权责、医疗健康的权责、环境权责及居住的权责等。就权责建设而言，既包括权利的维护，也包含公民参与责任的履行。

不仅如此，公民还有更积极的含义，在共和体制下的积极公民意味着积极寻求和担当社会责任。他不仅仅认同自身的权责，而且还具有包容的态度，愿意积极地与不同意见和观点进行交流，积极的公民愿意进行公共领域的对话，能进行开放的学习和反思，学会合作和团结。

更进一步的积极公民还会将自身看做能够积极行动的生命主体，愿意负责任地开展志愿行动，自我组成各类公共空间和多样化的公民社会组织。在2008 年四川汶川大地震的救灾和援建过程中，我们看到中国公民内心的这种公共关怀和志愿精神前所未有地喷涌而出。300 多万的志愿者参与和众多民间公益组织卷入，他们不但分担社会责任，积极参与志愿行动，而且也在关于范跑跑、倒塌学校责任等议题上积极理性地对话。这一公民社会的集体呈现说明：在当下的中国，公民权责意识、理性的宽容态度和志愿精神构成了一个积极公民最需要的美德。

在这个转型时代，具有这类美德的积极公民虽然是一介平民，却往往是很多公民行动的协作者和发起者。我们今天谈到很多的社会创新家，其核心的精神其实就是一个积极公民的精神。在转型时代，这类积极公民多是因为在自己的个人生活和社区经验中遇到困难和挑战，才开始自己的公益行动。他们最重要的特征是可以以公民价值观为核心，进行资源整合和动员，推动各类公益慈

善的行动。随着以民为本的民生政治的出现，这样的积极公民对于政治的有效运作日益重要，它有助于政策过程中的多方参与。而且，公民素质的提高可以直接激励政治家提升自己的治理水平。

如果我们不把积极公民理解为少数精英，而是众多普通人中的一员，那么社区就是培育积极公民最合适的平台。社区也称为社群，它可以被看做人们彼此之间能面对面接触交流、相互之间有认同和归属的公共空间。社区的本质就是人们日常生活的共同体。它的典型表现是邻里社区，也就是人们居住之所，但是也可以有更广泛的含义，可以包括单位社区、学校社区、信仰社区等。

我们以社区为基石培育积极公民，而不是基于某种抽象的宏大社会理论，根本原因在于，社区是人们日常生活之地，人们对此有利益归属，有情感纽带，也有朋友和熟人，因此在这些地方，容易形成志愿参与的气氛和传统。同时也因为社区立足草根，远离政治权力角逐的核心，政府也需要社会各方力量的介入来完成有效的治理，因此社区可以比较容易形成各种平行的力量来相对平等地参与；更重要的是，社会的各种问题和矛盾通过漏斗效应，都逐渐渗透和转移到基层社区，这些问题政府和市场都很难包揽解决，由此形成"公地悲剧"①。因此，社区也往往欢迎各种社会资源和力量来参与解决社会问题，比如凤凰城的"爱心公社"、南塘的"兴农合作社"等都是很好的社区治理的成功典范。不仅如此，社区还可以从邻里的范畴扩展到一些俱乐部、车友会乃至QQ群，比如上海宝马汇车友会就是一例，他们在以车会友的同时也践行慈善。

在社区中做公益，不应由政府包办，最适宜的方式是通过社会工作或者志愿组织的方式进行培力，让积极公民自己有力量依靠自己的参与来实现社区的需求。社区培力的方式集中在公共生活的生产上，社区工作者根据社区需求和社区问题，依据社区以往的文化传统，通过支持建设公共设施等方式塑造社区公共空间。在这个公共空间里，又通过组织各类公益性的文化活动来发掘和培育社区中的骨干，在这些活动中，社区工作者逐步和社区内的积极分子一起来

---

① 公地作为一项资源或财产有许多拥有者，他们中的每一个都有使用权，但没有权力阻止其他人使用，从而造成资源过度使用和枯竭。过度砍伐的森林、过度捕捞的渔业资源及污染严重的河流和空气，都是"公地悲剧"的典型例子。

讨论和建立各种公共生活的制度和规则。在这些自我确立的制度和规则上，由社区中的公益领袖逐步建立社区自治组织和各类志愿团体。进而，社区工作者可以支持这些社区公益组织和地方政府、企业一起来解决社区中的一些关键问题，推动公共权力的结构改变。在这种社区公共权力结构向多元共治的转变过程中，社区就可以不断培育出积极公民。在这个层面上，社区工作者的目的不在于自己做了多少好人好事，而在于培育出多少好公民来做公益。

需要指出的是，以往公益机构介入的参与式发展的困境是，很多组织把社区当作项目实施之地，每当相关项目结束，公益机构就撤出社区，结果社区仍然恢复到以前的威权状态。实际上，今天的社区所应对的问题已经超出社区所能控制的范围，不能仅仅依靠被培力的社区个人来解决。公益组织在社区中不仅仅应该培力社区，还应实现资源链接的功能，将外部公益网络和社区紧密连接起来，同时也应该连接不同的社区进行地方议题的公共倡导。民间公益组织，无论是社工机构还是志愿性的公益团体，它们的社区介入都应该将自己融入当地，培养当地人或者注册当地的公益机构，保持内外的连接和合作，这样才能使得这种社区培力可以长期持续。

社区公益的效果涉及社区善治的建构，也就是说，它取决于社会组织与地方政府、市场，以及社区居民之间是否能够形成有效合作和制衡。在多元共治的形成过程中，政府作为责任政府，仍然要为社区的发展提供基本的资源保障、社会福利和政策规范。但是更重要的是，政府还需要实现政社分离，减少直接干预，而更多地推动社区自治，推动社区自我组织、自我教育与自我管理；市场的介入是社区提高管理和发展效率的重要方式，但是企业的介入需要以与社区集体谈判达成的契约为原则，以委托授权的方式进入；社区的居民则应该是谈判和委托的另一方。社区公共空间的产生及社区自组织的发育，需要社区自身的公民行动者。他们需要组织对于社区公共事务的集体讨论，寻求共识，使得社区能够不仅仅是生活之地，而且还能承载人的生活价值；而在社区居民的公民化过程中，公益组织的作用就是社区培力和动员民间资源，是培育社区的参与、自治与合作精神，推动社区的自组织化过程。广州丰景小区的业主自治就展现出这样合作治理的可能图景，进而孕育出"华南和谐社区发展中心"这一民间公益组织。

政府、市场、公益组织和社区居民，这四个要素对于社区善治都不可或缺，其根本目的是推动公民社区的形成，可以说，公民主体的建构正是这样的社区营造的方向，也正是未来公民社会组织的根本愿景。而要完成这样的培力，需要公益组织自身的扎根能力。这就引出了第二个维度：公益组织的建设与创新。

四 公益组织与集群效应

当社区公益日益蓬勃发展时，积极公民逐渐跨越社区，开始形成各种规范化和专业化的公益组织。在以往的30年间，中国的很多公益慈善组织并非是公民公益，而是计划慈善体制的产物。这些组织主要是官办的，附属于行政体制，也常常处于垄断地位，缺乏面向民间的动力。新生的民间公益组织的创新方向，主要在于从行政化到社会化，从垄断性到竞争性，从一元化到多元化。尤其是一线服务的公益组织，主要就是要有能力扎根社区，开展社区营造活动。

但公益慈善组织的发展不只局限在一线服务的民间公益组织，最应该做的还是打造公益组织的生态。除了民间公益组织，基金会、支持性的公益组织及卷入公益中的企业CSR部门和国际NGO组织正在形成一个相互关联的公益组织生态系统。

基金会与民间公益组织形成有效的战略伙伴关系是关键。2009年以来，以民间为主体的非公募基金会迅速地超过许多党政机关兴办的公募基金会。虽然当前许多基金会还是自己在直接做服务，但是资助伙伴关系正在成为趋势。未来的发展是基金会逐步和一线的民间公益组织形成合作伙伴，通过购买服务、项目资助、长期战略伙伴关系，以及催化公益创新等各种资助方式来共同推动公民社会的发展。这方面，南都基金会可以成为典范。

枢纽性公益组织的作用是为民间公益组织提供管理乃至领导力支持，包括培训、孵化、网络、资源链接及评估咨询等功能。很多时候枢纽性组织被看做技术支持型的，但是现在枢纽性组织在这个新兴的社会领域中发现，它们更多的是担当陪伴、培力和协力的角色。这种角色使得它们能够成为枢纽，连接不同的公益组织，并成为这些组织和企业、政府的中介，给公益组织输入各种能量。民间公益组织的枢纽性机构可以有多种类型，但是它要获得持续，一方面需要和政府建立信任的关系，另一方面也需要得到民间公益组织的欢迎和支持。其中联盟型的支持机构引人注目。这类机构和今天许多能力建设机构不同，它和各类扎根性的民间公益组织形成血肉联系，通过对民间公益组织的培训、咨询及促进交流来推动这些扎根 NGO 的能量。

社会企业是一股不容忽视的力量。这种以商业模式来实现社会目的的组织，在中国虽然还没有明确的法律地位和优惠政策，但是却受到年轻人和基金会的热捧。社会企业可以说是组织创新的一种新形式，甚至是一种公益慈善思维方式的革命。利用公益价值所形成的社会资本优势，社会企业可以在市场中和企业进行竞争，同时也在撬动整个市场的价值观的改变。大量的民办非企业单位可以转型为社会企业。

企业的社会责任部门也在越来越多地介入公益领域，虽然它不是直接的公益组织，但是却能够在很大程度上扮演基金会的作用来支持 NGO 的发展。企业 CSR 已经逐渐从过去单纯的捐款捐物逐步转变为和公益组织一起来实现企业的社会责任目标，甚至在对企业生产本身开始社会责任的改造。阿里巴巴的淘宝网为公益组织开店就是非常鲜活的一例，而政府也正在以购买服务的方式介入到公益组织的领域中来。虽然人们对于过快的购买服务的效果还有争议，但是这已经成为重要的社会创新的一部分。对于很多组织来说，企业社会责任的支持或者政府的购买服务是一把双刃剑，在让他们获得经费的同时，也有可能更多地受到政府或者企业的制约。

但更重要的是，我们要看到这类公民社会网络并不限制在一个国家的领域内，它还与整个全球公民社会连接，并融入国际公民社会成为其中的一部分。这将使得它的生命力更加坚强。这就是海外 NGO 在中国特别重要的意义和作用。中国和全球公益事业的连接、对话和相互支持是非常关键的一环。在公益组织的创新过程中，改革固然重要，开放则更加重要。

总的来说，在当前阶段，公益组织的创新应该是多元的，有意识地让不同功能的公益组织在一个地域空间内密切合作和形成联盟，产生规模效应和集体行动，这就是集群理论。例如 ICS 策略联盟已经初步形成，它由广州市恭明社

会组织服务中心负责培训，中大公益慈善研究中心提供研究支持，广东省千禾社区公益基金会资助。机构相互支持给力，降低交易成本，形成典型的公益联盟。这个策略联盟应该进一步发展，联合相关的媒体、基金会、国际机构，形成广佛地区的公益实验区。集群的好处是可以规避垄断的风险，又促进合理竞争，保持创新动力。

需要说明的是，这些组织之间不是等级关系，而是一种相对平行的伙伴关系，它们形成各种类型的节点，这些节点及其相互的连接构成了中国特色的网络型的公民社会结构。这样的自下而上的公民社会网络逐渐形成和稳定后，就会成为社会力量来参与和影响政策的创新。

五　公益法规与政策创新

在公益组织蓬勃发展的时候，也需要推动公益慈善法规及社会政策的改革。有关公益慈善法规的缺失一直是中国公民公益难以迅速发展的瓶颈。但是公益组织的迅速发展将直接推动相关法律法规的出台。法律法规的制定过程也是政府和各个利益相关方博弈和协商的过程。一个法律法规的出台往往标志着公益慈善领域的新发展，标志着国家认可的新的行业规范和标准。这既表现为国家和地方可能的大法及立法过程，也表现为党和政府的各类相关政策文件及政策制定过程。

公民公益在这个层面上首先需要推动公益慈善的善法出台，这一方面的法规最重要的就是明确民间公益组织的法律定位，并且明确对公益慈善类社会组织进行扶持和鼓励。尤其是在注册、募捐和税费减免上国家需要给予更明确的制度规范，这方面中央迟迟没有动作，地方局部则在不断地突破现有规范。广东、浙江等地都有新政出现。

不仅仅是法律法规，在中国由党和政府出台的社会政策文件同样对于公民公益起着重要的作用。社会政策侧重的是与民生和社会发展问题相关的政策法规。这里的政策既包括政策文本的相关内容，也包含着政策过程。社会政策和别的政策不同，它因为直接联系民生，从议题的设定到政策的决策、执行、监督和评估过程都可以有公众的广泛参与。虽然政府在公益政策过程中无疑扮演着支配性的权力角色，但是公民公益在这个层面可以表现在：公民参与社会政策法规的制定、执行和监督过程。公民在这个过程中有关社会权利的主张，不是一种基于社群利益的维权，而是一种倡导。这种倡导谋求公益在法治、改变施舍者对被施舍者的不平等关系和维护弱势者权益的基础上改变全体公民的公共权利。在这个过程中，政策创新家和公益组织可以扮演重要的角色。公民可以通过倡导等方式推动政策环境的改善及政策创新。这种政策创新既包括政策内容的创新，也包括政策过程的创新。2011 年由邓飞发起的免费午餐项目在短短三个月内就使得国务院拖延很久的相关政策出台，推动了贫困地区学校学生营养状况的改善。这就是典型的一例。

与以往底层暴力抗争型的维权运动相比，公民倡导具有三个显著的特征。

一是政策创新家可以通过人大、政协，以及媒体和新媒体，比较熟练地动员资源，理性表达并建设性地提出替代方案。

二是在中国现有的政治环境下，公益组织难以单独地显性参与这类集体行动，但是媒体在这方面起到了重要的替代作用，它们不但帮助设定议题，扩大和提升其公共意义，甚至直接推动了行动的发展方向，尤其是以互联网为基础的新媒体更是扮演着非常关键的知识引擎、声音聚集和信息传播的作用。它们带来信息的对称，甚至是反对称。

三是政府和强势利益集团在这一类社会政策决策过程中，有可能放弃一味的硬顶而顺从民意，柔性处理这类倡导诉求，避免了严重的官民对立，重建相互的信任。在政府的弹性治理过程中，公民倡导完全可以纳入政策过程，成为防止政策产生群体性暴力事件后果的重要保障。

由此可以看到，公民倡导改变政策主要通过三部曲实现：首先，建设性的公民行动产生良好的示范效应和规模效应；其次，通过新媒体传播和媒体关注，各界对相关政策进行反思、批评和建议，寻求协商民主的过程；最后，政府柔性处理，吸纳建议，出台新政策。

在过去十年维稳政策的思路下，公益倡导很容易和群体性暴力事件相混淆，被看做不稳定因素而被政府加以压制。但是随着公民日趋理性，政府也发现这类公民倡导行动不但不会暴力化，反而可以帮助化解社会矛盾，避免暴力事件的发生。让我们看到希望的是，从 2008 年以来，这类的公民倡导行动开

始形成趋势。北大法学院五名教授联名建言废除《拆迁条例》、农民工张海超坚持"开胸验肺"推动职业病相关法规出台、李德涛等公民以身"试"法推进政府预算公开、"肝胆相照"等机构推动取消对肝炎病毒携带者的歧视等，都说明公民行动一旦被政府吸纳，就可以成为影响政策的积极力量。以公益与社会发展领域为议题，以新媒体为中介，以社区居民网络为背景，以政策创新家为先导，将民意表达纳入政策过程的公益倡导为中国的社会政策过程注入了新的活力。

在这个过程中，官民之间的共同目标就是实现社会治理的民主化、法治化和有效化。而在化解社会矛盾的同时，公益倡导行动也能推动人们重新审视公共道德的重建，以公益文化来修补被洞穿的道德底线。

六 公益文化和湿地理论

公民公益的形成最终离不开人的观念转变和想象力的解放。公民公益的文化形式体现在人们的心智和习性的形成。在当代中国，教育、传播、知识生产是关键的现代文化的生产方式，同时我们也需要看到，宗教传统、家庭文化和地方社会的再造也同样扮演着重要的公益慈善文化塑造的角色。

公民公益需要大规模的公益教育的推广。面对中国公益事业领导人才缺乏、公众公益意识仍然不足，以及专业人才奇缺等困难，当前需要大力推动的是面向公益组织领导人的职业训练、大学的专业人才教育及以社区为基础的社区公益教育。中国人民大学、北京师范大学已经相继推出公益方面的硕士学位课程，但还需要在大学开办更多的与公益慈善学相关的专业硕士、博士学位。同时，也需要针对目前公益组织的专职人士进行有关领导力的职业训练，社区教育是一个更为长期的公民公益的训练，类似台湾社区大学的社区学院很值得推广。在社区学院里，无论是乡村的居民还是城市的业主，都可以通过社区学院里的生计技能、文化艺术、社会组织，以及社会时事等课程来提升自身的公民素质。

公益传媒也是非常重要的公益文化的媒介方式。在互联网和全媒体时代，传媒介入公益慈善事业的方式已经不仅仅是报道，而且还有直接参与公益行动。《南方都市报》的公益全媒体就是一例。公益传媒不但起着报道的作用，而且在互联网时代，传媒本身也可以成为公益行动的一部分。它包含着关注、理解、支持、参与和推动公益行动、公益事业的各种传播活动，如公益广告、公益新闻、公益网站、公益活动、公益项目工程、公益捐赠等①。在当下媒体环境中，伴随着新媒体技术的不断发展，不仅仅是大众传媒，各种类型的社会媒体，例如政府机构、市场企业、社会组织乃至普通公民都可以运用多元媒体资源参与公益事业。

公益研究所带来的知识生产方式的创新对于公民公益也非常重要。过往的这方面的知识生产最容易发生的问题就是研究从概念出发、脱离实际，也很难与社会转型这些重大议题连接起来。因此，对公民公益的研究应该强调公益慈善事业与社会转型的关系，进而也强调这类新的知识生产应该从实践中来、到实践中去。这类知识生产不应该仅仅为政府决策服务，也应该为众多的公益组织和积极公民服务。

除了这些文化的现代生产方式外，在社会转型过程中，宗教的革新、地方社会及地方治理的兴起，还有家庭和家族慈善事业的复兴都可以引发公益文化的形成，甚至起到更为关键的作用。这些地方性的传统文化，例如人间佛教、潮汕善堂本身也在转型过程中。如果能够将其和当前的公民公益结合起来，就可以使得公民公益和中国的文化历史脉络紧紧连接在一起，从而具有绵绵不断的动力。

总的来说，公益文化虽然看起来似乎是弥散和变动的，似乎不怎么产生直接的效果，但恰恰是这种文化可以"随风潜入夜，润物细无声"。公益文化可以为积极公民创造一种良好的氛围、一种类似湿地的气氛。这种湿地可以是整个城市，也可以扩展到整个地方，积极公民其实是很难刻意"孵化"的，好的社会创新家一定是野生的、自然的；公益文化的建设是着力于建立媒体、学界、教育、传统文化等糅合在一起的"湿地公园"，培育适于积极公民产生的生态环境；这种生态的保育不断地滋生社会的植被，而积极公民就不断涌现出来。当"湿地"相互连接，就构成一个良性的社会生态。

---

① 马晓荔、张健康：《公益传播现状及发展前景》，《当代传播》2005 年第 3 期。

七　结语

　　中国当下的社会转型可以说是梁启超所预言的"三千年未有之大巨变"的关键部分。中国正在崛起，但是未来还难以预测，不确定仍然是今天中国的重要特征。不过，不确定也就意味着积极的可能性。大多数人仍然期待一个更加"民主法治、公平正义、诚信友爱、充满活力、安定有序、人与自然和谐相处"的社会。公民公益的意义正在于此，它能成为一种重要的力量，推动渐进的民主，成就中国真正的和平复兴。虽然如前所述，有什么样的国家就有什么样的公民，但从另一面看，有什么样的公民，就会有什么样的国家。未来的中国转型正蕴藏于每个普通人的转变之中。

总 报 告

General Report

B.1
2012 全民公益发展报告
——跨界合作、策略联盟与专业转型*

朱健刚

摘　要：

　　2012 年中国公益行业的发展没有 2011 年的危机四起、波澜起伏，却在平淡之中稳步向前。报告观察认为，经历过 2011 年一系列公信力事件的冲击和洗礼之后，中国全民公益事业在 2012 年悄然形成突围之势。在这一突围过程中，公益青年逐渐成为推动公益事业发展的有生力量，青年人以其特有的活力和创造力给整体公益行业带来了全新的动力；而在青年公益兴起的背景下，2012 年整体公益慈善事业发展呈现跨界合作、策略联盟和专业转型的总体趋势。

关键词：

　　全民公益　青年公益　跨界合作　策略联盟　专业转型

* 本报告的写作受中国扶贫基金会资助，特此感谢！

2012年是中国历史上跌宕起伏、捉摸不定的一年。中国共产党第十八次代表大会的召开成为全年最核心的主题。在众多的猜测和角力中，中国的全民公益事业在相对较少的社会关注中选择了悄悄地"突围"。这一突围一方面表现在2011年以"郭美美"事件为导火索引发的人们对中国公益慈善事业的层层质疑和指责，构成了对中国公益界的"十月围城"，无论是官办机构还是民间组织都有着强烈的危机感。另一方面，突围也表现在当公众和传媒普遍唱衰公益之时，2012年中国公益慈善界，无论是官方还是民间，都在尽最大的努力重建公益慈善界的公信力、创新力和影响力。在这次突围中，我们看到，在这个历史转型时刻，青年人崛起成为全民公益的主力，公益呈现新老两代的交替。而在公益青年的推动下，整个全民公益界呈现跨界合作、策略联盟和专业转型的新趋势和新特点，这三股潮流的汇合正使得中国的全民公益注定要在未来的2013年走上一个新台阶。虽然依旧暗流涌动，各地差异不同，但是可以看到一个相对独立自主的第三部门已经在中国悄然出现。

一　全民公益概念的扩展与青年公益的兴起

2010年当中国扶贫基金会和广东省政府联合向社会公布全民公益的理念时，全民公益主要强调与计划慈善和富人慈善不同，它是普通人可以参与的公益，人人都有能力和意识来做公益。2011年中山大学公益慈善研究中心和《南方日报》联合发布的全民公益研究报告则将全民公益诠释为公益既是普通人作为公民的权利，也是作为公民的责任。2012年，全民公益在中国已经主流化，得到普遍的认可。一方面，公益和慈善越来越紧密地结合在一起。传统的以捐款捐物和扶危济困为特征的慈善越来越成为大的全民公益概念的一部分，而大公益概念也进一步扩展，无论是富人慈善还是政府的公益参与都在得到重新诠释后，被纳入全民公益的理念之中。全民公益被理解为"一切个人或者组织为了实现公共利益或者公共价值而开展的志愿行动"。公共性、志愿性和行动性构成了这个概念的基本特征。在某种意义上，全民公益是传统慈善事业与现代公民社会理念经碰撞结合形成的一种新的中国道路①，其核心就是公民公益。现代慈善的本质也正是公民公益。这种理念强调公益慈善是作为平等主体的公民之间的礼物交换。正因为这种礼物交换，公益才能使得公益人可以在奉献社会、服务人群的同时，自身也得到很多非物质的收获和成长。

正是在一百年前，中国第一位留美的社会学博士朱友渔先生在中国第一篇社会学博士论文中以中国的慈善精神为主题，指出中国的慈善传统源远流长，从一般的救济到互助慈善均有，同时在近代出现了公民慈善。一百年前的洞见迄今已经成为公益界的强音。2012 年党的十八大报告正式确立了社会建设作为五位一体的国家建设的重要部分，而公益因为千千万万普通人的参与而成为社会建设的关键领域。本书中的《中西比较视阈下公益慈善的伦理诉求》和《中国传统慈善近代转型的文化动因》两文分别从伦理学和思想史的角度指出了公民公益是中西文化碰撞的产物。现代公益慈善事业一方面是中西文化交融的产物，构建有关爱的共同体，另一方面，它的近代化过程体现着政府、知识分子和西方文化的多元互动，今天它同样可用来处理中国面对的时代问题和社会矛盾。2011 年年末的小悦悦事件和 2012 年年末五个流浪儿童在寒冬中死亡事件，更进一步凸显出公共空间的冷漠和风险。这些社会矛盾依靠政治化的维稳机制已经难以控制，社会矛盾需要社会化处理，它依赖在社会领域内实现政府、市场与社会组织的多元共治②。全民公益既是一种新的公民生活方式和人生态度，同时也是公民自我组织、自我行动，进而形成持续的自助、互助和他助的文化机制，从而可以在文化层次上通过公民社会来化解社会矛盾。

从这个意义上来理解，全民公益的实质是具有公民意涵的公益。在本书的导论中，我们对公民公益进行了全面和系统的探讨。而 2012 年如果要在文化层面上来观察全民公益的亮点，那么最值得我们审视的就是青年公益的崛起，从勇于救人的"托举哥"的连环出现到西安反日游行中的举牌"挡车

---

① 参见陶传进《全民公益：发育、成长与意义表达的现状与机制研究》。在这篇文章中，陶传进指出了全民公益的概念是强调普通公众可以进入社会公益领域。不过他对公益的定义只是指公共利益，而不是针对公共利益的志愿行为，这样就使他需要用社会公益来区分一般的公益行为。本文则指出公益就是社会公益行为。
② 参见清华大学社会学系社会发展课题组《走向社会建设之路》。

男"，从活跃在公益组织最前线的青年人到在各个 QQ 群、论坛和社交网络上发声的中学生和大学生，到处都可以看到 80 后、90 后青年人的身影。2012年，发生了很多以青年人为主体而产生的群体性公益。例如，在 9 月份因为日本政府悍然宣布对我钓鱼岛实施"国有化"，引发许多中国民众的强烈愤慨，于是我们看到了一些民众走上街头，甚至在有些地方还出现打砸烧等不法行为。可是，就在这些激烈的游行示威背后，我们却可以看到在广州、上海，一群 90 后的中学生志愿者选择跟在队伍后面自发清理垃圾。一位广东省实验中学的学生说，他本来是需要回学校参加晚自习的，可是看到现场需要人手帮忙清理垃圾，他就让妈妈向学校请假，然后过来帮忙了。同时又有另外一批年轻人，他们举着"爱广州，非暴力"的牌子，默默地跟在游行队伍的后面，倡导着"理性爱国"和"爱广州"。他们的照片迅速地在网络上传播，展现着青年人的新形象。

中国扶贫基金会的副会长何道峰先生在 2012 年第四届中国非公募基金会发展论坛上指出，公益界已经出现了老一代和青年一代的划分。老一代有理想但总是充满纠结，而新一代则没有包袱，充满阳光。这种没有包袱、内心阳光正是青年一代做公益的特点。他们中间虽然没有风云一时的英雄人物，也没有惊天动地的事迹，但是却更有动力和人情味，展现出"小人物、微动力，大改变"的蝴蝶效应。正因为如此，2012 年"南方都市报责任中国盛典"的年度致敬人物给予了"公益青年"。公益青年受到社会各界如此高度的肯定，标志着以往公益慈善界个人英雄主义时代的结束，意味着普通公民群像时代的到来，我们说不出他们具体的名字，但是他们代表着中国的未来和希望。

青年公益的崛起并非偶然，在本书的《城市居民志愿服务与慈善捐赠行为研究报告》一文中，陶林博士等人的电话调查清晰地展现了一种代际趋势，与西方志愿服务往往在中年组达到峰值不同，年纪较大的人更容易帮助邻居；中年人倾向货币捐赠；年轻的、受过良好教育的一代更倾向志愿服务。随着时间的流逝，志愿服务将成为一种新的趋势。

正是在这种青年公益崛起的背景下，全民公益在 2012 年呈现以下三种趋势：跨界合作、策略联盟和专业转型。这三种趋势既激动人心，又充满险滩急流。以下我们将分别加以阐述。

二 全民公益趋势之一：跨界合作

2012 年，跨界合作悄然成风。在 7 月的深圳，第一次由政府主办的全国慈善项目展示会上，政府、企业和 NGO 纷纷登场，虽然在不同的展馆，但是却形象地展示出中国公益慈善的三个部门，部门之间的互动也悄然开始。企业社会责任在 2012 年特别突出地表现在企业开始与更多的 NGO 合作来实现企业的公益责任，而 NGO 也开始从企业界学习经营管理经验，开始社会企业的探索。一些地方政府部门也更加积极地以购买服务的方式在公益界试水，更让人吃惊的是，媒体也纷纷加入公益的报道和传播。虽然这种合作还有很多摩擦，有时候也会进出火来，但是不管怎样，跨界合作让更多的社会力量加入到公益慈善界来。公益界原有的封闭的小圈子世界在 2012 年似乎荡然无存，公益成为大众参与的公共事业。跨界合作如此引人关注，2012 年中华慈善百人会论坛年会将跨界别合作作为研讨的主题。我们以下将着重选择企业社会责任、社会企业和媒体公益三个重点进行分析。

（一）企业社会责任

跨界合作的趋势首先表现为市场部门对公益慈善事业的参与意识不断提升及其积极表现。数据显示，近年以来我国发布企业社会责任报告的企业数量呈井喷式增长，到 2011 年已经达到 898 家。在上市公司行业分类指引中的 13 个行业类别中，制造业发布社会责任报告的数量最多，国有控股和民营企业是发布报告的主力军。2012 年，连广之旅也发布首个旅游行业的社会责任报告，而过半数以上的企业都是连续四年发布企业社会责任报告。这些企业社会责任报告的积极发布表明企业希望借此来与利益相关方进行沟通。

企业社会责任着重体现在企业对经济、环境和社区三方面的责任底线上。在早期，企业社会责任主要与公司受供应链上游企业影响而开展的对工人生产条件和劳资关系的改善有关。之后随着企业社会责任理念的深入，一些外资企业和出口量大的大型国有企业开始将企业社会责任强调为企业捐赠。本书中的《中国上市公司企业社会责任状况分析报告》一文以 435 家 2011 年发布完整

企业社会责任报告的国内沪、深交易所上市公司的企业社会责任报告作为分析数据进行统计，结果表明，发布企业社会责任报告的企业数量大致随企业规模的扩大而减少，尤其在非金融上市企业中，发布企业社会责任报告主要以中小规模上市公司为主。我国上市公司的税费占企业社会总贡献的绝大部分，这大大压缩了企业开展公益慈善捐赠的空间。此外，不同企业间的税负比例差距较大，尤其是民营企业的税负较重，这导致不同企业的公益慈善捐赠水平也呈现巨大差异。本书的《我国公益性捐赠税收政策的问题与对策探讨》一文，基于广东的调研，分析了我国公益慈善事业税收方面的若干问题。

在企业不堪捐赠的同时，企业社会责任在 2012 年更多地表现为企业和公益慈善组织合作直接开展更多的公益活动，企业和 NGO 合作来共同完成企业公益。2012 年，宝洁公司和青少年发展基金会合作完成了它对希望小学的十五年的支持，而汇丰银行则以"汇丰与气候伙伴同行计划"积极和"地球观察"等环保组织合作，这些企业不仅捐钱，而且还派遣自己的员工作为志愿者参与其中，培养企业的公益理念。

企业社会责任在 2012 年也更多地把公益展现在自己的经济行为中，最为突出的是阿里巴巴，它将公益孕育在交易之中。卖家通过设置带有公益标志的公益宝贝，每成交一笔交易就实现一次捐助。设置过的公益宝贝，一旦成交就会根据之前卖家设置的捐赠比例，将一定数额的款项捐赠给指定的慈善基金会，用于相关公益事业。阿里巴巴集团研究中心发布的《2011 年公益宝贝数据研究报告》显示，2011 年共捐赠 814.4 万元。虽然平均下来，每个设置公益宝贝的卖家每次仅捐了 7.5 分钱，但上亿次的交易捐赠会聚成了一笔巨大的公益款项。2012 年，阿里巴巴也设置了自己的公益基金会，马云成为头号志愿者，他的观念是"我们坚信企业社会责任应内生于企业的商业模式"。在淘宝网上，类似中国扶贫基金会、免费午餐等都在上面建立了自己的募款店。这是公益界目前最有前景的企业和 NGO 合作的蓝本。相信在 2013 年，在互联网上的企业和 NGO 合作将成为主流。

不过，这种企业与 NGO 的合作也会出现企业主导的权力不平衡的状况，企业因为是出资方，比较容易在这种合作中处于强势。2012 年上海联劝公益基金会因为"淘梦想事件"而准备起诉阿里巴巴，反映出在这种合作中民间基金会会处于相对弱势的地位。企业和 NGO 要实现双赢，还需要双方更多地相互理解和尊重，以寻找到共同的利益点。

（二）社会企业

社会企业的概念流行于英美，2006 年被引进中国并引起广泛的关注。英国社会企业联盟对于社会企业的描述相当简洁："运用商业手段，实现社会目的。"如果说商业企业纯粹是以赢利为目的，社会企业则是以推动社会发展和公益事业为目标，投入市场竞争的大潮，通过经营活动创造收入、产生利润，来维持组织的可持续发展。2012 年，英国文化协会联合友成基金会、南都基金会开展的全国性社会企业家技能培训进入第四个也是最后一个年头。这个培训掀起了社会企业在中国的热浪，培训中发掘和培养了一大批类似乐龄、一加一、残友、郎声朗读、有爱商店等的社会企业。

社会企业的出现打破了传统的商业模式（企业的底线为获取利润），它将达成社会目标、维护环境发展和文化完整、获取利润等目的结合成一体，形成了具有多重社会目标和经济目的的组织形式。我国社会企业的出现是近几年的事情，据最新发布的《2012 社会企业报告》① 显示，我国 54% 的社会企业于过去 3 年中成立，只有 38% 的企业成立超过 5 年；2012 年的数量比 2011 年增长了 15 个百分点。54% 的社会企业处于幼龄化，反映出社会企业概念的近期热度。而另一方面，一些社会企业也在成立之后的短短几年间消失，成立两年内和成立 3 至 5 年内的企业数量都在减少。

关于社会企业的概念还有很大的争议，一些人认为社会企业是全新的社会组织新形式和新思维，并非企业和 NGO 的叠加，而另一些人则认为是 NGO 的某种自我造血的转型或者是慈善资本主义的新表现。尽管有这些争议，2012 年我国社会企业的发展大有向上的态势。社会企业作为企业与 NPO "跨界合作"的形态主要有三种模式——NPO 的 "跨界" 转型，商业企业的 "跨界"

---

① 该报告由 FYSE（青年社会企业家基金会）在中国的社会企业家中进行了连续两年的年度调查，在众多行业专家的辅助下，由安德烈·雷恩（Andrea Lane）编写完成，其中数据来源为 2010/2011 年冬季和 2011/2012 年冬季收集的两组数据：由在线问卷调查 52 家中国社会企业；访问代表 12 家扶助社会企业家组织的行业专家。

转型，NPO与商业企业的"联动共存"。

所谓NPO的"跨界"转型，是指那些原属非营利组织性质的机构，通过市场化的方式实现其向社会企业的"跨界"转型。目前，由于收入的短缺和机构性的挑战，越来越多的NGO正着手市场化和商业化的转变。NPO从事营利活动将成为无法避免的途径，这也是近年来许多NPO正在尝试的方向。社会企业在兼顾社会目标实现的同时，又能赚取利润维持其可持续发展，因此成为NPO的转型目标。如今，我国有不少NPO就是通过这一方式实现组织的"华丽转身"的。这里我们介绍在身心障碍人群服务领域中著名的北京一加一文化交流中心的例子。

该组织是由两名具有相同IT职业背景的残障人于2006年3月发起并注册成立的，并在当年的10月得到第一笔资助，经过几年的项目运作已经产生了一个盲人制作广播节目的团队。成立之初，它是一个残障人自发的倡导和服务的非营利组织。一加一从2008年开始拿到第一笔"生意"，开始了从筹款（接受捐款）模式到营销模式的转变，也慢慢从一个非营利机构向一个社会企业转型。其制作的广播节目，除了一部分内容是提供免费的农村服务信息和咨询外，其他节目是跟所有广播室一样制作与发行的主流电台商业节目。该组织通过与媒体合作，把残障广播节目卖给媒体，卖给那些需要残障内容的媒体；在主流商业节目中播出制作的节目，换取广告费；同时也签订服务合同，制作专题节目；扩大网络广播作为媒体的知名度，寻找商业赞助商。虽然一加一到目前为止的工作所需经费还是靠基金会、国际组织的捐款，不过该机构有望能够在五年内达到收支平衡，以创造足够的经济价值来维持自身按照企业规则的运转。更主要的是可能利用自有的媒体和残障人自己坚持不懈的努力给中国千万残障人带来更平等、有保障的公平世界——这将无法用金钱来衡量价值，以此来实现社会企业经济目标和社会目标的双赢。

所谓商业企业的"跨界"转型，是指该组织成立之初的目标在于获取商业利润，但在发展的过程中，逐步将目标偏重组织社会目的的实现，但仍保留主要的商业化运营手段。很多专家更倾向于相信最有前途的中国社会企业将诞生于商业部门。根据我国的国情及商业企业发展的实际情况，并非所有的企业都有可能转型为社会企业。这在很大程度上仍需取决于该企业原本所从事的经营内容，以及企业负责人本身具备的社会企业家精神。2012 年商业企业成功地实现"跨界"转型，"乐朗乐读"可以视作一个典型案例。

"乐朗乐读"的全称为乐朗乐读学习潜能开发中心，是致力于 7～12 岁读写困难儿童能力和环境改善的社会化企业。其成立之初的目的是建立改善儿童读写困难的培训机构，用等同或略低于补习市场平均价的价格，主要为有需要的读写困难儿童提供矫治服务。但在之后的发展过程中，机构的经营模式逐步完善，在负责人兰紫的带领下，"乐朗乐读"为低收入家庭提供减免服务，形成交叉补贴，会为那些家庭收入较低，如北京市家庭年收入低于 3 万元的家庭免除学费，并和投资人达成协议，希望在收支平衡之后能够实现"五免一"，即收五个孩子，能有一个低收入家庭的孩子获得减免学费的待遇，用企业的方式改善儿童读写困难这一社会问题。"乐朗乐读"的案例展示出在中国的商业领域，某些企业在前期可能还并不知道社会企业的概念，但在之后的发展过程中逐步明白并着手进行社会企业的实践。

而所谓 NPO 与商业企业的"联动共存"，既非由 NPO 完全"跨界"转型为社会企业，也非由商业企业完全转向社会企业的发展方式，而是 NPO 和商业企业模式共同存在。在现实的发展过程中，依据该组织原先的性质，又可以分为 NPO 主导的"联动共存"和商业企业主导的"联动共存"。

在 NPO 主导的模式中，NPO 为支持机构本身的持续营运，同时更好地实现社会目标，将单独辟出一个营利部门来达成上述期待。此种模式在中国应用比较广泛，其中为我们所熟知的是广州的慧灵智障人士服务中心。该组织是国内最早的非营利、非政府的社会组织之一，由最初的慧灵弱智青年训练中心发展而来，现在成为拥有幼儿园、学校、展能中心、庇护工厂、托养中心、慧灵农场、家庭服务部的综合服务机构，为不同年龄、不同程度的智障人士提供教育、职业培训、庇护就业、家庭居住及托养服务，形成了多元化的开放型社区服务模式。其中慧灵农场是该机构于 2009 年开发的新项目，除雇请菜农之外，项目还为 5 名智障人士提供专职实习机会，同时向社会其他身心障碍者开放。该农场为城市社区居民提供有机种养的蔬菜和家禽，在意大利籍董事的支持下，慧灵农场目前拥有约 50 户左右相对固定的消费者，包括意大利餐厅以及一些外籍人士家庭，月销售额最少 1000 多元，最多 20000 多元，基本能实现

产销平衡。于是，在实现经济上自负盈亏的同时，运营农场的社会目标——提供一个让身心障碍者接触社会人群、发展自身技能的平台，给予他们一个感受平等与爱的空间，也逐渐成为可能。

而在以商业企业为主导的"联动共存"模式中，企业原先拥有的商业部门仍以纯商业的模式运行，NPO为企业单独设立的非营利部门，与企业纯商业部门共存，甚至纯商业部门的存在是为了实现企业内部非营利部门的可持续运转。在我国社会企业发展的现阶段，2012年大放光彩的是残友集团的社会企业发展模式。

残友集团是郑卫宁先生于1999年在深圳市创立的，截至2012年8月底，残友已经成为一家囊括慈善基金会、33家残友企业、9家社会组织的大型集团，超过3000名残疾人获得信息技术高新企业的稳定就业。

而郑卫宁慈善基金会是一个以服务残疾人为宗旨的非公募基金会，该基金会是2009年民政部与深圳签署"部市"协议后，深圳首度放权审批成立的第一家基金会，其愿景是助力弱势群体，促进公平正义。基金会承接原属于残友集团的社会企业孵化职能，启动"中国社会企业的孵化和相关社会建设的探索"项目，将十年探索的"残友模式"在全国范围拓展和复制，这一项目也是基金会最主要的资助型项目之一。基金会向各地残友提供资金、品牌运营和企业加社区的管理模式及无障碍保障等孵化条件，依托当地的产业环境，利用当地政府民生部门的闲置资源，以商业的手段实现当地残疾人高科技就业的社会目的。该基金会成立的初衷是实现残友的社会所有性和形成良性的组织治理，其首要之举便是改变残友企业的私有性质，实现残友的社会所有性。

清华大学社会责任与创新研究中心的邓国胜教授曾经这样评价郑卫宁慈善基金会："所有的非公募基金大多都是企业基金，他们的结构是在企业的领导之下，企业决定投放和使用，而郑卫宁基金会是非公募基金会中唯一一个在企业之上的，我这个基金是来控你股的，是来收你股权的，是来保证你企业经营的时候有一个公益慈善的方向，来让商业不能成为目的的。"① 郑卫宁用基金

---

① 清华大学公共管理学院创新与社会责任研究中心主任邓国胜在郑卫宁慈善基金会开张当天说了这样一番话。

会对企业控股的方式践行着一种成功的社会创新。在 2012 年，残友集团获得英国社会企业联盟大奖；在第四届非公募基金会论坛年会上，郑卫宁基金会获得公益创新和年度致敬大奖。

总体而言，2012 年是社会企业大放光彩的一年，虽然这一概念还备受争议，更具有挑战性的是，很多社会企业还入不敷出，继续依赖基金会或者政府购买服务，但是社会企业已经深入到主流社会中来。2012 年友成基金会和北京大学联合在全国五十所高校以视频的方式开展社会企业课程，正是社会企业理念深度传播的标志性事件。

（三）媒体与公益

2012 年还有一个非常值得关注的跨界合作现象，就是传媒深度卷入公益事业之中。传统的观念认为，传媒只具有公益报道的功能，但是在互联网和新媒体时代，传播本身就成为公益行动的一部分。因此，公益传播就不仅仅是报道公益，而且也包含着关注、理解、支持、参与和推动公益行动、公益事业的各种传播活动，如公益广告、公益新闻、公益网站、公益活动、公益项目工程、公益捐赠等。在当下媒体环境中，尤其是伴随着新媒体技术的不断发展，不仅仅是大众传媒，各种类型的社会媒体包括政府机构、市场企业、社会组织，乃至普通公民都可以运用多元媒体资源参与公益事业。

当然，这其中专业媒体机构的公益传播行动是最为重要的风向标。2012年，众多专业媒体积极介入媒体公益，涵盖公益新闻、公益广告、公益网站、公益活动、公益基金、公益捐赠等多个方面。由于媒体本身也是企业，它具有企业的属性，同时又有其本身的特殊性。概括而言，媒体进入公益领域，相比起其他社会组织有着较为明显的主题性、便利性、传播性、中介性和联合性等特点。以 2012 年的广州为例，不但《南方都市报》继续引领公益传播的潮流，拥有公益周刊和《中国财富》，而且《南方日报》《羊城晚报》《广州日报》都纷纷开设公益专版，积极报道公益，开展公益活动。

回顾中国国内媒体公益报道的发展历程，大致可以将其分成三个时期。

第一个时期是公益慈善界以自办业内报刊网站为主的时期。在大众媒体报道内容中尚未形成公益报道领域时，公益慈善界出现了面向 NGO 组织内部或

业内的公益报道。一是报刊，这一时期的业内办刊包括面向自然之友会员的内部刊物如《自然之友通讯》（1996）、《中国发展简报》（1997）、《公益时报》（2001）、NGO发展交流网（NGOCN）（2005）、《NPO纵横》（现更名为《社会创业家》）（2005）、公益中国网（2006）、《环球慈善》（2008）、《希望工程》（2010）等。二是专业性公益网站，这些公益网站主要是公益组织的官方网站或网络性草根NGO。按照职能可以划分为基金会类、助学类、环保类、权益维护类、助残类、扶贫类等。如乐施会中国网站主要关注贫困问题并发布公益信息。

第二个时期是新兴门户网络媒体开设公益频道期。这一时期，公益传播开始突破公益慈善界，逐渐进入社会公众和网络媒体的视线并成为主流话语。经历了汶川地震的2008年不但是公益元年，也是公益传播元年。随着志愿者、民间组织、慈善募捐等概念的深入人心，"忽如一夜春风来，千树万树梨花开"，新浪、搜狐、网易、腾讯、凤凰网、人民网、中国网、南都网等各大门户网站的公益频道相继开设，首先在线上形成了公益报道的媒体气候。如雅虎公益频道在2010年成立，传播的公益范围集中在助学、环保、帮扶等方面。

第三个时期是传统媒体尤其是报刊平面媒体介入期。一是传统媒体开设公益专版专刊呈现井喷。2010年6月20日，《京华时报》公益周刊宣布创刊，开创了线下传统媒体开设公益报道专刊的局面。接着，《人民政协报》《华夏时报》《南方周末》等相继开辟公益专版或专刊，《南方报市报》也在广东省内的广州、深圳、东莞、佛山等八城的新闻版面开设公益慈善专版。2011年，深圳《晶报》、《云南信息报》和《南方都市报》先后开办公益周刊。公益媒体与公益传播风起云涌，真正突破从量变到质变的关口。二是线上线下形成互动。传统媒体公益专刊的开设带动了报刊官网公益频道的推出，进一步整合了线上与线下的传播渠道。

2012年，南都基于15年来的积累，推出南都全媒体集群建设计划，"南都公益全媒体"传播平台打造则是整个计划的重要组成部分。南方报业传媒集团除了在旗下的纸质媒体开辟公益版面和刊物，更将公益理念贯彻到了旗下的新网络媒体。在该传媒集团旗下的官方微博群和大部分网站，如奥一网、鲜橙网等开设了公益栏目或频道，形成了蔚为可观的公益南都全媒体集群。具体而言，其媒介形态包括广东各城读本的《公益·慈善版》、《南都·公益周刊》、《中国财富杂志》、南都网公益频道、南都公益官方微博，涵盖报纸、杂志、网络、微博等媒介形态，能够较为充分地整合全媒体资源，形成创新性的媒体组合，以最大化地达到公益传播的价值需求。这一亮点对于公益界产生深远的影响。

媒体的介入也对公益组织的资源产生挑战。相对于民间公益组织，媒体更能够得到企业或者基金会的青睐。在过去的几年间，民间公益组织和媒体曾围绕版权发生过多次争执，未来如何能够避免双方的恶性竞争，值得我们关注。媒体应该更多地考虑和民间公益组织合作来实现资源的最优整合。2012 年，《南方都市报》与中国非公募基金会论坛合作报道非公募基金会的发展，可以成为未来这种跨界合作参考的一个基础。不过令人欣喜的是，本书中的《中国公共倡导多元化发展现状分析》一文阐述了越来越多的 NGO 在 2012 年参与公共倡导和传播的过程，引人注目。

三　全民公益趋势之二：策略联盟

除了各部门之间的跨界合作，2012 年公益慈善领域内部出现了令人振奋的新现象，民间公益组织的制度性策略联盟和非制度性的联合行动都开始公开走上历史舞台。这种内部可能表现为松散的基于共同目标而发生的一次性联合，也可以表现为正式的多方的联盟机制。虽然我们的研究发现这种合作和联盟还存在很多摩擦和冲突，权力关系也难以对等，但是它却是未来民间公益发展的新方向。2008 年汶川地震救灾中震撼人心的民间联合行动，曾经被认为是昙花一现，尽管那些联合机构都逐渐消失，但策略联盟却以另外的形式出现在 2012 年。我们将对其中最重要的基金会和 NGO 伙伴关系、救灾 NGO 联盟和群体性公益行动进行主要叙述。

（一）基金会与 NGO 的伙伴关系

2012 年，中国非公募基金会论坛年会在广州召开，论坛在集中关注基金会的资金收入、管理和支出议题的同时，直接推动中国非公募基金会走向资助

的道路，尤其是推动基金会和民间公益组织通过资助形成伙伴关系。在这个论坛既表达了基金会对资助的理解，也表达了很多民间公益组织对基金会的期待。双方的共识在年会的总结发言上被概括为双方都需要通过能力建设，在"稚嫩的肩膀上承担起历史的使命"，让社会能够市场化，建设公民社会，通过资助建立基金会和 NGO 的伙伴关系发出 2012 年基金会行业的最强音。

基金会通过资助更多草根公益机构开展公益性服务项目，实际上是逐步打造我国本土的"公益价值链"。在价值链的上游，是提供资金、技术及理念等全方位支持的基金会，中游是大量长期扎根基层社区、直接服务于社会公众的民间公益组织及其能力建设机构，而下游则是广大急需救助和帮助的社会弱势群体。通过上述生态价值链的有效打造，整体公益行业内部以联合之势共同面对和解决社会问题，并以此成为助推我国社会自我建设和发育的重要过程。

中山大学公益慈善研究中心开展的基金会资助最优实践案例研究见于本书的《基金会与 NGO 合作》一文。该报告表明，2012 年，在国内开展资助型项目的境内外基金会主要采取四种有效的资助模式，分别是基金会向受资助组织购买服务、对其他公益机构进行纯粹项目资助、发展与受资助对象之间的战略伙伴关系，以及对外部或内生的公益组织或项目进行有效的行业培育孵化。同时，研究也发现基金会资助型项目的产生和发展需要基金会在价值、制度及技术等层面的全方位内部动力机制支撑。价值层面表现为基金会应该将对在不同领域开展以资助为导向的公益项目作为自身的价值和战略使命。在制度层面，系统、成文的基金会项目管理规范和无形的基金会项目操作标准为基金会资助型项目的有效开展提供充分的保障。而在更具体、微观的操作策略层面，开放、平等、尊重、充分信任、主动沟通和敢冒风险等组织互动策略与态度形成了对基金会资助型项目有效运作的技术性支撑。

此外，案例研究还表明，这种基金会和 NGO 的伙伴关系能够在社会问题的解决、基金会自我发展、民间公益组织成长及整体公民社会培育等方面产生相应的积极成效。对于社会问题的解决和应对，基金会资助产生的伙伴关系可以超越救济性社会问题的解决方法，代之以发展式社会问题解决之道，助人自助，同时能够有效推动更广泛社会资源的整合，共同投入到对相关社会议题的关切之中。资助型项目的开展也可能为基金会公益资源的筹集开辟新的道路和模式，并产生对基金会内部治理结构创新的新的内部动力。最后，对大量草根公益组织进行资助和支持，能够形成公益行业内部的充分优势互补和机构专业化发展趋势，从而推动国内公益行业产业链的有效打造。而公益行业产业链内部作为具体公益项目操作和执行层的民间公益组织的发育和成长，实为整体社会部门进行力量建构与再造的积极工程。2012 年，北京企业家环保基金会（SEE）的创绿家计划风行一时，正是这种伙伴战略的集中体现。

不过，中山大学公益慈善研究中心和香港中文大学公民社会研究中心共同开展的全国样本非公募基金会问卷调查研究也发现（见本书中的《非公募基金会资金管理与使用状况研究报告》一文），目前我国真正开展以资助为导向，尤其是以草根公益组织资助为导向的非公募基金会并不多，基金会资金的使用过程表现出相当的封闭性。

首先，在不同类型项目的样本频次分布上（见表 1），更多的非公募基金会是以自我运作的形式开展项目的（73.2%），而开展资助型项目（41.1%）的基金会较少。

表 1　2011 年非公募基金会运作型项目和资助型项目频次（N = 213）

基金会项目类型	频次（家）	百分比（%）
运作型项目	156	73. 2
资助型项目	88	41. 1

对 2011 年报告有开展资助型项目的非公募基金会样本（88 家）进一步考察，分析结果表明（见图 1），非公募基金会的大部分资助资金都给了高校、中学等事业单位类的社会机构，占到基金会整体资助型项目支出的 63.0%。此外，6.5% 的资助资金用于资助政府机关。真正给予公益行业内部基金会和民间公益组织的资助分别只有 6.0% 和 13.5%。

由此可见，如果仍以传统的公益行业内部资助关系来界定基金会资助，尤其是基金会对民间公益组织的资助，那么真正开展此种草根资助工作的非公募基金会事实上并不多。对非公募基金会有效调查样本的"事业单位"资助和"民间公益组织"资助状况作进一步的比较分析（见表 2），大部分基金会（71.6%）都有对事业单位类型机构的资助，而只有 19 家基金会样本有针对

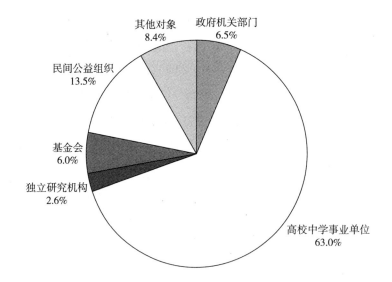

图1　2011年非公募基金会资助型项目资助不同
类型机构的资金所占比例（N＝88）

民间公益组织的资助，这只占总体有效样本（N＝214）的8.9%。此外，在
88家开展资助型项目的非公募基金会中，更有43家全部资助都给了事业单位
型社会机构，这些基金会样本主要是高校教育类基金会。

表2　2011年非公募基金会资助型项目对事业单位和民间公益组织的
具体资助状况比较（N＝88）

资助对象类型	有资助(家)	百分比(%)	全部资助(家)	百分比(%)
事业单位	63	71.6	43	48.9
民间公益组织	19	21.6	8	9.1

那么，什么是影响基金会资助型项目开展状况的关键因素？以基金会是否
有开展资助型项目为因变量，采用逻辑回归分析方法。首先，将基金会已成立
年限、基金会2011年总体收入和基金会网络多样性同时纳入回归模型，结果
显示（见表3），已成立年限和年收入均对基金会是否开展资助型公益项目有
显著影响，越晚成立和收入越高的基金会开展资助型项目的可能性越大。而在
控制成立年限和年收入后，非公募基金会社会网络对其是否开展资助型项目的
影响呈边缘显著（p＝0.06）。

表3 2011 年非公募基金会资助型项目开展状况影响因素回归分析模型 1

	回归系数	标准误	卡方值	自由度	显著性	OR 值
已成立年限	−.227	.076	8.841	1	.003	.797
年收入	.148	.067	4.806	1	.028	1.159
网络多样性	.165	.088	3.495	1	.062	1.179
常量	−.568	.374	2.305	1	.129	.567

不过，考虑到接近一半有开展资助型项目的非公募基金会将全部资助资金都投给了高校、中学等事业单位类社会机构，这部分非公募基金会大部分为高校类基金会，其资助项目的开展相对封闭，主要限于支持发起成立基金会的高校开展教育与科研工作。因此，非公募基金会资助型项目开展状况影响因素回归分析模型 2 将资助事业单位超过 90% 的基金会样本排除，结果显示（见表 4），基金会社会网络状况对其是否开展资助项目有显著的正影响，即基金会社会网络越多样，其开展资助型项目的可能性越大。同时，基金会年收入的作用变得不显著，而基金会的已成立年限依然对因变量有负作用。由此可见，当排除高校基金会以后，总体上而言，非公募基金会与更多类型的社会机构进行合作的经历对其开展资助型公益项目具有明显的促进作用。如果以机构合作关系的多样性作为衡量非公募基金会开放性的一个指标，那么越开放的基金会越倾向于做资助。

表4 2011 年非公募基金会资助型项目开展状况影响因素回归分析模型 2

	B 系数	标准误	卡方值	自由度	显著性水平	OR 值
已成立年限	−.279	.107	6.773	1	.009	.757
年收入	−.008	.093	.007	1	.931	.992
网络多样性	.370	.112	10.819	1	.001	1.447
常量	−1.133	.490	5.352	1	.021	.322

注：排除将 90% 以上的资助资金都投给事业单位型社会机构的非公募基金会样本。

除了总体性社会网络状况以外，具体基金会行业内部的关系网络是否会对非公募基金会开展资助型项目产生影响呢？在模型 2 的基础上，模型 3 将总体网络多样性变量替换为基金会合作关系数量，结果如表 5 所示。非公募基金会

与其他基金会合作关系的数量对其是否开展资助型项目具有显著正向作用，即与其他基金会交流与合作越多，基金会越可能开展资助项目。

表5　2011年非公募基金会资助型项目开展状况影响因素回归分析模型3

	B系数	标准误	卡方值	自由度	显著性水平	OR值
年收入	-.071	.103	.475	1	.491	.932
已成立年限	-.242	.105	5.337	1	.021	.785
与基金会合作关系数量	.454	.145	9.803	1	.002	1.575
常量	-.556	.457	1.484	1	.223	.573

注：排除将90%以上的资助资金都投给事业单位型社会机构的非公募基金会样本。

更进一步分析显示（见表6），与基金会合作关系数量对非公募基金会是否资助民间公益组织具有显著的正影响，即与其他基金会合作关系的数量越多，非公募基金会越可能去资助民间公益组织。

表6　2011年非公募基金会民间公益组织资助项目开展状况影响因素回归分析模型

	B系数	标准误	卡方值	自由度	显著性水平	OR值
年收入	.204	.142	2.054	1	.152	1.226
已成立年限	-.306	.164	3.455	1	.063	.737
与基金会合作关系数量	.368	.160	5.267	1	.022	1.445
常量	-2.492	.691	12.993	1	.000	.083

注：排除将90%以上的资助资金都投给事业单位型社会机构的非公募基金会样本。

根据上述系列回归模型的分析结果，我们可以比较充分地判断，非公募基金会社会网络关系状况，尤其是参与基金会行业内部合作与交流的状况，对基金会资助型项目的开展及其对民间公益组织的资助工作具有积极的促进作用。此外，在上述系列回归模型中，除了基金会社会网络之外，还有一个因素始终对因变量保持显著影响，即基金会的已成立年限。分析结果显示，越年轻的基金会，其开展资助项目的可能性越大，这一相互关系如图2所示。对非公募基金会的访谈及长期观察发现，大多数基金会都是在一定价值和使命的引领下开展工作。因此，影响基金会工作和发展方向的一个核心因素是基金会自身所秉持的价值观和理念。我们认为，随着近年来在基金会行业内部开展越来越多的对打造公益行业价值链的讨论，公益资助的理念被越来越多的基金会所接受，而新近成立的基金会也越可能走上资助性工作的道路。

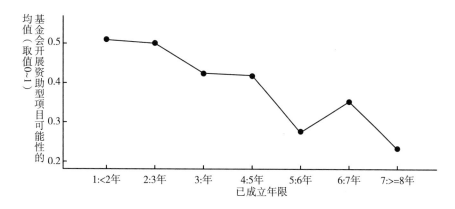

图 2　已成立年限对非公募基金会资助型项目开展状况的影响

　　总的来说，当前我国公益行业生态价值链的建设与打造过程与我国整体公益行业发展一样，仍然处于刚刚起步的阶段，在公益行业内部，仍需积极开展基金会资助转向的大力倡导工作。作为社会公益资源的重要筹集平台，基金会应该更多地担负起推动整体公益行业发展的价值与使命，形成对广大民间公益组织更强有力的支持，资助成为基金会和 NGO 结盟的主要方式。这种结盟对于整个全民公益将产生结构性的影响，也奠定了整个公益未来的发展方向。

（二）救灾联盟

　　2012 年公益组织之间策略联盟的另一个亮点是 NGO 救灾联盟。虽然公益组织之间的联盟在 2012 年不只这一类，例如南方绿色公益联盟和广东省环保企业社会责任联盟是 2012 年新成立的两家联盟①。但这两个新成立的联盟在

---

　　①　前者是由《南方日报》发起组建，希望通过公益性艺术品鉴、慈善拍卖、体育比赛、联谊派对及联盟会员身体力行的科学探索、自家穿越、国际考察、文化之旅等系列公益行为，专注于商业和社会力量的聚合，推动企业家精神的社会化，为人脉搭建、资本桥接、巅峰论坛、社会慈善公益提供最有效的交流平台。后者是希望通过企业自身对环保的承诺，来形成企业社会责任的联盟。

运作与管理上还不很成熟，2012年最显眼的仍然是9月份云南彝良地震救灾中民间组织自发的有效联合行动。联盟与合作在民间公益组织地震救灾参与过程的不同阶段均发挥出重要作用。地震灾害发生仅数小时，蓝天救援队和壹基金救援联盟两支民间救灾联盟性团队中距离灾区最近的成员立即起程赶赴彝良，在第一时间加入到紧急抗震抢险的工作中，表现出民间救灾联盟性组织极高的协调调动与快速反应能力。而随着后续进入灾区民间救援力量的增多，在地化的民间救灾联合也被立即提上日程并得以迅速实现。9月9日，由云南青基会益行工作组和四川NGO备灾中心等民间公益机构动议的民间联合救灾几乎在一天时间内完成了从提议到动员再到开会讨论直至正式组建的过程。当天晚上，"彝良县抗震救灾民间联合工作站"宣布成立，办公室就设在县政府大院内，随后立即成为统筹灾区民间救援力量的非正式开放性协调平台。在工作站的有效组织调配下，各地民间公益组织和大量志愿者得以更加高效、有序地参与到地震救灾的过程中，民间救援成为抗震救灾中一支极其重要的力量。

事实上，国内民间组织联合现象在2008年汶川地震救灾中就已经达到史无前例的高潮。根据相关研究报告的调研数据，当时活跃在灾区的民间组织救灾联合体有19个之多，统筹协调近300个NGO的联合救灾行动。虽然在汶川地震救灾后期，由于各种原因大多数联合体都趋于解散，但正是2008年的联合救灾经历在我国最广泛的民间公益组织内部撒下了合作与联合意识的种子。广大草根公益组织认识到，面对近年来我国大规模频发的自然灾害，草根机构想要在灾害应对过程中积极参与并真正发挥作用，唯有走组织合作与相互联合的道路。通过有效的合作与联合，形成不同类型公益机构间的优势互补与协调配合，化单个组织力量的相对弱小为机构联合体能量的相对强大，以集体之力共抗灾难。在"彝良县抗震救灾民间联合工作站"，民间公益组织救灾联合体内部设立了信息组、外联组、灾情评估组、物资组、志愿者管理组等职能部门，分别由具有相应专长的草根公益机构或志愿者承担，以联合体内部组织协同、分工负责为基础，充分发挥"工作站"有效整理灾情信息、对外链接救灾资源、推动灾区志愿者队伍建设，以及为参与救援的民间组织提供后勤支援的功能。

2008年汶川地震中民间公益组织联合救灾的遗产还不仅限于合作与联合

意识的广泛播种，我们还看到在此之后更具实质性意义的常态化民间救灾联盟网络的出现。其中，"壹基金救援联盟"在汶川大地震一周年之际的建立具有标杆性意义。2009 年 5 月 12 日，壹基金的发起人李连杰先生在汶川宣布成立"壹基金救援联盟"，作为一个公益的、开放的救援联盟体系，吸引各有所长的民间救援队伍加入，形成了国内规模最大且唯一的全国性民间公益救灾组织。截至 2012 年，救援联盟从成立之初的 30 多支民间志愿救援队伍发展到近 300 支、成员近 5000 人的规模，分布在全国 30 个省市自治区，曾先后参与广西柳州水灾救灾、青海玉树地震救灾、云南抗旱等多项公益救援行动。2012 年，"壹基金救援联盟"积极协调组织成员队伍参与"7.21"北京特大洪水灾害救援、彝良地震救灾等国内主要自然灾害救援，并在 11 月中旬派出 5 人轻型救援队赴缅甸参与境外地震救灾，成为我国首支参与国际救灾行动的民间救援队伍。我们看到，"壹基金救援联盟"正在逐步实现国内民间救援力量的网络化，虽然救援联盟仍然是以民间公益组织关系网络而非实体的形式存在，但其中的联盟关系已经实现常态化，而正是这种常态化的联盟关系日益成为民间公益组织联合行动的力量源泉。

（三）群体性公益

2012 年，与青年公益息息相关的是开始出现普通人基于社区人情网络、以移动互联网为链接的联合公益行动。我们借用群体性事件一词将这类集体性的、和平的公益行动解释为群体性公益，群体性公益使得公益人不再只是某个英雄个体形象，而是普通人的群像。

2012 年发生的普通人的群体性公益行动最为典型的是北京暴雨灾害中的普通市民的自助、互助与他助，尤其是参与京港澳高速公路救人行动的农民工群体令全国人民感动，知名主持人崔永元为此宴请这些工人兄弟以示感谢。这些市民群像给我们留下了深刻的印象。

与此同时，在 7 月的什邡，我们看到很多市民在 90 后中学生的带领下，因为关心自己所在家园的生活环境而采取集体行动。事情缘起于在什邡市动工建设的"宏达钼铜多金属资源深加工综合利用项目"，这个项目对什邡环境的负面影响缺乏评估，却匆忙上马。一群 90 后中学生在微博上对钼铜项

目可能的污染进行了积极的讨论，并自发地到什邡市委门口请愿，父母们随后加入请愿队伍，示威才最终变成万人游行，推动了政府取消钼铜项目的决策。这群90后的学生被很多人称为是"已来的主人翁"，在参与环保、推动公益的同时，也实现了自我的成长。这种群体性公益并非少有，启东和宁波都相继发生围绕对环境污染的关注而引发的人们对环境公益的关注。

在2012年的微博上，近几个月不断有大学生申请信息公开的消息。这群大学生对信息公开的申请涉及方方面面，包括官员的财产、项目的预算、可行性报告、政策信息等。这种申请信息公开的做法不仅仅是希望向政府问责，同时它还是倡导和改变相关政策的一种手法。例如，在广州，一位女士就向广州地铁申请了对防止性骚扰政策方面的信息公开。因为地铁公司曾呼吁女性不应该在地铁上穿着太暴露，会引起性侵犯。可是站在女性的视角，就算穿着暴露，也不是引起男性侵犯的原因，同时地铁公司也应该采取更好的措施来保护女性乘客。与此相关，2012年性别议题通过群体性公益行动尤为引起全社会的关注，群体性的行为艺术，例如占领男厕所、反对家庭暴力等既产生了倡导的作用，也引发了公众的普遍关注，这无疑构成了2012年群体性公益的一大亮点。

总的来说，群体性公益的特征在于它并不是一种刻意组织的联合，而是为了同一个目的，大家突然聚集在一起；或者是采用共同的策略，在不同的地点同时实施，从而产生一种群体的、能引起公众关注的效果。需要强调的一点是，如同2011年一样，这种无组织的组织方式依赖的都是互联网上的社交平台。他们不再是充分的结社，取而代之的是在网上的呼吁与回应。这种依赖于互联网的组织方式跨越了地域，而与你一同推动目标达成的人也不再是互相认识的熟人。正因为这样，人们能够知道价值相似、想法相同的同行者，通过合作与协调，更好地实现公益的目标。

四　全民公益趋势之三：走向专业公益

2011年，于建嵘发起的"随手拍解救乞讨儿童"引起了很大的回响，随手拍网络微博上被频频转发，也吸引了不少人参与随手拍的活动。"随手拍"

已经成为一种公益践行的方式。2012 年于建嵘等继续发起随手送书、送冬衣等系列活动，与此遥相呼应的是，邓飞等人也在免费午餐计划之后继续开展大病救助等活动。这些随手公益行动需要人们付出的成本很小，但是却能够产生强大的集聚效应。不过对于随手公益，人们也会有疑问：这种松散的方式是否能够继续有效推动事情的发展？于是，2012 年，全民公益一个重要的趋势是从随手公益开始走向专业公益，公益集体行动和松散的志愿团队向专业公益的转向引起了人们的关注和热烈讨论。专业公益是福、是祸，不同的公益人有不同的答案。

对什么是公益的专业性，2012 年发生了热烈的争论，有的机构，例如真爱梦想基金会强调企业的效率和结果为王，但是另一些机构，例如在 2012 年底的西部社区发展论坛上，西北一些长期做社区发展工作的 NGO 就认为公益组织的专业性有其自身的规律，社区发展的参与式评估和赋权理念、地方性文化和知识的尊重才是一个专业社区机构的表现。同时，更有极端看法认为公益组织的能力和能量不在于专业性，而在于边缘性和创新性，一味地强调专业性将扼杀公益组织的活力和特长。不管讨论的结果如何，专业性问题得到充分关注，本书中的《嵌入中的专业社会工作与街区权力关系》一文就揭示出在政府购买服务过程中一味强调社会工作的专业性所导致的公益机构建制化、官僚化和行政化的困境。专业性的公益指的并不是社工执照、各种证书的资格认证，专业性的公益包括很多方面，其中最重要的一点是对所需要解决的事情有深刻的了解，对自己机构所在社区存在的问题有所觉察。这种对社会问题的专业知识，可能来自于长期关注相关议题所搜集的信息和生活经验，可能来自于为了解决问题所做的行动研究。

不过大部分公益机构的实践者都会把专业性理解为对社区服务对象或者捐款人需求的敏感和积极回应上。2011 年"郭美美"事件以来，无论是公益组织还是政府，都在讨论如何提高公益组织的财务透明度。对捐款人负责的理念已开始走入人心。一些刚刚注册的机构和准备注册的机构都急切地需要这方面的知识，而像恩派等机构也在 2012 年积极地向民间 NGO 提供财务管理的课程。当然，除了财务管理之外，公益组织还需要加强像筹款、志愿者管理和项目管理等方面的知识，学会妥善处理与基金会、服务群体等的关系。在刚刚结束的第四届

中国非公募基金会发展论坛上,大家关注两个热点:基金会与公益组织的合作关系,以及基金会如何做投资。这些讨论已经比以往我们只讨论公益组织的生存问题更进一步,也看到这个领域开始往更成熟、更专业的方向发展。

随着政府政策的开放,许多公益组织逐渐登记注册,走出草根状态,浮出水面,本书中的《广东省社会组织登记管理体制改革的探索与问题》一文指出:自广东省和广州市 2012 年开放社会组织登记政策、取消双重管理规定以来,广东的社会组织注册呈现极大的上升趋势。登记成功不仅有利于社会组织筹集资源、发展壮大,更重要的是可以使公益组织在同一个规则下运作。公益组织的内部也出现了不少合作、协调与联盟,上文所述的地震救灾联盟就是一个很好的例子。企业、媒体等也纷纷加入到公益的领域,这种由政府、公益组织、基金会、企业和媒体组成的立体的公益生态系统,在资金、人才、技术、管理、传播上支持着公益领域发展的方方面面。而这种行业的形成迫切地需要专业性公益组织的出现。北京师范大学中国公益研究院院长王振耀教授希望草根 NGO 摆脱草根的帽子而转型为专业公益机构,引发了人们更多的讨论。我们预测,十八大之后社会建设会进一步推动社会组织的登记开放,更多的草根 NGO 将洗脚上岸,于它们而言,更重要的可能不是停留在草根状态,而是在成为正式的民间公益组织的同时,还能够继续保持那种贴近土地和人民、不屈不挠、敢为人先的草根精神。

不管怎样,专业公益转型引人注目,其中最重要的讨论集中在以透明度为基础的公信力建设和志愿组织的专业化两个方面。

(一)透明度与公信力

众所周知,发生在 2011 年的一系列慈善机构丑闻事件给我国整体公益慈善事业发展造成了巨大的冲击,公信力与慈善机构问责一时间成为社会公众普遍关注的热门话题。不过,如果这种冲击在公众对公益机构信任与信心的向度上是负面的话,同时从整体公益慈善事业重构与建设的角度也应该看到其积极作用的一面。在慈善丑闻事件冲击的影响下,公益行业内部开始强烈意识到公信力建设实乃公益慈善组织生存与发展的生命线,并将公益力建设提升到组织发展的核心环节。早在 2011 年 11 月 16 日,民政部就发布了《公益慈善捐助信息公开指引》，提出二十二条规则，旨在"增强慈善捐助信息的透明度，提高公益慈善组织的社会公信力，引导公益慈善资源的有效使用，推动慈善事业持续健康发展"。而在广泛征集社会各界意见和建议的基础之上，2012 年 7 月民政部又印发了《关于规范基金会行为的若干规定（试行）》，对基金会的组织运营行为及信息公开作出强制性规范。本书中的《2012 年度中国公益法律政策发展报告》一文对此进行了全面的介绍。

除了外部制度性规范的建制与完善，公益组织内部也在公信力建设上开始积极响应，丑闻缠身的红十字会 2012 年有大动作，引进国际评估标准对自身进行评估，广东成为试点。而在基金会行业内部中基透明指数成为亮点。8 月 29 日，中基透明指数（FTI）在京正式发布，成为推动国内基金会行业信息公开强有力的测评工具。中基透明指数体系的建构包含基金会基本信息、财务信息、项目信息及捐赠信息四个维度总共 60 个指标，根据不同基金会在各个指标上的表现赋值并加总计算总分，以此为基础对国内基金会在透明度建设维度上进行排名。徐永光先生认为：中基透明指数的公开发布，其最重要的价值在于将基金会透明的钥匙交到广大社会公众手中。以基金会的透明度为最基本参考信息，公众在进行公益慈善捐赠时可以采取"用脚投票"，主动选择信息公开全面、公信力较好的基金会。

可以看到，作为一个完全由民间自发研制发布的公益行业专业化指数标准，指数体系的研发完全由民间主导和设计，这依托于已经发展两年的基金会中心网，并有效整合了国内相关高等院校的研究力量，历时近一年时间完成整体指标体系的打造。直观的得分数字与排名大大降低了公众参与行业监督的门槛，中基透明指数有效地将公众对公益基金会的社会监督因素纳入指数的建构过程之中，从而形成对基金会自我信息公开无形的外在压力，使公众真正成为参与推动公益慈善事业发展的主体。

需要指出的是，中基透明指数的上线与发布，其最终目标并不在于为基金会区分优劣与设置好坏，而更像是一个开放的规则体系，对所有基金会公平、公开，基金会可以根据同一规则进行操作，实现自身透明度指数的动态提升。

（二）志愿组织的专业转型

2012 年，随着政府登记注册的放开，我们也看到有很多公益组织正从过去松散的志愿组织向专业组织发展。这意味着这些组织需要更稳定的人员、更多时间和精力的投入，也意味着它们需要从机构的角度去思考未来的发展。同时，在转型的过程中，这些组织也遇到了不少挑战，如注册之后的财务人事、税收、年审等都给这些机构带来了许多喜与忧。

广州凤凰城爱心公社今年就思考着该如何转型。该组织是社区自发产生的，事实上已经在凤凰城碧桂园开展了超过五年的工作。从一开始在 BBS 上号召业主组队到山区扶贫到后来在小区开展各种活动，该组织的成员一直在思考如何从松散的扶贫组织成为一个扎根在生活社区中的组织。同时，他们也在思考，作为一个社区中的组织，除了组织活动之外，还应如何增强社区凝聚力、如何推进社区环保及如何使社区自治。就是在这样的思考当中，他们深深地感受到目前的运作方式不可行。没有固定的工作人员，每个人的参与程度不能保证；靠每个志愿者去捐献金钱与物资，收入来源极不稳定；令他们最为"头疼"的是"创始人现象"，如果创始人要离开，组织该如何继续运行下去呢？这一切都在 2012 年有了突破。公社今年已经成功注册，也培养了四个核心志愿者带头人。另外，一向只依靠志愿者、社区捐赠的他们开始尝试向基金会提交项目申请书，同时也开始参与在其他地区开展的一些公益交流，吸取各方的经验。向专业化转型对于凤凰城爱心公社来说相当艰难，但是他们仍然在努力。

广东狮子会可以说是志愿组织专业转型的一个典型。在本书中《狮子会在中国》的研究报告以广东狮子会为例解释了狮子会作为一个志愿组织如何在中国进行专业建设的案例。狮子会一直以来都依靠志愿者的组织、管理和参与。狮子会的会员在甫入会之初，即被告知要"四出"：出钱、出力、出心、出席。所以狮子会的会员除了捐款之外，还亲身参与一线服务和管理。中山大学公益慈善研究中心的调查研究发现，在所有的受访者中，半数以上会员的年度志愿服务时间都超过了 100 小时，有 15.6% 的会员的志愿服务时间在 300 小时以上，这也就意味着，有近 1/6 的会员每天都会至少有 1 小时在为狮子会的各种事务忙碌着。能够完全依靠志愿者来展开行动而不乏组织的凝聚力，狮子会凭的不仅是"我们服务"的信念，同时还有严谨的制度安排。狮子会在组织内部开辟各种各样的领导岗位，根据会员的个人特质，把一些有时间、有潜质的会员安排在领导的位置上，独立负责推动一些项目。但是，在规定一些重要的领导岗位的人选资格的时候，狮子会明确地提出关于捐款和志愿服务时间的要求，例如会长的志愿服务小时要超过 300 小时，而 5 星级会员的捐赠额度要在 50 万以上。往往被放置在领导位置上的人会因为责任的驱动而更加投入于这样一个志愿者身份所承担的"事业"中去。同时，狮子会还有一个非常重要的组织文化，叫做轮庄制，即轮流坐庄。关键位置的领导，例如国际总会的会长、地区狮子会的会长和服务队的队长，每年更替，由不同的会员来担当。轮庄的制度设计也让处在领导岗位上的会员倍感珍惜和无顾虑地更多地付出。对于捐赠，狮子会的管理也相当严格。狮子会历来非常注重把服务经费和行政经费严格区分，行政经费有结余的时候可以通过理事会投票表决专为服务经费，但服务经费任何时候都不能转做行政经费。正是这种激励与规管相结合的方式，使狮子会只在志愿者的支持下也能够专业运行。

志愿组织与专业组织并不是两个相斥的概念，但是从松散志愿组织到专业组织需要一个转型的过程。这里面涉及组织的形态、战略规划、制度设计和管理方式等方方面面，对很多机构来说，这都是一个不小的挑战。通向组织专业化的道路有很多条，但必须指出的是，所有走向专业化的组织都离不开对捐款人负责、对服务对象负责的理念。也只有这样，一个机构才能长久稳定地运行下去。

不过值得警觉的是，志愿组织的专业化并非是一味地参加西方经验和理论的学习，本书安子杰博士的报告《国际支持机构与中国公民社会》犀利地指出，很多中国公益组织的能力建设其实没有立足于中国公民社会组织的实际经验，也不符合 NGO 的需求。中国志愿组织的能力建设和专业转型很大程度上仍然依赖于组织自身的行动研究的提升。

五 结论

2012 年是突围的一年，我们在这一年看到新老交替，看到青年公益的崛

起，以及跨界合作、策略联盟和专业转型构成了2012年全民公益发展的重要趋势，我们在这些公益人的身上看到竭尽全力突围的努力。这一幕正像2012年的《少年派之奇幻漂流》，2011年的一场悲剧却转化为2012年的一部壮丽史诗。如同剧中的少年一般，我们应该感谢那些一直对我们虎视眈眈的"老虎"，正是他们让我们在漂流中始终保持警觉、斗志和对未来的信心。不管我们相信还是不信，最终我们都将到达第三部门的彼岸。2013年值得我们期待。

公益行动

Philanthropic Action

B.2
城市居民志愿服务与慈善捐赠行为研究报告

——基于北京、广州、昆明三城市的调查发现

香港中文大学公民社会研究中心志愿与捐赠行为调查课题组

摘 要:

志愿服务与慈善捐赠作为公民的重要公益实践行为,在中国开始受到越来越多人的关注,但目前国内学界对此尚缺乏系统的实证研究。本研究通过对北京、广州和昆明三个公益事业发展走在全国前沿的城市的居民进行电话调查,考察中国城市居民志愿服务与慈善捐赠行为的现状,旨在对本领域进行一次探索性研究。研究发现,(1)居民志愿服务与慈善捐赠的参与率总体不及主要西方国家,但相比而言,慈善捐赠的参与率高于志愿服务;(2)职业状况、受教育程度、家庭收入、户口、信仰、性别与年龄等社会学因素对两种行为都存在一定程度的影响;(3)参与志愿服务和慈善捐赠行为,如达到一定的强度会显著提高居民的幸福感和生活满意度。

关键词:

志愿服务 慈善捐赠 生活满意度

一 研究背景

近年，志愿服务行为和慈善捐赠行为在中国大地上兴起，逐渐成为中国公民社会活力的迸发口。其中，一个重要的背景是各种不同性质、关注不同议题的社会组织，特别是公益慈善类组织如雨后春笋般涌现，这为中国公民志愿服务和慈善捐赠等公益行为提供了多元化的渠道。在 2013 年第十二届全国人大一次会议第三次全体会议上，国务院更是明确提出，包括公益慈善类在内的四类社会组织可直接向民政部门申请登记，不再需要业务主管单位的审查同意，政策环境上的逐步开放意味着公益慈善类社会组织将会迎来更迅猛的发展势头，这也将为人们公益行为的实践营造更有利的社会和组织条件。同时，随着高等教育的普及面越来越广，中国公民的社会道德水平、公共服务与互助意识，以及公共生活参与的能力也在稳步提升，这构成了公民积极投身于社会公益事业的内部条件。志愿服务和慈善捐赠行为受到社会大众的广泛关注。我国的志愿服务事业大致经历了孕育、启动、发展、深化和全民参与几个主要阶段，2008 年中国所经历的南方冰雪灾害、"5.12" 汶川大地震和北京奥运会等重大事件，更是翻开了中国志愿服务的崭新一页[①]。在慈善捐赠上，也开始有机构系统地收集相关数据，关注中国不同类型主体慈善捐赠的动态，例如中国民政部主办的中国公益慈善网就对不同省市、组织、个人的捐赠和接受捐赠的情况进行了全面的统计分析[②]。

然而，一系列社会事件也引发了人们对社会冷漠的忧虑。轰动一时的"小悦悦"事件，令人们为 18 个路人的见死不救而无比心寒。因搀扶倒地老人却反而受到法律惩罚的彭宇案、许云鹤案，也让人们为助人行为所付出的代价而感到担忧甚至恐惧。"郭美美"事件更使得中国的整个慈善捐赠事业遭受沉重打击。2010 年公布的盖洛普全球民意调查数据称，在中国只有 4% 的受访者在过去的一个月中从事了志愿服务，仅有 11% 的受访者参与了慈善捐赠。按该调查结果，

---

① 《我国志愿服务概况》，中华志愿者协会网，http://cva.mca.gov.cn/article/zyyj/201110/20111000188008.shtml。

② 中国公益慈善网数据中心，http://www.charity.gov.cn/fsm/sites/newmain/paihang.jsp。

中国公民的利他行为在全球 153 个国家和地区的排名中位列倒数第七[①]。

面对这些看似矛盾的社会趋势，人们希望了解，中国公民的利他和互助行为的现状究竟如何？目前国内学术界对这方面的问题尚缺乏系统的实证研究，使得中国公民的利他和互助行为的基本状况并不明晰。在这样的社会和学术背景下，中国公民的利他和互助行为究竟处于什么状态？在本研究中，我们将通过志愿服务和慈善捐赠两个方面来考察我国城市中公民的利他和互助行为，并希望探讨三个与此相关的主要问题。

第一，中国公民志愿服务和慈善捐赠的基本情况如何？我们希望通过对北京、广州、昆明三个城市的随机抽样调查，为回答该问题提供一些虽然是初步的、但是比较扎实的实证资料。

第二，影响志愿服务和慈善捐赠的因素有哪些？有一些相关研究从资源稀缺和成本理论来考察这个问题，但我们认为这种视角存在不足。在本研究中，我们希望运用社会学视角，分析社会学和人口学变量与志愿服务和慈善捐赠之间的关系。

第三，志愿服务与慈善捐赠是否能增强参与者的生活幸福感和满意度？西方研究发现，公民的利他行为能提高本人的幸福感[②]。在中国是否也是如此？对此我们将进行探讨。

二　方法与数据

本次研究的数据收集方法是由中山大学电话调研中心进行电话调查，于 2011 年春季进行。通过随机拨号，在北京、广州和昆明三个城市采访了 3039 位年龄在 16 岁及以上的受访者[③]，每个城市的受访人数在 1000 名左右。

之所以选择以上三个城市，是因为考虑到志愿服务的参与率在全国范围可能较低，进行系统的全国性研究所需的样本量一下难以确定，所以决定首先

① Charities Aid Foundation, *The World Giving Index 2010* (UK: Charities Aid Foundation, 2010).

② M. Marc, A. Musick and John Wilson, *Volunteering: A Social Profile* (Bloomington and Indianapolis, IN: Indiana University Press, 2008); Jane Allyn Piliavin, "Doing Well by Doing Good: Benefits for the Benefactor", in C. Keyes and J. Haidt (eds.), *Flourishing: Positive Psychology and the Life Well-lived* (Washington: American Psychological Association, 2003), pp. 227 – 248.

③ 总共拨通了 13373 个电话，其中 3039 个接受了电话调查，受访率为 22.7%。

选取志愿服务和捐赠行为较为活跃的地区开展第一步的研究，以便为将来的全国性样本研究打下基础。所选三个城市都有着比较健康的志愿服务和慈善捐赠环境。其中，北京作为我国的政治中心，有着众多的社会组织，其涉及的领域范围广泛，动员和参与能力较强。昆明是云南省的省会，由于省内贫困落后，地区为数较多，生物种类丰富，拥有众多关注环境问题和扶贫问题的公益组织，包括大量的国际非政府组织聚集昆明。广州地处改革开放前沿的珠三角地区，经济繁荣、市场开放，对于来自国际的各种社会思潮有较强的包容性。因为邻近香港，受香港民间公益组织和公益活动者的影响，广州的志愿服务组织发展较早也较迅速。同时广州也是农民工的主要流入地之一，有较多的社会组织致力于为他们提供各种服务。概而言之，这三个城市分布在我国的不同区域，都是公益慈善组织发展较好、公民社会成长较快的地区。我们选择这几个城市作为研究的切入点，是希望首先勾画出目前中国城市中志愿服务和慈善捐赠行为的最为乐观的状况，从中既可以了解我国公益慈善和公民社会较发达地区的现状，也可以看到和世界其他国家和地区相比所存在的差距。

三 志愿服务和慈善捐赠的现状

（一）志愿服务

我们首先分析三个城市受访居民志愿服务的情况。当被问及在调查前一年是否提供了志愿服务时，约15.01%的受访者给予了肯定的回答。三个城市的居民志愿服务的参与程度相似，分别为北京13.95%、广州16.32%、昆明14.77%，三者之间无显著差异（见图1）。

这样的志愿服务参与比例与主要西方国家相比是较低的。例如，有研究显示，志愿服务的参与率在美国是44%，在英国是48%，在加拿大是27%[1]。

---

[1] 数据引自 Joseph Chan and Elaine Chan, "Charting the State of Social Cohesion in Hong Kong", *The China Quarterly*, Vol. 187 (2006), pp. 635 – 658。需要注意的是，不同研究给出的数字可能会有差异。比如盖洛普2012的数据显示美国的民众在过去一个月参与志愿服务的比例是39%。而根据美国 Current Population Survey 的数据，美国民众在一年中参与志愿服务的比例只有26.5%。抽样方法、问题设计、访问方式等方面的不同都可能是导致差异的原因，这里无法详述。

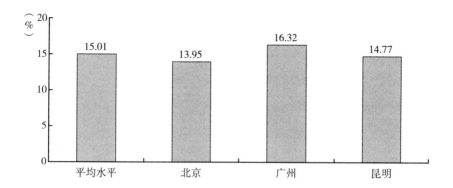

图1　三城市居民志愿服务的参与率

再者，志愿参与比例与其他华人地区相比也较低。最近的研究报告显示，45%的台湾居民[①]和20%的香港居民参与志愿服务[②]。值得强调的是，本次调查的三个大城市的居民，相比于其他城市和广大农村地区的居民，有更多的资源和机会参加志愿服务。因此，我国其他地区的志愿服务的参与程度可能会低得多。这样看来，我们的研究结果与2010年公布的盖洛普调查结果是比较一致的。在该次调研中，中国的志愿服务参与率位列全球排名最低的10个国家当中[③]。

　　如果我们进一步考察志愿者提供服务的组织类型，可以看到，比例最大的是社会服务组织，占27.61%，其次是社区组织，占18.48%。教育机构（11.09%）、环保组织（8.48%）也是常见的组织类型。有5.43%的受访者参加的是自己单位组织的志愿活动。通过宗教团体、劳工组织参与志愿活动的比例最小，均不超过1%（见图2）。

[①]　Yu-Kang Lee and Chun-Tuan Chang, "Who Gives What to Charity? Characteristics Affecting Donation Behavior", *Social Behavior and Personality*, Vol. 35, No. 9 (2007), pp. 1173–1180.

[②]　Joseph Chan and Elaine Chan, "Charting the State of Social Cohesion in Hong Kong", *The China Quarterly*, Vol. 187 (2006), pp. 635–658.

[③]　本研究估算的志愿服务比例基于受访者是否在"过去的一年"有过志愿服务，这个比例不能与盖洛普的估算比例作直接比较，因为盖洛普的问题是受访者是否在"过去的一个月"有过志愿服务。但是我们的数据表明，即使在我国志愿和捐赠行为较为活跃的城市，参与率与国际其他国家和地区相比也是较低的。以此推测，全国的平均参与率很可能处于更低水平，在国际排名中落后可以说并不令人感到意外。

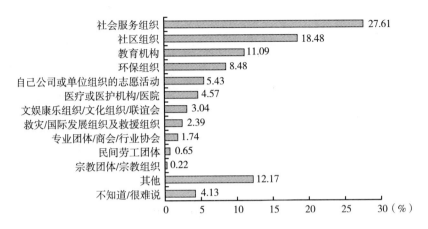

图 2　志愿者提供服务的组织类型

（二）慈善捐赠

我们考察公民利他和互助行为的第二个重要方面是慈善捐赠行为。与相对较低的志愿服务比例相比，三城市居民中参与过慈善捐赠的比例都是比较可观的。约三分之二的受访者（66.23%）表示在过去一年有过慈善捐赠，其中昆明的捐赠率最高（69.13%），广州其次（66.47%），最低的是北京（63.12%），但三地差异并不大（见图 3）。

与富裕的西方社会相比，比如美国（89%）、加拿大（78%）①，三个城市的捐赠水平仍然较低，但至少从捐赠比例上看，它们已经超越了香港（59%）②，开始接近台湾的水平（72%）③。

在进行慈善捐赠的渠道上，大多数人是通过所在的单位进行捐赠，比例达到 61.63%，通过居委会的有 19.19%，公益组织也发挥了明显的作用

---

① 数据引自 Joseph Chan and Elaine Chan, "Charting the State of Social Cohesion in Hong Kong", *The China Quarterly*, Vol. 187 (2006), pp. 635 – 658。如前所述，不同的研究可能给出不同的数字。

② 数据引自 Joseph Chan and Elaine Chan, "Charting the State of Social Cohesion in Hong Kong", *The China Quarterly*, Vol. 187 (2006), pp. 635 – 658。如前所述，不同的研究可能给出不同的数字。

③ Yu-Kang Lee and Chun-Tuan Chang, "Who Gives What to Charity? Characteristics Affecting Donation Behavior", *Social Behavior and Personality*, Vol. 35, No. 9 (2007), pp. 1173 – 1180.

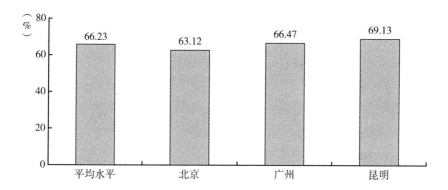

图3　三城市居民慈善捐赠参与率

（18.33%）。有相当部分的人选"其他"（10.55%），这主要是比较个人或不固定的方式，包括在街上、商场、通过手机等。同样，可以看到在中国宗教组织作为慈善捐赠渠道的功能并不明显（见图4）。

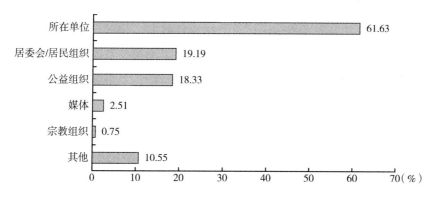

图4　慈善捐赠的渠道（多项选择）

从以上的总体性描述中，可以看到中国公民的利他与互助行为呈现这样一个图景：捐赠的参与率高，而志愿服务的参与率低。我们认为当中的一个原因是，相对于志愿服务，慈善捐赠对个人的时间和精力要求更低，需要自发的努力较少。大部分人是通过自己的工作单位进行捐赠的，可以说足不出户就可以实现这样的目的，而进行志愿服务需要个人付出额外的精力。此外更重要的原因是，要参与志愿服务就需要有提供志愿服务机会的社会组织和团体。而就我国目前的状况而言，民间公益慈善组织的数量依然不足，其规模和发展也仍然

受到种种限制，这使得公民参与志愿服务的渠道比较缺乏，机会不足。要较快地提高公民志愿服务的参与率，需要放开对于民间公益慈善组织的限制，允许和鼓励各类民间社会团体充分自由发展。

四 影响公民志愿服务和捐赠行为的因素

如果简单地根据资源稀缺和成本理论，人们也许会认为，影响志愿服务的主要因素是个体的闲暇时间。闲暇较多的个人，参与志愿服务的机会成本较低。我们一般认为，有正式工作的个人比起家庭主妇、退休人员、没有工作在家的人员更为忙碌、闲暇较少。按照这种理论，家庭主妇、退休人员等在家人员参与志愿服务的比例应当远比有本职工作的人高。类似的，按照这种理论，影响慈善捐赠的最主要因素是个体的收入和财政状况，收入高的群体财政资源充沛，捐赠的机会成本较低，而其他因素的影响则属于次要。我们将会看到，这种资源成本理论过于简单，虽然有一定的解释力，但并不能很好地描述复杂的现实，甚至在某些方面的预测和现实情况不符。以下我们从社会学的视角，考察在校和就业状况、教育程度、家庭收入水平、是否有当地户口、宗教信仰、性别和年龄等因素对志愿服务和慈善捐赠行为的影响。

（一）在校和就业状况

首先看不同就业状况群体的情况。从结果可见，学生是投身志愿服务最积极的群体，35.63%的学生参与过志愿服务，比样本中的平均水平15%高出一倍以上，也明显高于其他群体。其次是在职人员（15.38%），接近样本的平均水平。相对而言，目前没有工作的人群，包括失业待业、退休以及主理家务者的志愿服务参与度较低（见图5）。

在慈善捐赠方面，不同群体之间的差距并不如志愿服务那样明显。学生同样是最积极的群体，在过去一年中有过慈善捐赠行为的学生比例达到76.35%。其次是在职人员群体，比例为70.09%。退休人员、主理家务者和失业待业者的比例都超过50%（见图6）。

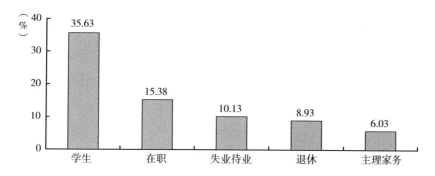

图5　各群体过去一年参与过志愿服务的比例

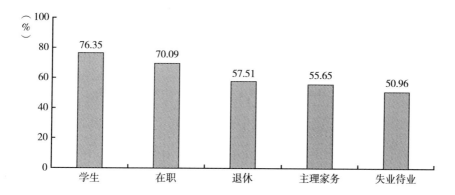

图6　各群体内部过去一年进行过慈善捐赠的比例

考虑到在校学生中有中学生和大学生，情况比较复杂。而不少因素如户口、家庭收入等对于在校学生和普通居民的影响不尽相同，在以后的分析中，我们排除了在校学生（占样本量的8.21%），将注意力集中在普通居民上。在非学生样本中，整体的志愿服务率为13.12%，捐赠率为65.34%，仅比整个样本平均水平稍低。

（二）教育程度

教育程度与居民参与志愿服务和慈善捐赠存在什么关联？我们认为，受教育程度越高的人，公民意识和素养也相对较高，从而更可能理解利他和互助行为的社会价值，产生这样行为的可能性也更高。

本研究将教育水平区分为四个层次（初中或以下、高中、大专、本科及

以上），从结果可以看到，志愿服务的参与率是随着受教育程度的上升而增加的。本科以上学历的居民志愿服务的参与率最高，达到18.06%，是高中以下学历居民的两倍还多（见图7）。

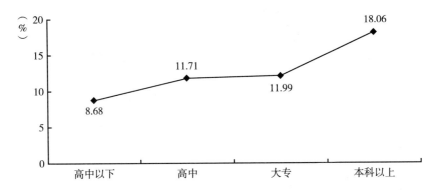

图7　不同学历群体过去一年参与过志愿服务的比例

同样，参与慈善捐赠的比例也表现出类似的趋势，受教育程度越高的居民，在过去一年中有过慈善捐赠的比例也越大，其中本科以上学历的居民参与捐赠的比例达73.60%，比高中以下学历群体的捐赠率高出约三分之一（见图8）。

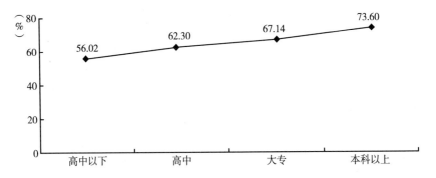

图8　不同学历群体在过去一年进行过捐赠行为的比例

（三）收入水平

另一个有可能与志愿服务和捐赠行为相关的因素是收入水平。本研究用家庭月收入作为衡量收入水平的指标，并将家庭月收入水平划分为五个层次：月收入小于 2000 元、2000 元至 4000 元、4000 元至 8000 元、8000 元至 12000 元，以及大于 12000 元。

收入水平对志愿服务表面上看似乎存在一定的影响，即随着收入的增加，志愿行为的参与率似乎也有所提升（见表 1）。

表 1　收入水平与志愿服务参与率的关系

单位：元，%

收入水平	< 2000	2001 ~ 4000	4001 ~ 8000	8001 ~ 12000	> 12000
志愿服务参与率	0.10	0.12	0.14	0.15	0.15

但是考虑到收入水平和教育程度两者存在一定的相关性，所以收入水平和志愿参与率的关系可能只是体现了教育程度的影响（也就是说，收入程度较高的人之所以表现出较高的志愿参与率，其实只是因为他们的受教育程度较高）。通过进一步的多元回归分析（回归结果略），我们发现确实如此。当控制了教育水平之后，家庭收入和志愿参与率之间不再有显著关系。这表明，家庭收入对志愿参与率并非有真正的影响。

不过家庭收入水平对于捐赠行为的影响则是明显的。家庭收入水平越高，进行过慈善捐赠的比例也越大（见图 9）。而多元回归分析（回归结果略）也帮助我们确认，即使在控制了教育程度等其他因素的情况下，收入水平的影响仍然是稳定存在的。

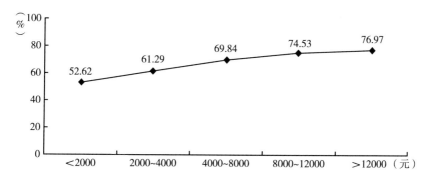

图 9　不同家庭收入群体过去一年进行过慈善捐赠的比例

以上分析显示，与教育程度同时影响人们的志愿参与和慈善捐赠不同，收入水平只是影响人们的慈善捐赠，对于人们的志愿参与则没有显著影响。

（四）户口

表面上看，本地户口对志愿服务参与率的影响并不明显（本地户口的志愿参与率为13.61%，外地户口为12.24%，该差距统计检验不显著）。但是更进一步的分析表明，当控制了年龄因素以后，本地户口对于市民参与志愿服务是有显著影响的。可以看到，在各个不同年龄段，拥有本地户口的居民比起非本地户口的居民，都更多地参与志愿服务。这个差距在年龄较大的居民中（50岁以上）尤其明显（见图10）。

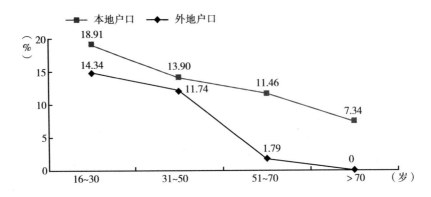

图10 不同户口的各年龄群体在过去一年参与过志愿服务的比例

本地户口对于慈善捐赠的影响也是显著的。总的来看，拥有本地户口的居民慈善捐赠率为67.12%，非本地户口为61.49%，相差约6个百分点。当我们分年龄段来看，这个差距更为明显，在有的年龄段里差距超过10个百分点（见图11）。

（五）宗教

宗教对于参与志愿服务的影响是比较明显的。佛教徒和基督教徒参与志愿服务的比例较明显地高于没有宗教信仰或仅仅具有传统的祖先或神灵信仰的居民（见图12）。

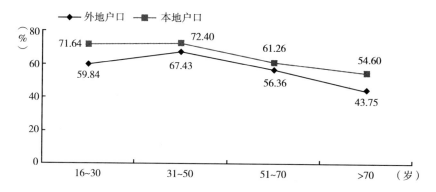

图11 不同户口的各年龄群体在过去一年进行过慈善捐赠的比例

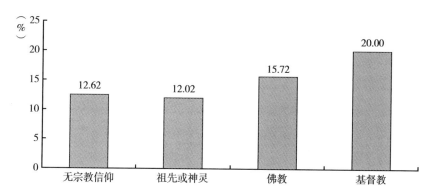

图12 不同宗教信仰群体在过去一年参与过志愿服务的比例

但是宗教因素对于进行慈善捐赠的影响则不甚明显。信仰各个宗教和无宗教信仰的居民去年有过捐赠行为的比例之间差异并不大（见图13）。

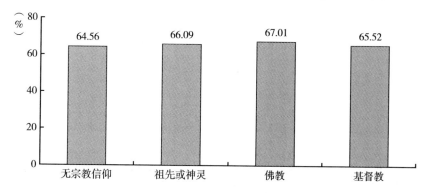

图13 不同宗教信仰群体在过去一年进行过慈善捐赠的比例

（六）性别

性别因素对于志愿服务没有显著影响。在样本中，男性和女性参与志愿服务的比例相似，男性约14%，女性约12%，没有统计上的显著差别。在运用多元回归控制了其他变量后，情况也是如此（回归结果略）。

另一方面，性别对于慈善捐赠则呈现一定的影响，女性进行过慈善捐赠的比例比男性要高（见图14）。控制其他变量进行多元回归分析后，我们发现，女性比男性更倾向于进行慈善捐赠（回归结果略）。

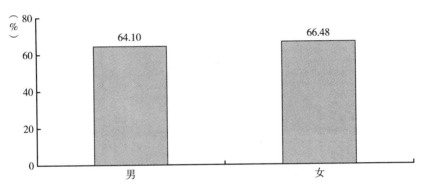

图14 不同性别群体在过去一年进行过慈善捐赠的比例

（七）年龄

本研究发现，我国城市中志愿服务的参与率随着年龄的增长出现逐步下降的趋势。16~30岁的青年人的志愿服务参与率达16.34%，31~50岁的年龄段则下降到13.31%，51~70岁的年龄段进一步降为10.60%，70岁以上的仅有6.22%（见图15）。这和西方国家志愿参与的生命周期走向有明显不同。例如，在美国，研究者观察到的志愿参与随年龄变化的趋势是倒U形的：在中年（在接近40岁到50出头这个年龄段）最高，年轻人和老年人中的参与率相对较低[1]。

---

① John Wilson, "Volunteering", *Annual Review of Sociology*, Vol. 26 (2000); Putnam, *Bowling Alone: The Collapse and Revival of American Community* (New York: Simon & Schuster, 2000); Marc A. Musick and John Wilson, *Volunteering: A Social Profile* (Bloomington and Indianapolis, IN: Indiana University Press, 2008).

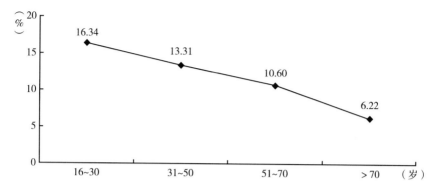

图 15　不同年龄段群体在过去一年参与过志愿服务的比例

相比之下，慈善捐赠行为随年龄变化的趋势则表现为中间高、两头较低的倒 U 形。中年人群体有过捐赠行为的比例最高（71.06%），其次是年轻人（65.05%），老年群体最低（52.91%）（见图 16）。

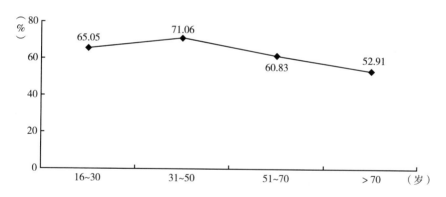

图 16　不同年龄段群体在过去一年进行过慈善捐赠的比例

以上分析显示，在我国三城市的不同年龄组中，年轻人（16 岁至 30 岁）最有可能参与志愿服务，而中年组人群（31 岁至 50 岁）最倾向于慈善捐赠。这一差异的原因可能既有由于年龄变化带来的生命历程变化，也有不同的世代所经历的不同社会背景的差异。志愿服务特别是为民间的公益组织服务，在中国是一个较新的社会现象。年青一代由于其思维的开放性和对新事物的敏感，比老一代更有热情和积极性参与到这一形式新颖的社会行动中去。当然这也涉及青年人在身体和健康上的优势，因为志愿服务往往也有一

定的体力要求，老年人由于健康程度下降，参与志愿行动的困难越来越大。那些在中年组的人群正忙于应付工作和家庭责任，能够分配到志愿服务的时间自然相对较少。但另一方面，由于正处在职业生涯的高峰期，他们通常比年轻人和老年人享受更多的经济自由。因此，他们可能会选择慈善捐赠而不是贡献时间。因此，我们看到，不同世代的公民活力以不同的形式呈现出来。

五　公民的利他行为和生活满意度

在西方，有越来越多的研究证据显示，帮助他人和服务社会的行为不仅对接受帮助的对象有利，对提供这种帮助和服务的行动者本人也带来了多种益处。换句话说，助人者亦助己。有不少西方研究发现，与非志愿者相比，志愿者们更加长寿[1]，拥有更好的心理和生理健康状况[2]，幸福感和生活满意度也更高[3]。带来这种效果的原因可能有几个方面：首先，从社会心理学的角度讲，助人行为可能带来行动者内在的满足感，产生正面的情绪，从而促进身心

[1] Alex H. S. Harris and Carl E. Thoresen, "Volunteering Is Associated with Delayed Mortality in Older People: Analysis of the Longitudinal Study of Aging", *Journal of Health Psychology*, Vol. 10, No. 6 (2005), pp. 739 – 752; Ming-Ching Luoh and A. Regula Herzog, "Individual Consequences of Volunteer and Paid Work in Old Age: Health and Mortality", *Journal of Health and Social Behavior*, Vol. 43, No. 4 (2002), pp. 490 – 509; and Jane Allyn Piliavin and Erica Siegl, "Health Benefits of Volunteering in the Wisconsin Longitudinal Study", *Journal of Health and Social Behavior*, Vol. 48, No. 4 (2007), pp. 450 – 464.

[2] Yunqing Li and Kenneth F. Ferraro, "Volunteering and Depression in Later Life: Social Benefit or Selection Processes?", *Journal of Health and Social Behavior*, Vol. 46, No. 1 (2005), pp. 68 – 84; Yunqing Li and Kenneth F Ferraro, "Volunteering in Middle and Later Life: Is Health A Benefit, Barrier or Both?", *Social Forces*, Vol. 85, No. 1 (2006), pp. 497 – 519; Piliavin and Siegl, "Health Benefits of Volunteering"; and Peggy A. Thoits and Lyndi N. Hewitt, "Volunteer Work and Well-Being", *Journal of Health and Social Behavior*, Vol. 42, No. 2 (2001), pp. 115 – 131.

[3] Yunqing Li and Kenneth F. Ferraro, "Volunteering and Depression in Later Life: Social Benefit or Selection Processes?", *Journal of Health and Social Behavior*, Vol. 46, No. 1 (2005), pp. 68 – 84; Yunqing Li and Kenneth F. Ferraro, "Volunteering in Middle and Later Life: Is Health A Benefit, Barrier or Both?", *Social Forces*, Vol. 85, No. 1 (2006), pp. 497 – 519; Piliavin and Siegl, "Health Benefits of Volunteering"; and Peggy A. Thoits and Lyndi N. Hewitt, "Volunteer Work and Well-Being", *Journal of Health and Social Behavior*, Vol. 42, No. 2 (2001), pp. 115 – 131.

的良好状态①。其次，参与志愿服务往往会进一步增进志愿者的社会融合度，包括与他人更良好的关系、更广阔的社会网络，同社区和社群的更紧密结合等，从而增加志愿者的社会资本。而社会融合和社会资本对于人们的健康和幸福感的重要性已经获得广泛的研究证据的支持②。最后，在一定程度上，志愿服务也可能为参与者带来物质性的、实际的利益。比如说，在志愿服务中，参与者可能学习到新的技能，从而提升自己在就业市场上的机遇。不过，关于利他行为与个人的健康和幸福之间的因果关系也存在一定的不确定性。从理论上讲，研究中所观察到的两者之间的相关关系并不一定是因为利他行为促进了健康和幸福，也可能反过来，是健康和幸福的个人更愿意从事志愿和捐赠等回馈他人和社会的行动。要从根本上回答因果性的问题，超出了一般静态调查，包括本次调查研究的范围，而需要采用更为复杂也更为困难的研究方法，如动态追踪调查和实验研究。从已经进行的为数不多的动态调查和小规模实验看，初步结果是支持利他行为能提高行动者的健康和幸福这一论点的③。尽管还不能下最后结论，但目前本领域里的大多数研究者都倾向认为，利他行为促进个体的健康和幸福这一论点是比较可靠的。我们在接下来的分析中，也对数据中观察到的两者的相关性采取这种因果性解读。我们在这里希望读者能了解这种解读有着它的依据，但也含有一定的不确定性。

那么在本次调查的三个城市中，参与志愿行动和慈善捐赠的公民，其自我感知的幸福程度——具体地说，生活满意度——是否也较高呢？换言之，是否更多地参与以上活动会给个人带来更高的生活满意度？

本研究中，生活满意度以受访者对"你对你的生活很满意"这一说法的同

① Stephen G. Post and Brie Zeltner, "The Contribution of Altruistic Emotions to Health", in Stephen G. Post (ed.), *Altruism and Health: Perspectives from Empirical Research* (Oxford, U. K.: Oxford University Press, 2007), pp. 143 – 294.

② Luoh and Herzog, "Individual Consequences of Volunteer Work"; Debra Umberson and Jennifer Karas Montez, "Social Relationships and Health", *Journal of Health and Social Behavior*, Vol. 51 (2010), pp. S54 – S66.

③ Jane AllynPiliavin, "Doing Well by Doing Good"; Musick and Wilson, *Volunteering: A Social Profile*, pp. 486 – 515; and Doug Oman, "Does Volunteering Foster Physical Health and Longevity?" in Stephen G. Post (ed.), *Altruism and Health: Perspectives from Empirical Research* (Oxford, U. K.: Oxford University Press, 2007), pp. 15 – 32.

意程度来测量。总体上，受访者对自己的生活比较满意：13.73%的受访者强烈同意，41.70%的受访者选择了同意，28.60%的受访者对这个问题既不同意也没有不同意，分别有13.67%和2.29%的受访者选择了不同意和坚决不同意两个选项。通过多元回归分析，我们考察了个人志愿服务和慈善捐赠行为与他们的生活满意度之间的关系（见表2）。在分析过程中，我们对可能与志愿服务、慈善捐赠和生活满意度都相关的因素进行了控制（相关变量见表2的注2）。

表2 志愿服务、慈善捐赠和生活满意度之间的多元回归分析

	生活满意度（因变量）
志愿服务（对照组：不参与志愿服务）	
每月少于1天	-0.03
每月大于1天	0.27**
参与但拒绝透露时间	0.05
慈善捐赠（对照组：不参与捐赠）	
少于100元	0.04
101~500元	0.10*
高于500元	0.27***
参与但拒绝透露数额	0.07

注：1. * p < 0.05；＊＊p < 0.01；＊＊＊p < 0.001。

2. 本表格所呈现的是对如下变量进行控制后的多元回归分析结果：教育水平、收入水平、是否有本地户口、党员身份、宗教信仰、就业情况、年龄和性别。

结果表明，那些比较积极地参与志愿服务和慈善捐赠的公民，往往也对他们的生活表现出更高的满意度。但是志愿参与的程度和捐赠的数量很重要，这与以往的研究发现一致①。与那些从不参与志愿服务的人群相比，只有那些每月志愿服务时间超过1天的人群显示出更高的生活满意度。参与时间少于每月1天的，其生活满意度和没有参与志愿服务的市民并无差别。类似地，与过去一年未进行慈善捐赠的受访者相比，有过捐赠行为但捐赠额少于100元的受访者，并没有表现出更高的生活满意度。而捐赠额在100~500元的受访者则表现出较高的生活满意度，捐赠额超过500元的受访者的生活满意度更高。部分

① Luoh and Herzog, "Individual Consequences of Volunteer Work"; Debra Umberson and Jennifer Karas Montez, "Social Relationships and Health", *Journal of Health and Social Behavior*, Vol. 51 (2010), pp. S54 - S66.

受访者回答说曾参与志愿服务或慈善捐赠，但没有明确回答参与时长和金额，他们均没有表现出更高的生活满意度。这进一步表明，他们很可能只是偶尔参与志愿服务或者捐赠金额很小。

综上所述，我们的数据显示，参与志愿服务和慈善捐赠有可能提高幸福感和生活满意度，但是需要达到一定的参与程度。具体而言，每个月志愿服务时间 1 天以上，在过去一年捐赠数额达 100 元以上，可以看到生活满意度有显著的提高。具体提高的程度，我们根据表 2 的结果，试着提供一个非常粗略的估计。每个月参加志愿服务 1 天以上的受访者，比起没有参加志愿服务的受访者，其生活满意度（在从 1~5 分的尺度上）提高约 0.27 分，大约相当于在 1~100 分的尺度上提高 5.4 分。而一年中捐赠额在 100~500 元的受访者，以及捐赠额在 500 元以上的受访者，生活满意度（在 1~5 分的尺度上）分别提高约 0.1 分和 0.27 分，大约相当于在 1~100 的尺度上提高 2 分和 5.4 分。这 2~5 分的差异看上去可能微不足道，但是由于生活满意度真正的变化范围较小，大部分人都集中在中等偏上的区间，这样的变化可以说是较为可观的。例如，Layard 使用国际数据估算的结果显示，个人收入改变三分之一，生活满意度的改变也仅只有大约 2 个百分点左右[1]。当然由于测量工具和模型等的差别，我们的结果和 Layard 及其他研究并非直接可比。而且基于线性回归模型的估值，本身只能提供一种大致的、关于变化量级的参考。尽管如此，以上估算显示，参与志愿活动和慈善捐赠所带来的生活满意度的提高并非微不足道，而是比较可观的。

六　总结与讨论

本次研究通过对北京、昆明和广州三地的电话调查数据，进行了关于中国城市居民志愿服务和慈善捐赠行为的实证研究。从总体上看，我国大陆居民参与志愿服务和慈善捐赠的比例低于一些主要西方国家及一些华人地区。其中，相对而言，志愿参与的比例（15%）远低于慈善捐赠的参与比例（66%）。可

---

① Richard Layard, *Happiness: Lessons from a New Science* (London: Penguin Books 2005).

以认为，慈善捐赠是目前中国公民活力的一个更通畅的表达途径。至于志愿服务的参与率比起慈善捐赠的参与率低的原因，是否中国居民大多缺乏参与志愿服务的渠道，或是中国居民对这两种公益行为性质的认知存在一定的差异，抑或两者兼有，则是需要进一步研究的问题。

本研究从社会学角度探讨了影响居民志愿服务和慈善捐赠的一些具体因素。我们首先注意到，在校学生无论在志愿服务上还是慈善捐赠上都更加积极。为了更好地了解影响普通居民的志愿和慈善行为的因素，我们在随后的分析中排除了在校学生，将注意力集中在非学生的居民样本上。我们发现，居民的受教育程度越高，在志愿服务和慈善捐赠上的比例也越高。而收入状况主要影响居民的慈善捐赠而非志愿服务行为，家庭收入越高，有慈善捐赠行为的比例也越大。有宗教信仰，特别是信仰佛教和基督教的人更愿意进行志愿服务。女性在捐赠上的积极性高于男性。另外，本地户口的居民在不同年龄段上志愿服务和慈善捐赠的比例都明显高于外地户口的居民。我们还发现公益行为的参与存在一种年龄和代际上的差异，表现为年轻人在进行志愿服务上的比例更大，而中年人则在慈善捐赠上更为积极。从这些发现我们可以看到，居民的志愿捐赠和慈善捐赠行为是一个复杂的现实，并非单单是"有没有时间"和"有没有钱"的问题，很可能还包括公民素养、社会道德水平的高低（如受教育程度）和利他意识是否强烈（如宗教信仰）等方面的原因。参与渠道和参与机会也相当重要。比如，有工作的人比家庭主妇、退休人员等在家人员的志愿参与率高，就很有可能是因为在一个正式的组织中工作，能够通过组织中的同事或是组织本身，获得更多的参与公民利他和助人活动的机会。而社会融合和社会资本也可能是一个重要的因素。比如我们发现，拥有当地户口的人参与志愿服务和慈善捐赠的比例较高。这可能是因为他们长期生活在当地，有着较为发达的社会关系网络，融入当地社区的程度也比较高，从而使他们更有动力服务社区，也更有可能被社区组织和其他志愿者接触和动员。当然这并非说本研究讨论的这些因素就必然是居民产生志愿服务和慈善捐赠的直接原因，只能说是相关的因素，在这些因素与两种行为之间还可能存在一些中介因素，或者存在一些前置的因素对这两者共同产生影响。要剖析影响志愿服务和捐赠行为的深层原因，需要做更长期的深入研究，本文仅是希望在这个主题上作出初步的探索。

本研究还关注志愿服务和慈善捐赠行为对幸福感和生活满意度的影响。我们发现，两种公益行为确实能够给人们带来心理层面的内在回报，但并非参与过这样的公益行为就能提高生活满意度，其效果还与志愿服务和慈善捐赠的投入强度有关——只有当参与志愿活动的时间及慈善捐赠的数额达到一定程度时，才会带来比较明显的生活满意度的提高。生活满意度是个人幸福感的一项重要指标，根据国外的研究，它与人们的身心健康有着紧密的关系。所以在下一步的研究里，我们需要进一步探查志愿和捐赠行为是否也能提高个人的健康和其他方面的生活质量。如果积极参与公民利他和互助行动能够提高人们的幸福感和生活满意度，并能够给人们带来健康和更高的生活品质，那么鼓励人们的积极参与，提供更多的参与渠道和机会，培育和扶持开展志愿和慈善活动的民间公益组织，就应当成为我国建设和谐和幸福社会的一个基本的政策导向。

需要强调的是，本研究所关注的三个城市都有较为活跃的民间公益组织。因此，这些城市中所观察到的志愿服务和捐赠活动的比例可能远远高于中国的其他城市和广大农村地区。我们有意选择这几个城市进行第一步调查研究，是希望首先勾画出目前中国城市中志愿服务和慈善捐赠行为的最乐观状况，也为下一步更广泛的全国性调查研究积累材料和打下基础。

公益组织

Philanthropic Organization

B.3
非公募基金会资金管理与
使用状况研究报告 *

赖伟军 **

摘　要：

　　在非公募基金会助推国内公益慈善事业蓬勃发展的当下，其行业内部各种问题和隐忧也逐渐显现，其中基金会资金的有效管理和使用议题越发成为基金会管理者需要着重考虑和解决的问题。本报告采用大样本定量抽样问卷调查的方法对当前我国非公募基金会的整体资金管理和使用状况进行考察，从公益资金筹集、资金保值增值和资金使用三个方面呈现基本现状，并考察其影响因素。报告结论认为，当前我国非公募基金会"公益资金市场"处于相对不成熟的初级发展阶段。

关键词：

　　非公募基金会　资金筹集　资金投资　资金使用

＊　本研究报告的调研与写作得到"第四届中国非公募基金会发展论坛"项目资助，特此感谢。

＊＊　赖伟军，中山大学中国公益慈善研究院研究员。

一 问题的提出

自 2004 年《基金会管理条例》颁布实施以来，我国非公募基金会行业取得了迅猛发展。根据基金会中心网的实时统计数据，截至 2013 年 3 月 10 日，全国非公募基金会的数量已经达到 1749 家①，并正以每年新增 300 家左右的速度增长。而事实上，早在 2010 年年底，只经过短短七年发展历程的我国非公募基金会规模就以 1096 家首次超过公募基金会的 1076 家，表现出极其强劲的整体发展趋势（非公募基金会与公募基金会的发展比较如图 1 所示）②。除基金会数量以外，在资产规模方面，非公募基金会与公募基金会之间的差距也在不断缩小。根据基金会中心网 2011 年年末发布的《非公募基金会发展趋势分析》报告数据，全国非公募基金会净资产占我国基金会总体资产的比例从 2008 年的 29% 增长到了 2010 年的 39%。有预测估计，未来几年内，非公募基金会有望在资产规模上也实现对公募基金会的赶超。可以说，非公募基金会正在逐渐成为我国民间公益资源的重要筹集平台和推动我国民间公益事业发展的核心力量③。

然而，在非公募基金会数量和资产规模快速增长的同时，非公募基金会行业发展过程中的一些隐忧也逐渐显现。2004 年《基金会管理条例》刚刚出台，时任中国青少年发展基金会"一把手"的徐永光先生曾洋洋洒洒千言写下《非公募基金会：背负中国第三部门的希望》一文，对非公募基金会行业的发

① 参见基金会中心网首页，http://www.foundationcenter.org.cn/，2013 年 3 月 10 日登入。
② 参见梁玉成《2011 年中国基金会发展报告》，载朱健刚主编《中国公益发展报告（2011）》，北京，社会科学文献出版社，2012。
③ 当前中国公益慈善事业的发展似乎越来越呈现一种"双轨"并行的模式。一方面，政府发起和主导的公益慈善机构系统依附于行政体系，仍然保持着强大的社会资源动员和社会服务辐射能力，构成公益事业版图的官方层面；另一方面，30 多年的经济高速发展所带来的民间资源的增长及社会自主、互助精神的不断增强也推动民间背景公益慈善服务机构的快速发展，逐渐形成我国"民间公益事业"层面。就公募基金会与非公募基金会的比较而言，非公募基金会无疑有着更强的民间属性。根据基金会中心网 2011 年发布的《民间背景基金会发展趋势分析报告》，在所有的 873 家民间背景基金会中，803 家是非公募基金会，这占到 2011 年年底前成立非公募基金会总量的 60% 以上，而公募基金会中只有不到 6% 具有民间背景。因此，我们说非公募基金会逐渐成为推动我国民间公益事业发展的核心力量。

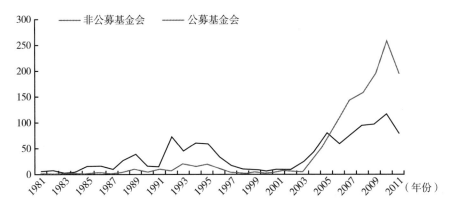

图1 公募基金会与非公募基金会数量增长趋势比较

资料来源：梁玉成《2011 年中国基金会发展报告》，载朱健刚主编《中国公益发展报告（2011）》，北京，社会科学文献出版社，2012。图中数据以基金会中心网截至 2011 年 11 月 24 日的基金会统计信息为准。

展充满着乐观的期待和信心。然而，在非公募基金会起步发展若干年之后，处在南都公益基金会负责人岗位上的徐永光先生以其长期身处公益行业发展一线的经验观察和体会开始对自己之前的乐观产生强烈的怀疑，甚至开始感到焦虑①。随着全国非公募基金会数量及其所拥有社会公益资产规模的不断增长，针对非公募基金会行业内部发展的一些重要议题，也逐渐引起社会各界的广泛关注和讨论。这些议题包括构建非公募基金会内部合理的治理结构、保证非公募基金会运作的独立性、推动基金会信息公开和透明度建设、培养基金会行业专业人才、打造基金会良好的公益项目运行体系等。始创于 2008 年的"中国非公募基金会发展论坛"就可以被认为是非公募基金会行业内部针对行业发展相关问题进行积极回应的一种尝试和努力。

对于任何一个以运行公益项目、服务社会人群、解决社会问题、推动社会进步为价值和使命的公益基金会而言，筹集和使用社会公益资源无疑构成了其最核心的工作内容之一。事实上，所有的基金会发展议题都应该是围绕公益资源的有效管理和使用而展开的。例如，合理的基金会内部治理结构就是为了保证基金会内部决策的科学性，防止决策封闭和武断及由此带来的对社会公益资

---

① 参见金岩《非公募基金会的"罪"与"功"》，《公益时报》2009 年 5 月 19 日。

源的侵占或浪费;推动基金会信息公开和透明度建设也是为了使基金会对公益资源的使用暴露在阳光下,接受充分的社会监督;而培养更多更优秀的公益行业人才同样是为了提高公益项目的运行效率和公益资源的使用效率。因此,对于当前我国非公募基金会行业的整体发展而言,更核心、更值得着重考察的议题是基金会对社会公益资源的筹集、管理和使用问题,这里的社会公益资源主要指基金会手里所掌握的资金。

与其他基金会发展议题相比,非公募基金会管理者更需要关心的是如何保证和提高基金会资金的管理和使用效率。老卡耐基认为,有效的散财所需要的才智和能力绝不亚于甚至超过经营致富。资中筠教授也曾用"散财之道"一词来概括美国现代公益基金会的发展。那么,在现代公益慈善事业后起而正处于快速发展之中的转型中国社会,非公募基金会又是怎样管理和使用自己手中所掌握的社会公益资源的呢?在公益资金的管理和使用方面,"年轻的"中国非公募基金会存在着怎样的显在问题和普遍困扰?又应该如何寻求更有效的非公募基金会的"散财之道",以着力提高资金的管理和使用效率?本研究报告通过大样本问卷调查的研究方法拟对上述具体问题作出尝试性回答。

二　研究方法

围绕非公募基金会资金管理和使用问题所涉及的上述相关议题,本研究采用定量调查的研究方法收集资料,通过大样本问卷调查的数据收集与整理分析,整体呈现当前我国非公募基金会资金管理和使用的基本现状,发现其中存在的问题,考察可能的影响因素,并提出针对性建议。

(一)调查问卷

针对非公募基金会的资金管理和使用过程,本研究对其中所涉及的相关维度进行严格划分和设计。结合已有相关文献对基金会资金运作问题的探讨,我们认为非公募基金会资金管理和使用过程整体上包括收入和支出两个层面。其中,收入层面又包含基金会筹资和资金的保值增值两项内容;而在支出层面,

主要根据基金会开展项目类型分为自我运作型项目和资助型项目进行深入考察。因此，调查问卷的核心内容包括非公募基金会的捐赠收入状况、投资运作状况、整体支出及运作型和资助型项目的开展状况。此外，问卷还涉及其他可能影响基金会资金管理和使用状况的其他变量问题，整体问卷调查被命名为《全国非公募基金会发展状况调查》。问卷初稿编制完成后，课题组联系了5家非公募基金会进行问卷试调查，以检验问卷设计的合理性，并基于此对问卷进行了修订作为最终调查问卷。

（二）调查样本

问卷调查以全国非公募基金会 2011 年的机构运行状况为考察内容。为了保证基金会在 2011 年已经进行了充分的机构运作，我们选定 2010 年年底之前成立的所有非公募基金会作为调查样本。根据基金会中心网的登记和统计数据，整体调查样本量为 1096 家。

（三）调查执行

根据调查样本的规模和地域分布状况，本研究采用电话访谈和电子邮件相结合的方法进行数据收集工作。基金会第一手联系方式的获得均来自对基金会中心网登记存储数据的收集，并结合"中国基金会网"（http://www.chinafoundation. org. cn）和各基金会官方网站的信息对基金会联系方式进行更新整理，以尽可能地与样本基金会取得联系。

一个由 10 名研究生组成的电话访问员团队被组建起来，具体负责电话调查的执行工作。所有电话访问员经过严格的调查培训，培训内容包括全国非公募基金会的行业发展背景、课题研究背景、研究设计问卷及具体访谈技巧等。严格的调查培训保证了电话调查过程的有效性和准确性。2012 年 8 ~ 9 月，每位电话访问员在两个月的时间内负责完成 100 家左右非公募基金会样本的电话联系、约访、追访及问卷回收工作。根据社会学问卷调查实施的基本方法原则，对所有基金会的调查，访问员被要求至少电话联系三次才能最终决定是否被拒访或主动放弃机构样本。

经过两个月时间的组织实施，截至 2012 年 9 月 28 日，全国非公募基金会发展状况问卷调查共回收问卷238份，其中有效问卷214份，无效问卷24份，总体问卷的回收率为21.7%，问卷有效率为89.9%。所有回收有效问卷经过严格的问卷审核程序，并进行必要的电话回访。以SPSS16.0对问卷进行数据录入和清理，并作数据统计分析。根据数据分析结果，以下我们将分样本基本情况、全国非公募基金会筹资与收入、资金投资、资金使用与项目运作，以及影响非公募基金会资金管理和使用的相关变量分析等几部分进行呈现。

三 样本概况

（一）基金会注册类型及地域分布

对非公募基金会的注册类型及其地域分布状况进行描述性统计分析。首先，在基金会注册类型方面，如图2所示，所有214家有效调查样本中，在国家民政部注册的全国性非公募基金会17家，占有效样本的7.9%，在地方民

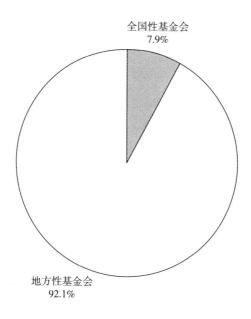

图2 非公募基金会注册类型 ($N=214$)

政部门注册①的地方性非公募基金会197家，占有效样本的92.1%。

非公募基金会省际地域分布如表1所示，所有地方性非公募基金会有效样本分布在全国24个省市。其中，江苏、广东、北京、浙江、湖北、上海等省市有效样本的数量超过10家，这与总体样本的地域分布状况②基本一致。因此，从样本地域分布的角度看，问卷调查有效样本具有相当的代表性。

表1 地方性非公募基金会地域分布 （$N = 197$）

所在省市	样本频次（家）	百分比（%）	所在省市	样本频次（家）	百分比（%）
江苏省	44	22.3	内蒙古	3	1.5
广东省	29	14.7	天津市	3	1.5
北京市	21	10.7	安徽省	3	1.5
浙江省	20	10.2	四川省	2	1
湖北省	12	6.1	广西省	2	1
上海市	11	5.6	河北省	2	1
山东省	9	4.6	辽宁省	2	1
福建省	9	4.6	重庆市	2	1
河南省	6	3	山西省	1	0.5
江西省	5	2.5	海南省	1	0.5
吉林省	4	2	湖南省	1	0.5
黑龙江省	4	2	陕西省	1	0.5

（二）基金会工作领域

根据对问卷设计开放性问题"基金会主要工作领域"回答的内容后编码，我们对基金会目前的主要工作领域状况进行统计分析。结果显示，"教育与科

---

① 大部分地方性基金会都是在地方省级民政部门注册，只有两家深圳的非公募基金会在市级注册。深圳市得以率先在基金会注册方面取得突破，这与2009年国家民政部与深圳市政府签署的《推进民政事业综合配套改革合作协议》有关。这一年，深圳市郑卫宁基金会成为第一家在地方市级民政部门取得注册身份的非公募基金会。

② 根据基金会中心网的登记统计数据，2010年年底前注册成立的地方非公募基金会地域分布数量排名前六的省市分别是江苏（179家）、北京（166家）、广东（115家）、福建（93家）、浙江（76家）、上海（69）。截至2011年年底，随着各地非公募基金会数量的增加，上述排名基本保持不变。

研"是非公募基金会开展工作的主要集中领域,其中包括高等教育、农村中小学教育及相关科研工作。此外,扶贫助困、健康与医疗、救灾救济等领域也是基金会当前涉及的主要工作领域(如表2所示)。这与目前全国非公募基金会的整体工作领域分布状况也基本保持一致①。

表2 非公募基金会的主要工作领域 ($N=214$)

工作领域	样本频次(家)	百分比(%)	工作领域	样本频次(家)	百分比(%)
教育与科研	156	72.9	环境与动物保护	12	5.6
扶贫助困	67	31.3	老年人服务	10	4.7
健康与医疗	24	11.2	社区服务与社区发展	4	1.9
救灾救济	18	8.4	公益行业发展	2	0.9
文化与艺术保护	14	6.5	其他	35	16.4

(三)基金会发起者类型

当前我国非公募基金会,根据基金会发起者的不同划分包括高校基金会、企业基金会及名人基金会等几大主要类型②。数据分析表明,36.4%的有效调查样本有以高等学校为代表的事业单位发起者,27.5%的基金会有包括民营、国有及外资企业在内的企业类发起者,而21.5%的基金会其发起者中包括非企业家社会人士(以政治、文化艺术及体育娱乐名人为典型),这构成了名人基金会的核心部分③。此外,由政府机关、社会团体及其他个人和实体发起成立的基金会构成了除高校、企业及名人基金会之外的其他非公募基金会类型。我们认为,这基本反映了当前我国非公募基金会的发起者类型分布状况。

---

① 根据对2011年全国非公募基金会最新样本的统计分析,教育、科学研究、扶贫助困、医疗救助、文化及安全救灾等仍然是我国非公募基金会的主要工作领域。参见刘洲鸿《非公募基金会:使命与责任》,载杨团主编《中国慈善发展报告(2012)》,北京,社会科学文献出版社,2012。

② 参见《中国非公募基金会调查》,《公益时报》2007年7月17日。

③ 当然,不同类型的基金会发起者之间并不是完全割裂、独立的,大量基金会样本同时包括两种以上的发起者类型。比如,有些基金会由社会名流、企业、政府机关等同时发起。

表3　非公募基金会发起者的类型（N=214）

发起者类型	样本频次（家）	百分比（%）	发起者类型	样本频次（家）	百分比（%）
事业单位	78	36.4	国有企业	14	6.5
企业家	67	31.3	外资企业	8	3.7
非企业家社会人士	46	21.5	社会团体	8	3.7
民营企业	37	17.3	其他	9	4.2
政府机关	17	7.9			

（四）基金会已成立年限

根据基金会的注册时间计算非公募基金会样本的已成立年限①，分析结果表明，91.6%的有效调查样本（196家）已成立年限为8年以内，即大部分基金会都是在2004年《基金会管理条例》颁布以后建立的，其余18家为1989～1997年成立并在2004年后转为非公募基金会。此外，超过一半的基金会有效调查样本（55.1%）在2008年以后成立，这与基金会行业发展的整体趋势基本保持一致。

表4　非公募基金会的已成立年限（N=214）

已成立年限（年）	样本数量（家）	百分比（%）	累积百分比（%）
2	55	25.7	25.7
3	30	14.0	39.7
4	33	15.4	55.1
5	31	14.5	69.6
6	22	10.3	79.9
7	17	7.9	87.9
8	8	3.7	91.6
15	1	0.5	92.1
16	2	0.9	93.0
17	4	1.9	94.9
18	3	1.4	96.3
19	6	2.8	99.1
20	1	0.5	99.5
23	1	0.5	100.0

---

① 基金会已成立年限＝2012－基金会成立年份。

（五）基金会 2010 年年末的净资产数

本调查研究的目的是要全面掌握和了解当前我国非公募基金会的整体"资金管理和使用"状况。我们认为，基金会资金规模可能是影响其资金运作的一个重要因素。为了考察有效调查样本在资金规模上对总体的代表性，根据基金会中心网的登记统计数据对非公募基金会有效样本 2010 年年末的净资产数进行统计分析，结果如图 3 所示。由图 3 可知，在不同资产规模上的非公募基金会样本数量相对均衡分布。

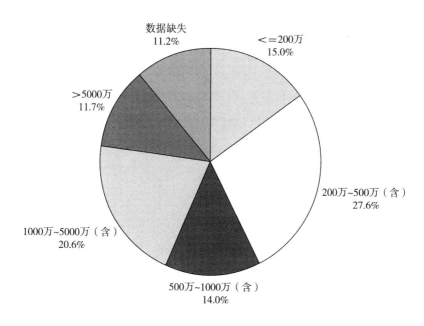

图 3　非公募基金会 2010 年年末的净资产数（$N = 214$）

（六）基金会人力资源状况

考察非公募基金会有效调查样本拥有工作人员的数量状况。整体工作人员的数量（全职＋兼职）方面，大部分（77.6%）基金会样本拥有 2～9 名工作人员（见图 4），平均为 6.98 人。分别计算其中全职和兼职工作人员的数量状况，结果显示，大约 1/3（31.3%）的基金会全职工作人员的数量为零，

56.1%的基金会全职工作人员的数量为1~5人（见图5），平均2.9人①；比较而言，66.4%的基金会兼职工作人员的数量为1~5人（见图6），平均兼职工作人员的数量为4.08人。以上数据结果表明，当前我国非公募基金会的整体人力资源相对不足，且大量非公募基金会主要以兼职工作人员作为核心团队开展运作。

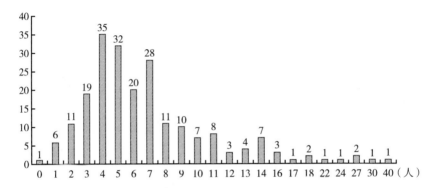

图4　非公募基金会工作人员的数量分布（$N = 214$，$M = 6.98$）

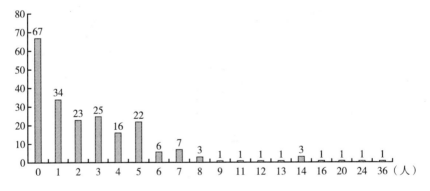

图5　非公募基金会全职工作人员的数量分布（$N = 214$，$M = 2.9$）

（七）基金会社会网络状况

最后，根据非公募基金会有效调查样本回答的2011年有与之开展相关

①　该全职工作人员的平均数量与其他相关研究报告数值基本一致，以基金会中心网登记统计的2010年整体非公募基金会平均全职工作人员的数量为2.7，2011年整体非公募基金会平均全职工作人员的数量为2.85。

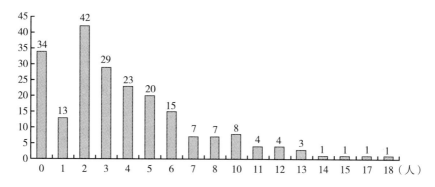

图 6 非公募基金会兼职工作人员的数量分布（$N=214$，$M=4.08$）

项目合作的社会机构类型数量统计基金会样本的社会网络状况，以合作机构类型的多样性计算基金会的网络多样性①。统计结果显示（见表 5），大部分（78%）非公募基金会的有效调查样本 2011 年与之有相关项目合作关系的社会机构类型都在三种以内，其中还包括 31 家没有开展任何对外合作的相对封闭的基金会样本。另有大约 1/3 的非公募基金会样本只与一种类型的社会机构开展过项目合作。非公募基金会网络多样性得分的平均值为 2.18，相对偏低。

表 5 非公募基金会的社会网络状况（$N=214$）

网络多样性	频次（家）	百分比（%）	累计百分比（%）
0.00	31	14.5	14.5
1.00	65	30.4	44.9
2.00	38	17.8	62.6
3.00	33	15.4	78.0
4.00	23	10.7	88.8
5.00	12	5.6	94.4
6.00	9	4.2	98.6
7.00	3	1.4	100.0

① 具体计算方法是，与任何一种类型的社会机构开展合作均可得一分。比如，基金会 2011 年与政府机关及企业开展合作，则在网络多样性上得两分；如果在政府、企业以外，还与事业单位类机构开展合作，则相应得三分。

四 资金筹集与收入状况

首先，非公募基金会整体资金的管理和使用议题涉及的第一个核心内容是基金会的筹资问题。公益资源的有效筹集是基金会维持机构运行、实施公益项目的基础和前提。基金会机构本身的可持续发展依赖于更多元、更有效的筹资渠道和模式。

对非公募基金会有效调查样本 2011 年的总体收入状况进行统计分析（有213 家样本基金会报告了年度收入信息）。基金会样本年收入的平均值为 1759 万元，显示出良好的收入状态；但是，计算样本收入的中位值发现，50% 的非公募基金会 2011 年年度的总收入低于 283 万元，这是一个比较低的收入水平。因此，相对较高的年收入平均值[①]可能是由少量高收入基金会样本拉高的（基金会收入的最大值为 8.37 亿元），需要对基金会收入数据作进一步剖析。

将基金会年度总收入数据进行分区处理，分别统计 2011 年年度总收入落入相应分区的非公募基金会样本数量（结果如表 6 所示）。如果以 200 万元和1000 万元分别作为基金会中低收入和中高收入的分界点，有接近一半（45.5%）的非公募基金会 2011 年年度的总收入在 200 万元以内（其中还包括 9 家总收入为零的基金会样本），该部分基金会为非公募基金会总体中的低收入群体；而中等收入（200 万～1000 万元）和高收入（1000 万元以上）基金会的比例分别为 27.7%（59 家）和 26.8%（57 家）。在所有 57 家高收入基金会样本中，学校教育类基金会占 56.1%（32 家）。以上数据表明，当前我国非公募基金会的总体收入偏低，高收入基金会主要以高校基金会为主。

对 204 家 2011 年报告有收入的非公募基金会样本，统计分析不同类型来源收入占基金会年度总收入的比例，结果如图 8 所示。捐赠收入无疑是当前我国基金会收入的最主要来源；其次是投资收入，占非公募基金会年度总收入的6.4%；来自政府的补助性收入主要由具有政府背景的非公募基金会获得；基

---

① 事实上，有效调查样本 1759 万元的年平均收入数据也远远高于 2011 年总体非公募基金会样本平均年收入的 1125.87 万元。在年度收入数据方面，调查样本对总体出现了一定的偏差。

金会自身的服务性收入非常少；在6.0%的其他来源收入中，主要是基金会资产存储在银行所获得的利息收入①。

表6   非公募基金会2011年年度收入状况（N=213）

年度总收入分区	频率（家）	百分比（%）	累积百分比（%）
0：Income = 0	9	4.2	4.2
1：< = 50 万元	34	16.0	20.2
2：50 万～100 万元（含）	25	11.7	31.9
3：100 万～200 万元（含）	29	13.6	45.5
4：200 万～500 万元（含）	39	18.3	63.8
5：500 万～1000 万元（含）	20	9.4	73.2
6：1000 万～2000 万元（含）	23	10.8	84.0
7：2000 万～3000 万元（含）	13	6.1	90.1
8：> 3000 万元	21	9.9	100.0

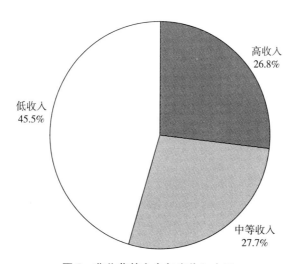

图7   非公募基金会年度收入水平

针对作为基金会主要收入来源的捐赠收入作进一步分析。基金会2011年的平均捐赠收入为1690万元，而中位值为211万元。与非公募基金会年度总

① 本研究对纯粹银行利息收入和基金会放贷利息收入进行了区分，我们认为，基金会利用手中所掌握的资产进行对外贷款，是一种有明确意识的投资行为，所获得的利息收入为基金会投资收入，相应地放在基金会投资行为中进行考察。

收入的分布状况基本一致，接近一半的有效调查样本（47.5%）2011年的捐赠收入在200万元以内，属于低捐赠收入群体；其中，16家（占总体有效样本的7.5%）基金会2011年的捐赠收入为零。54家高捐赠收入基金会中，31家（57.4%）为高校教育类非公募募金会。

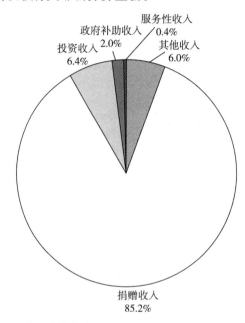

图8 非公募基金会2011年总体收入构成（N=204）

表7 非公募基金会2011年捐赠收入状况（N=204）

捐赠收入分区	频率（家）	百分比（%）	累积百分比（%）
0：Donation = 0	16	7.8	7.8
1：< =50万元	28	13.7	21.6
2：50万~100万元（含）	28	13.7	35.3
3：100万~200万元（含）	25	12.3	47.5
4：200万~500万元（含）	34	16.7	64.2
5：500万~1000万元（含）	19	9.3	73.5
6：1000万~2000万元（含）	23	11.3	84.8
7：2000万~3000万元（含）	11	5.4	90.2
8：>3000万元	20	9.8	100.0

在基金会的捐赠收入中，进一步对不同来源捐赠收入占总体捐赠收入的比例进行统计。结果显示（见图10），境内法人捐赠仍然是当前我国非公募基金

会的最主要的捐赠收入来源，占 2011 年总体捐赠收入的 59.1%；其次为境内自然人捐赠（34.3%）。来自境外的捐赠收入只占非公募基金会 2011 年总体捐赠收入的比例为 6.6%。

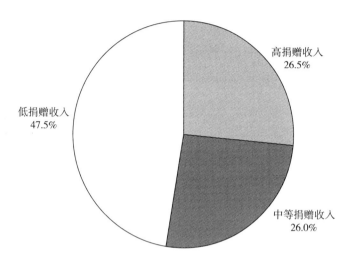

图 9　非公募基金会的捐赠收入水平

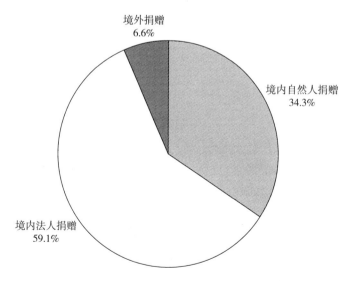

图 10　非公募基金会不同来源捐赠收入占总体捐赠收入的比例（$N = 186$）

在总体境外捐赠收入的具体来源方面，来自中国港、澳地区的捐赠占 67.3%，台湾地区为 5.4%，而真正海外其他国家和地区的捐赠只占总体境外

捐赠收入的27.4%。由此可见，当前我国非公募基金会的募捐市场仍然主要局限于包括港、澳、台地区在内的国内市场。

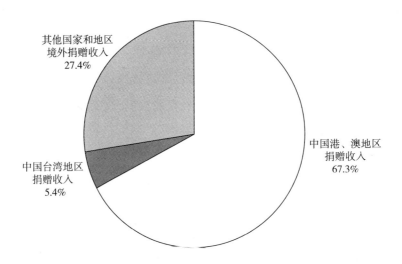

图11　非公募基金会不同来源境外捐赠收入占总体境外捐赠收入的比例（$N=47$）

考察非公募基金会2011年捐赠收入捐赠人与基金会发起者之间的关系状况。结果显示（见图12），在所有2011年有捐赠收入的非公募基金会有效调查样本中（188家），只有38.3%的基金会完全没有捐赠人是基金会发起者，其余61.7%的非公募基金会捐赠收入均不同程度地依赖基金会发起者的追加捐赠；其中，更有15.4%和20.2%的非公募基金会2011年全部或大部分捐赠人都是基金会发起者。在完全没有捐赠人是基金会发起者的72家基金会中，62.5%的样本都是高校、中学等事业单位型的教育类基金会，这间接地说明其他类型非公募基金会在资金募集方面依赖发起者的后续不断支持。当然，捐赠人与基金会发起者之间的密切关联性受到非公募基金会自身"非公募"身份的限制；但是，以上数据结果表明，当前我国非公募基金会在创新筹款模式、开辟更多元化的筹款渠道方面仍然相对欠缺。

综合基金会年度总收入、年度捐赠收入分布、捐赠来源多样性及捐赠人与基金会发起者关系状况等各项指标，总体上看，当前我国非公募基金会公益募捐市场存在两个显著特点。第一，非公募基金会公益募捐市场相对封闭，尚需积极开拓更开放、多元的公益资源募集对象和筹集模式。第二，与基金会公益

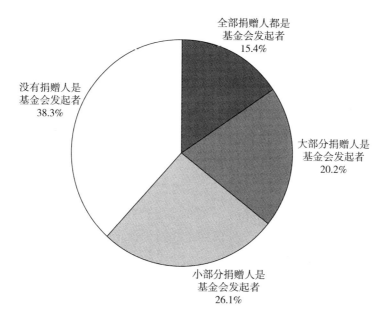

图 12　非公募基金会捐赠人与基金会发起者的关系状况（*N* = 188）

募捐市场的封闭性相伴随而产生的是非公募基金会总体筹资规模相对较小，这成为制约当前我国非公募基金会行业可持续发展的重要因素。

五　保值增值与资金投资

在非公募基金会资金管理层面，一个核心议题就是如何保证基金会手中掌握的公益资金能够持续保值增值而不因通货膨胀等外部市场因素导致资产缩水。《基金会管理条例》第四章第二十八条规定"基金会应当按照合法、安全、有效的原则实现基金的保值和增值"。而开展基金会资金保值增值工作的一个主要途径就是进行资金投资，以投资收益使基金会资金实现增值和保值。

那么，当前我国非公募基金会的资金投资运行状况如何呢？调查结果显示（见图 13），23.4%（50 家）的有效调查样本在 2011 年有进行资金投资运作。而在这 50 家基金会中，45 家（90%）报告有投资收入；平均每家非公募基金会 2011 年的投资收入为 174 万，并且 20 家基金会投资收入占其年度总收入的比例超过 10%，显示出不错的投资运作状态。不过，对基金会投资收入进行

分组数据处理分析（见表8）发现，大部分（66%）报告有投资运作的非公募基金会投资收入在100万元以内，更有一半（50%）的基金会投资收入少于50万元，只有一家基金会2011年的投资收入超过1000万元（达1600万元）。可见，基金会的平均投资收入同样被个别极值拉高了。

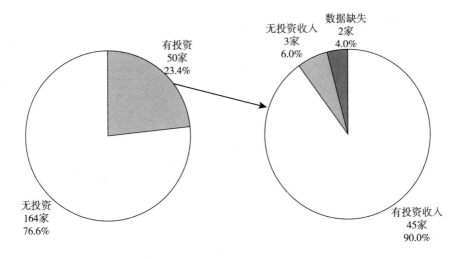

图13　非公募基金会 2011 年投资运作状况（$N=214$）

表 8　非公募基金会 2011 年投资收入状况（$N=50$）

投资收入分区	样本数量（家）	百分比（%）	累积百分比（%）
1：Invest-Income = 0	3	6.0	6.0
2：＜=50万元	22	44.0	50.0
3：50万~100万元（含）	8	16.0	66.0
4：100万~500万元（含）	11	22.0	88.0
5：500万~1000万元（含）	3	6.0	94.0
6：＞1000万元	1	2.0	96.0
7：数据缺失	2	4.0	100.0

非公募基金会投资收益率方面，由于数据缺失等因素的影响，在45家报告有投资收入的基金会样本中，只有32家能够明确计算出总体投资收益率。结果显示，非公募基金会有效样本的平均投资收益率为9.08%，中位值为7.75%，表现出良好的投资收益率状态。不过，对于投资收益率的统计结果，我们认为，由于有效基金会样本比较少，无法据此对非公募基金会的总体投资

收益率状况作明确定位和解读①。

对非公募基金会投资模式选择进行统计分析，有44家基金会样本报告了明确的具体投资模式信息（如表9所示）。其中，最多的基金会选择的投资模式是"购买银行理财产品"，有34.1%的基金会样本投资选择了该投资模式；其后依次为信托基金投资、有偿贷款投资、购买股票及债券投资，进行实业投资及其他投资模式的非公募基金会相对较少。比较而言，"购买银行理财产品"是一种更安全、风险相对较小的投资模式选择，因此得到更多非公募基金会的青睐，基金会投资表现得相对稳健。

表9 非公募基金会的投资模式（N=44）

投资模式选择	样本频次（家）	百分比（%）
购买银行理财产品	15	34.1
信托基金投资	9	20.5
有偿贷款投资	9	20.5
股票投资	7	15.9
债券投资	7	15.9
实业投资	3	6.8
其他投资	2	4.5

此外，在投资模式实际选择的数量方面，大部分（88.6%）非公募基金会只采用了一种投资模式，而同时有两种以上不同投资模式的基金会只有5家。这表明，目前我国非公募基金会在实际的资金投资操作中投资模式相对单一，这并不符合采取多元化投资策略以降低投资风险的原则。

表10 非公募基金会投资模式数量（N=44）

投资模式数量（种）	样本频次（家）	百分比（%）
1	39	88.6
2	3	6.8
3	1	2.3
4	1	2.3

① 社会调查数据收集的过程受到访问员与受访者之间互动关系的影响，由于访问调查过程中人为影响因素的存在，投资收益为负即投资出现亏损的基金会可能会隐瞒自身的实际投资运行状况，从而使样本投资收益率状况对总体出现偏差。

对非公募基金会的具体投资运作方式进行整理分析，所有 2011 年有进行资金投资的基金会（50 家）主要依靠两种投资运作方式，分别是"委托外部专业投资管理公司或投资团队运作"和"内部职能部门或相关工作人员负责运作"。

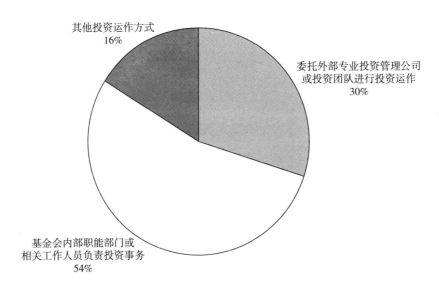

图 14　非公募基金会的投资运作方式（$N = 50$）

如果 54% 的 2011 年有资金投资运作的非公募基金会样本（27 家）的具体投资运作方式都是由基金会内部执行，那么基金会有效调查样本内部投资职能部门的设置状况如何呢？比较分析结果显示（见表 11），相较于"项目管理部门"等基金会职能部门，有意识地专门设置"资金投资部门"的非公募基金会最少，只有 9.4% 的基金会样本回答设有该部门。此外，基金会样本在不同职能部门内部配置工作人员的数量方面，也是"资金投资部门"最少，平均只有 1.6 名工作人员负责基金会资金投资事务。对 45 家报告 2011 年有投资收益的非公募基金会样本与 20 家报告设有"资金投资部门"的非公募基金会样本作交叉分析，只有 13 家发生重合。这表明，仍有大量由基金会内部负责资金投资运作的非公募基金会是在没有相应专业职能部门的条件下进行操作的。从调查反馈来看，由基金会财务人员（会计）负责资金投资运作的情况比较普遍。

表 11　非公募基金会不同职能部门设置状况的比较（N = 214）

基金会职能部门	样本频次（家）	百分比（%）	平均工作人员数量（人）
项目管理部门	67	31.6	2.93
筹款职能部门	34	16.0	1.94
公共传播部门	25	11.8	1.80
资金投资部门	20	9.4	1.60

　　最后，针对非公募基金会在自身投资运作过程中对投资收益率、投资风险度及投资伦理（以"有意识地不购买有潜在环境污染危险企业的股票"为例）等因素的主观认知状况进行考察，从"一点不考虑"到"优先考虑"做四点分简易量表①，统计 2011 年有投资运作的非公募基金会在各个维度上的平均得分。结果显示（见图 15），非公募基金会样本在进行投资操作时，优先考虑的是保证资金的安全性（最高得分为 3.78），即将投资风险系数降至最低。在保证资金投资安全的前提下，才进一步追求较高的投资收益率。而对于投资伦理，如果去掉社会赞许性因素对基金会回答的影响，目前确实并不被非公募基金会所重视和考虑。由此可见，非公募基金会的资金投资运作仍处在初级的谨慎投资阶段。

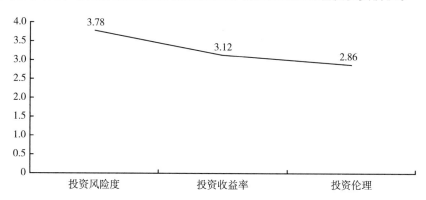

图 15　非公募基金会投资过程考虑因素的比较（N = 47）

　　综合非公募基金会有资金投资运作的样本比例、投资模式选择、投资模式数量、具体投资运作方式及对投资过程因素的考虑等指标，我们认为，当前我国非公募基金会资金投资市场呈现出两个显著特点。一是谨慎投资，表现为基

---

① 数字 1～4 分别代表"一点不考虑""不太考虑""会考虑"和"优先考虑"四种程度。

金会优先选择风险度较低的银行理财投资模式，并在投资操作过程中对投资风险度因素优先考虑；二是不成熟性，表现为投资模式单一、缺乏专业的投资理财人才及投资伦理意识薄弱等。不过，非公募基金会资金投资市场也呈现一些积极的信号，比如有实际投资运作的基金会数量并不如预想的低，并且进行投资操作的非公募基金会能够保证一定的收益率。

六　资金使用与项目运作

除了资金的筹集和管理，对于掌握一定规模社会公益资源并致力于解决社会问题的基金会而言，其参与推动社会进步的最直接方式就是通过开发和运作相关的公益项目。而开展公益项目的过程即是基金会使用资金的过程。因此，有效率地花钱成为公益基金会工作内容的重中之重。本部分将着重对非公募基金会的资金使用状况进行考察，尤其是从基金会不同类型公益项目开展状况的角度加以呈现。

首先，考察非公募基金会有效调查样本2011年的总体支出状况。基金会的平均支出为935万元，这同样是被样本极值拉高的数据（有效调查样本2011年年度总支出的最大值为2.08亿元），不具有太多的参考价值。计算样本支出的中位值，结果显示有一半的非公募基金会样本2011年的总支出低于166万元。更多的信息来自对基金会支出分组数据的处理（见表12），37.4%的有效调查样本2011年年度总支出在100万元以内，大部分基金会（73.4%）总支出不超过500万元。在总支出超过500万元的57家基金会样本中，56.1%都是高校教育类基金会。总体上看，基金会的整体支出与收入分布状况基本一致。相关性分析显示，非公募基金会年度支出与年度收入呈显著正相关，$r = 0.853$（$N = 213$），$p < 0.001$。在有限的公益资金筹集规模的制约下，非公募基金会采取量入为出的资金使用策略。

在基金会年度总体支出中，计算不同类型支出占总支出的比例，结果如图16所示。公益项目支出无疑是非公募基金会最主要的支出类型，占到基金会总体支出的93.7%；人员工资福利支出和日常办公支出分别占2.0%和2.3%，两者的总和统称为基金会"行政管理费"，占总体支出的4.3%，这远远低于

表 12 非公募基金会 2011 年年度支出状况 （ $N = 214$ ）

年度总支出分区	频率（家）	百分比（%）	累计百分比（%）
0：Expense = 0	3	1.4	1.4
1： < = 50 万元	52	24.3	25.7
2：50 万 ~ 100 万元（含）	25	11.7	37.4
3：100 万 ~ 200 万元（含）	37	17.3	54.7
4：200 万 ~ 500 万元（含）	40	18.7	73.4
5：500 万 ~ 1000 万元（含）	19	8.9	82.2
6：1000 万 ~ 2000 万元（含）	15	7.0	89.3
7：2000 万 ~ 3000 万元（含）	8	3.7	93.0
8： > 3000 万元	15	7.0	100.0

《基金会管理条例》规定的基金会行政管理费不得超过其年度总支出 10% 的标准。其他支出占非公募基金会总体支出的 2.0%。

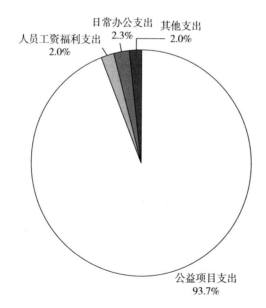

图 16 非公募基金会 2011 年总体支出构成 （ $N = 211$ ）

前文对基金会人力资源状况的分析发现，当前我国大量非公募基金会主要以兼职工作人员为核心团队进行运作，这可能是非公募基金会进行行政管理费支出控制所采用的重要方法，因为兼职工作人员可以从其他地方领取薪水，从

而降低基金会人员的工资福利支出。此外，对非公募基金会行业内部的观察发现，即使是全职工作人员，仍然有很多不从基金会领薪。比如，企业类基金会的全职工作人员从发起基金会的企业内部领取薪水，以此保证基金会行政管理费支出不超过年度总支出 10% 的红线。这一点可以通过本研究的调查数据得到验证。计算全职领薪工作人员占总体全职工作人员的比例，结果表明（见图 17），从所在基金会领取薪水的非公募基金会全职工作人员只占全体全职工作人员总数的 34.9%，即大部分（约 65%）的全职人员并不从基金会领薪。而非公募基金会兼职领薪的工作人员的比例则更低。

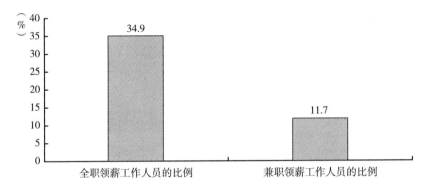

图 17　非公募基金会工作人员从基金会领薪的比例（$N = 214$）

对非公募基金会的公益项目支出，根据基金会项目具体运行方式的不同分为自我运作型项目和资助型项目①作进一步深入比较考察。首先，在不同类型

---

① 本研究对"自我运作型项目"的具体界定是由基金会工作人员负责并直接参与操作和执行的，从而为项目服务对象直接提供公益服务的基金会项目。"资助型项目"指的是基金会工作人员不直接参与项目的操作与执行，而是通过资助第三方非营利性社会机构或单位实施公益项目，从而为受益人群间接提供服务的基金会项目。在以上概念的界定中，我们着重强调的是"基金会——第三方公益机构——项目受益对象"三者之间的关系状态，而不是将基金会资助关系局限于对 NGO 或在公益圈内所进行的资助。例如，一家规模较大的基金会可能拿出资金支持另一家小规模的基金会进行具体公益项目的运作，只要项目的最终受益对象是该小规模基金会运作项目的服务人群，这就属于典型的基金会资助现象。与其他类型非营利性机构（如非营利性事业单位）的资助关系类似，这种以"基金会——第三方公益机构——项目受益对象"三者相互关系为界定基础的资助模式需要与其他两种资助概念进行区分，一是基金会资助某一家非营利机构，但是该机构是此一资助关系的终点；二是基金会直接面向受益对象个体，给予资金上的资助。

项目的样本频次分布上（见表 13），明显更多的非公募基金会是以自我运作的形式开展项目的（73.2%），更少的基金会样本 2011 年有开展资助型项目（41.1%）。

表 13　非公募基金会运作型项目和资助型项目频次（N = 213）

基金会项目类型	频次（家）	百分比（%）
运作型项目	156	73.2
资助型项目	88	41.1

在不同类型的基金会公益项目具体涉及的工作领域方面，运作型项目和资助型项目并没有表现出明显的差异。如表 14 整理所示，非公募基金会有效样本开展运作型项目和资助型项目均以"教育科研"和"扶贫助困"两大传统领域为主要工作领域，其次为"健康与医疗""文化与艺术保护"及"救灾救济"三个领域，三者之间呈现微小的差别。而在"社区服务与社区发展""环境与动物保护"等新兴领域，从事相关工作的基金会相对较少。

表 14　非公募基金会运作型项目和资助型项目领域的比较

运作型项目领域	频次（家）	百分比（%）	资助型项目领域	频次（家）	百分比（%）
教育与科研	126	80.8	教育与科研	73	83.0
扶贫助困	103	66.0	扶贫助困	59	67.0
健康与医疗	40	25.6	健康与医疗	14	15.9
文化与艺术保护	23	14.7	文化与艺术保护	15	17.0
救灾救济	22	14.1	救灾救济	18	20.5
社区服务与社区发展	14	9.0	社区服务与社区发展	4	4.5
环境与动物保护	8	5.1	环境与动物保护	7	8.0
其他	14	9.0	其他	9	10.2
N = 156			N = 88		

对于 2011 年报告有开展资助型项目的非公募基金会样本（88 家），仍需对其具体资助机构对象的类型作进一步考察。分析结果表明（见图 18），非公募基金会的大部分资助资金都给了高校、中学等事业单位类的社会机构，占到

基金会整体资助型项目支出的 63.0% 。此外，6.5% 的资助资金用于资助政府机关。真正给予公益行业内部基金会和民间公益组织的资助分别只有 6.0% 和 13.5% 。

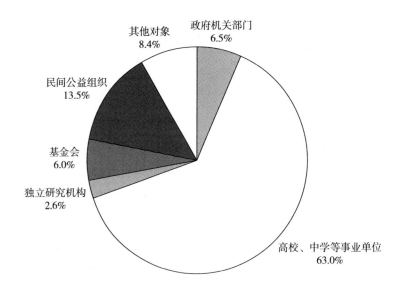

图 18　非公募基金会资助型项目资助不同类型机构资金所占比例（N = 88）

由此可见，如果仍以一般的公益行业内部资助关系来界定基金会资助，尤其是基金会对民间公益组织的资助，那么真正开展此种草根资助工作的非公募基金会事实上并不多。对非公募基金会有效调查样本的"事业单位"资助和"民间公益组织"资助状况作进一步比较分析（见表 15），大部分基金会（71.6%）都有对事业单位类型机构的资助，而只有 19 家基金会样本有针对民间公益组织的资助，这只占总体有效样本（N = 214）的 8.9% 。此外，更有 43 家开展资助型公益项目的非公募基金会把全部资助都给了事业单位型社会机构，这些基金会样本主要是高校教育类基金会。

表 15　非公募基金会资助型项目对事业单位和民间公益组织的具体资助状况比较（N = 88）

资助对象类型	有资助(家)	百分比(%)	全部资助(家)	百分比(%)
事业单位	63	71.6	43	48.9
民间公益组织	19	21.6	8	9.1

从非公募基金会的整体支出，尤其是基金会不同类型公益项目的具体开展状况来看，当前我国非公募基金会在公益资金的使用方面也主要存在两个显著特点。第一，非公募基金会的整体资金支出规模偏低，50%的基金会年度总支出少于166万元，高支出基金会仍然主要以高收入的高校基金会为主。第二，非公募基金会对公益资金的使用以基金会开展自我运作型项目为主要形式，真正通过支持草根公益组织进行公益服务项目操作的基金会还非常少。这与国外私募基金会的一般运作形式形成较大反差，而以基金会自我运作项目为主开展工作也与当前我国非公募基金会整体人力资源不足的状况不甚相符。

七 资金管理和使用影响因素的分析

以上整体呈现了非公募基金会在资金筹集、资金投资及项目运作等全面的资金管理和使用现状，并着重反映出当前我国非公募基金会在资金管理和使用方面存在的问题。接下来，报告将对可能影响基金会资金管理和使用的相关变量进行分析。

首先，在基金会年度总体收入层面，不同的机构发起者类型对非公募基金会总体收入状况有影响，表现为有事业单位型发起者的基金会收入较高，大量高校教育类基金会属于基金会高收入群体。以非公募基金会"2010年年末净资产_log"、基金会"已成立年限_log"及是否有事业单位型发起者为自变量，基金会"年度总收入_log"为因变量作多元回归，结果显示（见表16），当控制了基金会成立时间和资产规模以后，事业单位发起者对非公募基金会年度总收入具有显著的正向影响。

表16 非公募基金会2011年总体收入影响因素回归分析

	非标准化回归系数		标准化回归系数	t	Sig.
	B	标准误	Beta		
是否有事业单位型发起者	2.069	.495	.291	4.177	.000
2010年年末净资产_log	.604	.166	.258	3.647	.000
已成立年限_log	.164	.449	.025	.366	.715
常量	3.896	2.519		1.547	.124

除了基金会发起者类型，我们认为，社会网络状况可能对非公募基金会收入有积极的促进作用，即基金会参与合作与交往的社会网络分布越广泛，其可能的筹资渠道也就越多。网络多样性与基金会年度总收入分区的相关性分析显示，非公募基金会社会网络状况对其收入水平确实有显著的正向影响（$r = 0.24$，$p < 0.001$，$N = 213$）。两者之间的相互关系如图19所示。

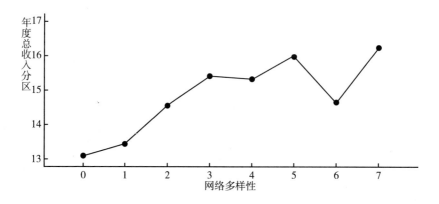

图19　非公募基金会社会网络状况与基金会收入的相互关系

社会网络对非公募基金会收入状况的影响尤其表现在其对基金会捐赠收入的促进作用上，因为与更多类型的社会机构开展合作就意味着更多的潜在捐赠者来源。以"捐赠收入_ log"为因变量，控制基金会2010年年末的净资产、总体工作人员数量、基金会已成立年限，考察非公募基金会网络多样性对其捐赠收入影响的多元线性回归分析显示（见表17），基金会社会网络状况对捐赠收入的正向作用在$p < 0.05$（$t = 2.5$）的显著性水平上达到显著。这对我国非公募基金会发展的启示是，要实施积极的"走出去"战略，采取与更多类型社会机构开展全面合作的策略，积极参与到跨行业、跨部门合作与交流中，拓宽基金会筹资渠道，创新基金会筹资模式。

在表16和表17两个回归方程的分析结果中，除了回归模型想要着重探讨的变量关系之外，2010年年末的净资产数对非公募基金会的总体收入和捐赠收入都有显著的正影响，当前我国非公募基金会似乎走上了富者越富的循环。此外，越晚成立的基金会捐赠收入越高。

表 17　非公募基金会 2011 年捐赠收入影响因素回归分析

	非标准化回归系数		标准化回归系数	t	Sig.
	B	标准误	Beta		
2010 年年末净资产_log	.910	.248	.261	3.669	.000
网络多样性	.528	.208	.180	2.536	.012
工作人员总数	.047	.067	.049	.702	.483
已成立年限_log	−1.876	.689	−.190	−2.723	.007
常量	.717	3.790		.189	.850

　　在非公募基金会资金的使用层面，着重考察影响基金会不同类型项目开展状况的相关变量，尤其是影响基金会资助型项目开展状况的关键因素。以基金会是否有开展资助型项目为因变量，采用逻辑回归分析方法。首先，将基金会已成立年限、基金会 2011 年总体收入和基金会网络多样性同时纳入回归模型，结果显示（见表 18），已成立年限和年收入均对基金会是否开展资助型公益项目有显著影响，越晚成立和收入越高的基金会开展资助型项目的可能性越大。而在控制成立年限和年收入后，非公募基金会社会网络对其是否开展资助型项目的影响呈边缘显著（$p = 0.06$）。

表 18　非公募基金会资助型项目开展状况影响因素回归分析模型 1

	回归系数	标准误	卡方值	自由度	显著性	OR 值
已成立年限	−.227	.076	8.841	1	.003	.797
年收入	.148	.067	4.806	1	.028	1.159
网络多样性	.165	.088	3.495	1	.062	1.179
常量	−.568	.374	2.305	1	.129	.567

　　不过，考虑到接近一半有开展资助型项目的非公募基金会将全部资助资金都投给了高校、中学等事业单位类社会机构，这部分非公募基金会大部分为高校类基金会，其资助项目的开展相对封闭，主要限于支持发起成立基金会的高校开展教育与科研工作。因此，非公募基金会资助型项目开展状况影响因素回归分析模型 2 将资助事业单位超过 90% 的基金会样本排除，结果显示（见表19），基金会社会网络状况对其是否开展资助项目有显著的正影响，即基金会社会网络越多样，其开展资助型项目的可能性越大。同时，基金会年收入的作

用变得不显著，而基金会的已成立年限依然对因变量有负作用。由此可见，当排除高校基金会以后，总体上而言，非公募基金会与更多类型的社会机构进行合作的经历对其开展资助型公益项目具有明显的促进作用。如果以机构合作关系的多样性作为衡量非公募基金会开放性的一个指标，那么越开放的基金会越倾向于做资助。

表 19　非公募基金会资助型项目开展状况影响因素回归分析模型 2

	B 系数	标准误	卡方值	自由度	显著性水平	OR 值
已成立年限	-.279	.107	6.773	1	.009	.757
年收入	-.008	.093	.007	1	.931	.992
网络多样性	.370	.112	10.819	1	.001	1.447
常量	-1.133	.490	5.352	1	.021	.322

注：排除将 90% 以上的资助资金都投给事业单位型社会机构的非公募基金会样本。

除了总体性社会网络状况以外，具体基金会行业内部的关系网络是否会对非公募基金会开展资助型项目产生影响呢？在模型 2 的基础上，模型 3 将总体网络多样性变量替换为基金会合作关系数量，结果如表 20 所示。非公募基金会与其他基金会合作关系的数量对其是否开展资助型项目具有显著的正向作用，即与其他基金会交流与合作越多，基金会越可能开展资助项目。

表 20　非公募基金会资助型项目开展状况影响因素回归分析模型 3

	B 系数	标准误	卡方值	自由度	显著性水平	OR 值
年收入	-.071	.103	.475	1	.491	.932
已成立年限	-.242	.105	5.337	1	.021	.785
与基金会合作关系数量	.454	.145	9.803	1	.002	1.575
常量	-.556	.457	1.484	1	.223	.573

注：排除将 90% 以上的资助资金都投给事业单位型社会机构的非公募基金会样本。

进一步分析显示（见表 21），与基金会合作关系数量对非公募基金会是否资助民间公益组织具有显著的正影响，即与其他基金会合作关系的数量越多，非公募基金会越可能去资助民间公益组织。

表 21　非公募基金会民间公益组织资助项目开展状况影响因素回归分析模型

	B 系数	标准误	卡方值	自由度	显著性水平	OR 值
年收入	.204	.142	2.054	1	.152	1.226
已成立年限	−.306	.164	3.455	1	.063	.737
与基金会合作关系数量	.368	.160	5.267	1	.022	1.445
常量	−2.492	.691	12.993	1	.000	.083

注：排除将 90% 以上的资助资金都投给事业单位型社会机构的非公募基金会样本。

　　根据上述系列回归模型的分析结果，我们可以比较充分地判断，非公募基金会社会网络关系状况，尤其是参与基金会行业内部合作与交流的状况，对基金会资助型项目的开展及其对民间公益组织的资助工作具有积极的促进作用。此外，在上述系列回归模型中，除了基金会社会网络之外，还有一个因素始终对因变量保持显著影响，即基金会已成立年限。分析结果显示，越年轻的基金会，其开展资助项目的可能性越大，这一相互关系如图 20 所示。对非公募基金会的访谈及长期观察发现，大多数基金会都是在一定价值和使命的引领下开展工作的。因此，影响基金会工作和发展方向的一个核心因素是基金会自身所秉持的价值观和理念。我们认为，随着近年来在基金会行业内部开展越来越多对打造公益行业价值链的讨论，公益资助的理念被越来越多的基金会所接受，而新近成立的基金会也越可能走上资助性工作的道路。

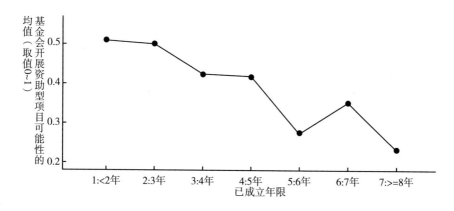

图 20　已成立年限对非公募基金会资助型项目开展状况的影响

八 结论与建议

通过对全国非公募基金会发展状况调查资金管理和使用数据的全面整理与分析，我们尝试提出非公募基金会"公益资金市场"的概念，非公募基金会"公益资金市场"包括公益资金筹集市场、公益资金投资市场和公益资金使用市场三部分。对于"公益资金市场"的发育状况，基于上述整体数据的分析，我们的基本结论是：当前我国非公募基金会"公益资金市场"仍处于相对不成熟的初级发展阶段。这种不成熟性表现为：（1）公益资金筹集市场相对封闭，实体性法人捐赠仍然是当前非公募基金会的主要捐赠来源，且大量非公募基金会过度依赖基金会发起者的持续支持；（2）筹资规模相对较小，接近一半的基金会年度总收入和捐赠收入均低于200万元，高收入基金会主要以高校教育类基金会为主；（3）投资市场不甚成熟，只有很小一部分的基金会开展投资运作，且严重缺乏投资专业人才，现有投资模式也过于单一；（4）投资行为趋于过度谨慎，以购买银行理财产品为最重要的投资模式，缺乏创新大胆的投资操作；（5）受限于筹资规模，公益资金的支出规模也相对较小，有一半的基金会年度支出低于166万，大部分基金会年度支出低于500万，高支出基金会以高校教育类基金会为主；（6）公益资金的使用相对封闭，大部分基金会以自我运作的形式开展公益项目，真正开展针对草根公益组织资助的基金会非常少。此外，研究发现，基金会的社会网络状况成为影响非公募基金会"公益资金市场"形成和发展的一个重要变量，单个非公募基金会的社会资本存量对其在公益资金的筹集和使用等各个方面的表现均有显著的正向影响。

基于以上调查分析的结果，针对非公募基金会资金的有效管理和使用议题，本文提出下列建议。

1. 基金会要实施积极的"走出去"战略，广泛参与多方交流与合作，构建行业网络。研究表明，非公募基金会社会网络状况是影响其资金筹集和具体项目运作的关键变量之一。除了基金会发起者类型对收入有影响（事业单位发起基金会普遍高收入），网络多样性无论是对基金会总体收入还是捐赠收入均呈显著的正向作用；而网络状况，尤其是与基金会圈内合作关系的数量也对非公募基金会项目运作产生积极影响。因此，基金会需要时刻保持开放的心态，积极参与多方交流与合作，努力拓宽机构社会网络，通过有效合作推动基金会资金筹集和项目运作等各方面的创新。特别是要积极参与基金会行业内部互动交流，在广泛的互动和交流中学习借鉴其他机构的优秀经验，促进基金会的自我成长和发展。在当前我国整体公益慈善事业迅猛发展的背景下，随着社会多元力量的加入，公益机构及其项目运作越来越强调创新性和高效率。如果基金会始终处于自我封闭的状态，则最终只能被行业和公众淘汰。

2. 基金会要大力开发机构"资助"战略，实现我国公益基金会整体资助型转向，构建公益慈善行业价值链。在美国超过 5 万家的公益基金会中，90%的基金会都是以资助为导向的，即主要通过赞助和支持其他一线非营利机构的途径来实现服务社会的目标，这样就建立起"支持型机构——一线服务组织——社会受益人群"的公益慈善行业价值链。反观国内，大部分非公募基金会（在国外称为私募基金会，Private Foundation）以自我运作的形式开展公益服务项目，即使是在有限的公益资助范围内，教育类基金会给予高校等事业单位的资助仍占主要部分，而真正对大量草根公益组织的支持少之又少。事实上，在公益服务的有效供给方面，大量长期身处一线、扎根社区的非营利机构具有接近受益人群、了解公众实际需求的独特优势。基金会需要与这些一线服务组织结成伙伴关系，通过资助与执行的有效联合，逐步形成高效稳固的公益价值链条，更好地为社会公众提供公益服务。

3. 基金会要高度重视公益行业专业人才的培养和引进，打造高效率、专业化的机构运作团队。从当前国内非公募基金会内部机构设置和拥有工作人员数量的状况来看，专业化程度远远低于理想要求，表现在基金会专业职能部门设置的意识不强，大量基金会依靠兼职工作人员维持运作。作为社会公益资源的筹集平台，传播和筹款工作应该成为公益基金会的两项重要职能。此外，不具有公共募款资格的非公募基金会需要在自身资金的保值增值方面进行有效管理和操作。以上工作内容需要基金会在公益传播、专业筹款和资金投资等方面储备相应的专业人才，并进行大胆的尝试和突破，比如在拥有专业投资理财人才的前提下开展积极的基金会投资运作，实现基金会资产的有效保值和增值。需要指出的是，公益行业专业人才除了需要具备专业化的筹资、投资及项目运

作能力之外，更必须要有公共服务的意识和公民社会的精神，要认同自己所从事的社会服务事业，在服务他人和社会的过程中实现自我收获和成长，这对公益行业从业者提出了更高的要求。

4. 从外部环境的角度，政府部门需要为非公募基金会资金的有效管理和使用创设更良好的制度空间。在当前我国公益慈善事业快速发展的背景下，政府部门的职责一方面是要对公益资金的募集和使用过程加强监管，保证社会公共公益资产的合法、安全；另一方面，政府部门同时需要为公益慈善机构的发展提供更有效、更积极的制度设计。具体在非公募基金会资金的管理和使用方面，当前的制度设计已经显现出对基金会的明显约束和限制。比如，要求基金会行政支出（包括行政办公和人员的工资福利）必须控制在基金会年度总支出10%的比例以内，这对大量中小型基金会构成了极大的支出压力，迫使大量基金会不得不寻求其他变通的办法。数据显示，目前我国大部分非公募基金会工作人员不从基金会领取工资，转由其他渠道支出该部分行政经费；而数据无法显示的是，为了严格控制10%的行政支出红线，大量的基金会存在制作财务假账的现象，这对于我国公益慈善行业整体公信力的塑造和提升无疑是一个极大的隐患。此外，现行政策缺乏对基金会投资行为的明确规定，这一方面无法对基金会的不良投资行为进行有效规范和监督，另一方面又不能对基金会资产保值增值的合理、合法操作形成鼓励。在基金会的具体项目运作上，政府政策应该积极引导广大公益基金会向资助型基金会定位和转型，通过推动公益价值链的打造，使基金会项目资助成为整体社会建设的重要资源。

B.4
中国上市公司企业社会
责任状况分析报告[*]

——基于企业纳税与公益性捐赠比较的视角

龙朝晖　周群[**]

一　近年来中国企业发布社会责任报告情况

中国经济持续高速增长，全球化程度不断加深，这为中国企业成长提供了更大的空间。同时，企业环境污染、劳资矛盾、社区服务、公益性捐赠等问题也日益受到社会关注，企业如何更好地履行社会责任成为其发展规划的重要组成部分。作为社会成员，企业在追求自身经济利益的同时，必须兼顾环境利益和社会利益，在外部综合环境中实现可持续发展。近年来，国际社会对企业的社会责任要求已经从号召转变成一种具体行动，企业履行社会责任也日益受到国际资本市场监管部门和投资者、社会公众的关注，披露社会责任报告成为一种趋势。社会责任报告作为企业披露其社会责任绩效和推进社会责任管理的重要工具，日益受到企业的认可和重视。特别是在 2009 年 9 月深交所发布《上市公司社会责任指引》及国资委、上交所等发布一系列文件鼓励企业编写社会责任报告之后，中国的社会责任报告数量迎来了井喷式增长。

根据企业社会责任中国网①的统计数据，从 2001 年开始，我国开始发布企业社会责任报告。随着经济社会的发展，企业社会责任报告的披露越来越受

＊　本文为 2010 年广东省哲学社会科学"十一五"规划项目"广东企业慈善捐赠中税收激励和非税激励的实证研究"的阶段性研究成果，项目编号 GD10CGL15。

＊＊　龙朝晖，中山大学中国公益慈善研究院研究员，中山大学岭南学院副教授；周群，中山大学岭南学院硕士研究生。

①　网址请见：http://www.csr-china.net/。

到重视，报告数量一直在增加，具体如图 1 所示。2001 年，我国仅有 1 家企业披露企业社会责任报告，到 2011 年，我国发布社会责任报告的企业共有 898 家，比 2010 年的 731 家增长了 22.8%，是实现较快增长的一年。从整体上看，自 2001~2006 年的发布数量不足 40 家到当前的将近 900 家，短短 10 年时间里，我国发布社会责任报告的企业持续快速增长。

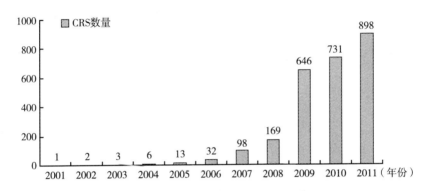

图 1　2001~2011 年中国企业社会责任报告数量的增长情况

但在经济增长的同时，市场竞争日益激烈，企业面临着成本和价格的双重压力，还要向政府缴纳各种税费。不少企业认为，企业纳税本身就是对社会履行了相应的经济责任。因此，部分企业对扶贫济困、环境保护、社区服务等慈善公益活动并不积极，对于政府或社会团体提出的公益慈善建议反应也不热烈，甚至出现逃避社会责任的现象。基于这个原因，我们将对中国上市公司纳税和公益性捐赠两个可以量化的指标来进行比较分析，尝试从这一视角考察中国上市公司履行企业社会责任和社会贡献的情况。

二　中国企业社会责任的内涵探析

企业社会责任是由企业与社会的关系决定的，必须根据两者的关系界定企业的社会责任内容。由于企业社会责任的内容比较多，其内涵也在不断变化之中，到目前为止，人们对企业社会责任的定义和内容还未达成较为统一的认识。

早期的企业社会责任主要是指企业达到利润最大化的经济目标之外的责任，其内容是明确的。目前，国际上关于企业社会责任的观点主要有广义和狭义两种。广义的社会责任观认为，企业社会责任等同于企业责任，包括经济责任、法规责任、伦理责任、自由裁量责任等全部责任。狭义的社会责任观认为，企业责任可划分为经济责任、法规责任、道德责任和社会责任四种，其中社会责任是企业责任的一个组成部分。但这两种观点都认为，企业社会责任最核心的部分应该是企业参与社会公益，具体指企业自愿参与扶贫济困、环境保护、劳工权益保护、社区服务等社会慈善公益活动。企业社会责任报告（Corporate Social Responsibility Report）是企业就其履行社会责任的理念、内容、方式和绩效所进行的系统信息披露，是企业与其利益相关者进行全面沟通交流的重要过程和载体。

从企业参与扶贫济困的工作来看，我国每年有数以千万的灾民需要救济，有2200多万城市低收入人口仅靠最低生活保障生活，有7500多万农村绝对贫困人口和低收入人口需要救助。另外，还有6000万残疾人和1.4亿60岁以上的老年人需要社会提供帮助。按照世界银行的测算，我国的基尼系数已经上升到0.47。国内学者的估算则认为，我国的基尼系数2010年已经达到0.50，大大超过国际0.40的警戒线水平，且城乡收入差距在3.3倍左右。根据西方社会的历史发展经验，扶贫济困、扶老助残首先要靠政府的第二次分配，通过税收和转移支付将社会财富在整个国家内的不同个体间重新分配。但是，政府的作用是有限的，并存在政府失灵的现象，这就需要社会慈善活动进行补充，企业通过慈善捐赠等方式志愿参与扶贫济困、扶老助残，是企业履行企业社会责任的重要组成部分。

从企业参与环境保护来看，SA8000标准是全球第一个"企业社会责任认证标准"。该标准认为，采取环境保护措施、消除环境污染是企业履行社会责任的重要组成部分。对一个承担着完整的环境责任的企业来说，它对自身的要求并不仅仅是不污染周边的环境，还要对社会产生正的外部效应。就大的方面而言，它在保障生产过程不危害环境的同时，应当注重研发无害于环境和人体健康的产品，积极开发和采用高新技术，重视资源（水、能源、原材料）的减量和循环利用，尽量降低废弃物的产生量并做好其排放与处理工作。当然，

企业在做好这些工作的同时也有相应的税收优惠，这在企业的纳税中会有所体现。另外，企业还应当努力使其与周边环境相融合，让人与自然的关系保持平衡和协调。从内部管理来看，企业应该鼓励员工使用公共交通工具、使用可再生办公用品、注意节水节电等；从外部贡献来看，企业为环保基金等公益性捐赠就是企业勇于承担环境责任、支持可持续发展的直接表现。

从企业保护劳工权益方面来看，企业与员工之间是雇佣关系，员工作为企业的核心资本，是企业社会责任的主要载体。企业对劳动者的责任主要有遵守相关的法律法规，为员工建立健全劳动保障制度，提供平等的就业机会，保障妇女及弱势群体的平等就业；制定合理的薪酬制度、激励机制、岗位轮换机制及培训机制，促进员工的个人职业发展，同时要保护员工的合法休息权，为员工提供健康安全的工作环境，享受社会保险和社会福利，保证职工实现其就业和择业权、劳动报酬获取权、劳动安全卫生保障权、职业技能培训享受权、社会保险和社会福利待遇取得权、参加集体谈判权、组织和参加工会权、罢工权、参加企业资本权、参与公司治理结构权等劳动权利；企业不得随意裁员，要建立健全职工申诉制度，及时公开处理职工的投诉，落实经济补偿金，做好分流人员的再就业工作。从可量化的指标来看，一方面，企业为本单位员工缴纳社保费是其保护劳工权益的具体体现；另一方面，许多企业还积极为社会再就业、创业的公益性基金捐赠，这也是其履行企业社会责任的重要体现。

从企业的社区服务来看，企业是社会的一员，是社会中的公民。在其经济运行的过程中，不可能独立地完成所有的企业行为，需要与所在社区合作。因此，企业对社区也要承担相应的责任，积极参与社区建设，具体包括积极支持发展社区的文化教育事业和福利事业；关心和参与社区的有关社团活动；同当地政府和居民及公共团体建立良好的关系；为社区提供更多更好的就业机会等。一方面，企业缴交的地方税费是社区公共建设的资金来源；另一方面，许多企业还对社区服务基金进行公益慈善捐赠，这属于履行企业社会责任。

从企业的公益性捐赠来看，许多企业自愿将货币和非货币性资产无偿捐赠给与其没有直接利益关系的受赠者用于慈善公益目的，这种捐赠能有效解决很多市场失灵和政府难以解决的问题，又称为"第三次分配"，它能促进社会主义和谐社会的建设。企业除了货币和非货币性资产直接捐赠外，还可以利用其劳动力、库存物资、生产能力、厂房、技术、专业管理知识等为社会公益事业服务，但难以通过货币单位直接计量，因此不是本报告研究的重点。

三　本报告的内容、方法与数据来源

中国社会科学院发布的《中国企业社会责任报告白皮书2011》指出，中国企业的社会责任报告整体水平不高，2010年中国企业社会责任报告的平均分仅为29.8分。同时，我国企业社会责任报告"报喜不报忧"，实质性内容少。企业通过发表企业社会责任报告，一方面向社会展示企业自身的经营业绩，增强企业的战略管理能力和服务水平；另一方面，企业向社会传递公益和关爱，有利于提升企业的品牌形象和价值。企业在创造利润和业绩的同时，获得了良好的品牌形象和社会赞誉，实现了企业与社会的共同可持续发展，实现企业利益和社会发展的双赢。但从近年来企业社会责任报告的情况来看，许多企业将发布社会责任报告作为企业品牌宣传的一种手段，结构随意，内容多以非财务定性描述为主，报告流于形式，缺乏可比性，不利于企业利益相关者从中获取有效的信息。

我们认为，有必要对我国的企业社会责任报告进行重新审视。一方面，企业依法纳税就是企业对国家和社会公共产品的贡献，是企业履行法定性社会责任的体现；另一方面，许多企业还自愿进行货币和非货币性资产的公益性捐赠，这是企业履行自愿性社会责任的核心体现，是对政府提供公共产品的补充。我们认为，要全面研究企业的社会责任，既要研究企业履行法定性社会责任的纳税情况，又要研究其货币和非货币性资产的公益性捐赠情况，即履行自愿性社会责任的情况，并通过统计企业可量化的纳税额和公益性捐赠额，对企业的社会总贡献进行报告。

本报告的内容包括近年来中国企业社会责任报告发布的整体情况。根据2011年发布企业社会责任报告的中国上市公司的有关财务数据，分析不同地区、行业、规模和类型的上市公司的纳税情况和公益性捐赠情况，进一步研究其社会责任贡献的情况，得出研究结论和相关启示，为中国上市公司如何更好

地履行企业社会责任、促进社会和谐提供参考。

　　本报告主要采用描述性统计分析的方法，对2011年发布企业社会责任报告的我国上市公司财务数据进行统计分析，研究其履行社会责任和社会总贡献的情况。报告将企业的税费负担（企业每年所缴纳的税费）和公益性捐赠（企业的公益性捐赠支出）进行分类比较，并进一步计算出企业的社会总贡献，以企业税费负担率作为企业履行法定性社会责任的指标，以企业的公益性捐赠比率作为企业的自愿性社会责任指标，以企业的社会总贡献比率作为企业对社会责任的总贡献指标，全面分析2011年我国上市公司履行企业社会责任的情况。

　　企业社会责任中国网（csr-china）由商务部《WTO经济导刊》杂志社主办，旨在会聚全球责任资讯、传播责任理念价值，是中国推动企业社会责任、倡导可持续发展的第一门户网站，拥有目前国内最专业的CSR团队。通过企业主动寄送、企业官方网站下载及网络查询等方法，企业社会责任中国网建立了数据库，包括了责任竞争力案例、CSR报告和非政府组织等相关数据和活动信息。我们从企业社会责任中国网收集了2011年发布企业社会责任报告的公司共898家，包括万科股份和宝安集团等大企业。根据研究目的并基于数据的可获得性和有效性，最终得到435家上市公司作为有效样本，研究所需的其他财务数据来自于国泰安CSMAR研究数据库。我们以这435家上市公司为样本，分析中国不同地区、行业、规模和类型的上市公司的纳税情况和公益性捐赠情况，反映企业履行社会责任和社会贡献的全面情况。

表1　报告指标说明

指标名称	数据来源或计算方法
地区	以省、直辖市为单位
行业	参照国民经济行业分类方法，选取行业门类指标
企业类型	参照公司的第一控股股东的性质
总资产	来源于企业财务报表的总资产
企业税费支出	来源于企业财务报表的企业支付的各项税费
公益性捐赠支出	企业的对外公益捐赠支出
营业收入	来源于企业财务报表
社会总贡献	企业税费支出和公益性捐赠支出的总和
社会总贡献率	企业社会总贡献与企业营业收入的比值

四 中国不同地区上市公司2011年企业社会责任与社会贡献

（一）2011年发布企业社会责任报告的中国上市公司地区分布情况

2011年发布企业社会责任报告的435家上市公司，分布于我国大陆除甘肃省以外的30个省、自治区和直辖市，附表1是我们计算出的各个省份所有样本公司的数量、纳税和公益性捐赠的数据。从企业地域分布的数量来看①，位于东部地区的数量较多，共有294家，占67.6%。其中，北京54家，广东48家，福建47家，上海38家，浙江32家，江苏25家，分别居地区排名的前6位。位于中部地区的企业共82家，占18.8%。位于西部的企业数量较少，共59家，仅占13.6%。其中，宁夏、西藏、广西、黑龙江、内蒙古、青海等省区的企业均不到5家。

此外，还可以从平均数量来分析不同地区企业报告社会责任的情况，这一数据也在一定程度上反映企业履行社会责任的情况。东部地区省均发布报告的数量为26.7家；中部为10.3家，不到东部地区的1/2；西部为5.4家，不到东部地区的1/5。北京、上海、福建、广东等东部省份都是我国经济发展较快的地区，而位于内陆的西藏、内蒙古、青海、宁夏等西部省份则一直以来经济发展相对落后。这表明，企业履行社会责任的情况与其所在地区的经济发展水平相关，其所在地区的经济越发达，企业就会越多地参与社会公益活动。

（二）2011年发布企业社会责任报告的中国上市公司分地区缴纳税费情况（具体数据见附表1）

企业通过缴纳税费履行法定性社会责任，各省、市上市公司的平均税费支出情况如图3所示。从上市公司税费支出的绝对值来看，全国平均每家公司的

---

① 我国东部、中部和西部的划分采用国家计委五年发展计划制定时的划分标准，西部地区包括享受国家西部大开发政策的内蒙古和广西。

税费支出额为 21.4 亿元。在 30 个省、市中，重庆、江苏和浙江的上市公司平均税费支出额分别高达 10596.41 百万元、9849.38 百万元和 9737.94 百万元，明显高于全国其他省市；而其他省市上市公司的平均税费支出额的差异相对较小，均不足 20 亿元。从地区的平均水平来看，我国东部地区上市公司的平均税费支出额为 25.59 亿元，高于全国平均水平；我国西部地区上市公司的平均税费支出额为 18.95 亿元，低于全国平均水平；我国中部地区上市公司的平均税费支出额为 7.28 亿元，远远低于全国平均水平，且仅有安徽省上市公司的税费支出超过 10 亿元。

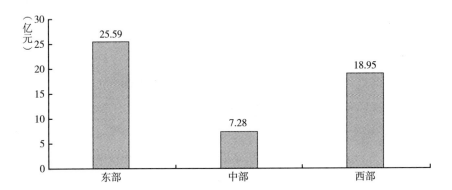

图 2　不同地区的平均税费支出额

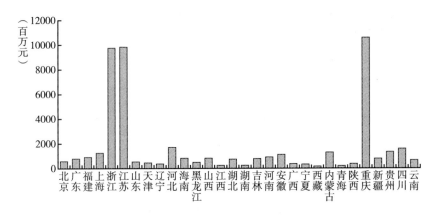

图 3　各省、区、市上市公司的户均税费支出额

注：依次按照省份的排列顺序，从北京到海南为东部地区，黑龙江到安徽为中部地区，广西到云南为西部地区（下同）。

从上市公司的税费负担率来看，各省、市上市公司的户均税费负担率为8.77%。从地区的平均水平来看，东部地区上市公司的户均税费负担率为8.61%，略低于全国平均水平，但广东上市公司的税费负担率达11.62%，处于较高的水平；西部地区上市公司的户均税费负担率为9.89%，高于全国平均水平，其中新疆上市公司的税费负担率为16.14%，居于全国首位；中部地区上市公司的户均税费负担率为8.10%，低于全国平均水平，只有吉林省的税费负担率达12.46%（见图4）。

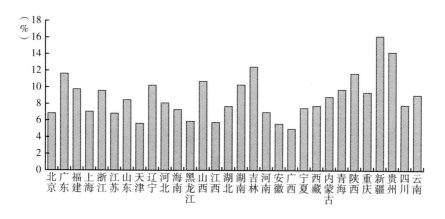

图4　各省、区、市上市公司的户均税费负担率

企业缴纳税费是其履行法定性的社会责任，但我国不同地区上市公司的平均税费支出和税费负担率存在明显的差异。我国东部地区上市公司的税费支出额高，但税费负担率低于全国平均水平；西部地区上市公司的税费支出额低于全国平均水平，但税费负担率高于全国平均水平；而中部地区上市公司的税费支出和企业税费负担率均低于全国平均水平。

（三）2011 年发布企业社会责任报告的中国上市公司分地区公益性捐赠情况

2011 年发布企业社会责任报告的中国上市公司的平均公益性捐赠支出额为 6.46 百万元，具体各省、市上市公司的平均公益性捐赠支出额如图5 所示。从不同地区的情况来看，我国东部地区上市公司的户均公益性捐赠支出额最

高，为 7.82 百万元。其中，广东和浙江上市公司的公益性捐赠支出额分别为 16.81 百万元和 15.71 百万元，居于全国前两位。我国西部地区上市公司的户均公益性捐赠支出额为 4.77 百万元，居第 2 位，但低于全国平均水平。其中，重庆市的户均公益性捐赠支出为 13.24 百万元，居全国第 3 位。我国中部地区上市公司的户均公益性捐赠支出额最低，只有 2.6 百万元。其中，最高的省份为吉林省，仅有 5.23 百万元，也低于全国平均水平。

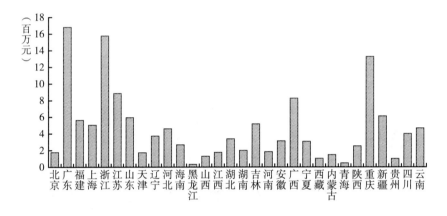

图 5　各省、区、市上市公司的户均公益性捐赠支出额

2011 年发布企业社会责任报告的中国上市公司的平均公益性捐赠支出比率为 0.089%，具体各省、市上市公司的平均公益性捐赠支出比率如图 6 所示，各个地区之间的这一指标也存在明显的差异。我国东部地区上市公司的平均公益性捐赠支出比率为 0.11%。其中，广东上市公司的公益性捐赠支出比率达到 0.42%，居于全国首位。西部地区上市公司的平均公益性捐赠支出比率为 0.07%，居第 2 位但低于全国平均水平。其中，新疆上市公司的公益性捐赠支出比率达到 0.25%，居于全国第 2 位。中部地区上市公司的平均公益性捐赠支出比率为 0.05%，且各省差别不大，都处于较低的水平。

（四）2011 年发布企业社会责任报告的中国上市公司分地区社会责任贡献

企业对社会的责任贡献是企业缴纳税费额和公益性捐赠额的总和，它全面反映企业履行社会责任的总体情况，各省、区、市上市公司的户均社会总贡献如图 7 所示。我国上市公司的户均社会总贡献额为 21.47 亿元。其中，东部地区上市公司的户均总贡献额为 25.67 亿元，高于全国平均水平；西部地区上市公司的户均总贡献额为 19.00 亿元，低于全国平均水平；中部地区上市公司的户均总贡献额为 7.31 亿元，远低于全国平均水平。重庆、江苏和浙江上市公司的户均总贡献额分别为 119.21 亿元、98.58 亿元和 97.54 亿元，分别位于全国前三位。

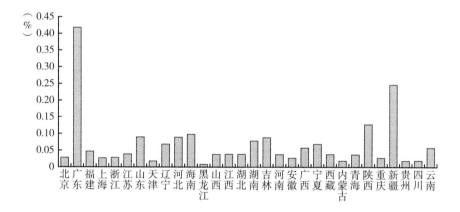

图6 各省、区、市上市公司的户均公益性捐赠支出比率

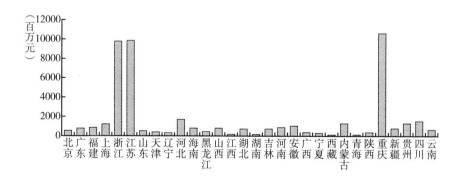

图7 各省、区、市上市公司的户均社会总贡献

各省、区、市上市公司的户均社会总贡献率如图 8 所示。从不同地区的情况来看，西部地区上市公司的户均总贡献率最高，达到 9.8%。其中，新疆上市公司的户均总贡献率为 16.39%，居于首位。东部地区上市公司的户均总贡

献率为8.36%。其中，广东上市公司的户均总贡献率为12.04%。而中部地区上市公司的户均总贡献率最低，仅有8.2%。

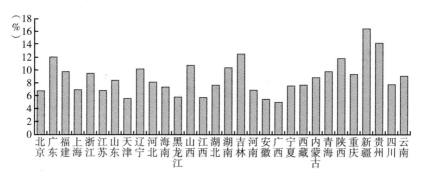

图8　各省、区、市上市公司的户均社会总贡献率

五　中国不同行业上市公司2011年企业社会责任与社会贡献

（一）2011年发布企业社会责任报告的中国上市公司行业分布情况（具体数据见附表2）

2011年发布企业社会责任报告的435家上市公司行业分布广泛，涉及制造业、房地产业、电力煤气、交通运输、批发零售、金融保险、采掘、建筑等13个行业。各个行业所有企业的数量、纳税和公益性捐赠的数据如附表2所示。435家上市公司中制造业的数量最多，共242家，占半数以上，具体包括了医药制造业、电子、塑料制造业等9个大类；数量第二的是房地产业，为26家企业；第三是电力煤气和交通运输行业，各为25家；批发零售行业22家；金融保险业20家；数量最少的是社会服务业和传播与文化产业，只有4家（见图9）。

（二）2011年发布企业社会责任报告的中国上市公司分行业缴纳税费情况

各行业上市公司的户均税费支出额如图10所示，不同行业上市公司的户均税费支出水平存在较大差异。其中，金融保险业的上市公司户均税费支出达

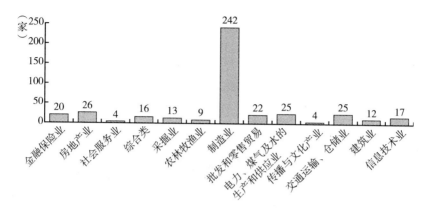

图9 不同行业上市公司的数量

48.55 亿元，是所有行业中最高的，这一方面是因为金融保险业的上市公司营业额大，另一方面是因为其营业税税率为 5%，高于其他服务行业。排在第二位的是批发和零售贸易的上市公司，其户均税费支出为 26.72 亿元。排在第三位的是综合类的上市公司，其户均税费支出为 20.76 亿元。排在第四位的是电力、煤气及水制造供应业的上市公司，其户均税费支出为 15.58 亿元。另外，有 3 个行业的上市公司的户均税费支出低于 5 亿元，其中最低的是传播与文化产业，户均税费支出只有 2.57 亿元，只相当于金融保险行业的 5.3%。

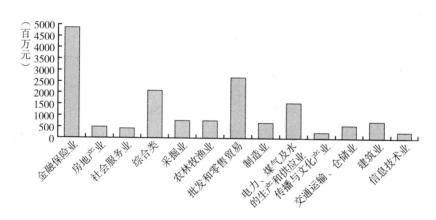

图10 各行业上市公司的户均税费支出额

各行业上市公司的户均税费负担率如图11 所示。其中，金融保险行业上市公司的户均税费负担率为 18.08%，是所有行业中税费负担率最高的；另外，房地产业和社会服务业上市公司的户均税费负担率分别为 10.21% 和 10.08%，居第 2 位和第 3 位；其他行业的户均税费负担率均低于 10%，其中最低的行业为信息技术业，其户均税费负担率为 6.59%，这是信息技术业上市公司享有大量税收优惠的结果。

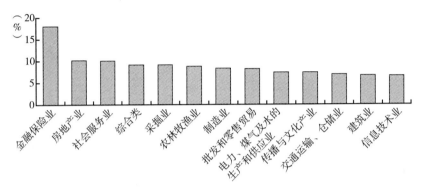

图 11　各行业上市公司的户均税费负担率

（三）2011 年发布企业社会责任报告的中国上市公司分行业公益性捐赠情况

各行业上市公司的户均公益性捐赠支出额如图 12 所示，我国不同行业上市公司之间的户均公益性捐赠支出额差异较大。其中，金融保险业上市公司的户均公益性捐赠支出额为 16.62 百万元，居第 1 位；农林牧渔业上市公司的户均公益性捐赠支出为 13.73 百万元，居第 2 位；制造业上市公司的户均公益性

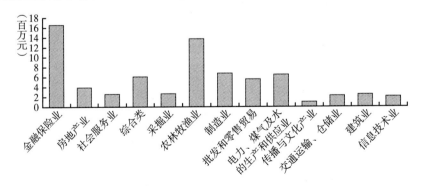

图 12　各行业上市公司的户均公益性捐赠支出额

捐赠支出为 6.71 百万元，居第 3 位；电力、煤气及水制造供应业上市公司的户均公益性捐赠支出为 6.53 百万元，居第 4 位；传播与文化产业上市公司的户均公益性捐赠支出额是最小的，仅有 1.02 百万元，相当于金融保险业的 6%。

各行业上市公司的户均公益性捐赠支出比率如图 13 所示。其中，房地产业上市公司的户均公益性捐赠支出比率高达 0.4%，是所有行业中最高的，说明房地产业上市公司通过公益性捐赠履行自愿性社会责任的力度最大。金融保险业上市公司的户均公益性捐赠支出比率为 0.2%，在所有行业中居第 2 位。另外，综合类、社会服务业和批发零售业的上市公司的户均公益性捐赠支出比率分别为 0.13%、0.11% 和 0.10%，居第 3、4 和 5 位。其余 8 个行业上市公司的户均公益性捐赠支出比率均低于 0.1%，其中最低的是建筑业上市公司，只有 0.01%。

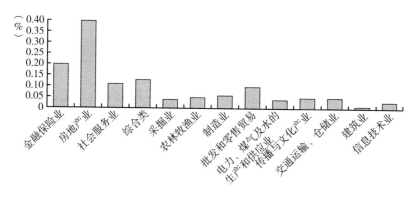

图 13　各行业上市公司的户均公益性捐赠支出比率

（四）2011 年发布企业社会责任报告的中国上市公司分行业社会责任贡献

各行业上市公司的户均社会责任总贡献如图 14 所示，不同行业之间的差别较大。金融保险业上市公司的户均社会贡献达 4871.89 百万元，在所有行业中居第 1 位，说明金融保险业上市公司履行的社会责任最多；制造业上市公司的户均企业社会总贡献为 2679.04 百万元，居第 2 位；综合类上市公司和电力、煤气及水制造供应业上市公司的户均社会总贡献分别为2081.61百万元和1564.5百万元，居第3位和第4位；传播与文化业上市公司的户均社会总贡献只有258.14百万元，是所有行业中社会总贡献最小的，说明其履行社会责任少。

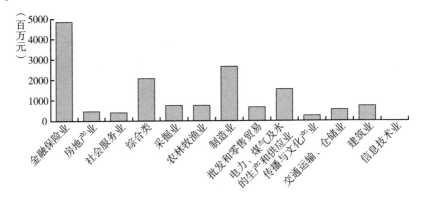

图14 各行业上市公司的户均社会责任总贡献

各行业上市公司的户均社会责任总贡献率如图15所示。其中，金融保险业上市公司的户均社会责任贡献率最高，达到18.29%。房地产业上市公司的户均社会责任贡献率居第2位，为10.61%。社会服务业上市公司的户均社会责任贡献率为10.19%，居第3位。其余10个行业上市公司的户均社会责任贡献率均低于10%，其中信息技术业上市公司的户均社会责任贡献率为6.61%，是所有行业中最低的，这同样与该行业享有的大量税收优惠有关。

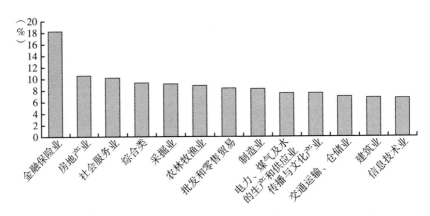

图15 各行业上市公司的户均社会责任总贡献率

六　中国不同控股类型上市公司
2011 年企业社会责任贡献

（一）2011 年发布企业社会责任报告的中国上市公司控股类型情况

我们根据上市公司最大控股股东的性质，将 2011 年发布企业社会责任报告的 435 家上市公司分为国有控股、民营控股和外资控股三大类。在 435 家上市公司中，国有控股的 266 家，占 61%；民营控股的 166 家，占 38%；外资控股的仅有 3 家，占 1%（见图 16）。可见，国有控股公司在报告和履行企业社会责任中起着至关重要的"领头羊"作用，民营控股公司也积极报告履行企业社会责任情况，但外资控股公司发布社会责任报告的意识需要加强。

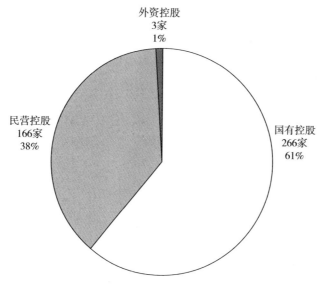

图 16　不同控股类型上市公司的数量

（二）2011 年发布企业社会责任报告的不同控股类型上市公司缴纳税费情况

不同控股类型上市公司的税费缴纳额如图 17 所示，它们的税费支出有较大差异。国有控股公司的户均税费支出最大，为 2946.39 百万元；其次是外资

控股公司，其户均税费支出为1342.96百万元；最低的是民营控股公司，其户均税费支出仅为863.25百万元，尚不及国有控股公司的1/3。

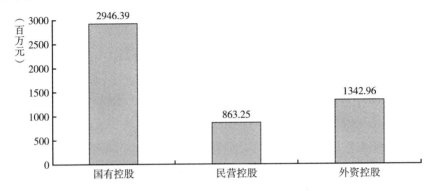

图17　不同控股类型上市公司的税费支出

不同控股类型上市公司的税费负担率如图18所示。国有控股公司的户均税费负担率也是最高的，为8.88%；民营控股公司的户均税费负担率居第2位，为8.61%；外资控股公司的户均税费负担率最低，只有7.72%，原因可能是内外资企业虽然已经"两税合一"，但处于过渡期而部分企业仍然享有税收优惠。

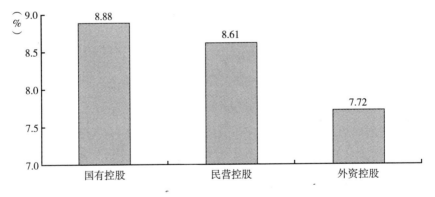

图18　不同控股类型上市公司的税费负担率

（三）2011年发布企业社会责任报告的不同控股类型上市公司的公益性捐赠

不同控股类型上市公司的公益性捐赠如图19所示。其中，国有控股公司的户均公益性捐赠支出最高，为 6.5 百万元；民营控股公司的户均公益性捐赠支出为 6.41 百万元，略低于国有控股公司而居于第 2 位；外资控股公司的户均公益性捐赠支出最低，为 5.85 百万元。

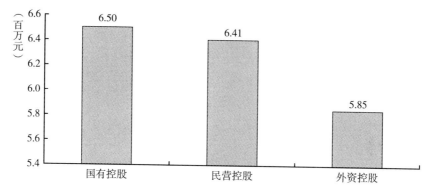

图 19　不同控股类型上市公司的公益性捐赠

不同控股类型上市公司的公益性捐赠比率如图 20 所示。其中，外资控股公司的平均公益性捐赠比率位于首位，为 0.13％；国有控股公司的平均公益性捐赠比率为 0.10％，居于第 2 位；民营控股公司为 0.07％，居于第 3 位。外资控股公司的户均公益性捐赠支出虽然最少，但占营业收入的比率却是最高的。

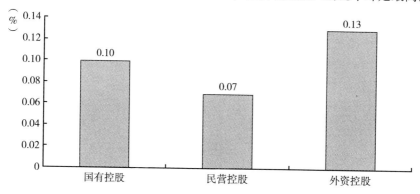

图 20　不同控股类型上市公司的公益性捐赠比率

（四）2011 年发布企业社会责任报告的不同控股类型上市公司社会责任贡献

企业社会责任贡献是企业税费支出和公益性捐赠支出的总和，是对企业履

行社会责任的度量，我国不同控股类型上市公司的社会责任总贡献如图 21 所示。其中，国有控股公司的户均企业社会责任贡献为 2952.89 百万元，居第 1 位；外资控股公司户均社会责任贡献为 1348.82 百万元，居第 2 位；民营控股公司的户均社会责任贡献仅有 869.66 百万元，只相当于国有控股公司的 29.5%。

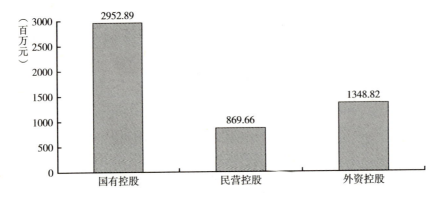

图 21　不同控股类型上市公司的社会责任总贡献

我国不同控股类型上市公司的社会责任总贡献率如图 22 所示。其中，国有控股公司的户均社会责任贡献率为 8.98%，居第 1 位；民营控股公司的户均社会责任贡献率为 8.68%，居第 2 位；外资控股公司的户均社会责任贡献率最低，只有 7.85%，只相当于国有控股公司的 87%。

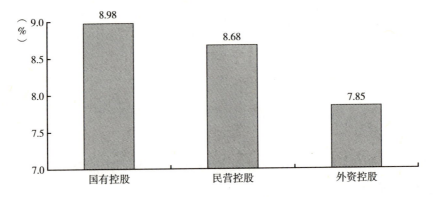

图 22　不同控股类型上市公司的社会责任总贡献率

七　中国不同规模上市公司 2011 年的
社会责任与社会贡献

（一）2011 年发布企业社会责任报告的中国上市公司规模情况

本报告采用国家统计局等规定的大中小型企业划分办法将 2011 年发布企业社会责任报告的 435 家上市公司划分为大型、中型和小型三种类型企业。435 家企业中，大型企业 251 家，占 57%；中型企业 172 家，占 40%；而小型企业只有 12 家，仅占 3%。统计结果显示，我国报告履行社会责任的上市公司以大中型企业为主。

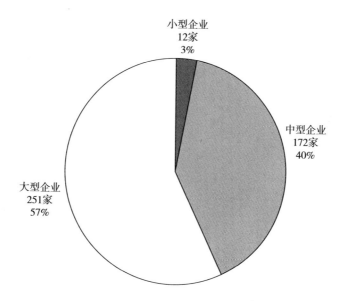

图 23　不同规模上市公司的数量

（二）不同规模上市公司的纳税情况

我国不同规模上市公司的税费支出如图 24 所示，三种类型企业的差别非常大。其中，小型公司的户均税费支出仅为 82.17 百万元；中型公司的户均税

费支出为 406.23 百万元，是小型公司的 4.9 倍；而大型公司的户均税费支出
为 2170.03 百万元，是中型公司的 5.3 倍，是小型公司的 26.4 倍。

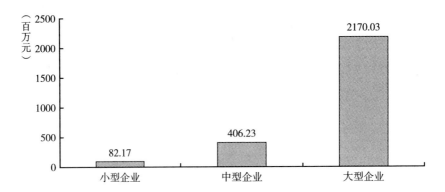

图 24　不同规模上市公司的税费支出

我国不同规模上市公司的税费负担率如图 25 所示，三类企业之间的差距
却不大。其中，税费负担率最大的是小型企业，为 9.10%；其次是大型企业，
税费负担率为 8.76%；税费负担率最低的是中型企业，为 8.74%。

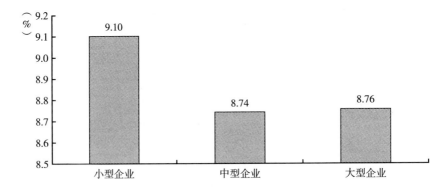

图 25　不同规模上市公司的税费负担率

（三）不同规模上市公司的公益性捐赠

不同规模上市公司的公益性捐赠支出额如图 26 所示，三种类型企业的差
别也非常大。其中，小型上市公司的户均公益性捐赠支出为 0.82 百万元；中

型上市公司的户均公益性捐赠支出为 2.83 百万元，是小型上市公司的 3.5 倍；而大型上市公司的户均公益性捐赠支出为 6.55 百万元，是小型上市公司的 2.3 倍，是小型企业的 8 倍。

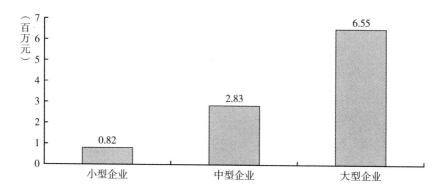

图 26　不同规模上市公司的公益性捐赠支出额

不同规模上市公司的公益性捐赠比率如图 27 所示。其中，小型上市公司的户均公益性捐赠比率为 0.14%，居于首位。中型上市公司和大型上市公司的户均公益性捐赠比率相同，均为 0.09%，只相当于小型上市公司的 64%。

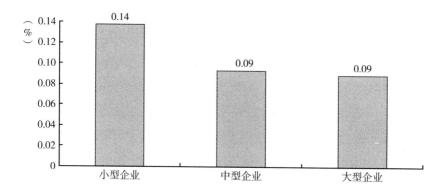

图 27　不同规模上市公司的公益性捐赠比率

（四）不同规模上市公司的社会责任贡献

不同规模上市公司的社会责任贡献额如图 28 所示。其中，小型上市

公司的户均社会责任贡献只有 83 百万元；中型上市公司的户均社会总贡献为 409.07 百万元，是小型上市公司的 4.9 倍；大型上市公司的户均社会总贡献为 2176.58 百万元，是中型上市公司的 5.3 倍和小型上市公司的 26 倍。

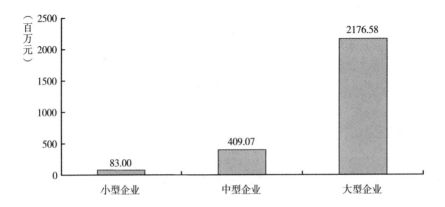

图 28　不同规模上市公司的社会责任总贡献额

不同规模上市公司的社会责任总贡献率如图 29 所示，与其社会总贡献额出现相反的结果。其中，小型上市公司的企业社会责任总贡献率为 9.24%，居首位；而大型上市公司和中型上市公司的社会责任总贡献率都为 8.84%，只相当于小型上市公司的 96%。

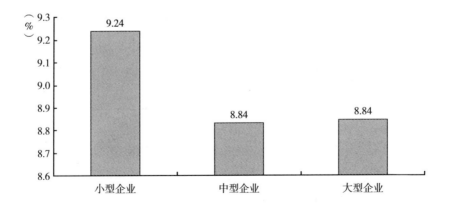

图 29　不同规模上市公司的社会责任总贡献率

八　结论和政策建议

本报告全面分析了 2011 年发布企业社会责任报告的中国上市公司税费缴纳、公益性捐赠和社会贡献的情况，具体对不同地区、不同行业、不同控股类型和不同规模的上市公司缴纳的税费额、公益性捐赠额和社会贡献额以及它们占营业收入的比率进行比较分析，得出了下面一些结论。

1. 近年来，随着经济社会的发展，资本市场监管部门、投资者和社会公众日益关注上市公司社会责任报告的披露，报告企业社会责任的中国上市公司数量持续增长，并逐渐成为一种趋势。

我们认为，政府监管部门应该制定上市公司社会责任报告的披露细则，进一步细化披露标准、完善披露制度，使上市公司都披露其社会责任报告。

2. 受经济发展程度的影响，中国上市公司履行社会责任的情况存在地区差异。中国东部地区上市公司的户均上缴税费额、公益性捐赠支出额和社会责任贡献额在三个地区公司中均排在第 1 位，公益性捐赠支出占营业收入的比率也排在第 1 位，但税费负担率居第 2 位，社会贡献比率也居第 2 位。这说明东部地区公司的自愿性社会责任贡献最大，但享受的税收优惠最多，因而总的贡献率只能排在第 2 位。中国西部地区上市公司的户均上缴税费额、公益性捐赠支出额和社会责任贡献额均排在第 2 位，公益性捐赠支出比率也排在第 2 位，但享受的税收优惠最少，税费负担率居第 1 位，因而社会贡献率也居第 1 位。中国中部地区上市公司的上述指标均处于第 3 位，说明中部地区上市公司在税费负担最轻的情况下，公益性捐赠的金额和比率都最低，存在进一步提升的空间。

我们认为，应该加大对西部地区上市公司的税收优惠力度，减轻其税收负担率，缩短与中部地区和东部地区上市公司的税负差距，以支持其公益性捐赠，推动其履行自愿性社会责任。对于中部地区上市公司，应该通过宣传、鼓励等非税手段加强激励，引导更多的公司进行公益性捐赠，自愿履行企业社会责任。

3. 受行业生产经营情况的影响，中国不同行业的上市公司履行社会责任

的情况也存在差异。金融保险业上市公司的户均上缴税费额、公益性捐赠支出额和社会责任贡献额在所有行业中均排在第 1 位，虽然公益性捐赠比率只排在第 2 位，但税费负担率排在第 1 位，因而社会贡献率也居第 1 位，是社会责任贡献最大的行业。中国制造业上市公司履行社会责任的数量最多，占了 56%；其户均税费支出排第 2，户均公益性捐赠支出额排第 3，户均企业社会贡献也排在第 2 位，但除以营业收入之后，三个比率指标都只能排在第 7 位。中国房地产业上市公司的户均税费额、公益性捐赠额和社会责任贡献额虽然只排第 10 位，但除以营业收入之后，户均税费负担率排第 2，户均公益性捐赠比率排第 1，因而社会责任贡献率也排第 2。另外，传播与文化产业上市公司的户均税费支出、公益性捐赠支出额和社会贡献额都是最小的，建筑业上市公司的户均公益性捐赠比率最低，信息技术业上市公司因享有大量税收优惠而户均税费负担率最低，社会责任贡献率也最低。

对于户均税费负担率和户均公益性捐赠比率都排在第 1 位和第 2 位的金融保险业和房地产业的上市公司，政府应该加强税收激励，通过减轻公益性捐赠的税收负担鼓励其积极捐赠。另外，通过宣传表彰等非税方式加强激励，提高它们的政治待遇和荣誉，使它们继续履行好法定性和自愿性的企业社会责任。对于作为国家工业竞争力核心的制造业上市公司，政府有关部门则应该逐步改革捐赠产品税负重等阻碍企业公益慈善的税收政策，同时加强文化方面的引导，使慈善公益内化为企业价值观，形成积极履行社会责任的良好企业文化。对于市场竞争较激烈的传播与文化产业和建筑业的上市公司来说，政府应该制定捐赠服务和劳务的相关规定，并给予一定的税收优惠，鼓励它们服务和劳务捐赠。对于属于高科技的信息技术业上市公司来说，政府应该加大引导和宣传力度。

4. 受所有制类型的影响，中国不同控股类型上市公司履行社会责任的情况也不相同。中国国有控股公司的户均上缴税费额、公益性捐赠支出额和社会责任贡献额在三种控股类型的上市公司中均排在第 1 位，户均税费负担率也排第 1，虽然公益性捐赠比率排第 2，但社会责任贡献率仍然排第 1，国有控股公司的社会责任贡献是最大的。中国外资控股公司的户均上缴税费额排第 2、公益性捐赠支出额排第 3、社会责任贡献额排第 2，虽然公益性捐赠比率排第

1，但因为处在"两税合一"① 的过渡期，户均税费负担率排第3，社会责任贡献率仍然排在第3。中国民营控股公司的户均上缴税费额排第3、公益性捐赠支出额排第2、社会责任贡献额排第3，虽然公益性捐赠比率排第3，但因未享有外资的税收优惠，户均税费负担率排第2，社会责任贡献率仍排在第2。

对于国有控股公司来说，由于其税收负担率最重，应该重点对其公益性捐赠进行税收激励，优化相关的税收政策，促使其在履行企业社会责任中继续发挥主要作用。对于外资控股公司来说，"两税合一"后，其公益性税前扣除比率降低，而原享有优惠的企业实际税率提高，应该既重视税收激励，也注重企业文化、宣传鼓励等非税激励措施。而对于民营控股公司来说，"两税合一"后，其税收负担已下降，更重要的是宣传教育、企业文化等非税激励。

5. 中国不同规模上市公司报告和履行社会责任的情况也不相同。

大型公司的户均上缴税费额、公益性捐赠支出额和社会责任贡献额在三种规模的上市公司中均排在第1位，但除以营业收入之后，户均税费负担率和公益性捐赠比率都排在第2位，因而社会责任贡献率也排在第2位。中型公司的户均上缴税费额、公益性捐赠支出额和社会责任贡献额在三种规模的上市公司中均排在第2位，但户均税费负担率和公益性捐赠比率与大型公司几乎相同，社会责任贡献率也并列排在第2位。小型公司的户均上缴税费额、公益性捐赠支出额和社会责任贡献额在三种规模的上市公司中均排在第3位，但因为户均税费负担率和公益性捐赠比率都排第1，所以社会责任贡献率也排在第1位。

对于大、中型公司来说，经济实力强但户均税费负担率、公益性捐赠比率和社会责任贡献率都并列排在第2位，小型公司经济实力相对较弱，但在这三个指标上却都排在第1位。因此，对于小型公司来说，应该注重降低其慈善捐赠税负，鼓励其继续履行好社会责任。而对于大、中型公司来说，要更多地通过宣传教育、企业文化等非税激励措施，激励它们更好地履行社会责任。

附录

附表 1　中国各地区、省市上市公司的社会责任数据

地区	省份	企业数目	公益性捐赠支出（百万元）	企业税费支出（百万元）	企业社会总贡献（百万元）	公益性捐赠比率（%）	税费负担率（%）	企业社会总贡献率（%）
东部	北京	54	1.81	586.08	587.89	0.03	6.81	6.84
	广东	48	16.81	812.00	828.81	0.42	11.62	12.04
	福建	47	5.60	901.93	907.53	0.05	9.74	9.79
	上海	38	5.03	1247.14	1252.17	0.03	6.99	7.02
	浙江	32	15.71	9737.94	9753.65	0.03	9.48	9.51
	江苏	25	8.89	9849.38	9858.27	0.04	6.82	6.86
	山东	19	5.97	547.11	553.08	0.09	8.39	8.48
	天津	8	1.79	442.13	443.93	0.02	5.60	5.62
	辽宁	11	3.80	358.89	362.69	0.07	10.15	10.22
	河北	7	4.61	1715.79	1720.40	0.09	8.06	8.15
	海南	5	2.70	848.86	851.56	0.10	7.33	7.43
	平均	26.72	7.82	2559.15	2566.97	0.11	8.61	8.72
中部	黑龙江	4	0.42	506.95	507.37	0.01	5.86	5.87
	山西	8	1.34	846.81	848.15	0.04	10.74	10.77
	江西	8	1.81	230.41	232.22	0.04	5.72	5.76
	湖北	12	3.42	768.86	772.28	0.04	7.68	7.72
	湖南	10	1.98	229.96	231.94	0.08	10.30	10.38
	吉林	10	5.23	772.01	777.24	0.09	12.46	12.55
	河南	17	1.90	907.98	909.89	0.04	6.92	6.96
	安徽	13	3.19	1106.42	1109.61	0.03	5.54	5.57
	平均	10.25	2.61	728.18	730.79	0.05	8.10	8.15
西部	广西	4	8.25	392.88	401.13	0.06	4.97	5.03
	宁夏	1	3.07	337.36	340.43	0.07	7.52	7.59
	西藏	1	1.00	186.13	187.13	0.04	7.71	7.75
	内蒙古	4	1.51	1311.12	1312.63	0.02	8.85	8.88
	青海	4	0.56	190.51	191.07	0.04	9.76	9.80
	陕西	4	2.60	392.43	395.03	0.13	11.65	11.78
	重庆	6	13.24	10596.41	10609.65	0.03	9.36	9.39
	新疆	6	6.14	808.62	814.75	0.25	16.14	16.39
	贵州	5	1.03	1341.49	1342.52	0.02	14.21	14.23
	四川	12	4.03	1577.00	1581.03	0.02	7.84	7.86
	云南	12	4.64	674.11	678.75	0.06	9.09	9.15
	平均	5.36	4.77	1895.29	1900.05	0.07	9.89	9.95

附表 2 中国各行业上市公司的社会责任数据表

行业类型	企业数目	公益性捐赠支出(百万元)	企业税费支出(百万元)	企业社会总贡献(百万元)	公益性捐赠比率(%)	税收负担率(%)	企业社会总贡献率(%)
金融保险业	20	16.62	4855.27	4871.89	0.20	18.08	18.29
房地产业	26	3.87	474.33	478.2	0.40	10.21	10.61
社会服务业	4	2.56	407.6	410.15	0.11	10.08	10.19
综合类	16	6.07	2075.54	2081.61	0.13	9.22	9.35
采掘业	13	2.66	770.57	773.23	0.04	9.12	9.16
农林牧渔业	9	13.73	753.91	767.64	0.05	8.87	8.92
制造业	242	6.71	2672.33	2679.04	0.06	8.31	8.37
批发和零售贸易	22	5.58	674.11	679.69	0.10	8.18	8.27
电力、煤气及水的生产和供应业	25	6.53	1557.97	1564.5	0.04	7.47	7.51
传播与文化产业	4	1.02	257.12	258.14	0.05	7.43	7.49
交通运输、仓储业	25	2.48	557.1	559.59	0.05	6.94	6.99

B.5
基金会与 NGO 合作
——资助的视角*

赖伟军　朱健刚

摘　要：

公益基金会与草根 NGO 的合作关系尤其是资助型关系越来越成为公益行业内部关注和讨论的重要议题。本文基于对境内外 15 个基金会典型资助型项目案例的深度个案考察，总结目前各种类型基金会在国内开展资助型公益项目的核心资助模式，探索基金会资助工作开展的内在动力机制，并着力呈现基金会资助型项目的可见成效，其中笔者尤其关注基金会与受资助机构之间互动关系的建构与呈现过程。基于此，为更多基金会资助项目工作的开展提供策略建议。

关键词：

基金会　草根 NGO　资助模式　资助动力　资助成效　合作伙伴

一　引言

近年来，随着我国公益慈善事业的快速发展，尤其是民间公益力量的迅速崛起，公益行业生态产业链的有效打造问题正日益成为公益行业内部关注和研讨的重要议题之一。大量倡导公益价值链建设的行业实践者认为，公益慈善行业的有效发展模式应该是逐渐建立起从公益捐赠者到支持性机构，再到一线服务组织，最后到社会受益人群的生态产业链条。唯有

---

* 本文的调研与写作受"第四届中国非公募基金会发展论坛"项目资助，特此感谢。

如此，不同类型的公益组织和机构才能充分发挥各种优势，并形成专业化分工。而在这种行业分工中，最重要的生态链条关系就是作为公益资金筹集和供给者的基金会与作为直接公益服务提供者的一线服务组织之间的互动与合作关系，尤其表现为基金会对公益服务机构的资金资助及其他系统性支持。

国内这方面的倡导工作主要借鉴和考察的是来自大洋彼岸美利坚合众国的实践经验。数据显示，在美国超过 5 万家的公益基金会中，以资助为导向和主要工作模式的家族基金会及企业基金会，无论是组织数量还是其拥有的公益资产规模均占到总体的 90% 左右，这表明建立在有效资助关系基础上的公益行业生态价值链已经在美国确立。而这样一种公益慈善事业整体组织形式也被认为是相对成熟的行业发展和运作模式，当前仍处于现代公益事业起步发展阶段的中国公益慈善行业需要大力推动国内公益基金会与 NGO 之间资助型合作关系的形成和建立。2012 年年初，中国基金会中心网联手美国基金会中心及欧洲基金会中心在全球推广由美国福特基金会从 2001 年开始组织编写的《资助之道》(*Grant Craft*) 系列手册。截至目前，它们已在国内翻译推出 30 本资助工作实用手册，旨在指导和推动国内公益产业链的有效建构。

事实上，国内开展的基金会资助实践在 2012 年以前早已开始。最早的资助操作来自于境外背景基金会及其他国际支持性机构在中国的实践，这些境外和国际背景组织早在 20 世纪八九十年代就开始进入中国，通过支持和资助国内各种类型社会机构，开展包括农村扶贫、教育发展及人道主义救援等在内的各项服务工作。而国内公益基金会的资助实践开始于 21 世纪第一个十年，尤其是在新的《基金会管理条例》的颁布实施影响下，大量民间背景的非公募集基金会的兴起给我国传统的公益慈善事业发展模式带来了强烈的冲击和敢于创新的动力，使资助的理念开始在民间发酵。这方面，2007 年南都公益基金会的注册成立可以被视为一个重要节点。南都基金会从建立的第一天起就明确将自身定位为一家"支持民间公益"的资助型基金会，积极制定机构资助战略并大力开展资助实践。在南都公益基金会的影响带动下，其后新成立或转型出现了多个以资助为导向的基金会，这种积极影响甚至有向公募基金会扩散的

趋势①。

即使抛开境外背景支持性机构较早期的资助操作，国内公益基金会所开展的资助工作也已经有了数年的探索和实践经验。那么，在经过若干年的探索和实践之后，当前国内开展和发生的公益行业内部资助关系呈现怎样的状态？基金会资助领域已经探索出了哪些有效的资助模式？现有的资助模式又产生了怎样的实际效果？这些都是值得研究者和实践者及时停下来进行总结和讨论的重要问题。本文拟以基金会与NGO之间的资助型合作关系为研究对象，通过对目前正在国内开展资助工作的典型基金会资助项目案例的个案式考察，总结基金会开展资助型公益项目的核心资助模式，探索基金会资助工作开展的内在动力机制，并着力呈现基金会资助型项目的可见成效。其中，我们又着重关注对基金会与受资助机构之间互动关系问题的探讨。我们认为，基金会资助策略、模式及其动力机制等都能够在具体的互动关系中得到呈现，并基于此为推动我国基金会资助性工作的开展提供技术和策略性指导。需要指出的是，本文将要考察的基金会资助项目案例并不仅限于国内基金会，笔者希望通过对境外背景基金会、国内公募基金会及非公募基金会等多种类型公益基金会资助实践的多元考察，整体呈现在中国当前制度环境下公益慈善行业资助关系的总体性生态。

在进入正式案例调研和考察之前，本文有几个重要的概念关系需要加以界定和澄清。首先是基金会与NGO两个概念之间的关系。一般学理上，NGO（Non-Governmental Organization）作为"非政府组织"概念的缩写，指称的是所有处在第三部门领域的非营利组织和公益机构，这样事实上就包含了公益基金会这一组织类型。但是，在国内公益行业内部，很多时候大家习惯用NGO指代大量的一线服务机构，普遍地称其为"草根公益组织"，而对基金会就称基金会。所以，探讨基金会与一线服务机构之间的关系时一般也用"基金会与草根NGO关系"的讲法。本文沿用国内实务界的这一讲法。其次，笔者需

---

① 由于国内大量公募基金会的官方背景，其依赖既有行政体系进行资源动员和项目运作的传统工作模式使公募基金会在向资助型基金会转型的过程中面临着巨大的路径依赖阻力，因此普遍认为新兴的非公募基金会才是我国公益行业产业链打造的核心力量。不过，在行业内部力量的相互影响和推动下，新近公募基金会也显现出改革与创新的积极趋势。参见徐永光《公募基金会改革转型：困境与创新》，载杨团主编《中国慈善发展报告（2012）》，北京，社会科学文献出版社，2012。

要对本文所探讨的资助概念作进一步说明和限定。事实上，如果单纯从"资助"的字面意义理解，基金会资助实践所包括的内容可以宽泛得多。比如，高校基金会将自己从校友、企业家等处筹到的善款用于支持本高校的学校建设与科研工作，从法律关系的角度是一个基金会组织实体对一个事业单位实体的捐赠和资助，显然也是一种明显的资助关系。但是，相对于本文考察的一般基金会与 NGO 的资助关系，高校基金会对其所附属高校的资助是一种完全封闭的资助关系类型，即高校基金会的资助不向除本高校以外的其他非营利社会机构开放，故不属于本文所探讨的旨在推动建构开放式公益行业产业链的资助关系之列。此外，另一个容易引起混淆的资助现象是扶贫、救灾类公益组织对贫困个体的资金救助，如对贫困学生的救助，这种资助关系的终点就是受助个体本身，其中不存在价值链建构的过程，因此本质上应该是一种基金会自我运作的公益救助项目。所以，本文所要考察的基金会资助是一种指向草根服务组织和机构的狭义资助概念。

二　研究方法与案例呈现

本文采用案例研究的方法，在 2012 年 8～9 月的两个月时间内，一个 10 人的研究团队被组建起来，并随即分小组奔赴北京、上海、成都、昆明、广州、深圳、香港七城市开展深入的案例调研和访谈。访谈对象包括基金会主要负责人、基金会项目官员、受资助机构领导人、机构工作人员、机构服务对象及其他利益相关方等，多元受访者使案例资料的收集更翔实、更客观。在项目案例的具体选择方面，研究团队结合基金会中心网的项目推荐，着重考察各基金会官方网站的相关项目信息，并邀请六位在民间公益领域颇为活跃的基金会和 NGO 的负责人和代表参与项目推荐，最终选取了 10 个境内基金会项目和 5 个境外基金会项目开展案例调研和访谈。截至 2012 年 9 月 30 日，案例研究团队基本结束对所有 15 个基金会资助型项目案例的访谈调研工作，并完成了案例研究报告初稿的撰写。以下的基金会资助研究分析均是基于对 15 个项目案例的深入考察。

所有基金会及其项目案例的基本信息汇总如表 1 所示。总体上，所选项目

案例覆盖了环保、救灾、扶贫、社区、教育、儿童、残疾人、学术研究及公益行业发展等相对全面的工作领域,其中包括7家非公募基金会、3家公募基金会及5家境外背景基金会,这使案例基金会的选择尽可能多样化。

三 基金会资助模式的"理想类型"

对基金会资助型项目案例作总体分析前,我们首先试图对当前基金会开展资助性工作的主要模式进行类型学划分。类型的总结基于对基金会项目案例异同点的归纳分析[①]。在不同的资助模式分析中,呈现的核心是基金会与受资助对象之间的整体相互关系属性。我们将看到,基金会可以采取多元的资助策略和资助模式与一线的公益组织及其他社会机构一道开展工作。

(一)服务购买

基金会开展资助型项目的第一种模式是"服务购买",其基本特点是基金会为受资助机构提供资金支持,受助机构按照资助基金会的要求及其规定的标准在特定领域内开展工作、执行项目,并接受基金会的监督与评估。从基金会与受资助机构之间工作关系的角度,其核心特征是基金会本身有明确的希望开展资助的具体工作领域,整体资助方向由基金会设计和主导;在基金会设计的资助框架内,社会机构则根据自身的原有工作领域及机构能力与基金会资助方向的契合程度决定是否申请资助,如果获得资助则进入相关领域开展工作。这类似于"基金会资助受资助机构做基金会想做的事"[②]。很多时候,具体的公益服务项目被认为是归基金会所有,基金会往往在具体的项目执行过程中有一定的品牌诉求,所以我们称之为"服务购买"。

---

① 需要指出的是,类型学划分同概念的提炼一样,是一种对事物的特征和属性进行归纳与抽象的过程,不同资助模式之间的区分总是相对的,尤其当一个基金会所开展的资助工作可能同时兼具多种与受资助机构的相互关系属性时更是如此。因此,我们并不倾向于把任何案例基金会完全封闭地归入某一资助模式类型中。当我们在相应资助模式下讨论基金会案例时,毋宁说是基金会资助工作具有该资助模式的相关特质。

② 当然,这种说法并不一定正确,因为事实上做的事情同样是受助机构愿意积极参与的工作,我们只是想强调基金会在项目工作领域确立方面的主导性。

表 1　基金会资助型项目案例基本信息汇总

基金会名称	基金会性质	成立时间/大陆开展工作时间	主要工作领域	典型资助项目*	项目简介
南都公益基金会	非公募	2007 年	农民工子女教育,救灾资助及公益行业发展	"5.12" 灾后重建资助项目	为参与 "5.12" 灾后社区重建的民间公益组织提供资金支持,同时带动更多的社会资源参与到救灾重建中;据不完全统计,截至 2010 年,该资助项目至少影响调动 8000 万元社会资金投入地震救灾
心平公益基金会	非公募	2007 年	儿童阅读与大学生公益行动	大学生公益行动项目	支持大学生公益团队支教行动,推动在校大学生积极参加公益行动和志愿服务,提升大学生的社会责任感和公益行动力;2011 年,基金会共资助近 90 个支教队伍,提供资金支约 76000 元
凯风公益基金会	非公募	2007 年	人文与社会科学研究	凯风研究资助项目	通过与国内顶尖高校合作,建设实体研究平台,支持相关课题及其团队开展针对我国转型期社会问题及制度建设的研究;目前,在清华大学凯风发展研究院平台下,支持多位国内顶级学者及其他中青年学者的研究工作
北京市企业家环保基金会	非公募	2008 年	环境保护	SEE-TNC 生态奖	奖励民间优秀环保公益项目,支持环保公益组织成长,鼓励更多的个人参与到环保公益行动中;从 2005 年起每两年一届,已举办四届,共发放资助奖金近 400 万元
万通公益基金会	非公募	2008 年	生态社区建设	生态社区建设试点项目	支持公益组织通过参与式社区工作的方法将生态社区建设理念和技术在社区扎根生长,推动社区生态环境的改善;目前,在全国各地总共支持十三四个生态社区建设试点项目

续表

基金会名称	基金会性质	成立时间/大陆开展工作时间	主要工作领域	典型资助项目*	项目简介
广东省千禾社区公益基金会	非公募	2009 年	公益机构成长与社区公益创新	社区公益创新资助项目	立足于社区,支持长期扎根社区开展公益服务的社会草根公益组织,通过公益组织带动社区居民参与解决社区问题;截至 2012 年上半年,共审批支持 30 多个社区公益创新项目
深圳郑卫宁公益基金会	非公募	2009 年	残疾人就业	残友社会企业孵化	孵化培育专门为残疾人提供就业技术,资金包括技术、社会企业建立初期提供支持包括技术、资金和人力在内的全方位支持,同时配套建立和支持服务在企业就业残疾人的社会组织
上海公益事业发展基金会	公募	2009 年	公益组织成长与公益行业发展	"一个鸡蛋的暴走"项目	与民间公益组织合作,在中国尝试实施"联合劝募"的筹款模式,为公益组织筹集项目资金;2010～2011 年,"一个鸡蛋的暴走"项目支持了 9 家草根执行机构,2012 年,成功为 5 家民间儿童服务机构募集项目资金,并开始在更广泛的领域内开展资助
深圳壹基金公益基金会	公募	2010 年	救灾、儿童与 NGO 能力建设	海洋天堂计划	通过网络化工作模式支持罕见病儿童关爱服务民间组织,力图打造民间服务机构的学习网络,提高公益组织的服务能力;目前已支持建立 7 个特殊儿童民间服务网络,覆盖全国 26 个省市,服务超过 20000 名特殊儿童
北京联益慈善基金会	公募	2011 年	公益事业发展与公益公众参与	黑苹果公益计划	主要针对城市白领群体和在校大学生群体发起的有潜力的公益项目,利用基金会公募平台帮助筹集项目资金,支持新生公益团队成长;2011 年 7～8 月,黑苹果公益计划支持产生 17 支公益项目团队

续表

基金会名称	基金会性质	成立时间/大陆开展工作时间	主要工作领域	典型资助项目*	项目简介
R基金会**	境外	1940年	可持续发展、和平民主等全面人类发展议题	中国南方项目	致力于支持中国华南地区公益组织、社会机构开展减轻和防止环境污染、可持续能源开发及社区领域培养等方面的工作；2010年，R基金会对中国南方地区的慈善捐赠项目总共27项，资助额度达419万美元
美国福特基金会	境外	1979年	教育、环境、健康等全方位领域	教育资助项目	以"实事求是、创新、易推广，可持续、参与式"为选择标准，支持致力于推动中国教育公平问题和教育质量问题解决的公益项目和机构
M基金会	境外	1983年	发展中国家贫困	综合发展资助	资助支持包括政府、学校、民间公益组织等在内的各种类型社会机构开展的综合发展项目，项目涵盖农业、卫生、少数民族发展、残疾人救助和教育等各种领域
香港乐施会***	境外	1987年	发展扶贫与人道救援	"5.12"地震救灾资助	采用大力支持NGO参与合作伙伴的地震紧急救援及灾后社区重建策略，支持大量长期合作伙伴NGO到地震救灾，坚持参与式，社会性别和关注弱势群体的视角，通过多方协作推动灾后社区综合发展
全球绿色资助基金会	境外	1998年	发展中国家环境保护	草根环保组织资助	以小额资助的形式支持中国草根环保组织的成长与发展，培育草根环保力量，推动中国环境问题从基层解决；1998~2011年，总计为164个草根组织的325个项目提供了1363809美元的资助

* 对于境外背景基金会，案例研究所有考察内容当然是其在中国大陆地区所开展的资助工作。

** 根据案例基金会的要求，相关基金会名称以字母代替。

*** 就机构性质而言，香港乐施会组织属于典型的发展类NGO，但从资助型项目开展过程的典型性角度，我们认为香港乐施会以其特有的"伙伴战略"为支撑，所开展的资助型工作典型性显著，获得了国内受资助机构的广泛认可，其资助工作的开展对国内非公募基金会具有较高的借鉴价值。因此，我们将香港乐施会列入资助型项目案例研究中。

总体来看，基金会项目案例很多都是以购买服务的形式开展资助工作的。例如，在万通公益基金会的"生态社区建设试点资助项目"中，基金会以生态社区建设作为自身的核心工作领域，支持相关民间公益服务机构扎根基层社区，通过开展公益项目参与推广绿色生态理念，所有资助项目申请必须围绕生态社区建设的核心议题展开，即使民间组织本来的核心工作并不在生态建设与环境环保领域。又比如，在深圳壹基金的"海洋天堂计划"资助项目中，基金会自身确立了自闭症等儿童罕见病服务这一工作领域，在此基础上寻找在相关领域开展工作的民间公益组织，并支持其构建起民间组织工作网络，以小规模草根机构网络化的工作模式提升公益组织的服务能力，进而提高基金会资助资金的使用效率。

（二）项目资助

基金会资助模式的第二种类型是"项目资助"。项目资助是与服务购买相对而言的，在项目资助类型中，我们着重强调的是"项目"，指的是社会机构自主开发、开展的公益项目。在项目资助模式中，基金会资助以受资助机构的自有项目为导向。从基金会与受助机构关系的角度，"项目资助"的核心特征是基金会并不限定民间公益组织及其他社会机构具体要做什么，而是根据对机构自主设计项目在重要性和可行性等维度的判断，决定是否给予资金、物资甚至人力支持。在"项目资助"这一基金会资助的工作模式中，项目从受资助机构而来，项目设计不再完全以基金会为主导。此外，与"服务购买"模式的另一个不同点是，"项目资助"模式中基金会对受助机构的约束和控制相对较弱，机构所开展的具体公益项目也并不被认为是基金会所有，当然这并不排除对受资助机构项目财务状况及项目成效的评估。这类似于"基金会资助受助机构做机构想做的事"。

"项目资助"模式在基金会实际资助的工作中也比较普遍。以上海公益事业发展基金会所尝试的"联合劝募"为例，与基金会合作开展项目资金募集的民间公益机构本身有明确的具体工作领域，基金会以自身的公募身份为平台，只充当资助资金提供者的角色。"一个鸡蛋的暴走"项目后期开展的资助评审工作更是体现了"项目资助"的核心特征。同样，M基金会所开展的针对不同类型社会机构的综合发展资助项目也是以对受助机构进行"项目资助"为主要形式,基金会并没有严格限定拟资助社会机构的具体工作领域,而是根据机构项目申请书是否符合基金会的自身宗旨及对项目是否能够取得良好成效的判断,最终决定是否批准项目并给予资金支持。

(三)伙伴策略

与单纯地对非营利性机构进行公益项目的资助不同,基金会资助的"伙伴策略"模式力图构建基金会与受资助对象之间的长期合作与伙伴关系。如果说在项目资助模式中,基金会只是对民间公益组织所开展的项目感兴趣并愿意提供项目资金资助,那么以伙伴策略进行资助实践的基金会倾向于认为公益组织需要的是更全方位的支持,表现为受资助机构对自身发展与成长的需求。在基金会伙伴式的资助实践中,为草根组织提供行政经费支持是比较普遍的一种做法;通过机构行政经费的保障提供,达到维持草根机构运营和持续发展的目标。此外,与行政经费支持相伴随的是,基金会还会积极帮助推动民间公益组织的能力建设。对于基金会伙伴式资助策略,"陪伴组织成长"是其最重要的理念和信条。

从项目案例的具体情况来看,真正采取伙伴式资助策略的基金会并不多。广东省千禾社区公益基金会所开展的"社区公益创新"资助项目有这方面的特质。比如,基金会对很多社区公益组织的资助主要以支持机构行政经费的形式进行,这些社区公益组织往往都是一些新生的草根公益机构,很少甚至没有全职工作人员,严重缺乏活动和运营经费来源。千禾基金会在为草根组织提供行政经费支持的同时,还积极组织包括筹款、传播等方面的工作培训,邀请相关受助机构参加,全面提升社区草根组织的生存和发展能力。全球绿色资助基金会在中国大陆地区的资助实践也以陪伴草根环保组织的成长为主要资助模式,为大量草根环保 NGO 提供在新生期内急需的小额资金支持,积极寻求建立与草根机构的信任关系,同时随着组织的成长发展和壮大,渐进提高对环保机构的资助额度,最终达到帮助组织发展成熟的目标。

(四)孵化培育

最后,基金会开展资助工作的一种更新的模式是孵化培育新生公益组织。

在组织培育孵化模式中，最明显的特点是受助对象本身并不是一个独立的实体，很可能只是一个还停留在良好方案阶段的公益行动意向书或一群有公益理想的公益行动者。此时，基金会要为受助对象提供的并不仅限于资金上的资助，而是包括发展方向指导、发展战略设计、人才培养甚至办公场地提供等全方位的支持。这相对于伙伴式的资助模式又是进一步的深化。很多时候，对于受资助对象而言，基金会已经不是一个外在的他者，而是一个推动机构形成和发育的母体，为新生公益组织提供成长所需的充分养料。因此，孵化培育的基金会资助过程事实上就是一个催生公益团队或组织实体的过程。

近年来，孵化培育理念和模式开始在公益行业内部出现并逐渐被越来越多的公益机构所接受，而最早开展这方面工作的是本身不是基金会的民间支持性机构——上海恩派（NPI）公益组织发展中心。在基金会项目案例中，深圳郑卫宁公益基金会的"残友社会企业孵化"项目属于典型的培育孵化模式。郑卫宁基金会以推动残疾人自立、实现残疾人自我价值为机构使命，通过培育更多的社会企业性质的残疾人高科技企业，为残疾人提供就业岗位，实现残疾人的自足自立。在残友社会企业培育孵化的过程中，基金会通过调动来自残友总公司等各方面的社会资源为新生社会企业提供人力、技术、资金等全方位的支持，甚至通过基金会负责人的影响力为地方社会企业的在地化发展带来政策上的优惠。此外，2011年最新成立的北京联益慈善基金会所开展的"黑苹果公益项目"也有孵化培育资助模式的特质，基金会利用自身的公募平台为以大学生及城市白领群体为主的公益项目团队募集小额项目启动经费，支持青年人实现自己的公益理想，并以此推动更多社会公众的公益参与行动。

综上所述，我们对当前基金会资助型项目领域的主要资助关系模式进行了类型化梳理，总结出包括"服务购买""项目资助""伙伴策略"及"孵化培育"四种基金会资助模式的"理想类型"。基金会与受资助对象之间的相互关系成为贯穿其中的一条主线。根据相互关系的紧密程度，四种资助模式似乎呈现一种模糊的序列，表现为从"服务购买"到"孵化培育"的逐渐递增趋势。不过，需要强调的是，基金会资助模式的类型化及其中关系紧密程度的不同并不代表资助模式之间有优劣的区分。事实上，不同的基金会资助模式对应于受资助机构本身不同的发展阶段，新生或处于酝酿期的公益团队需要的是更全面的支持，而相对成熟的草根公益机构倾向于寻求项目经费资助。此外，除了所选的基金会项目案例外，大量基金会的资助工作实践采取的是多元化的资助策略和模式。

四 基金会资助的动力机制

资助模式的理想类型是对基金会资助实践在宏观层面的概括与总结，呈现的是当前国内基金会资助工作（包括境内基金会和境外基金会在国内所进行的资助性工作）开展的基本格局。那么，在更具体的实践性层面，基金会做资助的内部动力是怎样的呢？接下来我们将着重对基金会开展资助性工作的核心动力机制进行透析和洞察，通过本部分的分析，我们试图回答哪些因素推动了基金会走上资助工作的道路和发展方向，什么样的具体工作策略保证了资助工作的顺利进行，基金会又是如何处理与受资助机构之间的具体互动过程，从而建立良好的资助合作关系等一系列问题。

（一）价值驱动

价值和理念往往是具体行动的先导。基金会的价值和理念是其关于某一具体或整体性社会问题的认知、态度及行动意向。在一定的价值使命支配和引导下，基金会决定在哪一具体领域开展工作，以何种方式开展工作，工作希望达到什么样的目标等。对于以"解决社会问题、推动社会进步"为己任的公益基金会而言，价值和理念的重要性程度甚至要比其他社会性部门更高。基金会所开展的资助性工作同样是在基金会既有价值理念和战略使命的指导支配下产生和进行的。

基金会价值观的形成和建立受到基金会发起者、创始人及其组织设立的基金会理事会的极大影响。作为机构发起者，基金会创始人往往倾向于将自己的社会意识和社会理想赋予基金会进行实践。例如，万通公益基金会自成立起就以生态社区建设作为自己的核心工作领域，这与基金会发起企业万通地产及企业负责人冯仑先生的影响是分不开的。冯仑被称为地产界的思想家，为万通集团定下了"察于未萌，投资未来"的发展战略；在这一战略的指导下，万通

地产将建设绿色环保的生态社区作为目标，提出"创造最有价值的生活空间"的口号。在冯仑先生及万通集团的影响下，万通公益基金会也明确了推动环境保护、节能减排、促进人与自然和谐相处的工作宗旨。而在具体的资助性工作方向的确立上，冯仑认为当前中国的政府和企业都很强大，而社会力量却很弱小，资助民间组织是推动社会力量成长、促进社会进步的重要举措。因此，资助是基金会的本质。

比价值和理念更具体的是基金会发展战略。战略是对基金会宏观使命与价值的实现步骤设计和整体工作安排，对基金会资助性工作开展的影响更加直接。北京市企业家环保基金会（SEE 基金会）致力于支持中国民间环保组织及行业发展，从而可持续地促进本土环境问题的解决。2011 年，SEE 基金会在以上总体性战略方向的引领下，制定了 2012～2016 年发展战略规划，明确在未来五年要实现与相关发展较成熟的民间环保组织建立战略合作关系、促进环保领域人才培养和队伍建设、培育更多的民间环保机构、促进环保领域内部及跨行业交流与互动、推动环保公众参与五大工作目标。在这一具体工作规划的指导下，SEE 基金会设立了项目/机构资助、人才培养、研究资助、创绿家计划等多个环保资助项目，真正开始全面支持民间环保组织及其行业发展。

（二）制度保障

如果说基金会的价值和使命是推动基金会资助"产生的动力"，那么具体资助型项目"运行的动力"则依赖于在资助性工作开展的过程中通过一系列资助程序、制度及方案的优化设计而达到。基金会项目案例研究表明，大部分资助型基金会对于自身所开展的资助项目都制定了相当明确的项目管理程序，从而为资助型项目的顺利开展提供充分的制度保障。

以广东省千禾社区公益基金会的"社区公益创新"资助项目为例，基金会制定了系统的项目运作管理流程，涉及申请、审批、签约、拨款、评估等完善的项目资助步骤。为了保证基金会资助实现效率的最大化，基金会着重在项目审批和监督评估两个环节进行了严格设计。在项目审批阶段，对合作伙伴的项目申请，基金会要求项目官员在收到项目申请书后的 15 个工作日内与机构接洽，安排面谈、走访等活动，给申请机构以最快、最及时的信息反馈。对具体的项目审批，基金会采取差别评审的机制。对 5 万元以下的项目，由秘书处民主商讨决定是否批准，而 5 万元以上及更大额度的资助，则由理事会项目评审委员会负责审批。差别评审机制保证了基金会资助工作效率与资金安全的统一。在项目监督和评估环节，千禾基金会也设计了严格的评估程序，包括阶段性的项目财务评估、中期评估和终期评估等。千禾基金会项目评估的最大特点是其采取的参与式评估方法，基金会认为评估不是为了考核或出于不信任，而是通过参与式评估与合作伙伴一起发现问题、持续改进，帮助组织成长。

即使没有成文的项目管理制度和规范，基金会资助型项目的开展过程也需要一定的内在标准。与明确的项目管理程序不同，基金会资助管理的内在标准相对软性，但是对资助工作的有序进行同样至关重要。福特基金会高级项目官员何进博士对基金会在中国大陆的教育资助项目制定了"实事求是、创新、易推广、可持续、参与式"的 15 字标准，这其中包含了基金会对资助项目工作态度、工作手法及工作成效等全方位的评判。要完全达到该标准对于项目申请者来说并不容易，何进博士甚至曾经让一份项目申请书修改了 11 遍，但正是相对严格的要求推动了申请者不断改进和完善自己的项目计划，提出一个能够解决实际问题的最佳方案，同时也保证了基金会资助资金的最合理使用。

（三）策略支持

除了价值理念的引导驱动和制度规范的有效保障之外，在基金会资助型项目开展的更微观层面，还需要一系列技术性策略的支持。这些技术性策略涉及的是在基金会具体的资助实践工作中如何有效地处理与受资助对象之间的互动过程以建构良好的合作关系。

合作关系总是不那么容易达成，合作双方首先要面临的挑战是机构价值层面的不一致。在处理价值冲突和理念追求差异的问题上，我们看到基金会采取的有效策略包括主动的价值分享和开放的对话沟通等。心平公益基金会"大学生公益行动"项目的开展基于基金会秘书长伍松对大学生支教活动意义的积极认知，为了找到志同道合的合作伙伴，与一般的基金会项目官员在办公室等待项目申请书的做法不同，心平基金会采取"走出去"的策略，积极参与到一些公益交流活动中，主动与大量的一线服务机构进行对话，分享自己的理

念，发现潜在的合作者。万通公益基金会则在某一生态社区建设试点项目的运行过程中遇到了与合作伙伴价值冲突的问题，企业背景的万通基金对项目的期待是量化的产出和有形的成果，而合作伙伴追求的则是社区内在的结构性改变。针对这一问题，基金会采取完全开放的对话沟通姿态，积极听取合作伙伴的意见，并将此作为基金会自身向合作伙伴学习的过程，最终达成对项目方案的共识和妥协，保证项目合作进程的顺利开展。

其次，基金会资助型项目的实施过程也不可能完全按照预先设想的进程展开，其间还需要面对一系列突发情境和状况。比如，由于项目执行机构人员变动而导致的项目执行周期的调整，一些草根机构甚至需要对项目经费的用途进行变更等。M基金会长期在中国开展资助工作的经验是保持项目执行过程的相对灵活性，并给予合作伙伴充分的信任。在对一个农村发展项目的资助中，M基金会意识到原有的资助工作方向需要根据地方政府政策的变化作出相应调整，并允许项目执行机构将计划的基建项目转移到生态恢复项目上。事实上，最终结果表明，调整后的项目成效要好于原有项目。

此外，在中国开展资助性工作需要面对的另一个问题是，当前我国一线的公益服务机构整体发展并不成熟，大量草根公益组织甚至没有合法的注册身份和稳定的项目团队，这对基金会资助项目的开展无疑具有一定的风险。因此，这就需要基金会有勇于承担风险的精神，并敢于接受失败，在不断尝试中与民间公益组织一起共同发展和成长。心平公益基金会把与合作伙伴最初资助关系的建立定位为是一种"试婚"的过程。既然是"试婚"，就存在"婚姻不欢而散"的可能性，但是如果不迈出尝试的第一步，基金会就永远也不可能找到真正合适的"伴侣"，而合作双方的充分信任关系也需要在不断的磨合中才能得以完全建立。全球绿色资助基金会（GGF）对中国草根环保组织的资助过程也充满风险，因为其大量资助的对象是新生的大学生公益环保社团，项目团队高度不稳定。对此，GGF项目工作人员的观点是，风险往往同时又是机遇所在，而且基金会的小额资助模式并不惧怕严重的失败。正是这种敢冒风险、敢于承担失败的态度使GGF在中国草根环保资助领域工作成效显著，培育了大量的学生环保社团，让其走向组织化并发展壮大，很多环保社团甚至已经成为各自领域和地域范围内的枢纽型组织。

五　基金会资助型项目的成效

基金会资助型项目的案例研究表明，通过资助第三方社会公益组织和机构执行具体的公益服务项目，支持更多的草根公益组织成长，能够在社会问题的解决、基金会自我建设、公益行业发展及社会培力等方面取得整体性的显著成效。与基金会自我运作型项目相比，基金会以资助形式开展工作的一个最大的特点是基金会与更广泛的公益行动者结成联盟与合作关系，以整体公益行业的力量来共同应对社会问题，推动社会进步。

（一）发展式社会问题解决之道

首先，在社会问题的应对层面，与传统的扶危助困式的慈善救济不同，基金会选择以资助第三方公益机构的形式开展工作，是基于对社会问题根本解决道路和策略的思考。传统的慈善式救助只能对服务对象的紧迫需求进行回应，或者只触及问题的表层，当救助撤出时问题依然存在。而大多数基金会资助型项目的实施都要求受资助机构提供相对严密清晰的项目设计计划书，尤其是多数受资助民间公益组织长期扎根基层，对项目所要着重解决的社会问题有较深刻的认知和理解，项目设计方案对于问题的解决更有针对性。福特基金会在中国大陆教育资助项目的实施就制定了"实事求是、创新、易推广、可持续、参与式"的 15 字标准，这一标准的制定体现了基金会对所资助项目的明确定位，即做发展型的资助。无论是对于中国的教育公平问题，还是教育质量问题，创新性、参与式、可持续的具体项目执行过程都试图从更深的层次进行探索和尝试，并通过项目在局部地区的成功寻找可复制、易推广的问题解决模式。同样，南都公益基金会"5.12 灾后重建资助项目"的实施也着眼于灾后社区重建过程中微观问题的持续解决，而不是简单地由基金会直接参与发发钱、修修路，基金会希望通过支持大量的草根公益组织在灾后社区扎下根来，与灾民一道共同面对问题、制订解决方案，建设灾后新家园。

针对转型中国社会问题的解决和应对，除了实操型公益项目的开展，更需要宏观的根本性对策建构过程。凯风公益基金会的资助实践就选择了回应中国

转型时期重大社会问题的社会科学研究为支持领域，分别从转型中国社会现实问题和制度建设问题两个角度资助国内相关领域的顶级学者开展学术研究。同时，通过与相关高校合作建设实体化研究平台和支持更多中青年学者的研究参与，力图推动建立针对中国当前社会问题的学术研究共同体，以此为基础产生能够切实影响国家宏观政策制定、调整及制度完善的研究成果，使社会问题得到根本性解决，实现中国社会的更良性发展。

（二）推动社会资源整合

仍需进一步强调的是，基金会资助型项目的开展是基金会与更多的公益行动者结成联盟与合作关系，共同致力于社会问题解决的一种工作形式。公益行动者联合所能达到的效果是，一方面，基金会的资金资源与民间公益组织的草根经验实现了有效结合；而更重要的是，通过公益行业内部多元主体的互动与行动，引起更广泛的社会部门对相关社会问题的关注，并吸引更多社会资源的投入，实现社会资源的整合。在这种更广泛社会资源的整合过程中，基金会把自己定位为一个撬动社会资源的有效"杠杆"，以基金会有限的投入，起到四两拨千斤的功效。这一点在南都公益基金会的灾后重建资助项目实施过程中表现得尤为明显。面对大量参与救灾民间组织的资助需求，基金会意识到单纯依靠自身的经费资助并不能把各种类型的救灾机构有效地整合起来，因此，从项目实施之初，基金会就确立了"资助、推动、服务"的立体工作策略。其中，南都基金会尤其起到了积极推动者的作用。基金会发现很多社会组织本身有调动和组织社会资源的能力，但是组织本身缺乏人力运行成本，"5.12灾后重建资助项目"明确提出为民间组织提供人力成本和行政经费。此外，南都基金会的推动者角色还表现在其对其他基金会的影响和带动上，在南都基金会的资助示范效应下，中国儿童少年基金会、红十字基金会、中国扶贫基金会等公募基金会也纷纷拿出专项资金用于支持民间机构的救灾与灾后重建项目。万通公益基金会所开展的生态社区建设试点项目也起到了有效推动社会资源整合的作用，在一个由基金会资助NGO组织实施的小区生态生活馆建设项目中，最初单纯由基金会支持的项目通过NGO自身在小区内部的组织调动和机构影响，得到了小区物业、社区街道甚至所在行政区政府及其他相关部门的大力支持，最终小区生态生活馆在多方资源的支持下被建成一个更综合性、服务功能更强的社区科技馆。

（三）促进基金会自我创新

除了以更加创新有效的方法参与社会问题的解决过程，资助型项目的开展对基金会而言也可能带来促进其自我创新的动力。这种基金会自我创新首先表现在基金会整体资金链的管理上。我们看到，基金会资助型项目的实施可能为基金会筹款提供新的途径。比如，上海公益事业发展基金会在其开展的"一个鸡蛋的暴走"项目中，通过与相关公益服务机构合作开展实践"联合劝募"，而项目赛事所募集到的额度远远超过了合作机构最初的项目资金需求，这为基金会在更大范围内进行公益项目资助开辟了有效的筹集渠道。抛开上海公益事业发展基金会的公募身份，"一个鸡蛋的暴走"项目应该能够为更多的非公募基金会提供创新自身筹款模式的灵感。事实上，参与"暴走"赛事的队伍大都是通过发动和影响身边的亲人、朋友为基金会募集款项，这一点也正逐渐被越来越多的非公募基金会学习借鉴。

此外，资助型项目的开展还可能推动基金会内部治理结构的创新。基金会资助型项目的实施涉及一整套项目管理程序，尤其是在项目审批环节，为了保证基金会资助资金的安全有效，可以调动提高基金会捐赠人在资助程序中的涉入程度。比如，广东省千禾社区公益基金会资助项目的评审机制中就设计了理事会项目评审委员会审批 5 万元以上资助项目的环节，由基金会相关捐赠人组织项目听审会，促进基金会捐款人对除了理事会会议之外的基金会工作的更深入参与。而在上海公益事业发展基金会进行的资助项目评审过程中，基金会则组织设计了更加多元、开放的项目评审机制。除项目捐赠人以外，基金会还邀请学者、企业家、NGO 代表等各方专业人士参加，综合捐赠人代表和专业人士代表双方的意见最终决定是否批准资助，有效促进了基金会项目评审决策的科学化、民主化。

（四）打造公益价值链

在整体公益行业发展的层面，基金会资助型项目的开展还能够帮助推动公

益行业生态价值链的打造。整体公益行业内部根据不同类型组织资源和能力禀赋的差异，可以分为一线服务机构和支持性机构两种类型。其中，一线服务机构以大量的草根公益组织为主，它们接近公益项目服务人群，为项目受益对象直接提供社会服务，有的长期扎根社会的最基层，有着丰富的项目操作和服务经验。而支持性机构则包括提供资金支持的基金会和提供能力建设的中介性支持机构，它们掌握着民间公益组织所缺乏的社会资源和组织建设管理知识。基金会以资助型项目的形式为一线服务机构提供包括项目资金、人才培养和技术理念等全方位的支持，帮助大量的民间公益组织全面提高其服务能力和发展能力，这样整个公益行业内部逐渐形成一个良性的生态系统。广东省千禾社区公益基金会的资助型项目实践以基金会理事长刘小钢女士的"关节战略"为指导，致力于通过不同层级公益组织之间的有效合作与互动，推动公益慈善事业的发展。"关节理论"把整体公益行业比作人体的一只手臂，基金会作为肩关节存在，而公益项目服务人群则是数量众多的指关节，在"肩关节"和"指关节"之间需要由作为"肘关节"的枢纽型、支持型中介机构和作为"腕关节"的一线公益服务组织链接，只有在基金会、中介组织、草根公益组织及项目受益人群之间建立良好的互动关系，整个"手臂"才能健康运转。

（五）着力社会培育

最后，基金会以资助为导向的公益项目实施过程还有一个更宏大的目标，即推动以大量民间公益组织为主体的社会力量的形成和发育。当前中国的社会建设与社会管理创新工程实质上就是一个需要着力进行社会培育的过程。在具体的社会培育进程中，社会的自组织能力成为其中的一个核心指标。我们看到，当前中国社会正在经历一场空前的民间组织发展浪潮，即使面对相对狭小的行动空间，各式各样的民间公益组织仍在大量涌现。但是，不可否认的事实是，目前中国民间组织的发展还正处在相对初级的草根发展阶段，多数民间公益组织的力量还很弱小。基金会针对这些公益组织资助型项目的实施可以为其提供组织成长和发展的基本能量，而长期战略式资助和孵化资助模式则更直接推动和催生新的与基金会具有相同价值理念认同的公益组织的出现。深圳壹基金公益基金会从 2011 年起实施的"海洋天堂计划"以构造民间公益组织合作网络的资助形式推动特殊儿童关爱公益服务的发展，至今已资助建立起华南自闭症儿童关爱救助项目等七大特殊儿童服务组织网络，范围覆盖全国 26 个省市，服务超过 20000 名特殊儿童。壹基金典型资助案例通过网络化工作模式推动民间组织的合作，将力量相对弱小的单个草根公益组织结成联盟，全面提升公益组织的服务能力，这事实上就是一个促进社会培力的过程。随着民间公益组织内部社会资本的增长，社会力量本身也在经历一次积极的再造。

六 结论与建议

基于以上基金会资助型项目的案例研究，本文倡导多元合作主义视角下的基金会资助道路。强调为了追求更有效的公益，基金会应该打破自我封闭的局限而积极地"走出来"，将自己看做整个公益生态系统中的一环，以资助为纽带，将资助和筹款相结合，与专业的民间公益组织、社会创新家、媒体、学校等形成多样化的合作关系。这种多元合作主义要求淡化上下游的不平等关系，强调基金会和民间公益组织、社会创新家、媒体、学校等构成平等的多元主体，通过相互沟通、建立信任机制形成协同创新的动力，推动一种以社区为本、参与性强、可持续、内生性的公益慈善之道。具体而言，本文提出以下建议。

（一）多元化资助策略

我们并不否认在当前转型条件下，一些基金会直接服务的价值和作用，也不是批评在当前条件下一些 NGO 以基金会的方式注册以获得合法性。但是从长远来看，从整个基金会的行业来看，基金会的关键作用还是动员慈善资源。它成立的正当性在于可以专业化地募集慈善资源来支持社会问题的解决或者社会福利的增进。因此它的长处并不在于对于受助群体的一线的专业服务。其实很难有基金会可以既动员资源，又可以扎下根来做好一线服务。在这种情况下，选择资助道路可以是基金会走向专业化的一条重要的道路。

当然资助本身也具有很强的专业性。正如同 GGF 给我们的启示，资助应该走渐进的道路，根据自己不同的筹资条件、项目经验和资金规模，逐渐积累

自己基金会的资助经验和模式。对于期待建立自己的品牌，刚刚进入资助领域的基金会，可以像壹基金一样采取购买服务的方式进行合作。而已经有一定规模和影响的基金会，可以像福特基金会或者米苏尔基金会一样进行项目资助。而对于已经和其他机构有长期合作、建立了充分信任的基金会，可以采取战略伙伴关系的方式，不断提供项目资助，而且还可以像 R 基金会一样提供机构能力建设等方面的支持。最后，赋有推动整个行业使命、力图进行社会改革的基金会，可以如南都基金会、SEE 基金会一样开展行业机构和社会创新家的催化培育。在现阶段，这些资助方式都没有先进落后之分。无论哪种方式都比自己单独直接做服务更符合基金会本身的特质。

（二）规范化资助流程

基金会的善款一旦捐出，属于公共资源。这就使得现代的基金会总是存在一个公信力的问题。它会受到来自各个利益相关方的问责。虽然非公募基金会的资金主要不来自公众募款。但是无论企业基金会还是个人发起的基金会，也仍然需要受到与自己相关的企业或者捐款者的问责。因此资助方不管对对方如何信任，仍然需要建立一整套规范的资助程序和方法来保障资助的公信力。

国际的基金会在这方面已经给我们提供了很多经验和教训。在经历了官僚科层化的审批程序之后，现在的资助程序越来越走向参与式的资助过程。也就是说，从项目的设计到项目的评估都不是基金会主导，而是能够要求利益相关方，尤其是服务群体的介入。这种介入一方面保障了项目本身的有效性——毕竟服务群体更了解自己的需求——同时也给了服务群体一个培力的过程。这种参与式的资助过程使得资助程序越来越走向多元化和平等化。

当然，在中国，基金会的资助最忌讳的是领导人一拍脑袋就给予资助的这种非理性决策过程。这不但失去了资助过程的公正性，而且也导致很多资助的不合理性。

基金会要特别注意不要用烦琐芜杂的程序一开始就阻碍了公益组织的有效沟通。广东省千禾社区公益基金会一开始就是一张纸的简明申请程序可以给我们一些启发。而在诸多案例中，我们也看到，到现场亲自访问和交谈往往更能够让双方找到可以信任的理由。

（三）信任关系的建构

资助表面是一个机构和另一个机构之间的钱与物的关系，但是要建立起有效的资助，实际上要建设的是人与人的关系。其中信任是关键。信任表现的是相信对方信守承诺的能力。对于这种能力的不同判断构成了人对他人的不同程度的信任。信任恰恰是中国社会转型过程中社会关系中最重要的缺失。当下，一些基金会和慈善家对中国的民间公益组织有着普遍的不信任。在这种情况下，资助道路要走得通，如何建立资助机构和被资助机构之间的信任就变得尤为关键。

我们的建议是，不是所有的服务机构都必须要去资助。基金会可以根据自己的愿景、使命和价值观来选择和自己价值相同或者相似的合作机构。当然这里的前提是基金会需要明确自己的使命和价值观。如果这一点不明确，是没有办法建立可持续的资助关系的。基金会需要先让自己的理事会厘清自己的使命和价值观，在此基础上，进而寻找和自己价值相同和相似的合作机构。价值观也同样可能在组织的发展中流动，因此，即使是那些已经建立了战略伙伴关系的机构，如洛克菲勒兄弟基金会，也需要在一定的时候停下来进行反思，看看双方的价值观是否在同一个方向上。

当然，仅仅是基本的价值观相同，也还不能建立充分的信任。信任还需要双方有充分的沟通。这种沟通常常是充满障碍的，这或者是由于双方都可能存在的"专业傲慢"，或者是由于有一方对沟通的忽视，缺乏充分的沟通，又或者是因为还缺乏双方共享的有效的沟通管道，造成"鸡同鸭讲"的局面。总之我们在调查中看到很多矛盾都是由于沟通不畅造成的。要建立充分的信任没有捷径可走，只能是在价值趋同的情况下充分地沟通和交换看法。这方面福特基金会的何进博士给了我们很好的启发。在项目决定之前的充分的沟通最终能够保障项目的有效运作。

当然，真正建立信任还需要经过基金会和被资助机构之间的精诚合作，使得项目可以实现它原来预期的目标。执行的效果总是最关键的。这里面存在着资助的风险。因为转型时代的社区情况复杂，很多很好的公益创意在实际执行过程中都可能发生变化，这就需要基金会和被资助机构能够有很多的沟通，同

时也需要基金会的项目官员要深入实地，开展有效的评估。评估能力是检验基金会的试金石。好的信任关系也依赖于基金会评估能力的提升。

（四）系统性资助

很多基金会以为资助就是给钱，但是前面如南都基金会、壹基金等基金会资助的最佳实践都让我们看到，仅仅给钱是不够的。因为一线服务的机构面临的社区问题很严重，而条件又有诸多限制。在这种情况下，好的基金会不仅仅是提供资金资源，而且还应该发挥基金会的影响力，协助这一机构提供相关的技术支持、帮助建立社会网络，甚至帮助其建立品牌，扩大其影响力。基金会对待自己的资助项目，正如福特基金会的何进博士所说，就像对待自己的孩子，不但要提供资源，还要精心呵护。因为他们深知，只有这个资助项目成功，基金会才能获得成功。因此当这些机构出现问题的时候，他们总是不遗余力地给予理解和支持，帮助他们渡过难关。成熟的基金会资助过程经常会在一定的时候讨论退出机制，也就是当所支持的组织已经能够自力更生、自主发展的时候，基金会就会选择退出资助。当双方都觉得基金会可以退出资助的时候，也是他们对自己的资助项目有信心和成功的时刻。

这些都对基金会的资助官员提出了更高的专业化要求。归根到底，资助是一个长期积累和探索并有自身运作逻辑的过程。基金会务必对资助官员给予相应的专业待遇，充分授权并给予专业的尊重。

（五）合作与联盟

资助是一种理论与实务相结合的专业，它需要经验、技术和独到的眼光。为了进一步促进有效资助，有必要建立基金会和被资助机构之间交流、学习和合作的平台，从而不但让更多的民间公益组织、学校和传媒通过这个平台更好地了解基金会，和基金会建立更强的信任，而且也可以通过这个平台，开展基金会的能力建设，提升基金会的资助能力。在这个意义上，这个平台可以建立资助方和民间公益组织之间的策略联盟。基金会中心网等基金会支持机构应该扮演这样的角色。

从当前我国基金会行业的内部组织生态来看，官办基金会、高校教育类基金会、企业/企业家/名人基金会和民非性质操作型基金会基本上四分天下。其中，总体上官办基金会和高校类基金会的实力最强①，民非性质操作型基金会的数量庞大②，这三者短期内都不太可能向公益行业产业链建构视角下的资助型基金会转型，而真正最有可能走上资助道路的企业/企业家/名人基金会只占少之又少的一部分。不过，可喜的是，随着大量企业、企业家及相关社会名流公益慈善意识的提升，这一部分基金会近年来正处在快速增长的趋势之中。我们有理由相信，大量新生的民间背景基金会将越来越接受资助的理念，确立专业资助的机构发展方向。同时，我们或许也可以期待，传统的官办慈善基金会在未来也能突破自身的体制束缚，向资助的方向转型。

---

① 实力最强当然指的是基金会资金最雄厚，所动员和筹集的公益资产规模最大。
② 当前我国非公募基金会内部不少运作型基金会事实上是相关社团组织为了方便筹款发起成立的，从具体的组织运作形式来看，其更像是一种民非类型的社会组织，不太可能向资助型基金会转型。

B.6

国际狮子会的中国经验：
广东狮子会案例研究报告*

朱健刚　景燕春**

摘　要：

21 世纪最初的十年里，在中国这样一个对国际背景民间组织高度敏感的政治制度之下，国际狮子会出乎意料地不但进入中国，而且得到了迅猛的发展，呈现旺盛的发展潜力。研究者通过田野研究、问卷调查及文献研究，对广东狮子会开展深入的案例研究，发现国际狮子会在中国广东的发展具有以下特点：(1) 既捐款又参与的志愿服务参与式慈善模式，创新了中国城市精英和中产阶级参与志愿行动的方式和路径，同时也与中国传统的福报观念有机结合，激励行动者不断参与志愿服务。(2) 国际狮子会的民主治理模式嵌入到中国大佬政治的社团文化之中，为会员提供了参与空间和平台，把中产阶级的志愿者凝聚在国际狮子会这个志愿组织的平台上。(3) 政府合作治理的模式与人治的政治结构相结合，开拓与政府部门尤其是政府官员，包括中央高层领导和地方重要官员的关系，创造和拓展了狮子会发展会员及开展志愿活动的政策机会空间。

关键词：

狮子会　参与式慈善　民主治理　政策空间

一　研究的缘起

21 世纪的最初十年，NGO 的崛起是中国社会转型中一个极其重要的现象，

---

* 本文是中山大学青年社科项目"国际 NGO 参与中国地方治理：广东狮子会案例研究"的阶段性研究成果。

** 景燕春，中山大学中国公益慈善研究院研究员。

而国际 NGO 在中国公益慈善领域中的发展尤为引人注目。一般而言，国际 NGO 是指各国公民结成的跨国界的非政治性、不以营利为导向的民间社团[①]。自 20 世纪 80 年代以来，伴随着中国的改革开放，在越来越多的跨国公司进入中国大陆的同时，越来越多的国际 NGO 也登陆中国。这些非政府组织在慈善、环保、扶贫等民生领域非常活跃。它们在中国社会转型中的功能与角色也逐渐引起政府和学术界的广泛关注[②③]，2001 年由国务院扶贫办起草的《中国扶贫白皮书》首次引入国际 NGO 的概念，肯定了国际 NGO 在促进中国扶贫事业中的作用。一些政府部门，例如环保总局、外经贸委等也经常与国际 NGO 进行非常密切的合作，在这方面业已形成了比较成熟的合作机制。

但是国际 NGO 在中国仍然非常难以注册和发展。在过去的 30 年间，由于中国的法律法规体系中并未明确国际 NGO 的法律地位，与国际 NGO 在中国合法化注册的相关法规迟迟未出台，国际 NGO 在中国开展活动和组织发展实际上受到许多制约和障碍，因此很多时候它们难以合法注册，只能以跨国公司或者办事处等方式在大陆开展活动，或者干脆不注册。这也使得国际 NGO 在中国很难发展会员，获得捐款。但是与此形成鲜明对比的是，在 21 世纪初的头十年，国际狮子会却在中国悄然落地生根、发展壮大。这是国际 NGO 在中国发展的一个重要突破。与此同时，狮子会特有的组织体系不断在中国获得更大的生存和活动空间，组织规模和影响力不断扩张。狮子会是国际 NGO 在中国的奇葩，而且它的迅速发展与狮子会在美国面临的会员人数下降和老龄化趋势形成了鲜明的对比[④]。尤其是在狮子会发展最早的广东地区，狮子会的发展充分地展示了一个国际 NGO 进入中国并成功嵌入地方治理体系的历程。

---

① NGO 这一概念在 20 世纪 50 年代被联合国采用以后，在 70 年代以来所谓全球"社团革命"的过程中被广泛地借用。一般来说，非政府性、非营利性和志愿性是 NGO 这一概念比较强调的特征。但除此之外，NGO 就呈现五花八门的特征，这一点在国际 NGO 身上体现得尤为明显。多样性是国际 NGO 呈现的首要特征，Nick Young 称之为"一片热带雨林"。朱健刚概括出了国际 NGO 四方面的特征：（1）海外性，国际 NGO 不局限于本地工作，而是力图跨越国界或者地区界限，甚至在全球进行活动；（2）接受当地政治权威；（3）不以营利为导向；（4）自治性，强调自身有独立的治理结构，能够自我决策和管理。

② 康晓光：《NGO 扶贫行为研究》，北京，中国经济出版社，2001。

③ Judy Howell, "Prospects for NGOs in China", *Development in Practice*, 1995, Vol. 5, pp. 5–15.

④ 普特南：《独自打保龄：美国社区资本的衰落与复兴》，北京，北京大学出版社，2011。

公益蓝皮书

那么，作为在中国第一个、目前也是唯一一个合法注册的国际 NGO，广东狮子会是如何吸引和凝聚会员，使得一批中小企业主、白领及专业人士在这个开放的平台上开展那些看上去付出与回报并不对称的志愿服务并乐此不疲？它又如何持续推动会员的参与，并使日益庞大的志愿者组织能够有效运转？广东狮子会又是如何与政府开展合作，赢得合法性并拓展发展空间的？如何处理与政府及政府不同部门之间的关系，以获得空间进行自治？这一切究竟如何成为可能？这些问题正是本研究报告试图回答的。本文首先介绍国际狮子会在中国的发展历程，然后从志愿服务、内部治理和政府关系三个方面分别分析上述问题，最后加以总结，指出正是双向嵌入使得一个国际会员社团得以在中国生存发展。

二 狮子会在中国的发展历程

国际狮子会联会（International Association of Lions Clubs）成立于 20 世纪 20 年代的美国，迄今已经有 90 多年的历史。其会员遍布全世界 206 个国家，超过 135 万人，是世界上最大的志愿者组织。狮子会以社区服务为宗旨，秉承"我们服务"的座右铭，以"赋予会员以能力服务于他们的社区，满足人道需求，鼓励和平并促进国际理解"为组织使命，希望最终达成"成为社区和人道服务的全球领导人"这一愿景。狮子会不涉及政治、宗教、种族和国别等问题，在全球范围内开展医疗卫生、公民教育、助残护老、减灾扶贫、环境保护等多个领域的服务项目。会员来自各行各业，多为中产阶级，如医生、律师、商人、公职人员、教师等，也有一些热心公益的政治领袖人物，比如美国前总统吉米·卡特等。

（一）狮子会进入中国

中国是世界上第三个发展狮子会会员组织的国家。早在 20 世纪 40 年代，在天津和青岛的外国商人们就已经将狮子会带到中国，并成立了青岛狮子会。但随后因为战事，狮子会在中国大陆停止了活动。

2002 年，国际狮子联会在中国的第一个区域性会员组织在广东成立，狮子会再次进入中国并茁壮发展，一直延续至今。1997～2002年，国际狮子会与中国卫生部、中国残联合作开展为期五年的"视觉第一·中国行动"。国际狮子会将此项目列为全球服务工作重点，连续5届领导班子集体访华，1200余名狮子会会员到我国31个省、市、自治区自费参与服务活动。截止到2002年8月项目结束，国际狮子会向中国投入了1500多万美元，"视觉第一·中国行动"取得了丰硕成果：为全国210万白内障患者施行复明手术，为104个县级医院建立了眼科，培训11000名眼科医务工作者，建立了全国联网的眼病防治数据库，并开展宣传活动，普及眼睛保健知识，控制白内障致盲。"视觉第一·中国行动"的成功实施使我国于1999年率先在发展中国家实现白内障致盲人数负增长，中国防盲治盲的成就受到全球关注，被世界卫生组织和国际防盲协会誉为全球"防盲治盲工作"的典范①。

在"视觉第一·中国行动"项目的合作过程中，国际狮子会与中国政府建立起良好的合作关系，赢得了中国政府的信任，时任国家领导人在不同场合口头承诺在中国发展狮子会的会员组织，这为狮子会在中国的发展埋下了伏笔。2002年4月，深圳狮子会和广东狮子会作为在中国发展狮子会组织的试点应运而生。在当时乃至现在，国际狮子会是第一个也是唯一一个在中国取得合法注册并开展活动、发展会员的国际NGO。

2005年，中国狮子联会（以下简称"联会"）成立。中国狮子联会并非一个实体性的会员组织，不直接发展会员，也不开展服务，它的主要任务是"对内组织引导会员开展形式多样的慈善服务活动，对外统筹中国与国际狮子会的合作关系"。各地狮子会都将作为中国狮子联会的会员管理机构，无须再独立注册，合法性完全来自中国狮子联会。在中国狮子联会成立之前注册成立的深圳、广东狮子会成为了联会的团体会员。中国狮子联会则以团体会员的方式加入国际狮子会。这同时也解决了地方狮子会涉外权限的问题②。这与中国加入WTO的模式和逻辑是相同的：不是国际民间组织在中国合理设置分支机构，而是中国主

---

① 孙茹：《〈国际非政府组织〉专题之五国际狮子会》，《国际资料信息》2002年第1期。

② 根据1998年颁布的《民间组织管理条例》，地区性社团组织不能冠名为"中国""中华"等字样，也无权和境外NGO发生关联。中国狮子联会的成立，使得各地狮子会可以以中国狮子联会的下属机构的名义与国际狮子会进行合作，从而解决了地方狮子会的涉外权限问题。

动加入国际民间组织这个大家庭。中国狮子联会加入国际狮子会，接受国际狮子会和中国残联的"双重管理"。自此，狮子会可以在中国合法地发展会员、募集资金。中国狮子联会成为国内各地狮子会的一把体制性的保护伞。

中国狮子联会的成立，创造性地把作为特例突破了现有法律法规条条框框的广东狮子会和深圳狮子会纳入中国已有的民间组织管理框架之下，并且为之后在国内更多的地区发展会员铺平了道路。到2012年，狮子会在中国大陆的北京、广东、深圳、大连、沈阳、陕西等八个地区成立了会员组织，设立了300多支服务队，拥有注册会员8000余人，成为城市精英志愿队伍的一支重要的生力军。

（二）广东狮子会的基本概况

1. 草创时期

2012年4月，广东狮子会在广东省民间组织管理局登记注册正式成立，业务主管单位是广东省残疾人联合会（以下简称"广东残联"），具有独立的社团法人资格①，在国际狮子会的地区编号为D-381。

草创时期的广东狮子会具有鲜明的政府动员和官办色彩。时任残联理事长的郭德勤因受命创建广东狮子会而成为广东狮子会的创会会长。法人代表、秘书长及财务长等重要岗位由广东残联的在职领导干部兼任。51名创会会员中，有2/3是广东省内各地市残联系统的官员、1/3是国有企业的负责人。成立之初的广东狮子会作为广东残联下辖的社团，主要职责是配合残联的工作，在残联的动员和指导之下开展助残、助孤等活动。

2. 走向民间化和规模化

直到2006年，广东狮子会才开始从会员中推举（选举）会长，从而逐渐走向民间化。标志性的事件是，会长不再由残联的领导担任，而是从会员中推举出民间人士——民营企业的企业主或专业人士——担任会长。

---

① 广东狮子会于2012年4月19日成功注册。根据当时的《社会团体登记管理条例》规定，对民间组织实行双重管理，是由登记管理机关和业务主管单位分别行使对民间组织的监督管理职能，严格限制民间组织通过登记注册合法化。王名的研究指出，这种管理体制的重点在于限制发展和分散责任，一方面通过双重的准入门槛限制民间组织获得合法身份，从而限制其活动和发展；另一方面通过不同政府部门（或政府授权的单位）分别负责的双重体制分散权力，从而分散因民间组织活动可能带来的政治风险。

从 2002 年至 2012 年的短短十年，广东狮子会经历了组织创建、转型、高速发展三个阶段，成功从半官办组织向民间化转型，会员人数和服务队的数量飞速发展。根据不完全统计，广东狮子会迄今已经拥有 82 支服务队①，2800 多名会员，分布在广东省内的广州、佛山、肇庆、东莞、惠州、中山、珠海、河源等市，并且通过会员内部筹募大量善款开展各类慈善服务，活跃在救灾、助学、扶贫、助孤、环保等社区服务的第一线，显示出极大的活力和自主性。

　　根据 2010 年 12 月关于广东狮子会会员情况的一次问卷调查得到的数据，我们可以对广东狮子会的会员基本情况和面貌有一较为全面的了解。②

　　广东狮子会的成员以男性居多，女性会员将近四成（见图 1），女性在广东狮子会中表现出了比较高的参与度，但女性的领导力并未得到充分发挥，迄今为止尚未有完全由女会员组成的服务队。在美国，像狮子会及扶轮社这样

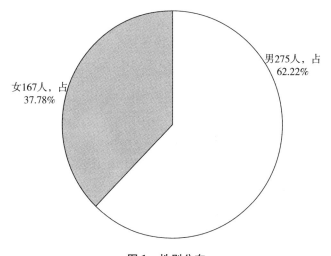

图 1　性别分布

---

①　服务队是狮子会的最基层组织。每个服务队的会员人数不少于 25 人。服务队具有非常大的自主性，有自己的治理架构、资助筹款、自行选择开展服务的项目、自行发展会员等。

②　2010 年 12 月中下旬，基于参与和访谈而达成的对研究对象的了解，研究者设计了面向广东狮子会会员的问卷调查，通过电话访问的形式开展问卷调查。本次调查共计从广东狮子会得到有效信息 1508 个，采取随机抽样的方式，从中共计获取了 1080 个样本，但实际进行调查的样本数为 892。最终成功完成了 443 份问卷，有 160 份问卷拒绝调查，其余为未能成功联系或无法有效完成的样本，有效答卷率达到 41%。本文关于广东狮子会的所有定量分析均以此次问卷调查的数据为依据和来源。

"传统的服务性社团" (Service Clubs)，其会员出现了明显的老龄化的趋势。①
而在广东狮子会，超过一半的会员年龄在 30～40 岁，30～50 岁这一年龄区间
的会员占到总会员人数的 86% （见图 2），显示出蓬勃发展的生命力。

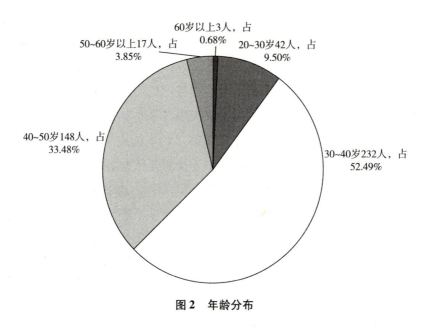

图 2　年龄分布

　　会员通常是比较有经济实力的人，80% 的会员的个人年收入达到 10 万元
以上；而其中又有 34% 的会员的个人年收入在 50 万元以上（见图 3）。

　　会员结构也发生了很大的变化，改革开放 30 年来广东以及珠三角民营经
济的蓬勃发展，催生了广东地区首批中产阶级，这个群体主要以中小企业主和
城市精英为主体，这恰恰成为广东狮子会会员构成的主体，改变了创会之初以
公务员和国有企事业单位的从业者为主体的会员结构。广东狮子会的会员以中
小企业主为主体，还包括企业白领、专业人士及少量的公务人员。在会员中，
民营企业主和民营企业的管理人员合计占据了会员总人数的 60.7%（见图
4）。而这些民营企业主及管理者们大多是来自于制造行业、服务业及教育培
训和金融行业（见图 5）。

---

①　普特南：《独自打保龄：美国社区资本的衰落与复兴》，北京，北京大学出版社，2011，第 129
页。

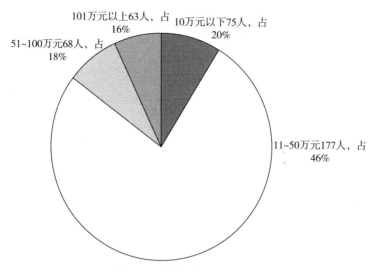

图3 会员的年收入分布情况

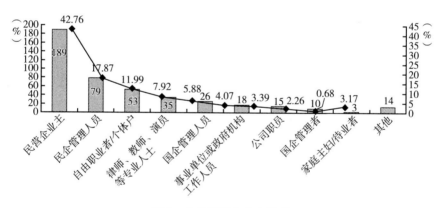

图4 会员的职业分布状况

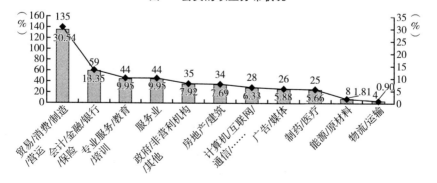

图5 会员的行业分布状况

三　西方志愿精神与中国福报传统的结合：
"四出"但不求回报

作为一个会员制的志愿者团体，广东狮子会沿用国际狮子会的做法并结合本地的实践进行了发展，制定了合格会员的"四出"标准，即出钱、出力、出心、出席。《广东狮子会会员手册》中对于"四出"作了具体的解释和定义："出钱——包括会费、服务、行政经费，差旅、联谊费用、购买会服、徽章等费用。出力——包括开展社会服务、提供资源支持、担任会内职务、宣传狮子会、感召新会员、以身作则等。出心——包括责任心、公益心、包容心、恒心等。出席——包括出席服务、会务活动，全程参与等。"① 概括而言，"四出"涉及慈善捐赠的两个方面，一是捐钱，二是捐时间、智慧及劳动力，也就是做志愿服务。

广东狮子会开展慈善项目和组织运营的经费，主要来源于会员的会费和捐款。而这些来自会员及会员利用自身的社会资源募集的善款，按照用途和取向，主要可以分为两个部分：一部分是"服务经费"，用于开展各项服务项目的费用，主要来源于会员以及会外的慈善捐款；另一部分是"行政经费"用于组织的日常运营，全部来自于会员缴纳的会费。服务经费一般由两类捐款构成：一类是指定用途的捐款，包括狮子会内部的会员或者狮子会以外的捐款人为未来狮子会的特定服务项目所作出的认捐；另一类是非指定用途的捐款，各个服务队通常会在成立或者周年庆典及其他特殊时刻举办慈善晚会等筹款活动，为未来一段时间开展与本会宗旨相吻合的慈善项目。

据统计，狮子会2009～2010年度的捐赠收入和会费收入接近2500万元人民币，而从2002年成立以来，总共运作的经费超过亿元。这些财富都是来自于狮子会的会员自身及他们动员的社会财富。广东狮子会会员们的捐款数量近似一个正态分布结构，捐款数在1万～5万元的人最多，为34.62%，其次为

---

① 《广东狮子会会员手册》，2010，第2页。

1000 ~ 1 万元，为 33.71%，换言之，会员们的捐款额主要集中在 1000 元至 5 万元的区间。此外，也有合共约 17% 的会员入会以来捐赠了 5 万元以上，甚至还有小部分会员捐赠超过 50 万元、100 万元的。

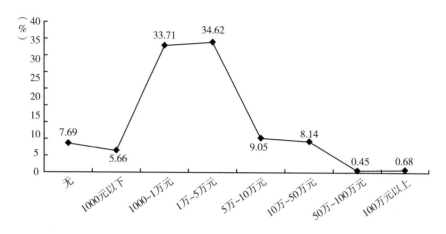

图 6　会员加入狮子会以来的捐赠额 (*N* = 442)

　　然而，狮子会历来的文化没有刻意把慈善行为停留在强调捐款多少或捐款行为本身这个层面。真正凝聚和黏合会员的是参与服务。参与志愿服务，是让会员体验自己的捐款和志愿服务是如何发挥作用的最直接的一种方式。而这种参与志愿服务过程中直接的感动和成就感也成为激发会员不断地参与志愿服务的动力。

　　以广东狮子会最大规模、最有影响力的"视觉第一·广东行动"这一项目为例说明。为贫困的白内障患者实施手术，通常由专业的眼科医生和护士进行专业的工作，其他的对于专业技术要求不高的工作都交由志愿者来做。这些工作包括了组织手术者、消毒、带领患者进入手术室、陪伴、解开纱布、滴眼药水等。会员参与也主要是在这些辅助性的环节。蔡力至今还记得他第一次参加狮子会的活动，在云南为贫困的老年人做白内障复明手术。他看到拆除纱布后的 70 多岁的老人激动不已，拼命用手摸身边的每一样器具、摆设，从村头摸到村尾。有人一边摸着自己的亲生儿子的脸一边流泪，说儿子你怎么老了这么多——因为白内障，已经十多年没有看见过自己的儿子了。最令蔡力震动的是，"让一个这样的老人重获光明，我只需要付出 840 元钱"。那一年，蔡力

连续参加了 8 次服务。正是这种服务过程中那种最直接的感动，吸引着许多会员乐此不疲地去做服务。

根据会员志愿服务时间的统计，几乎一半以上的会员的年度志愿服务时间都超过了 100 小时，有 15.6% 的会员的志愿服务时间在 300 小时以上，这也就意味着，有近 1/6 的会员每天都会至少有 1 小时在为狮子会的各种事务忙碌着。而 2012 年志愿服务时间在 300 小时以上的，主要是那些入会时间超过一年的会员。3 年以上的老会员中，年度志愿服务时间累计达到 400 小时的比例最为显著。而对于一些会员而言，狮子会已经成为他们的"主业"，而自己的本职工作则变成了"副业"。而一旦担任了服务队的队长和区会的会长，更是需要付出 90% 以上的时间投入到狮子会的事务之中。

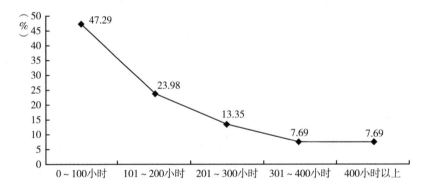

图 7   2012 年狮子会年度会员志愿服务的时数分布情况

既要出钱，又要花时间和精力，这种对于志愿参与而言非常高的标准和期待，在会员当中还是得到了极大的理解和支持，超过 1/3 的会员认为这是"成为合格会员的起码要求"，而有近 2/3 的会员"愿意尽自己最大的努力去做到这一点"。

会员捐款的数量与其参与志愿服务的时间是呈正比的，志愿服务时间越长的会员，入会以来捐赠的总额也相对较多。一种可能的解释是，对于比较积极的会员，在组织参与的各个方面都会表现出相似的投入程度，不论是"出钱"还是"出力"。

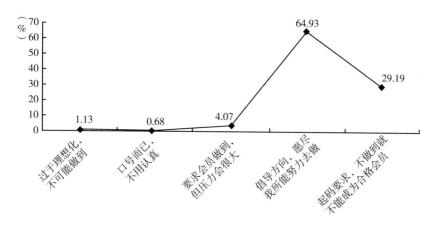

图8　会员对"四出"的认同程度

表1　入会以来捐赠总额与2012年度志愿服务时间的相关分析

	入会以来捐赠总额					
	1000 元以下(%)	1000 ~ 1 万元(%)	1 万 ~ 5 万元(%)	5 万元以上(%)	合计(%)	有效样本量(人)
2012 年度志愿服务时间						
100 小时以下	22.49	37.80	30.14	9.57	100	
101 ~ 200 小时	6.60	37.74	36.79	18.87	100	
201 ~ 300 小时	1.69	30.51	40.68	27.12	100	442
301 ~ 400 小时	2.94	20.59	35.29	41.18	100	
400 小时以上	8.82	14.71	44.12	32.35	100	
$X^2 = 60.5382$　　　$P < 0.001$						

　　会员既捐款又参与服务的动机非常朴素，主要集中在"为有需要的人做点事""找到一个平台来做服务"和"献爱心"这几个方面。而在"服务过程中获得的感动""帮助他人之后得到的肯定""实现自我价值之后的满足感"是激励会员们不断参与、深深卷入狮子会活动的重要激励因素。吸引会员留在狮子会的因素比较多元。而在志愿服务的过程中，通过帮助他人而获得的直接的感动、在志愿参与过程中结交的朋友，以及作为公民的责任感成为吸引会员们持续参与、对组织具有较高拥有感的重要因素。

　　面对外界对于其善行的不解和质疑，会员们则常常以"付出不求回报"

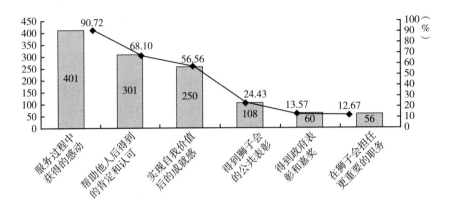

图9 对会员起激励作用的因素

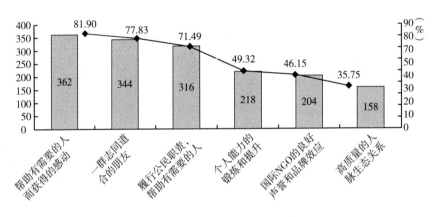

图10 吸引会员持续留在狮子会的因素

轻松应答，并且他们也并未期许直接从捐款和志愿服务的具体行为过程中获取等价的物质回报。在狮子会内，无论是普通的会员还是作为领导者的精英，在当谈及付出与回报的话题的时候，都会强调"无所求"的重要性：无求就无烦恼，可以最大限度地体验付出带来的快乐和帮助他人之后带来的满足感。

在无所求的心态之下，会员们认为他们在狮子会中的收获，常常是内心的快乐（个人净化）、友谊、拓宽眼界这样偏重精神层面的所得。

基于对广东狮子会会员付出—回报机制的分析，我们可以将其志愿服务和捐赠的行为理解为一种正在城市中产阶级中悄然兴起的慈善消费。随着

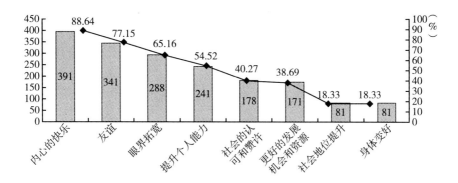

图11　会员关于在狮子会内收获的表述情况分布

财富的增长，如何消费成了很多城市精英和富人头疼的问题。满足感官享乐欲望的消费在一定时期的膨胀之后很快让人感到厌倦，并且这种消费如果过度会给自己带来身体健康、家庭关系及社会声望上潜在的破坏和危害。一种追求健康快乐、环境友好及文化品位提升的消费观在富人群体中兴起，慈善正是在这样一种新的消费主义中成为富人重要的消费方式。对他们来说，慈善捐助和志愿服务可以让自己体验感动、舒缓心情、获得尊重、建立友谊，因此看到慈善行为带来的这么多益处，他们会在自己用于消费的财富中调整支出比例，力图在慈善消费中得到从其他消费行为中很难得到的精神上的快乐。而在广东狮子会，慈善也正在成为一部分人的生活方式，甚至生命的理想。

狮子会的慈善模式可以说是慈善消费主义和中国传统的福报伦理的混合体。它既强调善有善报、好人有好报、付出不求回报，同时又非常注重捐款和参与志愿服务过程中所获得的感动、内心的快乐和被尊重的感觉。广东狮子会的实践巧妙地将西方志愿精神与中国以追求福报和快乐的传统认知模式相结合。

在西方志愿精神和传统福报伦理的双重驱动之下，会员的善施善行获得了双重回报：在服务的过程中，既使自己的"恻隐之心""爱人之心"得到了充分表达，组织化的志愿服务又使得志愿者个人得到了更加广泛的社会认可，在提升社会声誉的同时，也积累了"福报"。另一方面，志愿服务过程中收获了即时的快乐，拓宽了事业，结交了朋友。在广东狮子会这样的以

中产精英和专业人士为主体的志愿者团体中，我们看到志愿者的行为逻辑基于非常理性的选择。因为感动而加入狮子会，但长期留在狮子会并逐渐成为其中的中坚力量，这完全是来自会员的理性判断。在福报的伦理基础上，还有效率、价值、能力等因素的流动，也包括经济资本向社会资本的转变。

四 民主治理使组织有效运转

国际狮子会90多年的运作经验提供了一套有效的借鉴机制。基于此，广东狮子会建立起一套鼓励会员参与的民主治理结构，会员能够方便地参与组织的决策过程，在参与治理的过程中，对组织的认同感和拥有度进一步提升。广东狮子会的民主治理结构以理事会和会员代表大会为基础，辅以民主选举、干部轮庄等组织文化，最大限度地为会员创造参与组织治理的机会和空间。无论在广东狮子会还是在服务队层面，会员都可以作为平等的个体进行表达、影响和监督组织决策。这是会员除了捐款和志愿服务之后，对组织内部公共生活的另外一种形式的参与。这基于民主而开放的自主参与的空间，也是狮子会凝聚会员的一个重要方面。

（一）组织治理的民主机制

理事会是狮子会的执行机构，经由会员代表大会选举产生，在会员代表大会闭会期间领导广东狮子会开展日常工作，对会员代表大会负责。理事会是广东狮子会的重要议事机构，关于会内关键职位的选举、重大服务项目的决策、会内的财务状况及资金使用等需经过理事会的讨论产生决议。关系整个广东狮子会的重大决议，比如会长的选举、年度财务报告等还需要提交至最高的权力机关——会员代表大会进行最后的投票表决。

会员代表大会是广东狮子会的最高决策机构，它握有：（1）制定和修改章程；（2）选举和罢免会长、副会长、理事及向主管部门提交罢免秘书长、财务长报告；（3）审议理事会的工作报告和财务报告等权力。会员代表大会每年召开一次，如果遇到修改章程等重大事项的时候，可以临时召开会员大会。会员代表按照 10% 的比例由各服务队的理事会从服务队的会员中选出。这样的比例确保每个服务队中至少有 1～2 名会员代表参与到会员代表大会之中，代表本服务队进行投票。会员代表大会并非只有投票表决的功能，年度的工作报告和财务报告都需要在这个代表大会上通过，而在举手表决之前，会员代表有机会对具体的内容进行提问。即使是在会员代表大会上，也存在对话和交流的空间。

服务队联系会议是介于区会理事会与会员代表大会之间的一种治理机制。服务队联系会议每年召开四次，广东狮子会属下的所有服务队的队长、副队长、秘书长、司库及干事等主要干部会出席会议。服务队联系会议的主要功能在于协调广东狮子会属下的众多服务队之间及与区会的关系，成为以服务队为核心单位的广东狮子会能够具有协同一致的战略和合作开展项目及服务的保障。

（二）组织文化：领导力训练和"轮庄"

广东狮子会在组织内部开辟各种各样的领导岗位，通过日常的管理实践和针对性的志愿组织管理和领导力的相关培训，让会员在参与组织治理的同时可以在相应的位置上提升能力。

以一个 25 人的服务队来说，除了有队长和三个服务副队长之外，还需设秘书长、司库（财务主管）、纠察长，服务队还设有理事会，由核心会员组织议事。另外，服务队还会依据地区狮子会的年度安排设置相应的服务项目的委员会，委员会的主席也从会员当中产生。在服务队中表现突出的会员，则可以到区会担任领导职位。区会的领导岗位的设置与服务队的领导岗位是对应设置的，设有会长、副会长、副秘书长、区会理事会成员及专业委员会的主席和副主席等岗位。2010 年的调查数据显示，有超过 60% 的会员在会内担任过领导职务（见图 12）。

在开发出充分的领导岗位的同时，为了避免组织的管理权限和决策参与被少数组织内部的"精英"垄断，同时也为了使更多的会员能够有机会进入组织的管理体系，参与组织决策，分担组织管理的责任，国际狮子会的"轮庄"文化在广东狮子会得到了延续。"轮庄"即轮流坐庄，关键位置的领导，例如

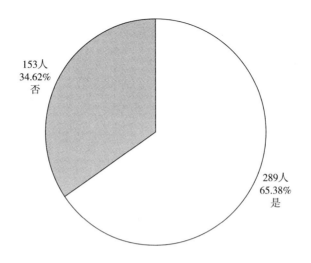

153人
34.62%
否

289人
65.38%
是

图 12　是否在狮子会内担任职务

国际总会的会长、地区狮子会的会长和服务队的队长必须每年更替，由不同的会员来担当。

冯晨婴是希望服务队 2010～2011 年度的队长，他说："现在当了队长，几乎要投入 90% 以上的精力到服务队的工作里面来。因为我觉得这个责任重大，这是一个很好的服务队，我不希望这个服务队在我这一任内变得不好；而且我在这个位置上的时间只有一年，我怎么让自己对这个服务队产生影响，我必须得全部投入。但也正是因为只能在这个位置上一年，所以完全的投入反倒让我没有后顾之忧，不用担心未来一辈子都搭进去。"这几乎能代表每一位在重要的领导位置上的会员对于承担责任的看法与评价。

与"轮庄"文化相匹配的另外一个重要的制度设计是，所有面向普通会员开放、可以自由竞争的领导岗位，都设置了一定的候选人资格，这些资格的设置与会员在会内的捐款和志愿服务密切地结合在一起。广东狮子会在规定一些重要领导岗位的人选资格的时候，明确地提出了关于捐款和志愿服务时间的要求。会员星级的晋升和职务晋升都和捐款与志愿服务时间紧密地结合在一起，影响着会员在组织内部的晋升，这种制度设计也激励着会员的参与（见表 2、表 3）。

表2　职务与捐款及志愿服务时间的对应

职位	捐款	志愿服务时间
会长	茂文钟士会员	>300 小时
副会长	茂文钟士会员	>200 小时
第二副会长	4 星级会员	>200 小时
副秘书长	3 星级会员	>100 小时
纠察长(会长委任)	3 星级会员	>100 小时
分区主席(会长委任)	3 星级会员	>100 小时
分域主席(会长委任)	3 星级会员	>100 小时
讲师团团长(会长委任)	3 星级会员	>100 小时
区会理事	3 星级会员	>100 小时
服务队队长	茂文钟士会员	>100 小时
服务队第一、二、三副队长	茂文钟士会员	>100 小时
服务队秘书长(队长委任)		>50 小时
秘书长、司库、总务、纠察		>50 小时

资料来源：《广东狮子会各部门职能与职位任职规定》，《广东狮子会会员手册》，2010，第21～27页。

表3　星级会员级别与捐赠额度的对应

捐赠金额/万元	1	5	10	30	50	70	90	110	130	150 以上
奖项分级	1 星	2 星	3 星	4 星	5 星	6 星	7 星	8 星	9 星	终身荣誉

资料来源：《广东狮子会"星级会员奖"评定办法》，《广东狮子会会员手册》，2010，第53页。

（三）民主选举与协商

从2006年开始，广东狮子会在国际狮子会宪章的规则指引下，每年通过民主选举的方式投票选出重要领导岗位上的人选。需要选举产生的领导岗位包括：区会的会长、副会长、理事、监事；在服务队的层面，通过选举产生服务队的队长、副队长和理事会中选举产生的部分。

会长的选举是广东狮子会每年一度的大事，也是会员在组织内部民主生活的重要组成部分。广东狮子会的民主选举正在经历一个逐渐摸索、不断完善的过程。最初是由狮子会的几个关键领导在会员中物色出他们认为"合适"的人选，然后由会员代表大会投票通过，此时的投票选举被会员称为"走过

场"，更多地具有仪式性，以投票的方式赋予新推举出的会长以民主的合法性。

2010 年的会长选举将广东狮子会的民主选举带入了一个新的阶段。这一年共有四位会员参与会长竞选，这是广东狮子会的第一次差额选举。为了确保程序公正，一个由广东省参与狮子会管理的关键领导和广东狮子会的历任会长中在组织内部享有较高声望和影响力的 7 人小组组成选举委员会，为这一年的会长选举制定具体规则及把握选举过程的关键环节，以确保差额选举的顺利进行。

会长候选人经历了自荐—资格审查—理事会投票—会员代表大会投票选举等几个环节的角逐和竞争，参与竞选的候选人需要发表竞选演讲并接受质询。为了使自己能够赢得更多的选票，候选人除了精心准备竞选演说和自己的施政纲领，以在理事会及会员代表大会上为自己争取现场的选票之外，在理事会预选及会员代表大会正式投票选举之前，会员之间拉票也成为竞选过程中的重要部分。

会长选举无论对参与竞选者还是投票者的普通会员来讲，都是一场重要的民主训练。在选举过程中，程序的工作得到了充分的重视。在程序公正的前提之下，会员们虽然对于选举的结果怀有各种看法，但都在努力学习如何尊重选举的结果。无论如何，选举的过程让每一个人都产生了"参与组织决策"的感觉。

民主选举的一人一票，使会员能够通过投票来参与决定由谁来担任这个组织的最高领导，带领组织发展。然而投票选举最终未必能够选出令每个人满意的领导者。当选举的结果无法在会内达成共识的时候，广东狮子会会启动会内的民主协商机制。2010 年的选举中，选举委员会的协商功能在理事会预选候选人及会员代表大会正式投票选举的前后都发挥着至关重要的作用。选举委员会的"长老们"通过私下谈心、公开演讲等方式，在候选人和会员之间进行斡旋和调节，最终确保通过公正的程序选举产生的结果在会内得到广泛认同，使被选举出来的领导人得到普遍尊重，从而维持民主选举在组织内部的合法性和权威。

民主治理的机制驱动广东狮子会的正常运转，会员们给予狮子会的理事会治理及民主选举制度的积极评价可以很好地说明这一点。理事会治理得到了大多数会员比较高的评价，同时因为参与程度不同，会员对本服务队理事会的认同程度高于对区会理事会的认同（见图13）。民主选举的制度也得到了大部分会员的支持和肯定，75%以上的会员给出了积极肯定的评价（见图14）。虽然民主选举未必能选出每个人心目中那个"最好"的领导，但选举民主至少为会员提供了每人一票的参与机会和表达机制。

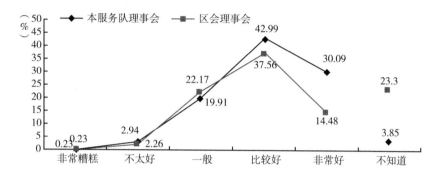

图13　会员对两级理事会运作情况的评价

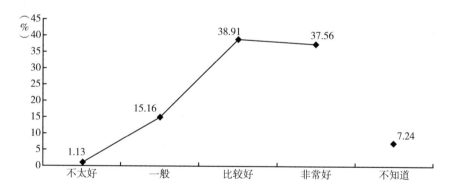

图14　会员对狮子会民主选举制度的评价

通过对 2010 年会长选举的参与观察，我们发现在以民主治理作为基本治理理念的广东狮子会内部，依然具有中国社团普遍存在的"大佬文化"：一个或者几个有威信、有资源和有"背景"的大人物决定社团的基本权力格局；大部分人都是服从命令式领导；不满于大佬的则"用脚投票"，选择退出和离开；斗争主要在大佬之间进行。"大佬文化"使得社团处在"大佬"和精英的

掌控之下，容易产生专权。而广东狮子会民主治理的制度安排，将民主选举与大佬文化能够很好地结合在一起，并且相得益彰：民主选举使得每一个会员都能够参与组织决策，在会内形成民主参与的氛围，对"大佬"专权产生一定的制衡作用；而"大佬"们则以关键时刻的把控局面，并能够运用他们的权威和影响力在会员之间进行调节，润滑那些因民主选举和公开竞争产生的摩擦，使民主能够在组织内部有效运转，而不至于成为组织发展的不稳定因素。

五 积极的政府关系，合作治理

当我们在论述广东狮子会与政府的关系的时候，这个"政府"并不是总体性的威权政府，也非铁板一块。更多的时候，我们是在探讨狮子会与不同层级的政府、不同的政府部门甚至同一个政府部门中不同人之间的关系。在广东狮子会复杂的政府关系图景之中，以民政和残联两个部门为主体的从中央至地方的政府部门皆对其产生至关重要的影响，而广东狮子会也在残联及国际狮子会的支持之下，积极开展与不同层级地方政府的合作，拓展生存空间，夯实组织发展的政治合法性。

（一）复杂的政府关系图景

登陆中国大地，广东狮子会与在中国注册的所有民间社团一样，需要接受来自业务主管单位和登记主管单位的双重管理。因此，在广东狮子会的政府关系图谱中，广东省民政厅和广东省残联是两个非常关键的政府部门。

狮子会扁平化的全球发展系统，使得广东狮子会不得不频密地与国际狮子会发生联系。但广东狮子会作为一个地区性的社团，不具备与国际组织发生直接联系的权力。与此同时，中国政府再也不可能像当初批准广东和深圳两个狮子会那样，特批更多的狮子会组织，狮子会在中国其他地区的发展受到局限。面对这样的情况，2005 年中残联成立了中国狮子联会，以这样一个国家层面的狮子会组织来理顺狮子会在中国民间组织管理体系内的位置和关系，使得狮子会的发展在中国进一步获得合法性，并取得在更多的地区发展狮子会的空间。中国狮子联会经由国务院批准，民政部是登记主管单位，中残联是业务主管单位。

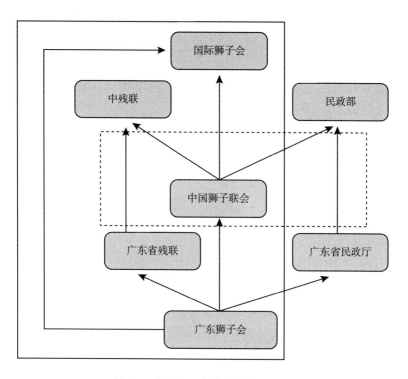

图 15　广东狮子会的政府关系图谱

中国狮子联会成立之后，广东狮子会成为联会的团体会员。于是，民政部和中残联也被牵入广东狮子会的政府关系图景之中。广东狮子会在省内开展志愿服务活动和组织发展的过程中，无可避免地会与各级地方政府发生联系甚至合作开展项目。

由此我们可以看到，无论是中央政府还是省级及地方政府，都参与并影响着广东狮子会的发展与命运，从而构成了广东狮子会复杂的政府关系图景。与各级地方政府关系的处理成为广东狮子会面临的一个重要的日常管理的议题。会员也充分意识到与政府的关系对于组织发展的意义。一半以上的会员认识到，政府是影响狮子会发展的重要因素，并且非常积极地参与到与政府的合作之中（见图 16）。

（二）"自己人"的扭合及与地方政府的合作

对待国际非政府组织进入中国的各种要求，中国政府一直以来的原则是，

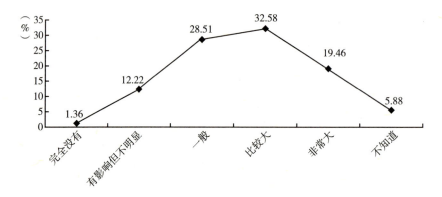

图16　对政府影响的评价

可以开展合作，但不发展组织。狮子会在广东的成功注册一方面有赖于国际狮子会"视觉第一·中国行动"项目的极大成功，该项目赢得了中国的国家领导人对狮子会这个国际非政府组织的充分认可和信赖，国家领导人在不同场合都表达了要在中国发展狮子会的决心。另一方面，狮子会最终在广东的成功注册，有赖于来自中央政府之中大人物的鼎力支持以跨越体制性的障碍。为了理顺狮子会在中国发展而注册成立中国狮子联会，也正是在大人物的影响之下突破体制性障碍的重要例证。邓朴方已经成为公认的中国狮子会的"创立者"，并且希望"十年二十年之后，中国遍地是'狮子'"。中残联作为最初参与中国政府与国际狮子会合作的直接执行者，后来又成为积极推动在大陆设立狮子会的会员组织，是中国狮子会发展的最坚实的政府后盾，中残联内部分管狮子会工作的副会长及相关部门的负责人则是狮子会在中央政府之中的自己人。

在狮子会与政府的关系格局中，最引人注目的恰恰就是有关"自己人"的信任。残联在部门利益的基础上多年来给予狮子会大力支持，在这样一个不断支持和参与的过程中，政府官员逐渐被这个慈善组织影响和改变，最终演变成狮子会在政府部门中的"自己人"。

这些官员在不断地接触中逐渐了解了广东狮子会的慈善模式，并且认为这样的模式可能在中国带来改变和发展。于是他们甘冒政治风险在中国推动狮子会的发展，并且利用自己作为政府官员对政府规则的熟悉和政府逻辑的充分了解，为狮子会在夹缝中寻求发展设计出特殊的路径，并且在狮子会的发展阶段，又创造性地把作为特例的狮子会纳入中国民间组织发展的正轨，以中国狮子联会的方式赋予狮子会在国内各地发展的合法性。对于这样的官员来说，狮子会的发展对于他们而言是一场关于民间组织的试验与改革。作为这场改革的设计师和执行者，这一派开明官员们往往在狮子会的一些关键时刻和关键问题上发挥他们的影响力，确保这个组织的生存与发展。正是这样一群既认同狮子会的逻辑又在政府中有影响力的官员，对于狮子会的发展起着举足轻重的作用，在关键时刻能够为狮子会的发展指明方向、排除阻力，成为狮子会与中国政府的"中间人"。得益于业务主管部门这一体制性的安排，广东残联的前任理事长、现任理事长及骨干官员都在广东狮子会内担负重要的角色，一方面作为政府的代理人监管这个志愿性社团的发展以避免不稳定因素，另一方面也扮演着中介者的角色，调整着广东狮子会与各级政府之间的关系，并成为组织内部政府关系策略的重要智囊。

中国政治具有鲜明的人治特征，官员的个人喜好对于政府决策具有很强的影响力。广东狮子会借助其与生俱来的政府关系，在发展的过程中不断建构其在政府之中的人际关系网络，为其与中央及广东省级政府进行良性沟通的桥梁。

在政府之中的中间人的推动之下，广东狮子会旗帜鲜明地将政府作为自己最大的合作对象，围绕组织使命、结合已有的服务项目，积极展开各种各样的与政府的合作，力图在合作的过程中，增进政府对狮子会的正面认可和了解，从而在政府中创造性地建立更多支持狮子会的信任关系。

雷建威出任狮子会会长时，利用狮子会会员的资源动员能力和志愿服务能力，和政府的不同部门开展合作，结合狮子会已有的服务项目，设计出与合作部门的部门利益一致的服务项目。例如，广东狮子会与广州市人大合作开展的大埔光明行活动。在服务过程中，大大增加了狮子会的合法性，同时也使得人大的干部们在与狮子会会员共同开展服务的过程中，更好地了解了狮子会所要做的事情和它的会员。

在"视觉第一·广东行动"项目实施的过程中，广东狮子会与信宜市政府建立起非常密切的活动，信宜市政府给予狮子会在信宜开展服务活动最大限度的支持，动员各级政府部门支持狮子会服务队在信宜的白内障手术项目。也

正是因为信宜政府的大力支持，狮子会的二十多支服务队先后到信宜开展服务。并且狮子会在信宜的服务项目也从开始的白内障复明手术拓展到恤孤、助学等领域。

广东狮子会的诞生本身即是国际狮子会与中国政府良性互动、互相调整和让步的结果。同时，在广东狮子会发展的过程中，不断地利用地方性知识与地方治理体系进行互动，与不同层级的政府部门及政府官员建立起"自己人"的信任关系，为组织发展赢得空间，体现出广东狮子会的政治智慧。我们把国际 NGO 进入中国本土、开展活动的过程看做与地方权力体系尤其是和地方政府之间的多样化的互动过程。在这个过程中，国际 NGO 力图在文化上不断嵌入到地方的治理体系中去，以适应当地的权力格局，但是它同时又在逐步影响和改变当地的治理文化和价值观念。

六　小结：无法预期的未来

国际狮子会带着它 90 多年的志愿文化和组织传统进入中国，落地广东 8 年，在政府和民间的合力推动之下开始扎根本土。本土的智慧对于狮子会的海外传统进行了颇多的调整，以使之能够适应广东乃至中国的水土，在不到十年间，使之发展成为中国城市精英志愿者队伍中最为活跃的一支。本文的研究认为，三方面的因素推动了广东狮子会的蓬勃发展，使之凝聚了一批中小企业主和专业人士开展专业化的志愿服务，有效参与到社会治理之中。（1）西方志愿精神与中国以追求福报和快乐的传统认知模式相结合，在专业化的志愿服务过程中，福报的实现和个人快乐感的获得使得其能够有效地凝聚并发展会员、开展志愿服务；（2）民主治理与中国社团中"大佬文化"的相得益彰：民主选举赋予会员参与决策的权利，在会内制衡"大佬"专权；而"大佬"们则发挥民主协商的功能，使民主能够在组织内部有效运转；（3）与政府合作治理的理念与中国人治的政治结构的两性结合，在中央及省级政府中建立人际关系网络，架设狮子会与政府关系的桥梁，突破体制性障碍。积极开展与地方政府的合作项目，在合作的过程中加强信任关系，从而拓展发展空间，巩固组织发展的合法性。

国际 NGO 毕竟不同于国内的官办民间组织，它自身的海外性使得它一方面必须认同中国政府的权威，寻求和中国政府的合作，才能够进入中国；另一方面自身的宗旨又使得它需要保持独立性和自主性，不能从属于政府。由于国际 NGO 在中国普遍缺乏足够的法律和制度保障，虽然狮子会作为一个具有中产阶级俱乐部性质的服务性社团，天然地选择与政府合作，在服务项目的选取方面尽可能地规避政治敏感性以取得政府的信任和支持，但它的国际背景依然使它很难获得中国政府的全面信任和支持。同时，尽管狮子会在中国的发展得益于中国的"人治规则"，大人物的首肯和中间人的斡旋对于组织的发展起到了至关重要的作用，但这些并非制度化的影响因素，一旦这些利好条件不再存在，那么狮子会在中国广东会走向何方，其结果将难以预测。由此，快速发展的广东狮子会仍将面临一系列的挑战，未来充满不确定性。

挑战一：参与式慈善，如何满足会员日益增长的回报需求。

对于一个会员制的志愿者组织而言，会员是组织的根基。如何满足会员的需求、凝聚会员是组织发展的核心。同时，广东狮子会和全球 206 个的狮子会组织一样，共享"成为社区和人道服务的全球领导人"的愿景，并肩负"赋予义工有能力服务于他们的社区，满足人道需求，鼓励和平并促进国际间之理解"的组织使命。那么如何兼顾与平衡组织使命与会员兴趣？如何平衡开展服务与发展会员之间的关系，使得二者相得益彰而非相互掣肘？如何平衡外界对于狮子会的评价，究竟是慈善组织还是富人俱乐部？

与此同时，庞大的、自治的、活跃的会员制组织是我国民间组织管理中最为敏感和警惕的组织类型。广东狮子会如何在会员和组织不断发展的情况下，依然能与各级政府部门保持良好关系，得到信任、支持和认同，开展与组织使命吻合的志愿服务？

挑战二：民主的双刃剑。

狮子会对于会员的吸引力，其中很重要的一部分来自于其组织内部的民主治理。然而，正如俞可平在指出"民主是个好东西"的同时也不得不提醒大家的，"民主有许多内在的不足……民主使一些在非民主条件下很简单的事务变得相对复杂和烦琐，从而增大政治和行政的成本；民主往往需要反反复复的协商和讨论，常常会使一些本来应当及时做出的决定，变得悬而未决，从而降低行政效率；民主还会使一些夸夸其谈的政治骗子有可乘之机，成为其蒙蔽人

民的工具，如此等等"。① 在一个普遍不民主的政治制度中，当组织规模和影响力不断扩大的时候，组织内部的民主生活的不稳定，容易为组织的生存与发展带来危机。而 2010 年广东狮子会的选举之所以有惊无险，最终能够达成共识，正是因为那些在组织中具有"长老"地位的德高望重者的斡旋起到了重要的作用，化解了选举民主的风险。

从外部来看，在中国这样一个威权政府治理的政治环境之下，狮子会不得不接受政府的管理，一定程度上需要按照政府部门的要求开展活动。于是，与狮子会的愿景使命相结合的组织内部主张和要求则很容易与监管部门的具体要求之间产生张力。而这种张力会随着会员组织内部能力的不断提升及外部政策环境的变化而时松时紧。那么，在一个民主治理的志愿者组织内部，协商机制是否能够有效地调解组织内部要求与政府监管部门要求之间的张力？而组织内部自下而上的民主治理与组织所处的自上而下的政治制度及政府监管模式之间的张力，在这种不确定的政府关系格局中，又将会把狮子会带往何方？

挑战三：与政府的可持续关系。

根据制度学派的观点，组织不只是存在于与其目标、效率直接相关的工作环境（task environment）中，还要遵守外在的规范，包括法规、道德和文化认知体系的要求与支持，以取得在制度环境（institutional environment）中的合法性。为了在制度环境中获取合法性，狮子会作出了许多本土化的调整。然而，国际背景总是让广东狮子会脱不了"敏"，在民政部门眼中始终有"眼中钉"的嫌疑。

在这种复杂和不确定的环境下，广东狮子会充分意识到作为个人的具体政府官员的支持对于组织的发展至关重要，并且非常注重在与政府的合作中发展这种与官员"自己人"的关系。然而政府中"自己人"的培养需要机缘和时间，而政府官员的离任和职务调动则会轻易地影响狮子会在政府中建立起来的与个别官员的信任关系。这样一种非制度化的策略，"自己人"调离了原来的岗位，支持是否依然有效呢？随着支持和理解狮子会的官员的调动和退休，这些支持力量会跟随着人的移动而产生变动，新晋的官员是否能够给予其前任对

---

① 俞可平：《民主是个好东西》，北京，社会科学文献出版社，2006。

于组织的理解和支持是不确定的。

  同时，中国的民间组织管理政策处在不断调整之中，目前组织登记已经取消了业务主管部门，而且政府文件已经明确表示，禁止公职人员在民间组织中担任职务，那么狮子会是否会有一天失去残联这把制度性的保护伞？在这样不确定的制度环境之下，如何使得狮子会与政府的良好关系更加可持续发展？残联是否会从狮子会的业务主管单位的角色中退出？这些至今尚未见端倪。然而，如果残联不再是狮子会的业务主管单位，那么这对于狮子会而言，无疑是与政府关系上很大的一个损失，以往的与政府关系的格局因为未有制度化的约束和保障，其前景变得更加扑朔迷离。

B.7

国际支持机构与中国公民社会

——对境外非政府组织在华 NGO 能力建设项目的个案考察[*]

安子杰[**]

摘 要:

过去十几年间,大量国外资助机构和国际非政府组织支持、发起或设计了一系列培训项目,旨在向中方的受资助者介绍国际非营利组织发展和管理方面的优秀经验。基于过去数年的田野调查,本文考察了两个这类"能力建设"项目。笔者经研究认为,与其说这两个项目反映了中国公民社会自下而上自然涌现出来的需求,并且根植于中国公民社会组织的现实经验,毋宁说它们更为准确地展示了国际资助机构的关注焦点和北美地区非营利领域的专业化分工要求。文章结论指出,尽管中国经常怀疑公民社会是外国帝国主义的一件新武器,然而国际支持机构所推广的概念和经验很好地与中国各级政府的要求融为一体——"将新的社会能量转换为可预期和可管理的组织形式"。

关键词:

国际支持机构 能力建设 公民社会

当前,中国公民社会领域的外国影响不容忽视。自 21 世纪之初起,国外基金会和政府每年都在中国倾注数以百万计的美元,涉及的一系列议题涵盖了

---

[*] 本文英文原文 "Lessons from Abroad: Foreign Influences on China's Emerging Civil Society" 发表于 *The China Journal* 2012 年总第 68 期。笔者感谢 Deborah Davis、Kai Erikson、Ron Eyerman、Eli Friedman、Rachel Stern、Char Mollison,以及 *The China Journal* 的匿名评审员,感谢他们给本文的鼓励和修改意见。此外,本研究还得到耶鲁大学东亚研究所博士论文奖学金的部分资助。

[**] 安子杰,香港中文大学社会学系副教授、公民社会研究中心副主任,中山大学中国公益慈善研究院兼职研究员。

从广义的公民社会建设到明确寻求非政府组织（NGO）作为合作伙伴参与的艾滋病教育项目。2002 年至 2009 年，美国的基金会向中国提供了超过 4.42 亿美元的资助。① 2005 年，德国新教教会发展服务组织（EED 基金会）为 32 个进行中的项目和两项奖学金投入了 420 万欧元的资金。② 同年，加拿大政府资助的加拿大国际发展署（CIDA）向在中国的新开设项目和已有项目投入了 249350000 加币，其中包括直接资助中国非政府组织的 210 万加币预算（2002 年至 2006 年）。③ 香港也是中国大陆众多项目的常规资助来源之一，主要的机构渠道包括绿色和平组织、香港乐施会和社区伙伴等。

针对上述大量优先资助的项目，很多资助机构和国际非政府组织资助、发起和设计了各种各样的培训项目，用以向在中国的受资助方和中国非政府组织介绍国际"非政府组织管理"中的"最佳实践"。这一潮流催生了一个小的分支行业：帮助设计或实施"能力建设"项目的中方组织。很多此类组织以非政府组织的形式运作，而它们的资金和工作内容则来自外国的捐赠机构。

时至今日，有关中国公民社会成长的大多数学术研究几乎都没有触及这一国际影响，它们转而选择研究 20 世纪 90 年代早期以来正式注册的非政府组织（大多数是 GONGO，即政府控制的非政府组织）的爆炸性发展。④ 本文则明确

---

① 数据来自基金会中心在线数据库：http：//foundationcenter. org（2003～2009 年的数据于 2011 年 5 月 2 日读取；2002 年的数据于 2006 年 11 月 19 日读取）。

② EED 基金会的数据：http：//www. eed. de/en/en. eed/en. eed. eed/en. eed. eed. finanzen. 2006/index. html#HL0（读取日期：2006 年 9 月 19 日）。2005 年，EED 基金会 65.7% 的资金来源于德国政府。

③ CIDA 的数据：http：//www. acdi-cida. gc. ca/CIDAWEB/acdicida. nsf/En/JUD – 31112026 – M6U#intro（读取日期：2006 年 9 月 19 日）。

④ 相关文献包括：Timothy Brook and B. Michael Frolic, *Civil Society in China*（Armonk：M. E. Sharpe, 1997）；Elizabeth C. Economy, *The River Runs Black*：*The Environmental Challenge to China's Future*（Ithaca：Cornell University Press, 2004）；Kenneth W. Foster, "Embedded Within State Agencies：Business Associations in Yantai", *The China Journal*, No. 47（January 2002）, pp. 41 – 65；Jonathan Unger and Anita Chan, "Associations in a Bind：The Emergence of Political Corporatism", in Jonathan Unger（ed. ）, *Associations and the Chinese State*：*Contested Spaces*（Armonk：M. E. Sharpe, 2008）, pp. 48 – 68；Fengshi Wu, *New Partners or Old Brothers? GONGOs in Transnational Environmental Advocacy in China*（Washington：Woodrow Wilson Center Press, 2002）.

考察外部影响，专注于外国资助机构一直宣传的"模范"做法和组织结构，讨论中方受资助机构对此的接受程度，以及这一做法对中国公民社会发展的影响。

出于不同的政治立场和其他种种考虑，不同捐赠机构的目标和它们希望在中国实现的影响也千差万别。但是，如果这些捐赠机构共同的目的——就像它们在网站上及大量公开的资料中所写的那样——是促进人权、基本自由和民主，那么我们可以预期它们所推动的培训项目会展现出某些尤为突出的共同点。例如，我们也许可以期待培训项目传授政治理论家和社会科学家们所强调的民主素养与习惯（明确地自我表达、妥协、建立共识等）。或者，如果外国捐赠机构将非政府组织视为推动特定议题的代表，诸如全民教育、性别平等或艾滋病人的权利等事业，那么我们应会预期看到培训内容专注于培养沟通技能及提供倡导工具，以促进 NGO 与政府官员的互动和影响政府政策。

但是，由国际捐赠机构推动的有影响力的培训项目，在其设计和实施过程中，上述重点都不明显。相反，最显著的是这些项目及其背后的理念是要创立"专业化"的非政府组织——在结构和运作上均要与北美的非政府组织类似，并由此更能符合捐赠机构期望看到的组织发展模式。而中国的受资助组织常对这样的安排有抵触情绪，其理由是某些舶来的架构在中国当前的环境下是不切实际的，或对于新出现的中国非政府组织而言是不适合的。虽然中国共产党和中国政府有时会担心外来势力的目的在于激进民主化或政体变革，[①] 但实际上，这些培训项目的作用与主流商业管理模式及中国政府企图规范 NGO 的诉求相当一致。[②]

笔者将焦点放在了两个"能力建设"项目案例上——其中一个项目所受

---

① 见潘如龙、戴铮勤《"颜色革命"与国际非政府组织》，《电子科技大学学报（社科版）》2005年第4期，第77～79页；Jeanne L. Wilson，"Coloured Revolutions: The View from Moscow and Beijing"，*Journal of Communist Studies and Transition Politics*，Vol. 25，No. 2（2009），pp. 369-95；赵黎青：《如何看待在中国的外国非政府组织》，http://www.studytimes.com.cn/txt/2006 - 08/21/content_ 7094045. htm（读取日期：2006 年11月1日）。

② 因为字数限制，本文无法对"外国对中国非政府组织监管法律的影响"这一议题作更为全面的探讨。

到的最大影响来自美国的机构，而对另外一个项目影响最大的是加拿大的组织。在笔者进行田野调查的 2005 年至 2006 年，它们被视为对中国 NGO 影响最大的两个项目。① 每个项目均在此期间培训了几百名学员。此外，很多中国 NGO 的工作人员和专业学者接受过培训之后还建立起他们自己的"能力建设"机构，或在其他项目中担任培训师。

笔者作为学员参加了两个为期数日的能力建设讲习班，采访了资助人、培训讲师、课程开发人员和学员，对培训项目手册、资料、课程规划和练习册的内容进行了分析，并翻阅了资助人和培训组织印制的年报和其他出版物。② 2005 ~ 2007 年，笔者还以志愿者的身份参与了广东地区两家健康领域草根 NGO 的活动，同时也为关注其他议题（其中包括劳工权利和教育）的非政府组织做临时志愿者。在此期间，笔者还为由中国民政部组织的一个非营利领域相关法律"专家"国际会议提供翻译和带领议题讨论等协助。此外，在两个（各为期 10 天）由中国政府官员和非政府组织领导人组成的考察团赴美考察公民社会体制和政府监管机构的过程中，笔者再次参与及提供相关协助。

一　两个"能力建设"项目案例

这里描述的培训项目一般划归在"能力建设"一词的框架下，它们旨在完善中方非政府组织的"管理"。能力建设是捐赠机构、政府监管机构和一些非政府组织一直关注的话题。例如，1999 年清华大学主办了"非营利部门与中国发展国际学术会议"，会后论文集共收录了 49 篇论文，而其中 14 篇的主题都是能力建设。③ 在更广泛的层面上，这些项目可以看做"专业化"中国新生的非政府组织部门并将它们推入捐赠机构视野的一项努力，这在很大程度上与 Sada Aksartova 对苏联解体后西方捐赠机构在俄罗斯与吉尔吉斯斯坦地区活

---

① 当本文中出现"非政府组织"一词时，笔者既指可能没有注册或以公司形式注册的、自下而上发展起来的草根组织，也指以"民间组织"注册了的团体，无论它们是社会团体、基金会还是民办非企业单位。

② 为确保保密性，笔者在本文中对人员和组织通篇使用了化名。

③ 参见赵黎青、Carolynlyoya Irving 编《非营利部门与发展：1999 年 7 月北京国际学术会议议程》，香港，香港社会科学出版社，2001，第 234 ~ 320 页。

动进行研究后获得的发现十分类似。①

　　培训项目 A 和培训项目 B 均由一系列单元组成，每个单元持续数日（见表1）。笔者对培训项目 A 的项目设计人员、资助方和学员进行了深入采访，而以学员身份直接参与了培训项目 B 的几个单元。

（一）培训项目 A

　　培训项目 A 是由 Green Tree 发起的，该组织是一家设在美国的大型资助机构，从20世纪80年代后期开始一直从财政上支持中国的发展项目。Green Tree 支持的组织与个人活跃在多个领域当中，其中包括健康、教育、公民社会发展和扶贫等领域。

　　根据设想，培训项目 A 是一个为期数年的能力建设项目，旨在向接受 Green Tree 资助的30家机构提供理论和实际的管理建议。Green Tree 并非自己设计该项目，而是向另外一家美国组织 Pro Manager 提供了将近100万美元，让它去开发和落实各门课程。Pro Manager 本身的专长并不是提供培训，但是它在全球一百多个国家曾有进行各种社会与经济发展项目的经验，其中包括30多个在中国的发展项目。

　　Green Tree 把中方被资助机构变得专业化的意图在项目最初的几个阶段非常明显。为了准备最初的自我评估，并且建立一个更多参与的培训平台，Pro Manager 向学员们提供了一份"非营利组织管理"词汇表，包括60多个英文词汇的中文翻译和解释，这些词汇中有大量的与非营利组织使命、财务和人力资源管理及组织结构等方面相关的技术术语。这些专业名词包括：使命宣言、愿景宣言、战略计划、章程、政策手册、利益相关方、理事会、理事会秘书、执行委员会、公信力、可持续性、透明度、可信度、风险管理和治理工具等。这份词汇表在该能力建设项目的最初阶段就分发给学员们，当时 Pro Manager 要求参与培训的机构进行自评。自我评估的标准中大量使用到词汇表中所解释

————————
　　① Sada Aksartova, "Promoting Civil Society or Diffusing NGOs? U. S. Donors in the Former Soviet Union", in D. C. Hammack and S. Heydemann (eds), *Globalization*, *Philanthropy*, *and Civil Society*: *Projecting Institutional Logics Abroad* (Bloomington: Indiana University Press, 2009), pp. 160 – 191.

的词汇，因此，学员对词汇的掌握看上去就很重要了。

由国际资助机构推动的项目大多并非是凭空创造出这些词汇的，培训项目A尤其如此。正如 Terje Tvedt 注意到的那样，它们是全球"非政府组织语言"的组成要素（它们不仅被非政府组织的工作人员所使用，而且还被捐赠机构的官僚阶层及非政府组织的顾问所使用），这种语言在"地区性和全球性的集会和会议"上制造出来并不断复制出去。在这些会议上，"来自'北半球'和'南半球'的非政府组织领导人们与资助方及专家们见面"。① 然而，这些词汇的定义和实际含义常常是模糊不清且具有争议的，不论在资助方还是在那些迫切希望马上使用它们的非政府组织圈内都是如此。

表1   两个国际 NGO 支持的能力建设项目课程内容

	培训项目 A	培训项目 B
第一单元	理事会的角色	公信力
第二单元	领导力	领导力
第三单元	人力资源管理	治 理
第四单元	志愿者管理	筹 款
第五单元	财务管理	
第六单元	筹款	

在培训项目案例 A 中，整体评估流程和为项目制定的培训指南大量地借鉴了一份加拿大的出版物——Linda Mollenhauer 的《志愿部门的优秀基准》。② 这些基准源自对 6 家加拿大的"优秀"非政府组织的研究。用以衡量"优秀"的标准首先是建立在"一份全面的文献回顾，以及与主要意见领袖就非政府部门所面临之挑战的多次讨论"的基础上，最终，一个来自政府、企业部门和基金会的资助人组成的小组对该标准进行了审查。③

---

① Terje Tvedt, "Development NGOs: Actors in a Global Civil Society or in a New International Social System", *International Journal of Voluntary and Nonprofit Organizations*, Vol. 13, No. 4 (2002).

② Linda Mollenhauer, *Benchmarks of Excellence for the Voluntary Sector* (Ottawa: ALS Society of Canada and Health Canada, 1999).

③ Linda Mollenhauer, *Benchmarks of Excellence for the Voluntary Sector* (Ottawa: ALS Society of Canada and Health Canada, 1999), p. 5.

　　该书的作者似乎预见到会被人批评为北美的非营利组织已经过度地受到"企业心态"和职业经理人的影响。Mollenhauer 写道，"组织名单的制定征求了资助机构和社区领袖们的意见。因此，'优秀基准'向该部门提供了一个对非政府部门既实用又独特的范式，而不是简单从企业部门改编过来的"。①

　　为了更好地了解这 6 家影响了这份关于"基准"出版物的机构，尤其是其管理人员的背景，笔者检查了 2000 年度每家组织在加拿大税务局申报的纳税申报表格。笔者将相关理事会成员的职业分为以下几个类别：商业、专业、教育、政府、志愿者和其他。在这 6 个机构中，5 家至少有 75% 的理事来自商业或专业领域。商业和专业部门在这些组织的理事会中占有压倒性的多数，而这证实了精英和企业利益群体对这些非政府组织管理的巨大影响。笔者会在本文稍后的部分中再回来探讨这一问题。

　　在调整加拿大的经验以适用于中国 NGO 培训的工作过程中，Pro Manager 还雇用了两名全职员工（一名是加拿大人，一名是中国人）来开发和管理项目。这两个人同时帮忙制订了培训项目的草案。此外，Pro Manager 还在北京聘用了一些其他的中方顾问对案例研究进行汇编：一位非政府组织的领导人、一位教授、一位某国外非政府组织的前职员、一位某国外非政府组织的现任职员、一名来自香港资助方的职员、一位学习商业的学生、一名记者、一位 GONGO 的职员和一名翻译。所有这些人都是与国外有联系的精英分子，都住在中国的政治中心北京，而其中没有一个是草根非政府组织的领导人或长期志愿者。

　　在上述基于词汇表的自我评估结束之后，Pro Manager 提供了一系列的辅导课，这些课程的重点是非营利组织理事会、人力资源管理、志愿者管理、财务管理、筹款和战略规划等方面的国际标准。每家受资助机构的培训内容都是某套课程和同样的学习主题，而并非取决于自我评估中所发现的问题领域。

　　这些主题的凸显意味着捐赠机构与被资助机构之间的权力关系："中国非政府组织所需要的"在很大程度上取决于外国捐赠机构及其周围专业化的

① Linda Mollenhauer, *Benchmarks of Excellence for the Voluntary Sector* (Ottawa：ALS Society of Canada and Health Canada, 1999)，p. 4.

北美非政府组织。正如一位非政府组织的领导人所说的那样，"我们发现谁有钱谁就说了算。如果他们想要给你上点儿培训课，不管你想不想要，你接受就是了"。

培训项目 A 中财务管理培训单元的课程设计人员的评论恰可说明资助机构如何理解中国非政府组织的问题：

> 很多非营利组织缺乏正式的决策结构——理事会，并且缺乏民主的决策机制和制度保障。另一方面，GONGO 大多都成立了理事会，但现实是这些理事会没法履行它们的职责。虽然现在只有极少数草根非营利组织设有理事会，但人们也越来越清楚这一"必要性"，建立理事会也正在成为一股潮流。总体上讲，非营利组织的透明度和公开度并不高，而且它们缺乏责任机制……管理松懈，且管理很落后。总而言之，没什么组织在做重要决策时是通过理事会的。组织的领导人常常自己做决定，很多组织要么还没有建立起它们自身的治理体系，要么虽然已经建立了一个治理体系，但却不怎么运用这个体系。

至此，我们看到在培训前针对中方被资助方的讨论中，外国捐赠机构普遍关注的主要问题——良好的治理、公信力和透明度——是如何被激活的。比如说，理事会被认定是正式的"民主决策结构"所必需的；没有理事会是"透明度和公开度"过低的一个直接原因，与此同时管理是"松懈的"。在同一份文件中，文件起草者还写道，这些问题的累加影响最终导致"不健全"的组织结构和不良的财务管理。

（二）培训项目 B

培训项目 B 的由来和特点与培训项目 A 惊人地相似。培训项目 B 的捐赠来自 Ameri Fund，这是一家位于美国南部的家族基金会。培训项目 B 的四个主要单元与培训项目 A 几乎完全一样。公信力、透明度和良好治理的重点贯穿了 B 项目的每个单元，而最后一个单元的重点是如何筹集资金，并与捐赠机构保持良好的关系。培训项目 A 的发展过程被 Pro Manager 详尽地记录了下来

并公之于众，但是培训项目 B 的创设过程却并不这么公开，其内容被认为是私有财产。

实施培训项目 B 的机构是 Sino-profit，这是一家设在北京的组织，该组织于 1998 年由一些前政府官员和 GONGO 共同创建。2001 年，政府官员强先生与 Sino-profit 一起请求 Ameri Fund 帮助创办一个能力建设项目，以期将中国的非政府组织转化为"世界级"的非政府组织。在笔者参加的一个培训讲习班上，Sino-profit 的负责人对集合在一起的学员解释了为什么 Sino-profit 与 Ameri Fund 合作：

> 我是在三四年前和 Ameri Fund 开始沟通的。我们认为"公信力"是一个关键的概念。在北京，大家都在说，法律环境对我们的支持不够……我们非营利组织发展得不够好，而腐败也是一个问题。我们希望我们自己培养评估非营利组织的能力。

在同意提供必要的财政支持后，Ameri Fund 的负责人找来了 Consultus，这是一家美国的咨询公司，与 Ameri Fund 有密切的联系。Consultus 的客户名单包括财富 500 强企业和知名的宗教非营利组织。Consultus 的总裁也是 Ameri Fund 的理事会成员之一，而 Consultus 的非营利机构客户清单中也包括一些 Ameri Fund 资助的机构。

2003 年，Consultus 与 Sino-profit 的人员及其他一些人在北京召开了一次会议。因为会议议程是事先制定的，所以这次会议本应是一次简单直接的规划会议，但是 Consultus 的人员逐渐意识到这样的目标可能无法达成。一名工作人员评论说，与会者中有一位中方学者，他"抱着胳膊坐在那里说，'我们能从美国学到什么？学学孔子怎么样'"。甚至在初期阶段，人们就已经明显对 Consultus 的方式怀有抵触情绪了。

当笔者在 2005 年年中跟 Sino-profit 的负责人会面的时候，他强调"公信力"是他最关注的一个问题；但是 Ameri Fund 的负责人说，最初 Sino-profit 没有完全理解公信力对非营利组织管理的重要性。"他们说，他们想要了解公信力和筹款"，Ameri Fund 的负责人向笔者解释说："但是他们真正想从我们这里了解的是筹款。我们告诉他们，这不仅仅涉及筹款，我们还需要在项目中增加领导能力和治理的内容。"Consultus 的一位主要工作人员讲了一个很类似的故事："他们真正想要的是了解筹款，而我们告诉他们，钱只是最后一个环节，公信力、领导能力和良好的治理结构对于它们筹集资金的能力至关重要。"

经过六个月的磋商，其间捐赠方给出了各种"建议"，同时以 Consultus 为代表的一批外国专家向项目倾注了许多，两者之间仍然存在着"天壤之别"（语出某 Consultus 的工作人员）。也就是说，双方似乎对项目应该突出的内容达成了一致意见，但事实是，美方在"拉锯战"中取得了胜利。在参考 Ameri Fund 的意见的基础上，培训项目 B 几乎完全由 Consultus 开发出来。这两家美国组织的代表一致同意，筹款不应该是他们能力建设项目的主要内容，而这与他们中国合作伙伴所希望的大相径庭。"如果他们（中方）确实做出了任何让步，我不太清楚他们的让步是什么"，一位 Consultus 的主要工作人员承认说。

当被问及作为培训项目 B 基础部分的观点和理念是怎样被挑选出来的时，Consultus 的一位顾问说，他们事先"花费了一定的精力"从全球收集最好的想法："我们筛选了 35 家组织，然后再缩减为位于不同国家的 15 家组织。"这位顾问还表示他们"浏览了互联网"，以便找出非营利机构监管和公信力中的共同主题。"Sino-profit……想要看到其他国家是怎样做的。他们不想在培训中仅仅介绍美国模式。但实话实说，我们认为，尽管一些国家在非营利机构所涉及的各种问题上做了一些了不起的事情，然而大多数事情上还是美国在制定标准。"最终，培训项目 B 核心是美国的"非营利组织管理"模式。捐赠机构和美国最为专业化的 NGO 所关注的焦点，是决定这些培训项目的主要考量。然而，美国公民社会的主要基础却建立在松散又非专业化的民间组织之上。

二　从北美到中国：水土不服的海外项目经验

尽管培训项目中展现的理念和关注的问题从来源上讲是"舶来品"，但这并不一定意味着它们对中国不适用。不过，根据很多草根 NGO 领导人和工作

人员的经验，从这些理念和关注的问题延伸出来的"建议"并不完全适用于中国本土环境。培训项目的学员在接受这些"舶来品"的时候面临四个很突出的问题：公信力、治理、参与和本土经验。

（一）公信力

Ameri Fund 和 Consultus 开始在中国开发培训项目的时候，它们邀请了一批在北京的学者和 GONGO 领导人帮助它们寻找一个和 accountability（公信力）对应的恰如其分的中文翻译。尽管"自律"是最初几个最受欢迎的选择之一，然而 Ameri Fund 和 Consultus 的代表们提出，accountability 要比自律的含义更为广阔，accountability 不仅包括一个注重内在的维度，而且还包括一个注重外在的导向。他们指出，虽然这个词意味着内部控制，但是它最终却与财务公开、信任和信誉最为息息相关。在香港，一个常见的翻译是"问责制"（直译就是"质问责任的制度"），而动词"问责"一直被中国大陆的媒体用来指"（当提及政府官员的行为时）被认定对某件事负责"。然而，这一措辞并没有被采用。随后发生了一场讨论，讨论涵盖 Ameri Fund 和 Consultus 提出的意涵，一位中国的与会者提议使用"公信力"一词（直译就是"让公众信任的实力"）。在更多的讨论之后，他们确定"公信力"应该是所有中文培训资料中可以采用的单词，它是英文 accountability 在中文中最好的同义词。

在笔者参加的培训课程中，很多人都是第一次听到"公信力"。虽然这个词的意思很清楚，但是培训资料将大量篇幅用于解释（配以实例）公信力是什么、它为什么重要。[①] 项目共分四个培训单元，每个单元历时三至四天，其中第一个单元全部是关于公信力的，并且这个词还在整个培训项目中不断地被提及。

尽管其定义也许比较艰涩，然而公信力的重要性——以及伴生的另一个概念"透明"——在腐败现象颇为普遍的中国，都很容易得到中方人员的理

---

① 作为对比，在台湾，"公信力"一般被用来描述对传媒机构、商业品牌甚至年度电影金马奖等对象的信赖程度。

解。对于被吸引到非政府组织工作的很多人（或者以志愿者的身份，或者以工作人员的身份）而言，激励他们的因素包括他们对腐败及滥用职权的强烈厌恶。[1] 到 2006 年时，我发现甚至一些广东的草根组织也在强调财务公信力的重要性。那一年，有一家劳动维权组织因为被指控滥用外国资金陷入了麻烦。不久后，笔者与一家位于深圳的非政府组织的领导人进行了一次谈话，当时他正在通过美国驻广州领事馆申请一笔小额拨款。很明显，对于从外国政府获取资金这件事，他并没有过多的顾虑。所以笔者提出，在美国国务院，民主、人权与劳动局有资金可以提供，并问他是否考虑过也从那里申请。他回答说：

> 那是去年 8 月或 9 月，对吧？（我假定他的意思是最近的申请截止日期。）我们被告知，如果想从他们那得到钱，你需要有一家美国非政府组织作为合作伙伴。我们当时没法那么做。而且，那些拨款金额非常大，我们没法一次接受那么多钱。我希望开始的时候规模小一点，循序渐进。接受那么多钱却不知道怎么花，没有比这种事情更糟糕的了。一旦你搞砸了，你做什么都会困难重重。所以美国领事馆的拨款目前对我们来说就足够了——如果我们真能得到这笔拨款的话。

从小处着眼——并由此使事情便于管理——也是其他一些非政府组织活动家的追求。一家 GONGO（该组织不从政府获得资金，但吸引了很多志愿者）的负责人解释说：

> 我们没法处理巨额捐款。我们为无家可归者项目设立了一个银行账户，所以，人们如果愿意，他们就可以捐款……如果我们能够树立起公信力，那么做什么都能更顺手，但是我估计这得要等上几年，而这是积累经验的一段时间。

---

[1] 2011 年牵涉红十字会和宋庆龄基金会河南分会的丑闻仅仅是最近的几个例子，它们提醒着大家：让公众丧失信任有多么容易。

　　然而，公开其资金来源对于一家非政府组织来说并不总是一件好事。一家草根环境组织于 2005 年被关闭了，其原因是中国共产党内部保守派与自由派之间的政见分歧。该组织试图按照其外国捐赠机构所强调的公信力和透明度标准来行事，他们公布详细列明其财务支持来源的年度报告。当对乌克兰及其他地区"颜色革命"的担忧困扰北京的时候，① 该组织受到了冲击。"北京'一位厉害的专家'毁了他们"，另一位环境活动家说，"他拿他们的年报来质问党内抱持其他意见的人们。他说，'看看吧，就是你们让这些非法组织从外国人那里拿钱，这些外国人只想着煽动颠覆党的领导。'就这样，他们被关闭了。"非常不幸，来自外国资助机构的意见让这个团体陷入了麻烦，并最终导致其关闭。

　　无论在培训项目中或现实生活环境中公信力被如何讨论，在实践中，它常常被理解为受资助方对捐赠机构的核心责任之一。事实上，虽然在宣传和言辞上公信力应该针对多个利益相关方，但当受资助机构进行评估活动的时候，鲜有征求这些机构"服务对象"的体验和观点。

（二）治理和理事会

　　如同公信力和透明度一样，good governance（良好的治理）具体是什么意思并不明确。Immanuel Wallerstein 曾经将 governance（治理）描述为"一个新词，具有精彩的深刻内涵且很难理解，如果它不是毫无意义的话"。② 在中国的公民社会部门中，对于"治理"一词定义的不确定性也许更为显著。很多人都认为，该词一定有一个专门适用于非政府组织的特定含义。此外，人们广泛认为，"良好治理"的含义和实践是在一个特定的（外国的）社会环境中发展起来的，这就使得这个词更加"内涵深刻和难以理解"。

　　"Governance"这个词在中文中一般被翻译为"治理"。"理"这个字最

---

① Jeanne L. Wilson, "Coloured Revolutions: The View from Moscow and Beijing", *Journal of Communist Studies and Transition Politics*, Vol. 25, No. 2 (2009).

② Immanuel Wallerstein, "After Developmentalism and Globalization, What?", Keynote Address at Conference, "Development Challenges for the 21st Century", Cornell University (1 October, 2004), p. 2, http://Socialforces.unc.edu/epub/pub_soc/cornell.pdf (accessed 2 July 2007).

直接也最广泛地被理解为"原则";而第一个字"治"被解读为"下达命令"时,有管理和控制的含义,该词的模糊性给它带来了多种解释。对于那些美方倡导"负责任的民主治理"的人士,这些解释许多都与他们预设的重点相差万里。

关于该词词义理解的混乱有一个非常典型的例子。有一家设在广州的GONGO,一位负责人提到即将开始的有关治理的培训项目时,问道:"他们所说的治理就是管理的意思,对吧?"笔者随后问了机构的另一位负责人,她当时刚刚被提拔上来,主管人员招募工作。因为当时正好有一位学生在旁边,这两个人尴尬地相互对视了一眼,很显然他们不愿意在一个新的实习生面前开诚布公地谈论这个问题。然后其中一个说:"嗯,这个问题也一直困扰着我。看来我们真的需要去参加下周有关治理的培训课程了!哈哈!"在笔者与草根非政府组织的谈话中,类似的概念混淆情况常常发生,即应如何将"治理"与自上而下的"管理"区分开来。

无论人们如何理解"治理",对于很多草根团体而言,它被简化为建立一个理事会的行为(或者相对不那么常见的"监事会")。P先生是上海一家非政府组织的领导人,他在2005年接触了4家外国资助机构——两家美国机构,一家欧洲机构和一家澳大利亚机构。每家机构都提醒他"良好治理"的必要性。

它们都要求我们应该拥有某种特定的结构,我们应该如何以一种具有公信力的方式处理资金,应该如何向它们汇报我们正在进行的工作,以及应该拥有一个什么样的理事会……你知道,我们也想那么做,我们也想有公信力以及提到的这些事儿。但是我们能怎么做呢?我目前所面临的最大困难是理事会——无论是理事会还是监事会,随你怎么叫……我有两个问题。首先,怎么才能找到愿意加入理事会的人员?那些政府官员或有影响的人士,他们愿意帮助我;他们告诉我,无论我需要什么,他们都能帮助我,但是他们说,他们不能在理事会中任职……你知道为什么会这样吗?因为一旦之后发生了什么事,他们就会被指责犯了政治错误,那可怎么办?第二个问题是,当我谈到加入我的理事会的时候,人们经常问我,

"你给钱吗?"这是一个很自然的问题,但是我只能说,"呃,基于我们的预算……"之类的。所以,我怎么能有一个那些外国资助机构所希望看到的理事会呢?

在中国,公众对非政府组织的了解非常有限;P 先生被问到报酬的例子也显示,大多数人并不了解"理事会在非政府组织中实际会做些什么"这个问题。一位学者兼活动家质问一位访问北京的美国非营利组织领导人:"理事会有什么用?在中国,我们也有理事会,但是它们往往只是个名字,它们的存在也许是因为政府要求我们设有一个理事会。所以我想知道,理事会在你们国家实际上做些什么?"

当时的回应罕见地承认了美国非政府组织也很难实现它们的理想治理状态:"在美国,一些曝光率很高的组织因行为不符合道德规范而陷入困境,所以理事会肩负了比以前大得多的压力,督促它们注意组织正在发生的事情……但还有一种趋势是,首席执行官们将理事会保持在其伸手可及的范围之内;另一种趋势则是理事变得过分礼貌……一个好的理事会应是一个连接外部的桥梁……是良好工作的见证人。"

很多非政府组织对理事会采取了一种功利主义的态度。对于草根团体(包括未注册和以商业名义注册的非政府组织)而言,他们认为只有当他们设立了理事会后,外国机构才会向他们提供资金,这就刺激了他们设立理事会。正如一位草根劳工团体的领导人所解释的:"我们没有理事会。我知道其他非政府组织有,但是我们没有。如果我们注册为社会组织,那么就必须得建立一个。或者,如果有其他人,比如一家外国基金会,要求我们有理事会,那么我们就要建立一个理事会。"

即便那些设立了理事会的机构也常常并不确定理事会的职能是什么,而理事会成员自身也可能并不确定他们自己的作用。"陈叔"是广东一家名为"Laifu"的非政府组织的理事,该组织与受到麻风病影响的社区进行合作。一天下午,当笔者去陈叔的村子拜访他的时候,他向我解释了他对理事会的理解是如何演变的。

现在是我第二个五年任期中的第三年，但是可能直到去年，我才真正开始理解一个理事应该做些什么！当我们开始成立理事会时，我们只知道我们需要把自己的名字挂上去帮助 Laifu 了，但是没人告诉我们应该做些什么……去年，来自"当地大学的 A 教授"对 Laifu 进行了一次组织评估，我读了一点他写的报告。直到我读到他的报告时，我才意识到一名理事应该监督组织的管理行为。

陈叔继续说，Laifu 在章程中声称自己是一家自主的组织，而他认为它实际上是由管理层掌握大权的组织，对此，他感到很沮丧：

　　Laifu 这家组织应该是属于麻风病患者的，是为我们服务的，但是有时看起来所有的决定都是由"主任和办公室经理"做的，然后他们只是稍后告诉我们一声。但是现在，我想理事会应该针对项目提出一些意见，然后让工作人员去实施它们。不过，事实却并非如此……无论什么时候，只要他们想，就会聘用新人……当然，他们会来找我们，事先告诉我们，但理事会始终只会说"好"……因此，现在我们有很多员工——有些人在这里，有些人在那里。当我进办公室的时候，我会看到他们，但是我并不了解他们都在做些什么……如果是这种情况，那么你怎么能够监督这家组织呢？我认为我们理事会按照目前这样的工作方式，不可能在组织中发挥实际的作用。

作为 Laifu 的一名志愿者，我开始明白，理事们、陈叔和该组织的专业工作人员一致认为，Laifu 的理事因为文化水平低而无法使理事会有效运作。陈叔这样总结情况：

　　我们理事会的另一个问题是，我们的教育程度都不太高。我们没怎么上过学，而且对这个世界的了解太少了。除了参加 Laifu 的活动，很多人多年来一直都没有远离过村子。像这样的人怎么可能监督这么一个复杂的组织呢？同时，理事会应该由麻风病患者组成……这是一个问题，因为你

怎么做才能改变这个系统呢？一切都已经各就各位，所以看起来，要想改变它还是比较困难的。

要想了解外国影响是如何在一定程度上直接导致这一困境的，我们就必须将视野从近期的几个培训项目移开，进而回顾一下 Laifu 是如何成立的。在 20 世纪 90 年代初期，一位年迈的专门治疗麻风病的内科医生在巴西参加了一个会议，同行的还有一名曾经患有麻风病（但当时已经治愈）的中国男士。在这次为麻风病患者召开的国际会议上，他们听到其他与会者叙述了个人发展的成就，受到很大的鼓舞。刚一回到中国，他们就立志要建立一家麻风病患者组织，与歧视进行斗争并让所有人都有尊严，无论这些人的病史和身体状况如何。在听取了一些美国麻风病患者的意见后，他们明确要建立一个理事会，除执行理事外，其成员将全部来自中国的麻风病社区。这家"由麻风病人所有、并为麻风病人服务"的组织从一个只有两个人的团体逐渐发展成为一家深受多家外国资助机构偏爱的组织。截至 2006 年，其工作人员的总数超过了 30 人（遍及三个省），而其工作的范畴和规模也不断扩大。事实上，Laifu 的规模已经发展得十分大了，在其成立不到 10 年的时间里，就雇用了两名会英语的工作人员，他们的工作主要是编写递交给外国资助机构的经费申请和项目报告。

正如陈叔和一些 Laifu 的工作人员观察到的那样，机构创始人的理想与这个复杂的大型组织中的实际治理事务之间存在着一种紧张态势。但是，由于 Laifu 是中国南方最成功的草根非政府组织之一，至少就它在外国捐赠机构中的声名和它的业务规模而言，在中国很少有非政府组织能够为该组织提供学习的榜样。即便认识到了这个问题，工作人员及与陈叔有着同样顾虑的其他理事会成员们也不知道到底应该如何化解这一紧张态势。

（三）"参与"作为一个口号

正如研究其他国家发展问题的学者们所发现的那样，富有捐赠国的辞藻有时候不适用于贫穷接受国的现实情况和需求。推动发展的实务工作者最近开始强调"参与式发展"和"参与"。① 随着中国精英人士出国参加学术研讨会或到国外出差考察，以及外国非政府组织"专家"涌入国内向政府政策制定者提供意见并设计培训项目，这些词汇也随之传播到了中国。例如，全球基金（Global Fund）明文规定向中国提供经费的条件之一是，运作其艾滋病项目的决策团队中必须有两名来自公民社会部门的代表。②

虽然这并非培训项目 A 和培训项目 B 的一个突出特点，但是这两个培训项目确实在措辞上强调了"参与"；某些其他的培训项目还将"参与"宣传作为项目内容的核心。然而该词本身的意思却常常含混不清，同时学员从项目中学到的内容也并不总是和项目组织者或培训机构一开始所期望的内容一致。这一缺乏明确内涵的现象并不令人吃惊，因为，甚至对于外国发展项目的专业人士而言，对该词的定义也存在着很大的分歧。"'参与'在广义上拥护的是这样一个观点：所有'利益相关方'均应参加决策，而在狭义上讲，它是在吸收当地知识的基础上再在其他地方设计项目。"③

"参与"一词对中国的草根团体深具吸引力；尤其因为"参与"被理解为

---

① Blessings Chinsinga, "The Participatory Development Approach under a Microscope: The Case of the Poverty Alleviation Programme in Malawi", *Journal of Social Development in Africa*, No. 18, Vol. 1 (2003), pp. 129 – 144; Ray Jennings, "Participatory Development as New Paradigm: The Transition of Development Professionalism", paper prepared for the "Community Based Reintegration and Rehabilitation in Post-Conflict Settings" Conference, Washington (October 2000), http://www.usaid.gov/hum_ response/oti/pubs/ptdv1000.pdf (accessed 11 July 2005); James Sheehan, "NGOs and Participatory Management Styles: A Case Study of CONCERN Worldwide, Mozambique", CVO International Working Paper Number 2 (undated), http://www.lse.ac.uk/collections/CCS/pdf/int-work-paper2.pdf (accessed 11 July 2005); James Sheehan, "NGOs and Participatory Management Styles: A Case Study of CONCERN Worldwide, Mozambique", CVO International Working Paper Number 2 (undated), http://www.lse.ac.uk/collections/CCS/pdf/int-work-paper2.pdf.

② 但事实证明，这是比较困难的。这些代表的选举流程在争论中混乱不堪。2011 年，全球基金冻结向中国的汇款达几个月之久，其中部分原因是，中国未能在其艾滋病项目中将草根非政府组织带到谈判桌上。见 Gillian Wong, "Global Fund Lifts China Grant Freeze", Associated Press, 23 August 2011, http://news.yahoo.com /apnewsbreak-global-fund-lifts-china-grant-freeze-131838094.html（读取日期：2011 年 10 月 7 日）。

③ Ray Jennings, "Participatory Development as New Paradigm: The Transition of Development Professionalism", paper prepared for the "Community Based Reintegration and Rehabilitation in Post-Conflict Settings" Conference, Washington (October 2000), http://www.usaid.gov/hum _ response/oti/pubs/ptdv1000.pdf, p. 1.

某种含有自我实现元素的有意义的行动。然而，活动家们却常常因他们在培训项目中的体验而感到困惑甚至失望。广东某草根劳工组织的一位精英员工参加过 Sino-profit 在北京和上海主办的项目，也参加过两个由中方（很有活动家特色的）知识分子开发出来的本土项目。对她而言，这两个团体在内容上区别不大，但是在培训项目的指导思想和它们所面向的受众方面存在差异：

> 北京的培训项目，我感觉，就他们教给你的东西而言是有用的，但是他们没有给我们太多的机会讲话……我感觉本土运作的培训项目在这方面要更好一些，因为参加这些项目的人是真正的草根非政府组织人员，是做实事的人，而不仅仅是空谈。北京和上海培训项目中的很多人都是 GONGO 的人。比如在上海，他们在结束培训课程的时候说，"啊，政府对我们提供了有力的支持，我们正在携手合作"——诸如此类的话。哈！他们听起来就像是政府官员，离现实太远了！那么说话真是没有意义！

在一个我参加过的培训项目中，有一节专门讲的是"参与式发展方法"（PDA）。授课的老师接受过大学教育，这个概念是他逐渐接受过来的，这个过程包括与国际非政府组织活动家们的沟通，以及去美国进行的一次短期考察；考察期间他与一些积极参与实务的学者共处过一段时间。在课上，这位老师强调说，"我们非政府组织在工作过程中，要听取我们服务对象的意见"并"破除我们之间的隔阂"，不要"认为我们作为局外人的观点永远都是唯一正确的观点"，我们必须"肯定本地智慧"。只有通过遵循这些原则，非政府组织才能够"赢得人们的合作与信任"。随后，他向学员们介绍了一套进行社区调查的工具，其中包括结构化访谈、半结构化访谈和（"为那些可能不识字或无法很好地进行自我表达的成员提供的"）社区资源地图。这次培训的目标是鼓励学员考虑他们服务对象的需求，以及向学员们提供发现这些需求的工具。

中方非政府组织的从业人员对"参与式发展"和"参与"的解释各种各样，由此可以看出这些理念的外来性。不少非政府组织的工作人员认为它们的意思是"我在这里是为你们服务的，不管你们需不需要我"和"相信我，我知道什么最好"。有一位非政府组织的工作人员给出了这样一种理解：

我原来疑惑，"'参与'到底是什么意思？"我曾经参加过好几个培训，他们都强调参与。但是在最近这个培训后，我开始明白它的意思了。"参与式"指让人们按你的意愿来行事，让他们学会你的思考方式。参与真是个有用的东西！

与其说把"参与"用作让"服务对象"表达他们实际需求的一种方法，这位非政府组织的工作人员将"参与"视为把他们的意图传达给服务对象的一种手段，以及推进预先已经安排好的目的的一种正当流程。

Green Tree 委托的针对培训项目 A 进行的一项独立评估显示，这种言辞上对参与的承诺，给中国的非政府组织传递着相互矛盾的信息：

在项目开始的时候，"能力建设"对于大多数参加培训的组织而言是一个崭新的概念，因此一定程度上，至少在项目初期，咨询与"吸收"的效果受到了限制。有几家参加培训的组织说，他们知道他们组织中存在着他们不知道如何解决的问题，但是项目本身似乎并不是源于培训人员需求的，因此，人们私下对项目所有权的质疑也许就不可避免了。一些学员在开始的时候不太确定培训项目向他们提供的内容是什么（其中一些人甚至还怀疑自己被认为是缺乏能力的人员），这些学员似乎难以掌握该项目的意图，并且不知道如何积极地去塑造它。而这个现象可能被如下情况加剧了：学员们表示有需求的一些服务——比如说，向单个成员提供专业培训，没有被包括在项目范围之内……项目的性质和所有权方面的潜在模糊性也许很好地解释了这样一个现象：学员一方面一边倒地赞许 Pro Manager 愿意听取学员意见并对之作出反应，但另一方面在参与者反馈中他们批评项目未能采取一种"参与性"更强的方式。①

某位受过良好教育的非政府组织工作人员服务的组织于 2003 年年底开始参与培训项目，她说，"之前，根本就没有这些培训项目。'我们的团队领导'

---

① 未公布的评估。

也没搞过任何这样的培训"。从那以后，她参加了不下 10 个培训项目，全是由外国机构资助的。在她看来，"参与"这一理念是这些培训中最"好笑的"一个特征：

> 我们去过的那些参与式培训项目都非常理论化……去年我们参加过一个培训，这个培训本应是有关参与的。但是老师从书里和幻灯片上照本宣科，根本就没有任何真正的参与！

很明显，这些"本应有关参与"的项目却不提供"任何实际参与"的空间，中国的非政府组织工作人员也意识到了其中的讽刺意味。

（四）本土经验与地方性人际网络的重要性

在一个关于 NGO 发展的半公开论坛上，一位直言不讳且经验丰富的中国非政府组织活动家就外国与本土经验的问题质问一家美国基金会的负责人："在能力建设过程中，我们经常看到很多国际基金会希望表达它们自己的意见，而这些意见对于刚起步的小型草根团体而言往往是难以理解的，而且常常并不符合它们的实际需求。您能否告诉我们您是怎么看待这些事情的？"

可惜，他所得到的回答很有礼貌却没有什么用处，提问人之后私下里批评这个回答"空洞无物"。"关于能力建设"，这位资助机构的负责人说，"我们一般会征求当地领导班子的意见，看看需要什么样的能力。我们知道情况千差万别，而且我们也必须要了解当地的情况，因此，我们希望找到那些了解实际问题的当地领导人，并与他们共同工作"。

另一名学员担心培训项目中所传达的观念正把他工作的重心转移到某些他无法认知的事情上："我是一个草根非政府组织人士，在艾滋病领域工作。多年来，我'被培训了'民主、透明等等观点。这些观点很棒，但同时，我们是很穷的草根非政府组织，我们正在离我们初创的目标'服务艾滋病患者'越来越远，朝着我不知道是什么的目标前进。"

另一位学员评论说，"我参加过很多培训项目，但是我越来越感觉到它们并不符合我的需求。这更像是我们在帮助别人完成他们的培训任务！……他们也许帮助我们培养了热情等，但却没有将他们提供的和我们需要的进行匹配。我们正在'被（资助方）开发'，而开发我们的资助机构并不关心我们的情况。"简而言之，有些 NGO 工作人员觉得自己被资助机构利用，因为这些资助机构要在中国"培训"尽可能多的非政府组织，不管这些 NGO 认为它们自身需要优先考虑的问题和需求是什么。

在 2010 年的后续访谈中，尽管"能力建设"很明显依然是很多资助机构的一大工作重点，一位中国的项目官员（他在健康相关领域的非政府组织中有着超过 12 年的工作经验）承认草根组织对培训项目和考察团有抵触情绪："他们真的对这些培训项目感到不开心……因为，他们说，'你们想要告诉我这些东西，但它不是我需要的'。至于赴美考察团，他们也不是很满意……他们感觉这个考察太概念化了，对他们而言，这在实际工作中既不实际也不实用。"

至于想法和做法，在中国草根团体中工作的人们常常最渴望向跟它们一样的其他团体学习。在向新的非政府组织联系人介绍自己和笔者的研究日程的时候，笔者常常被要求向他们提供如下帮助，他们说："如果你到了另外一个团体并且看到什么行之有效的东西，你能跟我们说说吗？或者如果你看到其他人的失败经历和教训，你能也跟我们说说吗？"很多草根团体在财务上较为拮据，没什么钱花在拜访其他团体的交通（还要加上在外地的饮食和住宿）上。了解其他团体如何克服他们所面临的挑战——或为何未能克服那些挑战——并发现其他团体成功的秘密往往是重中之重，但也往往是难以做到的事情。①

由 Green Tree 委托的对它资助的培训项目的独立评估也同样发现，被资助机构的学员们"对在同类组织间进行交流以及向同类组织学习，有着明确而强烈的偏好"：

> 很多非政府组织对它们的独特性和它们情况的特殊性有着强烈的意识。它们对"理论的"、概念的或"现成的"培训有抵触情绪，而更喜

---

① 有一位当地的活动家，她接触海外女权主义观点已超过十年，至少对她而言，"向同类组织学习"而不仅仅是学习由捐赠机构推动的项目所提供的"典型"内容，在她帮助实施的培训项目中已经成为一个重点，并且在很大程度上成为一个目的。但是这个视角目前看来还比较罕见。

欢那些注重将新观点转化为新做法的具体详细的"实用"方式；而且它们还喜欢懂得利用中国现实生活经验的老师和培训工作人员，而不喜欢只会使用书本知识或别的国家经验的人。不断有人强调相互学习的好处，并且也不断有人要求进行具体的案例研究，而这些案例研究均应以一种高度实用的方式处理组织发展的各种问题，并由此提供适用于中国具体体制特征的发展方向，而不是将其根植于有关良好实践的各种抽象观点之中。①

在外国机构发起的培训项目中，尽管几乎没有学员直接质疑这些项目所推广的内容或方法，然而很明显的一点是，很多学员会挑选他们能够利用的东西，而且几乎所有学员都主要将各种培训项目（和学术会议）视为他们进行交流的机会。一位广东劳工 NGO 的负责人说：

> 我认为大部分培训项目是有用的，不过我觉得有一些东西我永远也没法理解，那些东西对于我们而言没有什么实用意义（他没法立即想到任何具体的内容）。那些词汇和概念——像"公民社会""第三部门"——那类东西对我们是有用的……因为这些培训项目，我现在能够命名非政府组织管理中的很多东西了——那些东西我已经在思考了，像公信力和透明度。所以我想，这就证明了这些东西中的某些东西不仅仅是美国的、英国的或别的什么东西，而是源自各个地方的人民的，源自基本的人性。
>
> 我觉得我们从培训项目中获得了两样东西：命名我们目前工作的词汇，以及见到其他人的机会……在我去英国领事馆接受第一次培训之前，我还以为我是唯一一个做这类事情的人呢！然后我发现了（另一个劳工维权人士团体），然后想，"哇！他跟我做的几乎完全一样！"……但是我以前怎么可能知道呢？当时我不知道怎么用互联网，而且即便有很多人做类似的事情，媒体也不报道。

---

① 未公布的评估。

公信力、公民社会和类似的一般概念帮助建构着中国新兴社会活动家们的经验。即便培训项目中所教授的某些思想"对于我们而言没有什么实用意义",然而,"能够命名"这些东西并且看到自己的工作是共享社会议程的一部分,这会赋予草根团体极为强大的能量。尤其对于一些由接受过很少教育和拥有很少财务资源的人组建的草根团体而言,他们并不是在独自奋斗,这本身就是一个让他们摆脱社会偏见和限制的认识。

三 结论

在后毛泽东时代,中国公民社会一直受到大量的来自国外的影响。外国资助机构设计和出资开发各种培训项目时,这些项目常常反映的是资助机构自己如何理解构成一家"好的"非政府组织或一个"健康的"公民社会的各项要素。但是,外国资助机构往往并没有把它们的建议展示为历史沿革所决定的、根据特定环境背景而产生的一系列做法;相反,这些资助机构向中国的受资助机构和监管机构提供了一整套做法,并声称这些做法在全球范围内都合理且适用。

如上文中关于培训项目 A 和培训项目 B 的简要介绍所显示出来的培训项目内容的同质性:这些项目都把重点放在透明度、公信力、良好治理和参与上,在很大程度上是因为北美非营利机构圈内存在着明显的"制度同构"现象。[①]而这些重点正反映了北美非营利机构界按等级制度进行专业化部门分化的关注焦点。因此,这些重点是精英们(即与他们社会中最富有阶层密切关联的人群)所关注的焦点。

从这种意义上讲,中国的经历并不是独一无二的。Townsend 等人提出,捐赠机构向非政府发展组织(NGDO)所提出的要求构成了一种新形式的帝国主义:

---

① 制度同构指这样一种理论:处于一个特定"组织领域"中的组织,由于它们所处环境固有的强制性、规范性和模仿性的压力,在外表和行动上往往比较类似。请见 Paul J. DiMaggio and Walter W. Powell,"The Iron Cage Revisited: Institutional Isomorphism and Collective Rationality in Organizational Fields", *American Sociological Review*, Vol. 48, No. 2 (April 1983), pp. 147 – 160.

特定政府借助一场管理的革命，寻求控制公共部门的成本，并全面增加对公共部门的统治能力，而这场管理革命已经由宗主国延伸到了非政府发展组织，从而构成这些非政府发展组织的言论和活动的一部分。其后果是，甚至在不太可能的领域中，那些用于诠释"管理"和"实施"语言的元语言都出现了大量的重叠现象。经过扩大和重建，非政府发展组织已经成为管理主义和各种发展模式的一个强大的传送带。尽管存在那么多关于"聆听穷人声音"的言论，但是北方（发达国家）造成的不公支持着这样的观点：整个发展过程正偏向可统治性的考虑，而不是为了减少贫困；这个系统存在于帝国主义的最新形式之中。①

现在的这些做法，不论是资助还是企图去灌输美国非营利组织的"最佳实践"，似乎都会把中国的受资助机构置于与其他国家的受资助机构一样的权力关系中。事实上，尽管社区赋权——"聆听穷人的声音"——也是很多活跃在中国的美国资助机构公开宣称的目标，然而它们在培训项目中所推广的那些模式，在很大程度上都是为"可统治性的利益"服务的。正如一家美国资助机构所形容的那样："在过去的十五年间，捐赠机构的思考方式出现了一些重大的变化，或者说是巨大的转变。很多捐赠机构已经开始将慈善捐赠视作慈善投资。他们将自己看做'慈善风险资本家'，甚至会说，'我投资的回报是什么'。"外国捐赠机构需要确保中国的受资助机构至少能够递交漂亮的财务报告，而且看起来在运作上也像是"健康的"非营利组织，这会让捐赠机构对它们拨款的选择感到有信心，也能够在美国政府机构（比如国家税务局）面前为这些选择辩护。②

本文中所描述的项目存在一类重大失误：它们没有立足于中国公民社会组织实际的、活生生的经验，也不是自下而上地通过自身发展的需求建立起来

---

① Janet G. Townsend, Gina Porter and Emma Mawdsley, "The Role of the Transnational Community of NGOs: Governance or Poverty Reduction ", *Journal of International Development*, Vol. 14 (2002), pp. 829 - 839.

② 更多有关美国基金会及其对中国被资助机构的选择的情况，请见 Anthony J. Spires, "Organizational Homophily in International Grantmaking: US-Based Foundations and Their Grantees in China", *Journal of Civil Society*, Vol. 7, No. 3 (2011), pp. 305 - 331.

的，而是以一种武断的、自上而下的方式凭空构想出来。虽然某些组织有能力设立并推广研讨会、讲习班和培训项目，而且这些项目表面上还是力求增强中国非政府组织的力量的，但他们那种司空见惯的认为中国非政府组织缺乏"能力"的论断反映着这些组织及捐赠机构在一定程度上是缺乏远见的。更实事求是和归结起来更有价值的工作，是对中国非政府组织的实际经验进行细致的研究，很多组织在过去 15 年的时间里积累了大量的智慧和实际经验，并且有着很多能与其同类组织共享的知识。但是，为完成这项工作而需要投入的时间和资源，似乎是外国捐赠机构目前还不愿意提供的。

从一个更为广阔的视角来看，由外国机构发起的培训项目中的"非营利机构管理"课程，在政治和经济的角度而言都是保守的。对于希望拓展或仅仅希望继续其中国事务的资助机构而言，在辞藻上坚持民主与社区赋权这样的话语，而同时在实践中强调非政府组织的专业化和分等级的管理，这样的做法与中国共产党领导下的国家利益和宣传话语是高度一致的。对于那些不愿意放松对公民社会控制的中国领导人而言，这些流入中国的非政府组织管理课程也并没什么威胁性。而这些课程所倡导的结构和做法与中国政府所信奉的流行商业管理原则十分吻合；不单如此，这些结构和做法还能够用来疏导那些潜在的难以控制的社会能量，把它们转化成可预见和可统治的组织形式。

然而最终，将外国捐赠机构在中国所取得的进展视为一种帝国主义的新形式也许是不切合实际的。更为恰当的观点也许是：外国观点的涌入与中国共产党领导下的国家自身的政治和社会规划协调一致，这些舶来品不过在"民主化"和"参与"上做一些表面文章，却决不以任何激进的方式挑战现状。

公 益 政 策

Philanthropic Policy

B.8
我国公益性捐赠税收政策的
问题与对策探讨*

——基于广东省非营利组织的调查研究

龙朝晖　马　骅**

摘　要：

我国关于公益性捐赠的税收政策一直以来都是公益领域讨论的重点。现阶段，我国大部分公益组织还没有获得开具扣税发票的资格，向其捐赠的企业和个人得不到税收减免的优惠，从而给这些公益组织的生存和发展带来困难。同时，作为捐赠主体，企业的公益性捐赠也因为政策和管理方面的原因而不能享受税收减免优惠。针对这些问题，我们对多家广东省非营利组织进行了较为深入的调查，以探讨我国公益性捐赠税收政策存在的问题，并提出相应的对策。

---

*　本文为 2010 年广东省哲学社会科学"十一五"规划项目"广东企业慈善捐赠中税收激励和非税激励的实证研究"的阶段性研究成果。项目编号 GD10CGL15。

**　马骅，中山大学中国公益慈善研究院研究员。

关键词：

公益捐赠　税收优惠　税前扣除　免税资格

一　我国现行公益性捐赠的税收优惠政策

我国现行公益性捐赠的税收优惠政策可以分为三类：对捐赠人的税收优惠；对非营利组织本身的税收优惠；对受益人的税收优惠。

（一）对捐赠人的税收优惠

对于捐赠人（法人或者自然人），在捐赠过程中符合条件的捐赠支出可以从税基中扣除。（1）企业所得税。《企业所得税法》规定，企业发生的公益性捐赠支出，在年度利润总额12%以内的部分，准予在计算应纳税所得额时扣除。年度利润总额是指企业依照国家统一会计制度的规定计算的年度会计利润。公益捐赠支出是指企业通过公益性社会团体（该团体已具备税前扣除资格）或者县级以上的人民政府及其部门，用于《公益事业捐赠法》规定的公益事业的捐赠。（2）个人所得税。《个人所得税法》规定，个人将其所得对教育事业和其他公益事业捐赠的部分，按照国务院有关规定从应纳税所得中扣除。《个人所得税法实施条例》规定，个人将其所得对教育事业和其他公益事业的捐赠，是指个人将其所得通过中国境内的社会团体、国家机关向教育和其他社会公益事业及遭受严重自然灾害地区、贫困地区的捐赠，捐赠额未超过纳税义务人申报的应纳税所得额30%的部分，可以从其应纳税所得额中扣除。（3）土地增值税。房产所有人、土地使用权所有人通过中国境内非营利的社会团体、国家机关将房屋产权、土地使用权赠与教育、民政和其他社会福利、公益事业的，不征收土地增值税。（4）印花税。财产所有人将财产捐赠给政府、社会福利单位、学校所立的书据，免征印花税。

（二）对非营利组织本身的税收优惠

对非营利组织本身的税收优惠涉及流转税、所得税、财产税等多个税种。

（1）增值税。境外捐赠人无偿向受赠人捐赠的直接用于扶贫、慈善事业的物资，外国政府、国际组织无偿援助的进口物资和设备，进口直接用于研究、科学试验和教学的仪器、设备，残疾人组织直接进口供残疾人专用的物品，非营利性医疗机构自产自用制剂的收入，血站向医疗机构提供临床用血取得的收入，以上物资或收入免征增值税。（2）营业税。托儿所、幼儿园、养老院、残疾人福利机构提供育养服务，婚姻介绍，殡葬服务；残疾人员个人提供劳务；诊所和其他医疗机构提供的医疗服务；学校和其他教育机构提供的教育劳务，学生勤工俭学提供的劳务；农业机耕、排灌、病虫害防治、植保、农牧保险以及相关技术培训业务，家禽、牧畜、水生动物的配种和疾病的防治；纪念馆、博物馆、文化馆、美术馆、展览馆、书画院、图书馆、文物保护单位、宗教场所举办文化、宗教活动取得门票收入，以上收入免征营业税。（3）所得税。科研机构和高等学校取得的技术成果转让、技术培训、技术咨询、技术服务收入；经国务院及财政部批准，事业单位、社会团体、民办非企业单位取得的纳入财政预算管理或财政预算外资金专户管理的政府性基金、资金、附加收入、行政事业性收费，从主管部门和上级单位取得的用于事业发展的专项补助收入；事业单位从其所属独立核算经营单位的税后利润中取得的收入，社会团体取得的各级政府资助，社会团体按照省级以上民政、财政部门规定收取的会费，社会各界的捐赠收入，银行利息收入；非营利性医疗机构按照国家规定的价格取得的医疗服务收入，以上收入免征所得税。（4）财产税。国家财政部门拨付事业经费单位、人民团体、宗教寺庙、公园、名胜古迹的自用房产免征房产税；国家财政拨付事业经费单位和人民团体的自用车辆免交车船使用税；社会团体承受土地和房屋用于办公教学、医疗、科研等活动，可以免征契税。

　　根据财政部、国家税务总局发出的《关于非营利组织企业所得税免税收入问题的通知》（财粤〔2009〕122号），符合条件的非营利组织企业所得税的免税收入范围包括五个方面：（1）接受其他单位或者个人捐赠的收入；（2）除《中华人民共和国企业所得税法》第七条规定的财政拨款以外的其他政府补助收入，但不包括因政府购买服务取得的收入；（3）按照省级以上民政、财政部门规定收取的会费；（4）不征税收入和免税收入滋生的银行存款利息收入；（5）财政部、国家税务总局规定的其他收入。

对于公益事业基金会，税法规定：对这些基金会在金融机构的基金存款取得的利息收入，不作为企业所得税的应税收入；对其购买股票、债券（国库券除外）等有价证券所取得的收入和其他收入，应并入应纳企业所得税应税收入总额，照章征收企业所得税。

根据中山大学公益慈善研究中心进行的一次小型调研，尚未获得免税资格的非营利组织主要需要缴纳的是 5.5% 的营业税、城建税和教育费附加及 25% 的企业所得税。

（三）对受益人的税收优惠

《个人所得税法》及其实施细则规定，福利费、抚恤金、救济金属于个人所得税的免税项目。

（四）非营利组织税前扣除资格与免税资格含义不同

一般对于公益组织来说，税前扣除资格与捐赠发票是紧密相连的。在没有获得税前扣除之前，财政部门往往不会给予非营利组织购买捐赠收据的资格，因为按照税法相关规定，捐赠票据具有税前扣除的功能。在这种情况下，非营利组织如果需要给捐赠人出具发票，就需要到税局去买附有营业税的发票。营业税等税费加起来，税率超过 5%。

因为税前扣除资格难以获得通过，广东有的非营利组织表示，它们可以申请到"公益事业捐赠专用收据"，但不纳入税前扣除的名单，捐赠者不能凭此收据抵税。在广东，根据《公益事业捐赠票据使用管理暂行办法》和省财政厅下发的《关于广东省公益性单位公益事业捐赠票据使用管理有关问题的通知》（粤财综［2011］37 号），公益性单位包括省直有关部门、公益性事业单位、公益性社会团体及其他公益性社会组织。也就是说，社团、民非与基金会都有申请捐赠收据的资格，而事实上也有非官方背景的民非、基金会等申请到这个收据。但是此收据能否抵税，仍然取决于该机构是否具有税前扣除的资格。

根据上述规定，对于通过公益性社会团体发生的公益性捐赠支出，主管税务机关应对照财政、税务、民政部门联合公布的名单予以办理，即接受捐赠的

公益性社会团体位于名单内的，企业或个人在名单所属年度向名单内的公益性社会团体进行的公益性捐赠支出可按规定进行税前扣除。接受捐赠的公益性社会团体不在名单内，或虽在名单内但企业或个人发生的公益性捐赠支出不属于名单所属年度的，不得扣除。对于此类收据，财政部门有着严格的监管，即机构在申请收据的时候必须注明接受捐赠的是哪几个项目，如果用超出这个范围的项目接受捐赠，财政部门保留要其纳税的权力。

二　广东省非营利组织免税资格与税前
扣除资格申请现状

截至 2012 年 7 月，获得免税资格的广东省非营利组织共有 808 家[①]，而获得公益捐赠税前扣除资格的公益组织共有 432 家[②]，而在广东登记注册的社会组织达到 33176 个[③]，因此能获得免税资格及公益捐赠税前扣除资格的非营利组织的比例极少。如果仔细查看广东省已获得公益捐赠税前扣除资格的非营利组织名单，可以发现除了几家民间的基金会外，全部都是有政府背景的组织，例如各地的慈善会、大学里的基金会等，基本上没有民间社会团体及民办非企业单位登记的非营利组织可以获得公益捐赠的税前扣除资格。根据信息时报记者从广州市民政局拿到的数据看，截至 2012 年 9 月 30 日，在广州市注册登记的民间非营利组织共 3116 个，其中从事公益服务类为 45 个。而广州地税局的

[①] 根据广东省民政厅、广东省地方税务局以及广东省财政厅公布的数据，共有四批省级非营利组织获得免税资格。第一批获得免税资格的有 305 家（2008 年起 174 家，2009 年起 117 家，2010 年起 14 家），第二批的有 168 家（2008 年起 104 家，2009 年起 57 家，2010 年起 7 家），第三批的有 207 家（2008 年起 47 家，2009 年起 57 家，2010 年起 7 家），第四批的有 128 家（2008 年起 3 家，2009 年起 2 家，2010 年起 29 家，2011 年起 94 家），虽然这些数据都是官方文件，但是各批名单中有少量重复的组织。

[②] 根据广东省民政厅、广东省地方税务局及广东省财政厅公布的数据，共有四批省级非营利组织获得公益捐赠税前扣除资格。第一批获得税前扣除资格的省级非营利组织有 81 家，第二批有 54 家，第三批有 47 家，第四批有 250 家。此数据根据官方数据统计，但根据《南方日报》的报道，从省财政厅对省政协委员的提案答复中获悉，目前，全省共有 187 家公益性社会团体获得公益性捐赠税前扣除资格。http://www.gd.xinhuanet.com/newscenter/2011 - 12/05/content_ 24264990. htm.

[③] http://www.chinanews.com/gn/2012/09 - 28/4221017. shtml.

资料显示，2011 年公布获得免税资格的民间非营利组织仅 27 个，其中从事公益服务类的仅 3 个①。

民间组织难以获得免税资格和公益捐赠税前扣除资格的原因有很多，归纳起来主要有以下五条。

（一）没有形成统一、完善的非营利组织税收优惠法律体系

目前，我国针对非营利组织税收优惠的相关法律法规较散乱，各种税收优惠条款散落在各个部门的法条款中，没有形成一套比较统一和完善的税收优惠政策体系。根据税收法定原则的要求，有关非营利组织的课税要素，如纳税主体、征税对象、税目、税率、税收优惠等都应由立法机关来确定，即使是授权立法，也应由立法机关明确授权范围。但目前我国关于非营利组织税收优惠的立法，主要是政府部门通过制定行政法规和部门规章来实现，立法层次性不高。虽然《公益事业捐赠法》也规定"人、个体工商户、公司以及其他企业捐赠财产用于公益事业，可享受所得税税收优惠"，但该法毕竟不是一部税收法律，不能直接规定有关非营利组织的税收优惠等课税要素，只能转而适用于有关税收法律法规的规定，从而导致像《公益事业捐赠法》这样的由全国人大制定的属于较高层次的立法，只能与较低层次的立法如《关于公益性捐赠税前扣除有关问题的通知》（财税〔2008〕160 号）这样的部门规章发生联系，并适用其规定。这对于快速发展的非营利组织显然是一大制约。

（二）信息公开情况不足

免税的资格认定对于非营利组织来说显得尤为重要，因为它关系着组织的生存和发展。有很多公益组织申请注册，除了寻求合法性之外，还因为这是获得免税资格的一道硬门槛。有某家公益组织的负责人曾经在微博上说过："如果没有免税资格，那我们申请民非注册来干吗？"确实，公益组织注册了以后需要处理的事情会增多，压力会更大，而免税资格无疑是其申请注册的一大动力。

---

① http://news.dayoo.com/guangzhou/201301/09/73437_28341028.htm.

可是对于很多机构来说，申请免税资格和公益性捐赠税前扣除资格都是首次尝试的事情，而且对于很多初生的或者人员较少的民间组织来说，其工作人员需要同时处理服务、筹款等工作，不可能经常盯着民政部门的网站以得知每年接受申请的时间与程序，也因此常常错过了每年仅有的一次申请机会。

广州市金丝带特殊儿童家长互助中心的负责人表示，在2011年10月成功注册之后，"金丝带"就开始申请免税的资格。但是最后得到的答复是，关于"广州市非营利组织2011年免税资格审批"，广州市财政局不予批准，主要原因是章程的条款没有清楚列明注销后剩余财产的分配、投入人的权利等，以及审计的时候没有注明收入的来源，是否对服务对象进行收费等。其负责人表示在申请免税资格过程中觉得最大的障碍是对政策的不了解，特别是章程的规定。申请前没有人或机构可以咨询，等资料交了审核后才通知机构不获批准，没有申诉或修改的机会。

广州市扬爱特殊孩子家长俱乐部（以下简称"扬爱"）其实也尝试过申请免税的资格，但却不太顺利。在2011年年初，"扬爱"的负责人冯新看到民政的网站说非营利组织可以申请免税资格，因为得知时已是截止前一天，所以她匆匆地准备了资料交了上去。资料交上去后等了很久，最后得到的答案是他们的申请失败了。冯新有点不明白，于是打电话给民政局问其原因，以便以后总结经验再申请。可令人失望的是，民政局并没有给出一个明确的说法，只是说这些事情属于财政局的，要她打电话到财政局询问。电话打到了财政局，那里的工作人员只是很敷衍地说他们没有符合规定而没有列出具体的原因。一再追问之下，电话才连到了财政局管法制的办公室里，工作人员终于给出了几条理由，其中一条是创办人没有放弃对机构财产的所有权。为了达到这项要求，"扬爱"特别举行了一次理事会以修改其现有的章程，以备以后再申请。

对于能申请捐赠收据的事情，"扬爱"也知道得有点偶然。本来，他们压根儿就不知道可以申请这个资格，但在一次会议上，一位广州市民政局的官员告诉他们可以尝试申请，他们才知道。还好获取捐赠发票的过程比较顺利，跑了几趟民政的"政务中心"，用了大概两个星期的时间就批下来了，但是她同时表示，她所取到的发票不能够给捐款人抵税，说可以允许他们以接受捐赠而不是购买服务的形式接收捐款，也因此免掉了约6%的营业税等税费。

（三）资格审定条件不清晰，程序有待规范、随意性较大

广州市启创社会工作发展中心（以下简称"启创"）被很多公益组织认为是民间组织免税资格的先驱，具有破冰式的意义。可是启创申请免税资格的路途也不是一帆风顺的。据广州启创的负责人介绍，启创申请了两次免税资格，2009年年底第一次申请，当时去询问税务局和民管局，对方说不知道。该负责人说，即使他们知道也不愿意说。2011年年初再次申请，7、8月申请成功，一共耗费了1年多的时间。在申请免税资格过程中最大的障碍是没有人告诉他们法律上怎样才算是免税，政府一问三不知，而组织只能摸着石头过河。第一次申请被拒绝后，启创开始做几个方面的努力：第一，准备资料，想办法证明自己是非营利的。他们查找法律法规，修改组织章程，在章程中加上"破产时收归国有"；证明自己获得了很多捐赠，向国家证明自己不但能自给自足、创造社会效益，而且不会增加国家负担。第二，2010年启创的曝光率高，做了很多倡导的工作，该负责人认为这也是帮助他们取得免税资格的有利条件。

H中心是2010年注册的民办非企业单位，在广东省民政厅登记。组织目前已申请了免税资格，2010年5月第一次申请，由于超过了规定的申请时间，未能申请成功。2011年5月再次申请，于2011年10月由国税、地税、财政、民政、四个部门合并通过了免税申请，从第一次申请到最终申请成功整个过程共花了17个月。在申请免税资格的过程中，其负责人觉得最大的障碍是申请手续的审批不顺利，导致本应享受5年免税期的期限被缩短了两三个月。他认为原因有两个方面，一是相关部门办理免税资格的积极性不高，不及时履行审批手续；二是相关法规不够完善。一方面，尽管民政部门作为主管部门是十分支持和愿意帮助组织申请免税资格的，但在民政部门及时上交组织的申请资料后，财政和税收部门拖延不办。负责人为此跑去税务和财政部门两次，感觉两个部门比较官僚，其中一次相关部门人员表示要等处长出差回来才能审批。他分析认为，因为免税政策造成税收收入减少，使得财税部门不是很重视非营利组织免税的事务。而且，免税法规的实施细则尚未完善，没有规定民政部门外的其他部门要在多短时间内（如1~2月内）办理相关手续。此外，负责人还了解到审批免税资格的四个部门并没有在一起开会的制度，部门之间的沟通并

不是很顺，结果导致审批手续被拖延。

税前扣除资格的获得比免税资格的获得更为困难。H 中心的负责人不知道自己有没有获得税前扣除的资格，但是他表示已经拿到了捐赠发票，而且此发票是可以给捐款人抵税用的。组织刚成立，H 中心的负责人就积极向财政厅申请捐赠发票，并多次找到财政厅相关部门的科员、处长，但对方说虽然看过他们的网站，觉得他们做的事情很好，但还未有相关政策出台。因此，负责人不得不反复跟他们解释组织的使命、宗旨和意义，最后终于打动对方，对方让负责人要多组织小区活动，并给了他一个批文。负责人将批文和相关资料给了民政厅，并最终在 2011 年年底通过民政部的批准拿到了捐赠发票，前后共花了一年多的时间。该负责人很自豪地说："当时民政厅的人还说，他们真的给了批文吗？你不会是造假吧？"通过这件事，他得到的经验是：要与相关部门多沟通，促进相互理解，"在中国还是靠关系，不是说要请吃饭喝酒，而是双方要找到使对方都能明白的词汇"。

广东省汉达康福协会（以下简称"汉达"）的负责人陈志强就说，汉达其实也申请过公益捐赠税前扣除资格认定的资格，但未获得通过，因为未能符合申请税前扣除资格。他认为这个申请税前扣除的资格认定，最困难的一点在于没有一个清晰的认定条件。网站上虽然有些条件，但作为审定的许多条件都不清晰，让人无所适从。

广州市启创社会工作发展中心的负责人也说，广州启创注册后没有申请税前扣除资格，当时该负责人让自己的一个同事去财局询问能否申请成功，对方说不能，于是机构就放弃申请。该负责人说，既然问了不行，那肯定就不用浪费时间。如果这件事走正规程序不成，要靠走关系，那就宁可不申请。当时，机构上下一致同意要申请就必须走正规程序。

为什么公益捐赠税前扣除的资格认定如此困难，民政部门没有一个明确的说法，而财政、税务部门更是鲜有说明。这里面最大的一个原因，恐怕是因为相关部门特别是财税部门对税前扣除资格认定制度的积极性不高。首先，法律没有明文规定一定要给非营利组织办理此认证，也没有规定认证需要的处理时间多长，所以财税部门在处理问题的时候往往会拖延，甚至抱有"多一事不如少一事"的想法。其次，税前扣除资格可能涉及一些利益问题，因为企业与个人抵税会使应税收入减少，造成有关部门动力不足。最后，税前扣除资格认定缺乏一个清晰明了的程序，虽然网站上公开了一些需要准备的材料及申请的条件，但实际上在审查的时候却是按照个案的方式去审查。例如，申请的组织是否足够"公益"等问题的判定，添加了很多人为的因素在里面。

（四）流转税税收优惠缺乏

前文所讨论的免税资格是指企业所得税的免税资格，但是对于很多机构，特别是社工机构来说，其资金主要来自政府购买服务，而政府购买服务既不在企业所得税的免税范畴之内，也没有营业税的优惠。

A社会工作服务中心是我们的访谈对象之一，他们没有免税的资格。到现在为止，他们还需要交纳营业税、企业所得税、印花税等税种。他们大部分的资助都来自于政府购买服务，如果捐赠者没有特别要求出具发票，他们一般都会出具收据来作捐款的凭证。但是他们从来没有尝试过作税前扣除或者免税资格的申请，主要的原因是其筹资的方式集中在政务购买服务（慈善中心在2011年走访了一些社工机构，发现政府购买服务的比例基本上占其所有资金的95%以上），而政府购买服务的收入不能免交营业税和所得税，所以即使获得免税的资格，对机构的发展也没有太大的用处。其次，在同类型的机构中，还没有形成申请免税资格的习惯与风气，所以他们也不急着申请。如果以后社工机构形成了申请免税资格的趋势，他们也会跟着做。事实上，当问及社工机构是否已具有免税资格的时候，大部分人会表示"你想多了"。

货物、股权、公益性劳务捐赠等非货币资产捐赠是企业捐赠的重要形式，及时、合格、必需的物质和劳务对于需求地区和人群非常重要。如2008年的汶川地震，灾区对于帐篷、食品、药物等救灾物品的需求非常大，全国向汶川地区物资捐赠折合约208亿元，占全国全年接受社会捐赠总额的19.5%。根据《企业所得税法》及其实施条例规定：企业发生非货币性交换，以及将货物、财产、劳务用于捐赠、偿债、赞助、集资、广告、样品、职工福利和利润分配等用途的，应视同销售货物、转让财产和提供劳务，都必须按照公允价值视同销售确认收入计算企业所得税。《增值税暂行条例》及实施细则也规定：将自产、委托加工或者购进的货物无偿赠送其他单位或者个人的，视同销售货

物，需缴纳增值税。我们进行的一项专项调查显示，广汽丰田公司自 2004 年成立以来，共向社会各界捐赠 69 台试制车，总价值超过 1700 万元。根据税法有关规定，该企业需向税务部门交纳增值税、企业所得税 290 多万元，企业感到捐赠的税负较重。

（五）超过限额的公益性捐赠不能向后或向前结转扣除

捐赠人的公益性捐赠支出，在年度利润总额 12% 以内的部分可以在当年企业所得税的应纳税所得额中予以扣除，但当期扣除不完的捐赠余额，不能转到其他应税所得及以后纳税人申报期的应纳税所得中继续扣除，也不允许将当期捐赠在属于以前的纳税申报期的应纳税所得中追溯扣除，超过的部分必须按 25% 的税率缴纳所得税。捐赠人不能逐年消化一次性较多的公益性捐赠，从而加重了企业的捐赠财务负担，抑制了捐赠热情。

三　政策建议

根据以上的调研和分析，我们建议当前的非营利税收政策作如下调整。

1. 在各省民政厅下发（财税 2008 年 160 号文）操作办法的基础上，建立省以下各级财政、税务部门会同民政部门对公益性社会团体的捐赠税前扣除资格审核确认的联合协调机制

财税 2008 年 160 号文规定，具有税前扣除的公益性社会组织是指经民政部门依法登记、符合规定条件的基金会、慈善组织等公益性社会团体，民政部门负责对公益性社会团体的资格进行初步审核，财政、税务部门会同民政部门对公益性社会团体的捐赠税前扣除资格联合进行审核确认。但对于三个部门之间的联合协调机制有待进一步完善。

2. 税务机关对申请抵扣的公益性捐赠票据进行申报审核

财税 2008 年 160 号文规定，公益性社会团体和县级以上人民政府及其组成部门和直属机构在接受捐赠时，应按照行政管理级次分别使用由财政部或省、自治区、直辖市财政部门印制的公益性捐赠票据，并加盖本单位的印章；对个人索取捐赠票据的，应予以开具。

财税 2010 年 45 号文规定，对于通过公益性社会团体发生的公益性捐赠支出，企业或个人应提供省级以上（含省级）财政部门印制并加盖接受捐赠单位印章的公益性捐赠票据，方可按规定进行税前扣除。但税务机关在具体管理时，往往仅要求纳税人申报备查，容易出现管理漏洞。

3. 大力发展民间公益性组织，给予符合条件的公益性组织税前扣除资格

但要严格区分公益组织进行的公益性和非公益的生产经营活动，在制度上严格公益性组织活动的监管和规范。目前，民间公益性组织的数量和影响力都较小，现有的很多是政府从某些社会领域退出后转型产生的，在市场生存能力和透明度等方面有一定缺陷。

2004 年，我国前 50 名的国内企业全部捐赠资金只有 19% 捐给公益机构，其他则多数直接捐给了受益人。日常发生的大批量、小金额、社区性的捐赠难以获得减免税凭证，这直接对个人、中小企业和社区性公益机构的捐赠和募捐行为产生了一定制约。民间各种公益性组织只要是经过各级民政部门审批合法成立的，其宗旨确是进行各项公益、慈善事业，并且通过各种方式的监督可以保证其运作过程规范有序，就应该获得税前扣除资格。

大部分公益性社会团体活跃在基层，因此当前最有效的途径之一便是扩大获取捐赠税前扣除资格社会团体的认定范围。基层社会组织，凡是在社会团体设立宗旨、资金用途、社团财务制度等方面符合相关条件的，均可向所属省级政府部门申请获取捐赠税前扣除资格。一方面激励基层社会组织加强自身建设与管理，另一方面公益性捐赠票据的开立，也激励了社会向基层社会组织的捐赠行为。

4. 完善免税以及税前扣除政策

（1）对于实物捐赠的优惠，现行规定的操作性很不具体，捐物没有增值税减免，而出人力物力的没有所得税减免，影响了捐赠人的积极性。因此，一方面，要给予实物捐赠增值税优惠，并完善实物捐赠价值的计算模式，制定科学、简便的可比价格体系；当所捐实物的买入价低于其市场最高价时，捐赠者将能从税务上得到优势，而税法应该对此赢利进行一定的限制。另一方面，要探索建立公益性劳务捐赠的税收优惠制度。

（2）作为目前社会服务组织的主要收入来源，其购买政府服务的收入应

该减免营业税和所得税。如在目前税制无法改变、社会组织税负较重的情况下，建议财政、民政等部门在此基础上，建立对公益类非营利社会服务组织涉税专项财政补贴制度，对公益类非营利组织因从事公益慈善、群众生活、社区服务、扶贫发展等公共服务活动取得收入而产生的税收，进行专项补贴。

（3）企业捐赠超过当年扣除标准的，允许企业向后结转。企业发生的公益性捐赠支出在年度利润总额12%以内的部分，当期扣除不完的捐赠余额，不能转到其他应税所得及以后纳税人申报期的应纳税所得中继续扣除，也不允许将当期捐赠在属于以前的纳税申报期的应纳税所得中追溯扣除。企业增加更多的慈善捐助，就必须按25%的比例缴纳所得税。企业有的年度需要向社会提供较多的捐赠，如发生重大自然灾害的年度，有的年度企业却无力向社会捐赠或捐赠较少。企业捐赠超过当年应纳税所得额扣除标准的，不允许向以后年度结转扣除的规定，不符合国际税收的惯例，不利于企业逐年消化一次性较多的捐赠。应规定在一定比例内准予按实际发生额在税前扣除，超过部分允许向以后年度结转扣除，但最长不得超过3年或5年。

B.9
2012 年度中国公益法律政策发展报告

陆 璇 林文漪*

摘 要：

社会组织的建设和完善管理是社会建设非常重要的内容。本文从公益活动规范、参与主体规范及两者法律责任规范三个方面，全面回顾了2012年中国新出台的与公益相关的重要法律与政策。同时，本文具体分析这些法律与政策对公益组织及公益活动可能产生的影响，并且归纳一些存在的问题，以期与学界共同研究和探讨，促进公益组织去行政化和去垄断化。

关键词：

中国 社会建设 公益法律政策发展

一 导言

改革开放30多年来，中国人亲历了国家经济的飞速发展，然而不可否认的是，社会管理始终是一个短板。[①] 在刚召开的十八大上，胡锦涛同志提出了"大力加强社会建设，推进经济社会协调发展"的要求。由此可见，在接下来的若干年内，国家将会把社会建设提高到与经济建设同样的高度。

社会建设中很重要的一块是社会组织的建设和管理。法治发达国家的经验和中国近年来社会发展的实践都证明，在一个良性运作的社会中，社会组织可以分担相当一部分的社会管理和服务的职能，缓和社会矛盾，使社会结构趋于

---

* 陆璇，上海复恩社会组织法律服务中心理事长；林文漪，上海复恩社会组织法律服务中心研究员。

① 《以抓经济建设的劲头抓社会建设》，《南方日报》2012年7月21日。

合理。① 社会组织的改革要坚持社会主义市场经济的改革方向，关键是要推进社会组织"去行政化"和"去垄断化"，将社会组织打造成为社会建设的主体。② 若这一原则被落实，鉴于目前与之相关的法律法规相对滞后，我们预期在接下来的几年内中国的公益法律可能会有比较大的变化。

本文将会综述 2012 年新出台的与公益相关的重要法律与政策，具体分析这些法律与政策对公益组织及公益活动的影响，并提出一些其中存在的问题以期与学界读者共同研究和探讨。

我们将公益的相关法律规制大致分为三方面：公益活动参与主体的规范（包括公益社会组织、志愿服务提供者及公益服务受益者等）、公益活动的规范，以及与前二者相关的法律责任规范。

在公益主体方面，首先是公益界比较关心的社会组织直接登记制度。在法律含义上，社会组织就是指社会团体、基金会与民办非企业单位三种在民政局登记的组织；依照相关条例的规定，它们都是非营利性的，公益性的社会组织是中国从事公益活动的重要主体。尽管社会组织直接登记制度尚处于试点阶段，并且这些试点目前仍然存在业务范围界定不清及地区发展不平衡的问题，但是我们由此看到长期以来困扰社会组织的"身份"问题有望在未来得到解决。

其次，由于近年来一些政府主导的社会组织发生了诸如"郭美美"事件、"共和国脊梁"事件等丑闻，公众普遍地对一些基金会和社会团体的公益性及公信力产生了怀疑。民政部在 2012 年 7 月和 9 月相继制定了《关于规范基金会行为的若干规定（试行）》和《关于规范社会团体开展合作活动若干问题的规定》两部规范性文件，其目的是提升对基金会和社会团体的监管水平、确保其公益性、解决法律滞后性等问题。

民政部在 2012 年 10 月 23 日发布了《志愿服务记录办法》。该办法通过规定志愿服务记录的原则、主要内容等，强调志愿者组织、公益慈善类组织和社会服务机构内需对志愿者建档管理，在维护志愿者和志愿服务对象的合法权益、推动志愿服务健康有序发展方面向前迈进了一大步。

---

① 于骞：《社会组织直接登记的善治意义》，北青网，2012 年 5 月 20 日。
② 辛均庆、李强：《朱明国：努力推进社会组织"去行政化"》，《南方日报》2012 年 9 月 29 日。

在公益活动方面，《中华人民共和国民事诉讼法》2012 年修正案中规定对污染环境、侵害众多消费者合法权益等损害社会公共利益的行为，法律规定的机关和有关组织可以向人民法院提起诉讼，尽管新的修正案仍然有其局限性，但是该规定从某些程度上为有关社会组织今后更广泛地参与公益诉讼开了一盏绿灯。

在法律责任方面，2012 年 8 月 13 日民政部发布了《社会组织登记管理机关行政处罚程序规定》（2012 年 10 月 1 日起实施），该规定明确了对于社会组织违法行为处理案件的管辖、立案、调查取证、行政处罚的决定和执行等程序问题。该规定的出台有利于统一并明确行政机关对社会组织进行行政处罚的程序，保护社会组织的合法权益，避免多机关管辖、无权管辖、启动调查和处罚过于随意等问题。

除了这些全国性的立法更新之外，还有一些地方性的规定出台：例如《宁波市志愿服务条例》《湖南省志愿服务条例》《上海市募捐条例》《广州市募捐条例》《长沙市慈善事业促进条例》等。其中，《上海市募捐条例》《广州市募捐条例》因其在募捐行为的规制方面具有开创意义，我们将其放入下文"公益活动"中予以详述。

然而，在全国范围及各地公益立法纷纷出新的同时，值得注意的是，一些长期存在的问题并没有由于新出台的立法或在新的立法中得到彻底解决。

下文将从 2012 年公益立法更新的内容介绍着手，分析这些立法对公益组织和行为的正面影响及仍然存在的问题。

二 公益主体方面立法

（一）社会组织直接登记

自 2011 年下半年起，中国民政部门已经对三类社会组织：公益慈善类、社会福利、社会服务类社会组织逐步开始实施直接登记。[①] 这是民政部推广北

---

① 《民政部确认拟放宽社会组织直接登记，法规修订已交国务院》，财新网，http：//china.caixin.com/2011 - 07 - 06/100276776.html，最后访问日期：2011 年 7 月 6 日。

京模式、深圳模式的结果。但是，由于这不是一项集中且大规模开展的工作，似乎未能在社会上引起足够的关注。但实际上，社会组织直接登记已不只是少数地方的试点，而已经成为中国社会组织管理制度的一个发展方向。

为全面实施社会组织直接登记的管理体制，需要修订《社会团体登记管理条例》《基金会管理条例》和《民办非企业单位登记管理暂行条例》等三个行政法规（以下合称"社会组织管理三条例"），其修订工作已经列入国务院2012年的立法计划，但至今尚未出台。

在完成修订之前，民政部门已经在现有法规的框架内迈出了改革步伐，即以曲线的方式进行直接登记。所谓的"直接登记"，并未取消业务主管单位，但改变了原先社会组织登记必须先找主管单位并经过其审批这个前置程序，①按照民政部门"登记管理和业务主管一体化"的模式直接进行登记。

该政策在具体的实施中，地区差异性非常大，并且地方政府对这一政策的理解和落实的程度也是大相径庭。

1. 可直接登记的社会组织种类

民政部的这一政策变动，是在2011年7月4日的民政工作年中分析会暨民政论坛上提出的。在这次会议上，李立国部长在报告中提出要"积极拓宽社会组织直接登记范围。民政部门对公益慈善、社会福利、社会服务等类社会组织可履行登记管理和业务主管一体化职能；对跨部门、跨行业的社会组织，与有关部门协商认可后，可履行登记管理和业务主管一体化职能"。②即被简称为"两个一体化"。然而，与之相关的社会组织管理三条例尚未随之修改，以反映这一变动。

自2011年直接登记政策的提出到将来对社会组织管理三条例的修改正式通过，是一个从先行实践到正式立法的过渡期。

在此过渡期内，各地对此政策变动的理解和实施力度也各有不同。例如在广东省，省内社会组织蓬勃发展，对这一政策贯彻的力度就比较大。在深圳，

---

① 《民办非企业单位登记管理条例》第八条；《基金会管理条例》第九条；《社会团体登记条例》第十一条。

② 《2011年民政工作年中分析会暨民政论坛7月4日开幕》，中央政府门户网站，http://www.gov.cn/gzdt/2011-07/04/content_1899126.htm，最后访问日期：2012年7月4日。

可直接登记的社会组织种类被扩大为八类，包括工商经济、公益慈善、社会福利、社会服务、文娱、科技、体育和生态环境。而在广州市，更是除了"涉及教育、培训、卫生、博物馆类民办非企业单位四类明确须前置行政审批的情况外，其他社会组织均可直接向民政部门申请登记"。这一点迎合了公益界对于社会组织管理"去行政化、去垄断化"的呼声。

其中特别典型的是工商经济类下的行业协会。开放行业协会直接的登记，有利于降低"一行一会"容易发生的行业协会利用其特殊的行政性进行市场垄断的可能性。将规制市场健康发展的任务交还给市场，体现了政府对社会主义市场经济以市场为导向这一原则的落实及对市场主体自律行为的尊重。

值得注意的是，可直接登记的业务类型在全国各地的具体实施过程中并不相同。例如在南京、青岛，开放直接登记的仍然仅为公益慈善、社会福利、社会服务这三类。

2. 开办资金的要求

社会组织登记最大的困难，除了寻找业务主管单位，便是解决开办资金和场地租赁等物质条件的问题。

由于社会组织直接登记的政策中并未明确规定社会组织成立时开办资金的最低限额，在实践中给予了地方行政机关较大的裁量空间，由此也给社会组织的成功登记造成了相当程度的障碍。而开办资金最低限额的不确定性为直接登记制度的有效实施打了折扣。

以北京市为例，如前所述，直接登记并不意味着不需要主管单位，而是由民政部门作为主管单位直接登记，并且直接登记的前提是"低门槛、严监管"。北京市民政局的相关工作人员介绍，以北京市民政局作为主管单位的民办非企业单位，其开办资金需要在 50 万元以上，有固定的工作场所、一定数量的专职工作人员等。如果区县民政部门担任主管单位，开办资金同样需要十几万元或几十万元。民政机关对此所给予的解释是随着直接登记机关，即民政机关级别的提高，所注册的社会组织的级别也相应提高，因此对开办资金等方面有严格要求。[①] 在上海也是一样，市级与区级民政部门乃至各个区县民政部

---

① 陈荞：《社会组织直接登记落实难》，《京华日报》2011 年 9 月 6 日。

门间对在其处注册民办非企业单位的开办资金的要求并不一致。

然而，与实际从事赢利业务，特别是可能发生较大额债权债务关系、需要更高偿债能力的公司不同，社会组织都是从事非赢利业务的服务机构。两人以上股东设立的有限责任公司的最低注册资本金要求只有三万元。对于一家社会组织要求如此之高的开办资金，显然不合理。如果不通过直接登记，而是通过传统的途径，开办资金的要求可能只有三万元或在部分省市更少①。这样看来，直接登记的门槛是否真的降低了，是值得商榷的。

3. 直接登记政策的意义及存在的问题

登记和业务主管一体化的政策从其实践意义上来说，由于减少了主管单位的前置审批程序，可以大大减少社会组织登记的时间。而更深刻的意义在于，政府对社会组织的监管力度日趋合理化。随着中国社会的不断进步，一些观念也在经历与时俱进的变化。原先对社会组织的双重监管，体现了政府对社会组织所存在的"风险"和"隐患"的忧虑。然而通过学习法治发达国家的经验和中国近年来社会发展的实践，政府官员开始逐步认同，在一个良性运作的社会中，社会组织具有创造社会资本、分担相当社会管理和服务的职能，可以缓和社会矛盾，使社会结构趋于合理的作用。

尽管如此，对于社会组织的职能究竟是为社会服务即以服务社会为导向，抑或是分担政府的管理和服务的职能即政府导向，我们认为是一个必须澄清的问题。

以政府为导向来发展社会组织，往往会忽略社会的实际需求，而以执政任务为出发点考虑问题，对于一些社会组织的种类予以支持，而对于其他一些社会组织予以限制。这种限制往往并没有法律依据，各地方政府公布可直接登记的类别，实际上也列举了鼓励类、允许类、限制类等社会组织的类别，对社会组织的顺利登记造成了很大的障碍。

此外，地方政府规定的各类可直接登记的社会组织，并没有一个权威的规范性文件对这几类社会组织所涉业务类型的具体内容加以规定。这既增加了拟设立社会组织的举办者进行依法申请的难度，也增加了行政机关进行依法行政

---

① 唐悦：《南京放宽社会组织登记条件》，《人民网》2012 年 7 月 3 日。

的难度，创造产生了一个很大的灰色空间。社会组织咨询民政局，民政局要么就是以申请的项目不属于直接登记的类别而将申请者拒之门外，要么给申请者推荐相关的业务主管单位，然而后一种情形又将事情推回了原点。①

我们认为，必须加快社会组织管理三条例的修改进度，由民政部颁布一个全国范围内通行的直接登记的行政规章并颁布配套的规范性文件以解读相关政策，将可直接登记的社会组织的种类所涉及的业务范围予以明确。并且，可以就鼓励登记或限制登记的社会组织类别制定目录，以明确行政权力的边界，做到依法行政。

（二）基金会、社会团体的管理

2011 年，由于出现了"郭美美"事件等损害公益慈善组织的公信力危机，民政部不得不加强对各类社会组织行为的规制。2011 年 12 月 16 日，民政部特意颁布了《公益慈善捐助公开指引》。其目的是为了给各类公益慈善组织和机构公开信息提供指导性规范，为地方政府主管部门制定相关政策法规提供参考性文本，为社会和公众了解、获取和监督慈善捐助信息提供参照性标准，从而增强慈善捐助信息的透明度，提高公益慈善组织的社会公信力，引导公益慈善资源的有效使用②。但该指引本身并不具备法律约束力，只是一个指导性文件，民政部日后将在该指引的基础上制定《慈善捐助信息公开办法》，这个立法方向值得肯定与继续关注。

回顾"郭美美"事件，值得关注的一点，就是商业系统红十字会（即商红会）的种种不规范行为。2011 年 12 月 31 日中国红十字总会发布的《中国红十字会总会关于对商业系统红十字会调查处理情况的通报》说，"商红会自成立后没有按照《中国红十字会章程》的要求，召开会员代表大会，没有理事会、常务理事会等领导机构，不符合行业红十字会的基本组织要求；没有建立完善的财务、合同与项目管理制度，内部管理混乱；部分负责人利用其双重身份，在项目运作中存在关联交易，严重违反公益组织的基本原则。经中国商

---

① 陈荞：《社会组织直接登记落实难》，《京华日报》2011 年 9 月 6 日。
② 《公益慈善捐助信息公开指引》，民政部门户网站，http://www.mca.gov.cn/article/zwgk/mzyw/201112/20111200243894.shtml，最后访问日期：2011 年 12 月 6 日。

业联合会同意，决定撤销商业系统红十字会，并将依据法律法规对遗留问题进行相应处理"①。

这真的是触目惊心的丑闻，一个全国性的公益组织不仅内部治理混乱，而且涉足商业行为，从事关联交易，不仅损害红十字总会的形象，也损害了整个中国公益慈善界的形象。

2012 年，民政部继续关注公益慈善组织的信息公开和行为规范等议题，并且公布相关规定。民政部于 7 月 29 日发布了《关于规范基金会行为的若干规定（试行）》（以下简称《基金会规定》），于 9 月 27 日制定了《关于规范社会团体开展合作活动若干问题的规定》（以下简称《合作规定》），这两个规定是具备法律约束力的。以下对此作简要述评。

1. 对基金会信息公开的关注

有专家认为，《基金会规定》的制定旨在现有法律框架内细化和完善有关基金会行为，夯实登记管理机关履行职责、加强监管的法律基础，为基金会等公益慈善组织的有关重要行为提供指引，促进规范运作和公开透明②。

其实早在 2006 年，民政部就已经发布了《基金会信息公布办法》，要求基金会向社会公布年度工作报告、募捐活动的信息、资助项目的信息及财务会计报告。然而，这个规定并没有得到有效的执行。2011 年有媒体报道称，中国现有 2000 多家基金会，其中 1200 余家没有建立自己的官方网站，亦不向社会公开相关收支情况、慈善信息。

《基金会规定》依然强调："基金会的信息公布工作，应当符合《基金会信息公布办法》。"与之前 4 月 22 日发布的《基金会规定》征求意见稿内容相比，7 月 29 日正式发布的《基金会规定》所呈现的显著变化是，对于哪些信息属于基金会应当及时向社会公众发布的信息，《基金会规定》新增了相关的专门规定。

《基金会规定》明确规定，基金会应当及时向社会公众公布下列信息：发起

---

① 《红十字会总会通报对商业系统红十字会调查处理情况》，新华网，http://news.xinhuanet.com/
2011－12/31/c_122520061.htm，最后访问日期：2011 年 12 月 31 日。
② 卫敏丽：《民政部起草〈关于规范基金会行为的若干规定〉》，http://news.163.com/12/0424/
17/7VSFMQET00014JB5.html，最后访问日期：2012 年 4 月 24 日。

人；主要捐赠人；基金会理事主要来源单位；基金会投资的被投资方；其他与基金会存在控制、共同控制或者重大影响关系的个人或组织；基金会与上述个人或组织发生的交易。这体现了政府和公众对关联交易事项披露的高度关注。

同样在《基金会规定》中被新增披露要求的还有基金会的内部制度。《基金会规定》明确规定，任何类型的基金会的内部制度都应当在登记管理机关指定的媒体或者本组织网站等其他便于社会公众查询的媒体上予以公开。不再像此前的征求意见稿那样，还区分公募基金会与非公募基金会，而后者无须公开。

2. 对基金会的影响

按照《基金会规定》，基金会应当建立健全内部制度，将所有分支机构、代表机构、专项基金及各项业务活动纳入统一管理。《基金会规定》还列举哪些问题需要在内部制度中作出规定①。

此外，《基金会规定》还对规范基金会接收和使用捐赠行为，基金会的交易、合作、保值增值行为，以及基金会的信息公开的具体行为作了更具可操作性的规定。其内容远比《基金会管理条例》具体。

《基金会规定》的实质在于强调基金会在工作的各个环节都要秉持公益性，要求基金会自身要加强内部的控制与监管，强调基金会对公益捐赠应负有的责任，明确公益捐赠的使用成本列支问题，在一定程度上体现了基金会自律与社会公众监督相结合的原则。

有意思的是，民政部在最终发布《基金会规定》的时候，考虑到征求意见稿中"基金会不得资助营利组织"的规定，可能会影响基金会对一些未在民政部门注册但仍然从事非营利活动的组织的资助，《基金会规定》将其改为"基金会不得资助以营利为目的开展的活动"。这说明，一部分从事非营利活动的实体并不是民政注册的社会组织而是工商注册的公司。对这种现状，民政部门不仅承认，也敢于直面，体现了一种实事求是的精神。

按照民政部民间组织管理局基金会管理处处长马昕的解释，《基金会规定》属于民政部颁布的规范性文件，是在现行法律政策的基础上对基金会等

---

① 《关于规范基金会行为的若干规定（试行）》第三条第七项。

公益组织运作中的一些具体行为的进一步规范。对于违反《基金会规定》的基金会，登记管理机关可以视情节轻重依法给予基本合格或不合格的年检结论，有评估等级的可以降低评估等级；情节严重的，可以依法给予行政处罚①。所以，在《基金会管理条例》修改之前，《基金会规定》是相当重要的一个法律文件，将会对基金会的规范发展产生重要的影响。

3. 对社会团体开展合作活动的规制

民政部于 2011 年年底开始着手起草《合作规定》②。社会团体通过合作的方式开展业务活动是社会团体开展业务活动的一种常态，对于社会发展是有益的。然而，一些社会团体在与其他组织合作开展业务活动的过程中，出现了不少不规范行为，有的甚至出现了借机大肆敛财、强制服务、强制收费等违法违规行为。例如，中国电子商会通过其主办的"315 消费电子投诉网"强制服务、强制收费事件及中国经济报刊协会以挂名方式参与"共和国脊梁"评选活动并收取费用的事件，都给公众留下了恶劣的印象，损害了社会团体的公信力和整体形象。对于这两起事件中所涉及的社会团体，民政部都给予行政处罚。

这些事件让民政部认识到，从制度层面加强对社会团体开展合作活动的规范的重要性。民政部民间组织管理局和政策法规司对出现各种问题进行了研究，修改完善后于 10 月 10 日正式在网站上发布了这个《合作规定》。

《合作规定》明确了社会团体开展合作活动的基本要求和基本原则，同时也对社会团体开展合作活动的内部程序等进行规范。

《合作规定》第四条规定，"社会团体开展合作活动，应当履行内部民主议事程序"，第六条规定"应当对合作方资质、能力、信用等进行甄别考察，对合作协议认真审核，对合作项目全程监督"。这些都是在对社会团体开展合作活动的内部程序作规定。

《合作规定》还对社会团体开展合作活动中经常出现的并广为社会诟病的

---

① 卫敏丽：《民政部起草〈关于规范基金会行为的若干规定〉》，http://news.163.com/12/0424/17/7VSFMQET00014JB5.html，最后访问日期：2012 年 4 月 24 日。

② 张雪弢：《〈关于规范社会团体开展合作活动若干问题的规定〉出台始末》，《公益时报》2012年 10 月 16 日。

"卖牌子"敛财问题,作了规定:"社会团体开展合作活动,涉及使用本组织名称、标志的,应在合作前对合作方进行必要的调查了解,并对合作内容做好风险评估。社会团体同意合作方使用本组织名称、标志,应与对方签订授权使用协议,明确各方权利、义务和法律责任。以'主办单位'、'协办单位'、'支持单位'、'参与单位'、'指导单位'等方式开展合作活动的,应当切实履行相关职责,加强对活动全程的监管,不得以挂名方式参与合作。将自身业务活动委托其他组织承办或者协办的,应当加强对所开展活动的主导和监督,不得以任何形式向承办方或者协办方收取费用。"①

4. 对社会团体可能产生的影响

《合作规定》明确了社会团体应当遵守以下禁止性规定:"不得超出章程规定的宗旨和业务范围;不得以任何形式或名义强制组织或者个人参加,以及强制收取相关费用;未经批准,不得举办评比达标表彰活动;与党政机关或者其他组织举办合作项目,应当事先征得合作方同意;利用党政机关领导干部个人名义进行宣传,应当征得本人同意。"

为防止社会团体的负责人、分支机构的负责人谋取私利,《合作规定》明确了:社会团体不得将自身开展的经营服务性活动转包或委托给社会团体负责人、分支机构负责人有直接利益关系的个人或者组织实施。

此外,《合作规定》还明确了社会团体在举办经济实体、在社会团体分支结构(代表机构)、专项基金管理机构等方面的行为规范。

《合作规定》是对《社会团体登记管理条例》的细化,具有明确性,有利于提高社会团体相关法律法规的透明度与可执行性。但是,我们也应该注意到,由于合作规定仅仅限于社会团体开展合作活动这一方面,并且带有浓厚的行政管理色彩,仅属于规范性文件、效力层级也比较低,尚无法解决《社会团体登记管理条例》由于14年未修改所带来的滞后性。

2012年,民政部出台的前述《基金会规定》与《合作规定》,体现了民政部门对于公益主体相关立法的重视和完善相关立法的努力。由于《基金会管理条例》与《社会团体登记管理条例》尚未被修订,这种努力难免会被认

---

① 《关于规范社会团体开展合作活动若干问题的规定》第七条。

为是由公益热点事件所导致的所谓"头痛医头，脚痛医脚"的修修补补的立法，难于通盘地解决问题。但从那些正在规范运作的公益性社会组织的角度去看，这些规定的颁布使其规范运作有法可依，法律越明确，权力被相关部门滥用的可能性变小。

（三）志愿者管理

在中国目前尚没有一个全国性的志愿服务法的大背景下，2012 年全国性的志愿服务立法也有了一个新的进展。民政部于 2012 年 10 月 23 日印发了《志愿服务记录办法》（民函〔2012〕340 号）。此前，2012 年 9 月 27 日民政部在其官方网站公布了《志愿服务记录办法》的征求意见稿，公开征求社会各界的意见①。这种立法方式值得称道，只是征求意见的截止时间为 10 月 10 日，咨询时间稍嫌短了。

1. 概念界定

该办法明确了志愿服务中的几个重要概念。该办法第二条规定，"志愿服务"是指不以获得报酬为目的，自愿奉献时间和智力、体力、技能等，帮助他人、服务社会的公益行为；"志愿服务记录"，是指依法成立的志愿者组织、公益慈善类组织和社会服务机构以纸质材料和电子数据等载体记录志愿者参加志愿服务的信息。

该办法第八条规定，志愿服务时间是指志愿者实际提供志愿服务的时间，以小时为计量单位，不包括往返交通时间。志愿者组织、公益慈善类组织和社会服务机构应当对志愿者所提供的志愿服务时间进行核实和累计。

值得注意的是，该办法本身并未对志愿者组织、公益慈善类组织和社会服务机构这三类需要执行记录义务的主体加以明确定义。

2. 志愿服务记录的义务

该办法第四条规定，志愿者组织、公益慈善类组织和社会服务机构应当安排专门人员对志愿服务记录进行确认、录入、储存、更新和保护，并接受登记

---

① 《〈志愿服务记录办法〉（征求意见稿）公开征求意见》，http：//www.mca.gov.cn/article/zwgk/tzl/201209/20120900360624.shtml。

管理机关或者业务主管部门对志愿服务记录工作的监督管理。该办法还规定了应当记录的信息"包括志愿者参加志愿服务活动（项目）的名称、日期、地点、服务对象、服务内容、服务时间、服务质量评价、活动（项目）负责人、记录人等"。[①] 并且规定，志愿服务活动（项目）结束后，志愿者组织、公益慈善类组织和社会服务机构应当对志愿者所承担工作的完成状况和服务对象的满意程度进行综合评价。[②]

3. 鼓励性规定的意义

该办法规定了如下鼓励性规定[③]：

鼓励志愿者组织、公益慈善类组织和社会服务机构依托志愿服务记录，建立健全志愿服务时间储蓄制度，使志愿者可以在自己积累的志愿服务时数内得到他人的无偿服务。鼓励有关部门、社会组织和企事业单位对有良好志愿服务记录、表现优异的志愿者进行表彰奖励。

鼓励有关单位在招生、招聘时，同等条件下优先录用、聘用和录取有良好志愿服务记录的志愿者。

鼓励博物馆、公共图书馆、体育场馆等公共文化体育设施和公园、旅游景点等场所，对有良好志愿服务记录的志愿者免费或者优惠开放。鼓励城市公共交通对有良好志愿服务记录的志愿者给予票价减免优待。鼓励商业机构对有良好志愿服务记录的志愿者提供优先、优惠服务。

以上鼓励措施不仅是对中国志愿服务所涉各方的一种鼓舞，也是对志愿者这一特殊社会群体的身份确认，通过健全志愿服务时间记录，可以让志愿者的身份拥有一个确定的证明，而后通过立法赋予一些与非志愿者不同的社会待遇，这无疑是中国志愿者立法上的一大进步。

但是，我们也应该看到，该办法用的是"鼓励"而非"应当"的措辞，不具备义务性、强制性，因而在本质上并未给志愿者设定任何权利。加上这些鼓励措施本身也超越了民政部门的职能范围，在缺乏其他相关部门（比如劳动、文化、交通及商务部门）的配套规定的情况下，没有可执行力，让志愿

---

① 《志愿服务记录办法》第七条。
② 《志愿服务记录办法》第九条。
③ 《志愿服务记录办法》第二十二至二十七条。

者们有望梅止渴之感。

4. 该办法的执行问题

但是，该办法并未对志愿者组织、公益慈善类组织和社会服务机构未进行志愿服务记录的行为规定明确的法律责任，只是在第二十八条中规定，如果志愿者组织、公益慈善类组织和社会服务机构及其工作人员在志愿服务记录工作中"弄虚作假"的，由主管部门责令改正，并予以通报。

但是众所周知，中国一些公益组织本身缺乏充足的资金与有效的人力资源来进行相关记录，加上该办法出台的同时并未推出配套的服务记录便利措施、激励及责任规定，将会存在难以落实的问题。

值得关注的是，民政部于 2012 年 10 月 31 日已下发了《关于开展志愿服务记录制度试点工作的通知》（民函〔2012〕355 号），开始在全国范围内"探索建立公民志愿服务记录制度"。按照该通知的要求，每个省要选择 3 ~ 5 个试点地区，在城乡社区和民政服务机构率先进行志愿服务记录制度试点，试点期为两年，民政部将组织专家对试点进行评估，根据评估结果确定志愿服务记录制度示范地区的名单，并视情况适时扩大志愿服务记录制度的试点范围，加快试点步伐[①]。

由此可见，这个办法势必会结合中国公益事业的发展进程而在全国各地逐步推进，在推进过程中加以逐步完善，而非一蹴而就；所以，某种意义上，这个记录办法相当于一种指引，代表了一种志愿者管理的发展方向。此外，这个办法体现出了对志愿者这个特殊社会身份的法律确认，这也是一个非常积极的信号。

三 公益活动

（一）募捐条例

2012 年，广州市和上海市分别于 2 月 2 日及 6 月 7 日发布了募捐条例。最

---

① 《民政部关于开展志愿服务记录制度试点工作的通知》第四条第一款第三项。

近几次中国的自然灾害后的募捐活动中产生了一些丑闻，也体现了中国募捐活动缺乏有效的管理。在中国，专门规制公益活动的并且由全国人大及其常委会所制定的法律只有《中华人民共和国公益事业捐赠法》。但是该部法律只就捐赠行为作出了规范，对于与捐赠行为相关的募捐行为未涉及。

由于募捐活动面向不特定的社会公众，特别是现在网络募捐、微博募捐层出不穷、日益增多，若不加以规制规范，不但有可能侵犯社会公众的私有财产权，还会损害公益慈善在公众心目中的地位。对于募捐活动目前仍缺乏一个全国性的法规，仅在《基金会管理条例》中规定了公募基金会可以面向公众进行募捐活动。但是，两个募捐条例不同程度地扩大可以向社会公开募集财产的劝募行为的组织范围，值得肯定。

1. 募捐的概念及募捐组织

两个募捐条例对于募捐的概念界定大同小异，《上海市募捐条例》将募捐定义为基于公益目的向社会公开募集财产的劝募行为。该条例还明确了公益事业的范围，此范围与《中华人民共和国公益事业捐赠法》的定义完全一致，即指非营利的下列事项：（一）救助灾害、救济贫困、扶助残疾人等困难的社会群体和个人的活动；（二）教育、科学、文化、卫生、体育事业；（三）环境保护、社会公共设施建设；（四）促进社会发展和进步的其他社会公共和福利事业。

《广州市募捐条例》对于募捐的定义是面向社会公众公开募集财产用于公益事业及相关管理活动。与上海相比，增加了"相关管理活动"，这样的措辞显得更为周到，考虑到了公益事业本身不可能不发生管理费用或行政开支。

对于募捐组织，上海规定的包括有红十字会、公募基金会和社会团体。对于除此之外的其他单位和个人，基于公益需要，需要开展募捐活动的，应当与募捐组织协商，经募捐组织同意，由募捐组织依照《上海市募捐条例》的规定组织开展。而广州规定的募捐组织除了上海规定的三类，还包括了慈善会、民办非企业单位和非营利的事业单位，范围更广。

2. 募捐活动的管理

对于募捐活动的管理，广州对募捐组织实行备案或许可两种管理方式，对红十字会、慈善会、公募基金会规定了备案制度，对社会团体、民办非企业单

位和非营利事业单位设立了行政许可即募捐许可。相比之下，上海的全"备案制"减少了行政审批的环节，使得募捐活动的开展更为高效。

对于募捐的形式要求，上海规定的形式包括公共媒体募捐、组织活动（包括义演、义卖、义赛及义拍等）募捐、设置募捐箱募捐三种方式，加上法律法规允许的其他方式。广州在上海规定的三类方式上少了义拍这种方式，增加了持证募捐和邮寄募捐，对于其他方式规定由行政许可予以明确。

关于捐款人的权利，上海和广州比较一致，规定募捐组织接受捐赠财产，应当向捐赠人开具财政部门统一印制的公益事业捐赠票据。对于捐赠人放弃该票据的，募捐组织应当记录在案，存档备查。此外，广州特别规定，对于捐款人要求签订书面捐赠协议的，募捐组织应当与其签订书面协议。对于捐赠财产数额在 50 万元以上的，规定应当有书面捐赠协议，除非捐款人明确表示不愿意。对于书面捐赠协议的问题，上海采取的是建议而非强制性要求。

捐赠的财产可以是货币财产，也可以是知识产权等非货币财产。对于捐赠财产的管理，专账管理是上海和广州的共同要求。

对于因募捐、开展公益活动所产生的工作成本，例如工资、办公费用等，《上海市募捐条例》规定，有国家规定的从其规定，没有国家规定的依公布的募捐方案执行。该等国家规定例如《基金会管理条例》中规定：基金会工作人员工资福利和行政办公支出不得超过当年总支出的 10%。上海的该条规定意味着，如果国家没有规定列支比例的，募捐组织可以自行规定。但是，该等自行规定并非放任不管，因为募捐方案是需要通过监管机关备案的。由此也可以看到该等规定对政府监管提出了更高的要求。而广州在此方面规定的更细，由募捐组织决定的空间更小。原则上规定工作成本列支最高不得超过实际募捐财产价值的 10%。对于义演、义赛、义卖募捐活动的工作成本列支，最高不得超过本次募捐活动实际募捐财产价值的 20%，但是在该种情形下募捐组织应当委托会计师事务所或者审计师事务所编制预算的详细方案，在开展募捐活动前报市民政部门审核同意。

对于募捐活动的监督，上海和广州均采取了信息公开和民政部主动监管两种方式。信息公开指的是由民政部门统一建立平台，由社会组织进行信息披露，接受公众监督。

3. 进步之处和存在的问题

地方募捐条例的出台，较之前的法律规定，使可以募捐的组织或单位的主体的范围有所扩大，并且规定了明确的行政备案或许可流程，是一种立法上的进步。

但是由于缺乏全国统一性的法律规定，各个地方出台的募捐条例难免存在不少重要差异。此外，地方性的法规大多从行政机关的监管角度加以考虑与制订，对于社会市场的需求及募捐者的意愿关注较少。例如，对于这些地方性的募捐规定，有人认为是对公民自救行为（例如网络募款）的打击。其实，这是一种误读，《中华人民共和国公益事业捐赠法》明确规定，公益事业包括救助困难个人的活动。个人如果想进行社会性的募捐，可以联系特定的社会组织，并由其向民政部门备案或申请，按照条例规定组织募捐。然而，对于有困难的个人，如何向募集组织提请募捐，募捐组织对于此类个人申请，应采取何等审查以确保真实性、必要性，以及通过该等申请的门槛，我们认为应当有一部全国性的法律予以明确。所以，即便是一种误读，也体现了公众对于此地方性立法是否能够切实保障公民权利的担忧。

总之，我们建议，未来的全国性的募捐立法能够扩大募捐组织的范围，确立较为简单的募捐备案流程，切实保障公益性的社会组织可以合法地通过募捐方式筹款以从事公益事业；在此基础上，要建立全国性的网络信息公开平台，让募捐活动做到充分的信息公开，让募捐在阳光下进行。

（二）公益诉讼

公益诉讼是一个与"私益诉讼"相对的概念，通常认为，公益诉讼是特定的国家机关、组织或者个人依照法律规定，为保障国家或者社会公共利益而提起的诉讼。按照适用的诉讼法的性质或被诉对象（客体）的不同划分，公益诉讼包括民事公益诉讼和行政公益诉讼；按照提起诉讼的主体，公益诉讼可以划分为检察机关提起的公益诉讼、其他社会团体和个人提起的公益诉讼，前者称为民事公诉或行政公诉，后者称为一般公益诉讼[①]。

---

① 梁枫：《中国的慈善法律与公益组织的法律实践》，载朱健刚主编《中国公益发展报告
（2011）》，北京，社会科学文献出版社，2012。

2012 年对于中国的"公益诉讼"而言，无疑是最重要的一年，因为"公益诉讼"第一次明确写入了中国的《民事诉讼法》。

十一届全国人大常委会第二十八次会议于 2012 年 8 月 31 日表决通过了《全国人民代表大会常务委员会关于修改〈中华人民共和国民事诉讼法〉的决定》，首次将公益诉讼制度写入民事诉讼法。该修改决定自 2013 年 1 月 1 日起施行。修改后的《民事诉讼法》新增一条，作为第五十五条，其内容是："对污染环境、侵害众多消费者合法权益等损害社会公共利益的行为，法律规定的机关和有关组织可以向人民法院提起诉讼。"

1. 公益诉讼主体比草案扩大

值得一提的是，在原来送审的三审稿中，公益诉讼的主体表述依然是"法律规定的机关和有关社会团体"，而非现在正式通过的"法律规定的机关和有关组织"。

全国人大法律委员会经过研究，把"有关社团团体"改为了"有关组织"，原因是考虑到社会团体的概念无论是专家还是社会上都有不同的认识，对"社会团体是一个大概念，还是一个窄概念"存在不同理解，如果是大概念，可能把很多组织都包括进去，但是实际上我国民政部门登记的社会团体只占社会组织的一部分①。

按照民政部的数据，截至 2011 年年底，在民政部门登记的社会组织一共有 46.2 万个，其中 25.5 万个是社会团体，20.4 万个是民办非企业单位，还有 2614 个基金会②。所以，最终通过的法律条文等于是扩大了可以提出公益诉讼的主体。这可能与在立法前夕包括"自然之友"在内的一些环保公益组织的呼吁有关③。

而具体哪些"有关组织"可以提起民事诉讼，在《民事诉讼法》中没有明确。这个问题可能在未来制定相关法律时进一步明确规定。比如全国人大委

---

① 《全国人大法工委官员介绍公益诉讼主体修改原因》，中新网，http://www.chinanews.com/iz/2012/08 - 31/4149051. shtml，最后访问日期：2012 年 8 月 31 日。

② 《民政部发布 2011 年社会服务发展统计公报》，民政部门户网站，http://www.mca.gov.cn/article/zwgk/mzyw/201206/20120600324725. shtml，最后访问日期：2012 年 6 月 21 日。

③ 郗建荣：《据称民诉法修改致环保组织参与公益诉讼大门被封》，《法制日报》2012 年 8 月 17 日。

员会法制工作委员会民法室正在抓紧修改《消费者权益保护法》，尤其涉及保护消费者的组织，当侵害到消费者权益的时候，哪些组织有权提起或适宜提起公益诉讼。此外，还可能在司法实践中通过司法解释来逐步明确这些范围。

2. 公民个人并未成为公益诉讼的主体

修改后的《民事诉讼法》对公益诉讼主体的规定，只写到"法律规定的机关和有关组织"，尚未将公民个人纳入。

全国人大常委会法工委副主任王胜民认为，公益诉讼的问题实际上大多数涉及公民的个人利益。比如，环境污染跟当地居民、渔民有直接利害关系，食品问题侵害消费者权益。对于这种直接损害到公民个人权益的情况，按照修改前的民事诉讼法，公民个人都可以提起诉讼，不需要按照新增加的公益诉讼条款解决[1]。他认为，现行民诉法欠缺的仅仅是自己不是直接受害者，但想以自己的名义代受害者提起诉讼。但是，帮助直接受害者提起诉讼是完全可以的。

不少学者认为，《民事诉讼法》目前规定的公益诉讼的主体没有包括公民个人，是一个不足之处。《民事诉讼法》将公民个人排除在提起公益诉讼主体的范围之外，可能是为了防止公民随意行使公益诉权，给法院审理案件带来困扰。但在法治较为健全的社会，公民个人提起公益诉讼对于社会公共利益的维护具有举足轻重的作用。赋予公民个人提起公益诉讼的资格，在一定条件下让公益诉讼程序向公民个人开放。这有利于激发社会成员参与社会管理的活力，充分发挥公益诉讼的作用，最大限度地保护社会公共利益。多年从事公益诉讼研究的李刚博士曾批评道，"把个人排除在公益诉讼主体之外，我觉得这是对个人的不信任。这么多年来，很多推动公共利益的案件都是个人在诉，个人有着参与国家和社会管理的积极性，个人的参与可以促进社会管理发展和完善，但现在的草案没有认可个人的努力，把个人排除在外，不能不说是一个巨大的遗憾"[2]。

从国外的经验来看，公民个人提起公益诉讼在国际上是一种趋势。希望未来随着中国国内公益诉讼案件的增多，立法在此方面能有所突破。

---

① 孙乾：《公益诉讼写入民事诉讼法个人未能成为诉讼主体》，《京华时报》2012 年 9 月 1 日。
② 陈荞：《法学专家称民诉法修正案草案有关公益诉讼条款与学界预期差距大：公益诉讼排除个人是遗憾》，《京华时报》2011 年 10 月 31 日。

3. 公益诉讼的完善与深化

公益诉讼的实施过程存在以下值得进一步完善与深化之处。

第一，按照新修改的《民事诉讼法》的规定，公益诉讼的范围限于污染环境、侵害众多消费者合法权益 2 类。未来具体执行过程中，应当需要对"其他损害社会公共利益的行为"进行细化，颁布相应的司法解释。

第二，正如之前所分析的，"法律规定的机关和有关组织"具体是哪些，法律需要进行规定，这些机关和组织包括哪些内容，只有细化和明确了之后才能起到指导法院处理公益诉讼案件的作用；但在有关司法解释出台之前，各级法院应该以比较开放的态度对待公益组织发起的公益诉讼，不要作太多的限制。

第三，新修改的《民事诉讼法》规定公民个人不能直接提起公益诉讼，但是为了保障公民对侵权行为的监督权的行使，有权提起公益诉讼的机关或者有关组织应当建立信息交流平台，便于公民反映损害公共利益的行为，请求其提起公益诉讼，同时便于公民及时知悉有关事件的处理情况。

第四，公益诉讼是一个不同于私益诉讼的独立的诉讼程序。考虑到公益诉讼重在保障社会公共利益的特点，最高人民法院胡夏冰法官认为[1]，公益诉讼还应当建立以下程序规则：一是实行职权主义诉讼体制。法院在诉讼程序中享有主导权，可以依职权调查搜集证据并主动探知案件事实，案件审理范围不受当事人诉讼请求的限制，法院可以根据案件的实际情况适当干预当事人处分权和辩论权的行使，原告放弃诉讼请求、承认对方请求、撤回诉讼请求、当事人和解等诉讼行为需要经过法院准许。二是实行无过错责任，并采取举证责任倒置的原则，即无论被告是否具有过错，只要存在或有可能发生侵害社会公共利益的事实，被告就应当承担民事责任。被告只有在证明侵害事实与自己行为没有因果关系的情况下，才能免除民事责任。三是法院裁判结果由国家承担。如果原告胜诉，案件裁判结果中的财产性收益上缴给国家财政；如果原告败诉，由国家财政支付包括诉讼费在内的有关费用。

---

[1] 胡夏冰：《民事诉讼法的修改与公益诉讼制度的构建》，中国法院网，http://www. chinacourt. org/article/detail/2012/04/id/478850. shtml。

总之，公益诉讼进入《民事诉讼法》是我国公益诉讼制度探索中一个划时代的事件，对于公共权益的维护及公民社会的建立具有深远意义，也是法治发展的一个里程碑。在借鉴公益诉讼制度健全国家经验的基础上，结合中国的实际情况，有必要进一步推动中国公益诉讼制度的完善和深化。

四　法律责任

公益活动的法律责任中，最重要的方面就是社会组织的行政处罚问题。按照民政部在 2012 年 6 月 21 日发布的《2011 年社会服务发展统计公报》，2011 年，在全国 46.2 万个社会组织中，各级民政部门共执法检查社会组织 1917 起，其中取缔非法社会组织 21 起，行政处罚 1896 起。① 由此可见，受到处罚的社会组织的绝对数量并不少。

在行政处罚方面，2012 年 8 月 13 日民政部发布了《社会组织登记管理机关行政处罚程序规定》（以下简称"该规定"）。该规定明确了对于社会组织违法行为处理案件的管辖、立案调查、行政处罚的内容及具体作出的程序、执行等。为各级行政机关的执法提供了程序性的依据，并且从另一侧面保护了社会组织的权益。在《中华人民共和国行政处罚法》的框架下，针对社会组织的违法行为的处罚程序进行了规定。

（一）《社会组织登记管理机关行政处罚程序规定》的内容

在管辖方面，实行"谁登记，谁管辖"的原则，即使是社会组织跨地域从事违法活动，管辖机关还是批准其设立的登记管理机关。明确各级登记管理机关负责管理在本机关登记的社会组织的行政处罚案件。对于不属于本机关管辖的社会组织在本行政区域内有违法行为的，应当及时通报有管辖权的登记管理机关。对于属于本机关管辖的社会组织在其他地区进行违法行为的，有管辖权的登记机关可以书面委托违法行为发生地的登记机关进行调查。另外，

---

① 《民政部发布 2011 年社会服务发展统计公报》，民政部门户网站，http://www.mca.gov.cn/article/zwgk/mzyw/201206/20120600324725.shtml，最后访问日期：2012 年 6 月 21 日。

对于正在调查的不属于本机关管辖的案件，规定应当移送有管辖权的行政机关处理。

在立案方面，对于同时满足以下三个条件：（1）有违反社会组织登记管理规定的违法事实；（2）属于登记管理机关行政处罚的范围；（3）属于本机关管辖的社会组织的违法行为规定应当立案。立案需要书面报登记管理机关的负责人审查。对于条件（1）中所提及的违法事实采用列举的方式，主要指的是《社会团体登记管理条例》第三十二到三十四条、《民办非企业单位登记管理暂行条例》第二十四到第二十六条，以及《基金会管理条例》第四十一、四十二条。

在社会组织的权利方面，该规定第二十条要求登记机关在作出行政处罚决定之前，应当告知当事人享有申辩的权利。第二十一条规定，当事人可以自收到行政处罚事先告知书之日起三个工作日内提出陈述和申辩。申辩的形式可以是书面的也可以是口头的。此外，对于限期停止活动、撤销登记及较大数额罚款处罚的决定，当事人有权被告知其有举行听证的权利，并且有权提出听证的要求。

在行政处罚的种类上，主要有几类：（1）警告；（2）罚款；（3）没收违法经营额或违法所得；（4）限期停止活动；（5）撤销登记。值得注意的是，管理登记机关在实施以上行政处罚时，可以责令改正、责令撤换直接负责的主管人员。

（二）意义及存在的问题

该规定的出台，有利于统一并明确行政机关对社会组织进行行政处罚的程序，保护社会组织的合法权益，避免多机关管辖、无权管辖、启动调查和处罚过于随意等问题。在很多公益理念不发达的地区，社会组织受到的监管往往不合理甚至不合法。因此，该程序性的规定帮助社会组织明确自己在面对可能的行政处罚时的权利，特别是申辩权、要求听证权。并且当此类权利受到侵害或由于申辩而受到了更重的处罚时，社会组织应当根据《中华人民共和国行政处罚法》第三条第二款①，保护自己的权利。

---

① 《中华人民共和国行政处罚法》第三次第二款：没有法定依据或者不遵守法定程序的，行政处罚无效。

尽管该规定的出台有其积极意义，然而，在目前的公益立法政策不断地强调对社会组织"去行政化"的同时，该规定在一些方面没有注意到这一点。例如前文提到的行政处罚的种类中，包括了可以责令撤换直接负责的主管人员。应当注意的是，该行政处罚并不在《中华人民共和国行政处罚法》第八条所列举的七种行政处罚之列。行政处罚法规定了一个兜底条款，即法律和行政法规可以规定其他行政处罚。在中国现行的法律法规中，关于可以责令撤换法人或其他组织的主管人员的规定有三个出处，一是《中华人民共和国保险法》，二是《宗教事务条例》，三是《社会团体登记条例》。然而，该规定的效力级别仅为部门规章，却将此由《社会团体登记条例》中规定的处罚种类延及民办非企业单位和基金会，显然没有法律依据。

此外，主管人员有可能是不存在劳动合同关系的志愿者，也可能是与社会组织有劳动合同关系的劳动者。行政处罚中规定对于主管人员可以责令限期撤换，也可以解读为是公权力对私法领域的不合理干涉。

五 总结

前文介绍了 2012 年公益立法更新的内容，分析了这些立法对公益组织、公益活动的影响及仍然存在的一些问题，归结起来有三点。

第一，地方性差异大，急需一部全国性公益慈善根本大法，急需修改社会组织管理三条例。

由于没有一部全国性的公益慈善根本大法，社会组织管理三条例迟迟未修改，导致各个地方的民政部门在执行相关规定的过程中裁量权大，不够统一；加之，由于全国性法律法规的缺位，在具体法律实践过程中，各个地方自然会通过地方立法的方式来先行先试，更导致了各个地方的差异更客观地显现出来。

尽管现在的公益立法水平在不断提升，但是从整体上来看，对于公益主体和公益活动的新规定仍然只限于一些局部性的问题。由于一部全国性的慈善大法的缺位，现有零散的规范性文件不成体系，并且各部法律、行政法规、行政规章之间缺乏照应，在应当相互援引、相互补充的地方做得不够，有些规定不

尽合理，导致各个地方在执法的过程中随意性大，不够统一。例如，前述的直接登记的三类组织所涉业务类型的具体内容就缺乏规定。各个地方有的通过地方立法的方式来解决现有问题，有的甚至连地方立法也没有到位，从而导致各地执行上各行其是。

我们注意到，2012年6月4日，在全国政协提案委员会的提案办理协商会上，民政部副部长窦玉沛表示，民政部积极推动和参与慈善立法工作，已经将"慈善法"的初步草稿上报国务院①。据媒体报道，制定慈善事业法已列入十一届全国人大常委会立法规划和2011年立法工作计划。2011年年末，国务院法制办已在对民政部报送的慈善事业法草案进行审查修改，重点围绕培育慈善组织、规范社会募捐、完善监督制度、明确税收优惠政策等问题进行研究。

我们希望"慈善事业法"草案能早日对外公开以征求各方面的意见，更希望这部法律能够早日出台。

第二，尽管"去行政化"应当是中国公益立法发展的一个趋势与原则，但这一原则并没有在新的立法中得到彻底的贯彻与更好的体现。

政府对公益组织市场准入严格控制，对公益活动有某些不当规制，因此并未在客观效果上做到处处贯彻促进社会组织发展和推进社会建设的大目标。

这是关于公益的规制，应该是以社会（即社会对公益服务的需求）为导向。以服务社会为导向的公益规制，是给予社会组织较低的准入门槛、较大的活动自由，是给予社会组织一个合法的身份，使之获得接触社会、服务社会的机会。如果以政府为导向来进行规制，从执政的角度出发，将社会组织看成政府权力的延伸，变成政府的"一只手"，就会维持社会组织的行政化，导致政府必须对社会组织从类型到运行严加监管。

中国社会建设的发展方向，必然要求公益立法应该以服务社会为导向，认可社会组织"第三部门"的身份与地位。

首先，以服务社会为导向的公益活动，能够最大限度地满足社会对公益服务的需求，即由社会需求决定提供什么样的服务，而非由政府来决定提供什么样的服务。放开对社会组织提供服务类型的限制，为社会组织合法的公益服务

---

① 《民政部："慈善法"初稿已报国务院》，《新京报》2012年6月7日。

提供便利，是有效进行社会建设的必要举措。对于此问题，上海市教委行政法重点学科资助项目资助了上海政法学院做过一个关于非政府组织行政定位的学术研究。[①] 研究文章指出，中国式的非政府组织具有"官民两重性"。这种非政府组织缺乏独立性、自治性、公益性、多元性、开放性，也无法有效地满足社会成员的需要。所以，中国需要的是真正的民间社会组织。

其次，以服务社会为导向的公益活动，能够发挥社会组织的最大潜能。如果将社会组织看成政府权力的延伸，将其视为"二政府"，其执行力必然受到政府执政任务的影响。在国外，经常可以看到此类的实证研究。世界货币基金会在一项关于特定项目政府执行力和非政府组织执行力的比较研究[②]中指出，非政府组织的执行力之所以要高于政府的执行力，其一，在于非政府组织来源于草根，比起政府更了解服务对象的需求，非政府组织亲力亲为，与社会成员的沟通交流较之政府更为有效；其二，在国际援助中，对于同一服务内容，非政府组织较之政府更倾向于承接难度更高的项目，而政府基于对执政效率的考虑，则以一些比较容易的地区为目标。

再次，如前所述，以服务社会为导向的公益活动，能够建立一个良性的竞争环境，使得各个社会组织为了能向社会成员提供更好的服务而竞争。该等良性竞争将促使社会组织作出更多的信息公开，以期取得更高的社会评价、更高的公信力；无法作出信息公开、不接受社会监督的社会组织，自然会被淘汰。这也是在公益慈善组织公信力备受质疑的现状下，公众对于社会组织的呼声。由此可见，社会组织的"去垄断化"是社会利益需求多元化的结果。

将社会组织的规制由政府规制转向社会规制，通过在制度上强调社会组织自律机制，让渡对社会组织的主要监管职责于社会。这既符合社会主义市场经济体制的要求，也是社会主义民主法治的体现。

最后，应当持续强调社会组织建立内部自律机制的重要性，在开放注册的基础上，逐步实行社会组织信息的全公开，以提高社会组织的公信力。

社会组织必须建立内部自律机制。其中强制性的信息公开是建立健全社会

①　杨向东：《非政府组织的行政法定位》，《河南省政法管理干部学院学报》2011 年第 4 期。

②　Nadia Masud and Boriana Yontcheva, Does Foreign Aid Reduce Poverty Empirical Evidence from Nongovernmental and Bilateral Aid（IMF Working Paper，2005）。

组织内部自律机制的保障。在社会组织管理三条例中，仅《基金会管理条例》规定基金会负有信息公开的法定义务。然而，在《上海市募捐条例》和《广州市募捐条例》中，除基金会之外的社会团体、民办非企业单位或其他非营利性单位等皆可成为募捐组织。但是，在前述两个条例中，募捐组织的信息公开仅限于与募捐事项有关的信息公开。关于社会团体的《合作规定》规定了社会团体的负责人不得变相从事关联交易，但是没有同时规定需要向公众公开关联关系，公众亦无从监督。

事实上，对于公益性社会组织而言，其内部治理、项目情况报告、存在的其他控制或共同控制、有重大影响关系的个人或组织及关联交易情况都应属于信息公开的对象。如果仅仅依靠行政机关一方来对公益组织实施监管，一方面行政成本很高，另一方面由于有可能导致社会组织的行政化色彩太浓，并且依然有可能因为欠缺透明度从而缺乏公信力。足够的信息公开，使捐赠人可以对募捐组织从内部治理、执行能力、信用等多方面自行进行评估以决定捐或不捐，以及在捐了之后了解捐赠财产的走向。信息公开可以节约行政成本，有利于扭转由于现行遗留的体制问题所造成的公益慈善公信力缺失的现状，有利于让公众对公益性组织进行监督，促进其进行良性竞争，优胜劣汰，从而使内部治理较好的公益组织更好地为公益服务。

总之，我们相信，随着中国公益事业的发展，公益法律必将在未来取得更大的进步，让公益真正成为每个普通人都能参与的行动，让公益慈善事业回归民间，让各类型的公益性社会组织彻底地去行政化、去垄断化。

B.10
广东省社会组织登记管理
体制改革的探索与问题

马 骅

摘 要：

近20年来，"双重管理"制度已经从一开始被看做允许社会组织成立的突破，变为社会组织发展的严重障碍。本文试图梳理社会组织"双重管理"制度的历史与现状，并以广东社会组织注册新政实施以来的实践为考察对象，深入探索了解广东省和广州市社会组织登记政策改革的逻辑，审视改革过程中所遇到的不足，并基于此提出相关的政策建议。

关键词：

社会组织　双重管理　注册新政　改革

一　"双重管理"制度的历史与现状

过去20年来，我国民间组织管理部门一直采用的管理方针主要是"十二字"方针，即"归口登记、分级管理、双重负责"。所谓归口登记，是指除了法律、法规规定免于登记以外，所有民间组织都由民政部门统一登记。分级管理是指针对民间组织的管理要受同一级别政府机构的管辖。双重负责是指在民间组织登记和日常管理中实行的一种原则，即成立社会组织，乃至日后社会组织的活动，一般要经过业务主管单位和登记管理部门的双重同意。

吴玉章在《双重管理原则：历史、现状和完善》[①]中回顾了双重负责原则

---

① 参见吴玉章《双重管理原则：历史、现状和完善》，载黄晓勇主编《中国民间组织报告（2009～2010）》，北京，社会科学文献出版社，2009。

的形成及分析了其在历史背景下的合理性。从改革开放到 80 年代后期，国家对于民间组织的管理处于一个"多头管理"的状态，不同政府机关可以审批民间组织的成立，而有的社团还可以审批成立新的社团。

《社会团体登记管理条例》于 1989 年 10 月 25 日由国务院发布，而其出台的背景则是 1989 年夏天在北京发生政治风波之后，政府一方面希望用法律的形式肯定公民结社的权利，但另一方面，也希望使用一些复杂的程序，将那些不太规范的、政府还不十分放心的民间组织排斥在合法民间组织之外。

另外，因为 1988 年国务院又开始了机构改革，在这一进程中，国务院才会将社会团体的管理职能直接交给民政部。在此之前，对于民间组织的管理分散在不同的政府机构、大的社会团体及一些事业单位手里，管理的实际效果不高。因此，政府才考虑改变这种管理方式，把管理权限统一收回，再交民政部。然而，当时在国务院的各个强势部门面前，民政部无论职权、管理队伍还是在社会生活中的影响都不是很大。因此，单凭自己的力量要履行好自己的管理职能还比较有限，所以就必须采取与其他政府部门"合作"的方式。

但是随着社会组织这 20 年来的发展，这种"双重管理"的制度显然已经不合时宜。双重管理制度使很多社会组织的登记注册过程复杂而漫长，一来社会组织很难找到愿意负责的"主管单位"，二来因为很多社会组织不想丧失其运作的独立性，因此不愿意寻找主管单位，这就导致很大部分社会组织游离于民政监管之外，有的选择用挂靠、工商注册的形式使其机构继续运行，有的干脆就没有注册。同时，双重管理也造就了不少社团半官半民的性质，垄断资源却没有发挥应有的作用。这样看来，双重管理制度已经阻碍了公益慈善事业的发展。因为其既不利于社会组织的发展，也不利于政府官员的监管。事实上，无论政府部门是否允许社会组织登记，社会组织依然存在并在社会领域发挥着作用。

广东省的社会组织管理制度大体是在以上背景下制定的，但因为其社会组织发展相对比较活跃，因此在对双重管理制度的突破上也先行一步。2006 年广东省民政厅就出台了《关于加强社区民间组织培育发展和管理工作的指导意见》，强调发展四类社区民间组织。2008 年，广东省省委办公厅、政府办公厅出台了《关于发展和规范我省社会组织的意见》，进一步划分社会组织的种类，并重点提出建立政府购买服务的制度，但是对双重管理制度还是予以保留。

2009 年出台的《广东省行业协会条例》可算是广东社会组织"去行政、去垄断"的第一步，里面规定行业协会业务主管单位全部改为业务指导单位，行业协会全部实现"自愿发起、自选会长、自筹经费、自聘人员、自主业务"。同年，广东省民政厅出台了《关于进一步促进公益服务类社会组织发展的若干规定》，把厂里公益服务类社会团体的会员数量要求降低到二十余个，并简化了公益服务类社会组织的登记程序——具备设立条件的公益服务类社会组织可以直接向登记管理机关申请注册登记，把业务管理单位变成业务指导单位。这是放开社会组织登记的重要一步，可是当时仍然有很多社会组织表示业务指导单位其实是一个政府部门设置的软门槛，它并没有彻底消失。

2011 年社工委出台的《关于加强社会组织管理的实施意见》，为之后的社会组织改革提供了强大的推动力。2012 年可谓是广东省社会组织登记的春天。广东社会组织登记的改革首先以广州为试点。"广州市社会组织直接登记"被列入了社工委的社会创新观察项目，将民办非企业的登记下放到区（县级市）一级，同时简化了登记程序，对符合要求的公益服务类组织可以直接注册。如今，在市一级进行登记的主要是社会团体类的社会组织。

广东省《关于进一步培育发展和规范管理社会组织的方案》被各方寄予了厚望，因为方案不仅提出培育发展群众生活类社会组织，降低登记条件，给予资金扶持，大力培育发展基层群众生活类社会组织，以及打破异地商会登记限制，将异地商会的登记范围从地级以上市扩大到县（市、区），登记管理权限从省下放至地级以上市民政部门，还明确允许公益慈善类社会团体名称使用字号，探索将非公募基金会登记管理权限从省下放至地级以上市民政部门，逐步实现公益慈善类社会组织的去行政化、去级别化。

而就在 2012 年 8 月底，省民政厅转发了民政部关于同意将非公募基金会登记管理权限下放到广州市民政局的通知。这是省民政厅第一次正式发文授权地级以上市登记管理非公募基金会。广州市民政局决定从今年 9 月 1 日起登记非公募基金会，并在广州市社会组织信息网公开了《非公募基金会登记办事指引》。

深圳作为广东省的一个特区，拥有特区的立法权，也因此在社会组织登记

方面更先行一步。从 2006 年 3 月起，深圳市各职能部门不再担任行业协会和商会的业务主管单位。同时深圳还在政府向社会组织转移职能及公共财政向社会组织购买服务等方面进行了探索。2009 年 7 月 20 日，民政部与深圳市政府签订《推进民政事业综合配套改革合作协议》，其中，在社会组织登记改革中，民政部给予了前所未有的政策支持，深圳成为社会组织登记改革的试点地。"根据协议，民政部的一些重大改革项目将在深圳先行先试，如在社会组织登记改革中，民政部给予深圳的政策支持和权限是前所未有的，也是全国唯一的。"据时任深圳市民政局局长的刘润华介绍，深圳将在全国率先建立普惠型社会福利制度，并被授权深圳跨省区行业协会登记管理。以前社会组织登记管理要求进行双重登记，合作协议则准予深圳探索建立社会组织直接向民政部门申请登记制度。目前，深圳市民政局将在工商、社会福利、社会慈善三大领域试行这一制度。协议还授权深圳开展基金会、跨省区行业协会、商会登记管理试点。"深圳开展跨省区行业协会登记管理是个大突破"，刘润华接着解释道，"比如深圳物流业发达，城市之间的交通物流往来密切，这就要成立一个全国性的行业协会，而以前成立一个全国性的行业协会需要到国家部委登记，困难较大。以后深圳就可以登记这样的行业协会，在城市之间活动"。

广东社会组织管理体制进行改革后，遵循"宽进严管"的方针，并遵从了"从直接登记出发，回归法人治理""以去垄断化为推力，向结社普适化发展""以去行政化为抓手，向政社分开发展"，以及"构建依法监管体系，倒逼政府部门转变观念"四个改革的路径①。

二 新政策下社会组织注册的现状与困境

从 2012 年 5 月 1 日起，广州市全面实施社会组织直接登记，即除法律、行政法规规定如民办教育、民办医疗、民办培训类社会组织成立须经政府有关主管单位前置审批或审核外，其他社会组织可以直接向民政部门申请登记。事

---

① 参见汪中芳《广州市社会组织登记管理体制改革实践与探索》，《社团管理研究》2012 年第 10 期。

实上，自2012年1月1日以来，广州市已大力推行社会组织直接登记。除依据国家法律法规规定需前置行政审批的外，行业协会、异地商会、公益服务类、社会服务类、经济类、科技类、体育类、文化类社会组织等已实现直接向登记管理机关申请登记。在2012年7月1日，这种双重管理的突破扩大到广东省，除了特别规定和特殊领域，广东省内成立社会组织，不用找业务主管部门，并可直接向民政部门申请登记。

在社会组织登记新政的推动下，社会组织登记的数量有了显著的增长。以深圳为例，深圳市自2009年与民政部签订《推进民政事业综合配套改革合作协议》以来，社团与民非的总量在不断地增长，三年半以来已经从3759家增长到4661家，增加近一千家。在2011~2012年上半年增长的225家社团与民非之中，包含1家社会服务类的社团和11家社会服务类的市级民非。

同样的，广州在2012年5月1日起全面放开社会组织登记后，社会组织的登记也呈现惊人的发展趋势。截至7月的短短两个月间，广州市新增市级社会组织18个，另有15个社会组织已通过核准名称，处于筹备组建阶段。

虽然广东各地区不同程度地采取了开放社会组织注册的政策，实行"宽进严管"的规则，使社会组织的登记较以往容易，可是这并不代表社会组织的注册之路就一帆风顺。总的来说，广东社会组织在新政策下的注册主要面临以下问题。

（一）关于"公益慈善"的概念标准

核名是社会组织注册的第一步，也是民政部门初步评估机构是否符合注册条件、是否需要指导单位的重要一步。广东省的《方案》明确指出允许公益慈善类社会团体名称使用字号，这是慈善事业"去垄断化"的一个重要方式，同时也使社会组织在注册后不至于失去原有的品牌和积累。

但是，很多社会组织在注册的时候还是遇到了麻烦，因为民政部门对于"公益"并没有明确的定义。各民政部门对此解读不一，甚至民政部门内部的工作人员对此的解读也不一样，所以在一些相对来说不那么开放的民政部门，可能在第一道程序上就会拒绝社会组织的申请。很多社会组织反映取名是非常有技巧的，不少社会组织也因为一开始不熟悉这些技巧而吃亏。

广州市黄埔身心飞翔心理援助服务中心（以下简称"身心飞翔"）从2011年年底就开始留意关于注册的各方面信息，也先后咨询了广东省与广州市民管局。一开始，身心飞翔希望能够注册为"广东省/广州市青少年心理援助中心"，以社团的形式登记。所以在2011年9月，其负责人首先咨询了广东省民管局，但是省局并没有具体的意见，只是说因为其业务范围涉及青少年，所以应该找团省委作为主管单位。后来他们又到市民管局去询问，并已经提交申请，但在核名的阶段同样被建议找"市共青团"作为业务主管单位，但是因为不想丧失机构的独立性，他们还是决定放弃在市里申请注册。市一级民管局的官员建议他们倒不如尝试以公益类民非或者社工机构注册，并耐心地逐条说明社团与民非之间的区别。随后身心飞翔的工作人员决定寻求区一级民政的注册。2011年年底正值社会组织登记改革的过渡期，区一级民政的信息并没有更新，因此身心飞翔的工作人员跑遍了海珠、越秀和番禺等区的民政局，希望能找到一家已经执行新的政策的民政局。最后他们来到了黄埔区。黄埔区民政局已经接到了最新的通知，NGO注册可以去掉业务指导单位，可是并没有实施的细则。于是黄浦区民政局管民间组织的主任特意到市局去了解，但得到的答案还是没有细则，只能用旧的方案申请。在递交了申请书之后，身心飞翔终于在2011年11月23日获得批准注册的通知，然后用了半个月的时间通过了核名申请（此次他们申请的是民非注册，去掉"青少年"字样，加上"身心飞翔"的字号），准备下一步的工作。在所有的材料都已基本备好的时候（2012年2月），身心飞翔又收到了民政局的通知，说有新的资料，旧的已经弃用。于是，他们之前所准备的所有材料都需要重新准备，包括盖章、身份证等。

广州市绿点公益环保促进会（以下简称"绿点"）的注册并没有遇到大的问题，但他们同样表示在核名的阶段花费了较大的精力。一开始绿点希望采取"教育中心"这个字眼注册成为社团，但是在核名阶段领导觉得这像是事业单位的名称，不能僭越，故而改用"促进会"。

智行广州同志中心于2009年9月成立，但在之前就已经有一个工作小组在当地运作了五六年了。在2009年中心成立以后，他们就一直在考虑注册的事情，而与民政部门的第一次正式接触是在2010年的下半年，并开始正式开展注册申请工作。在2011年上半年第一次通过核名以后（"广州市智同公益服务中心",第二次申请名称核准的时候依然使用这个名字),由于受访机构内部的分歧和讨论,导致了注册工作被耽误,并且没有在期限内按规定提交进一步的申请材料,因此第一次的名称核准也就失效了。随后开始疯传政策即将松动和改变,因此民政方面实际上也暂停了注册受理工作,等待新的政策最终公布下来。这些都导致了智行的注册被一直拖延到现在。在今年新政策公布以后,他们才重启了申请注册的工作,目前正处于名称核准的阶段。受访者称,自己感觉2012年前后的两次注册差别巨大,主要体现在第一次申请名称核准的时候,并不需要提交指导单位证明,而在第二次申请名称核准的时候,就被要求找一个指导单位并提交相关证明(受访机构是以"艾滋病预防、健康教育"为名义申请的,同时也绕开了同性恋者支持工作)。目前受访机构已经得到市疾控中心愿意担任指导单位的口头承诺(受访机构过去在一些艾滋病预防项目上与市疾控中心有过一些合作和来往)。

但是对于一些还未被广泛了解与接受的组织来说,注册还和以前一样艰难。过去8个月,同性恋亲友会(以下简称"亲友会")的执行主任阿强为了机构注册,七进七出省民间组织管理局,四次被拒,他从科员到科长、处长、副局长,再到局长,把该局管民非注册的所有负责人都"过"了一遍。最后阿强收到省民间组织管理局局长的批示"请示民政部办理"。而后,他接到民政部的口头答复:无法律说同性恋合法,暂不办理。阿强据理力争:"恰恰相反,中国没有一条法律说同性恋不合法。法无禁止都是合法的;也没有一条法律说异性恋是合法的。如果不给注册,请给出明确的、书面的答复。"

(二)场地问题

场地问题是不断被社会组织提起的一个问题。民政部门的注册指引中规定,需要有场所使用权证明(自有物业应当提供产权证明,租赁物业应当提供经房管部门备案的租赁期限1年以上的租赁合同,单位或个人无偿提供的提交无偿使用协议,出租人有出租权的证明)、公安消防部门出具的内部装修消防验收合格意见、安全鉴定书。同时,虽然规定中没有明确要求民宅不能作为注册的地址,但是有些民政部门会要求只使用商业地址注册。

以上的要求对于资金充裕的社会组织来说可能并没有太大的难处，但是对于一些刚起步的社会组织来说，就是一个很大的困难。广州市越秀区家和工作营青少年服务中心（以下简称"家工作营"）从 2012 年 6 月开始受邀入驻坐落于越秀区市青宫下的社会组织孵化基地，孵化基地为其开具了场地使用证明，这样该中心就得以在越秀区民政局那里开始注册工作。但是，由于家工作营的办公室是在番禺，因此受访者还是很希望能在番禺成功注册，而且孵化基地的场地只能用两年，两年之后一定要变更地址。

拜客广州现在已经通过了核名审查，但现在面临最大的问题就是场地的问题。以前，拜客广州与另外一个社会组织共用一办公场所，但现在另外一个社会组织已经使用此地址注册为社团，所以拜客就不能再用此地址注册。可是，以拜客广州现在的资金情况及人员规模，根本就负担不起重新租用一个办公场地的费用。更重要的是，他们根本不需要另外一个办公场所，共用的办公室已足够展开他们的活动。因此，他们希望能找到一个愿意给他们签订无偿使用协议的商用办公室供他们注册。

同样的，广州市番禺向阳花社会工作服务中心（以下简称"向阳花"）在注册的过程中也因为场地问题做了很多努力。因为民政方面的规定要求注册需要非民居（商用）性质的居所，至少 80 平方米，备有房产证和区级消防验收证。其负责人认为，像自己这一性质的组织，大多是在工业区里面开展活动，而工业区的房子大部分都很难完全达到上述的要求和标准。以他们自己为例，由于房子的建设年代比较久远（建于 1998 年之前），因此根据当时的建设情况并没有申请（被强制要求）通过区级消防验收。虽然根据镇级消防队的反馈，他们的消防条件非常好，但还是无法得到民政方面的认可。而如今若需要补办区级消防验收，需要极大的成本，基本上不可行。最后，他们的解决方式是，租下一间符合条件的处所，作为注册地址使用，而后以转借的名义（实则是转租的性质）让出给别人使用并收回租金。他们认为现在这个解决办法是无奈之举，特别是如果以后别人不愿意"借用"（实则是租用）他们的场所，在租金方面他们需要承担很大的成本风险。

绿点的负责人则表示，其解决场地问题的方法是由自己创立的公司写了一份无偿捐赠使用的证明。不过以后这个方法可能不管用了，因为可能不允许同一地点注册两家机构。其实民居也是可以用作办公地点的，并没有一刀切的硬性规定说民居不允许，只是要用作办公地点需要一些安全鉴定和消防验收证明，但民居可能出具不了这些证明，所以办不了办公场地。但实际上民政方面的态度也有点暧昧，说"如果没有培训项目，聚集的人不多，也可以看看领导怎么批"。

（三）各级民政部门的自由裁量权过大

"广州市社会组织直接登记"被列入了社工委的社会创新观察项目，将民办非企业的登记下放到区（县级市）一级。也就是说，对于民办非企业单位来说，基本上取消了市内地域上的限制。这对于社会组织的登记是一件好事，因为它们可以选择其机构所在地域附近的民政机构进行登记，实施起来非常方便。可是，各个区的民政局对登记政策的具体执行标准不一，为希望注册为民非的社会组织带来了诸多不便。

首先，不同的民政局对谁可以注册为"公益"组织的标准并不一致。拜客广州的负责人表示，尽管进入了越秀区的孵化基地，可是越秀区民政局的工作人员对他们说，像他们这些大学生组成的组织，要不就注册成为自行车俱乐部，要不就直接挂靠在团委下面成为一志愿者团体，并不需要独立出来注册成为一个公益性的民非。这显然不如拜客广州所愿，因此他们放弃了在越秀区民政局注册的打算。之后他们询问了海珠区民政局。海珠区民政局的态度较为开放，窗口的工作人员说虽然不保证能够成功，但会尽力帮他们递材料上去。事实上，拜客广州在海珠区民政局的核名非常顺利，很快就得到了批准。

其次，各区民政局对操作细则的熟悉程度不一，对社会组织的实质登记也带来了不少麻烦。智行广州在第二次注册时，管理审批权已经被下放到了区级民政局，因此转向越秀区民政局申请，但是由于区民政局对政策和一些细则十分不熟悉，而政策本身也在反复改变，因此区民政局需要不断地向市局请示，受访者本人不时需要去市局咨询相关问题，同时也导致一些填写的表格不断改变，所以对于受访者来说，实际上是变得更加麻烦了，同时由于需要指导单位、需要提交更为详细的举办人信息等情况，感觉其实区一级的控制是更加严

格的。

身心飞翔也遭遇到同样的情况。他们在2011年10月首先咨询了海珠区的民政局，但是海珠区民政局拿出来的是2002、2003年出版的规定，并拿出了厚厚的几十页材料。这些材料相当繁复，并包含了一些已经废除的项目。例如身心飞翔向律师了解过，像房屋的结构安全鉴定的相关规定，在几年前就已经废除了。之后他们又询问了越秀区民政局。越秀区民政局回答说，因为身心飞翔的服务地域在大学城，所以应该在当地民政局登记。因此，身心飞翔又开始联络所在地的番禺区民政局。可是，番禺区民政局在网上公布的电话和地址都是错误的，连114都查不到，最后只有颇费周折地找到住番禺的一位朋友把番禺区民政局的电话找到。可是在询问之后，番禺区也没有收到关于NGO注册最新的材料。后来他们又来到了黄埔区民政局。可喜的是，黄埔区民政局已经接到了最新的通知，NGO注册可以去掉业务指导单位，可是并没有实施的细则。据某些社会组织反映，这种各区民政局都跑一遍的现象相当普遍，大家都希望能找到一家热心的、能让他们成功注册的民政局。

最后，有些机构也反映说政策的反复给机构的注册带来了不便。例如，向阳花在注册的时候发现，关于注册时需要提交的表格的一些项目细则，民政方面都一直在修改，因此表格被发回重写了3次，每次重新填写都会耗费他们的大量精力，也非常耽误时间。还有，向阳花希望注册为一家社工机构，刚开始的政策是只需要法人代表具有社工资格或背景即可，后来却又反复新增了一些新的条件，如发起人也要具有社工资质，理监事会和工作人员也要至少有1/3的人具有社工资质才能注册为社工机构。后来他们的解决办法是，自己重新去考取社工证，还好都顺利通过了。

（四）注册的费用

注册的费用对于初始发展的社会组织也是一个问题。现有的政策是，省级以下注册民非需要3万元的注册费用。向阳花就表示，像他们这一类性质的机构，主要是以项目为单位获得资助资金，因此很难有人愿意专门资助一笔钱来用作注册资本，因此很可能这笔钱只能由发起人自己来承担，这对于发起人来说是挺困难的一件事情。

另外一点是关于注册过程中所产生的其他费用的。拜客广州的负责人就表示，除了 3 万元的注册费，银行开户要 700 元，验资报告要 1200 元，还有刻公章等收取的费用，这些项目的收费完全与注册企业的收费一样。如果说一个公司的注册资本是 30 万元，那么这些费用可能只占他们注册资本的 1/100。但是注册一个 NGO，它的注册成本是 3 万元，那么这些收费可能就占到了 1/10，这对一个从事公益活动的非营利组织来说是非常不合理的。

（五）涉外机构

虽然广东的《方案》明确表明开放涉外组织的登记，可是一来其重点在于"推进港澳服务提供者以独自民办非企业单位形式举办养老机构和残疾人福利机构"，其范围较窄。其二，也是最重要的一点，民政部门现在还未就涉外组织登记出台具体的登记管理办法，我国对境外非政府组织在华活动的管理仍然无法可依，涉外社会公益组织除少数社团外，民办非企业单位和基金会基本上未开展登记工作。2009 年中国社会组织的统计数据表明，全国登记的国际及涉外组织只有 18 家基金会和 56 家民办非企业单位，而且基本上都是在国家民政部登记的。

M 组织在中国开展工作已超过 20 年，当听到广东省出台新政放开涉外组织注册的时候，M 组织似乎看到了一点希望。因为在 M 组织内部，他们并不希望由中国国内的人担任机构的法人代表，而政策放开以后就可以找香港的法人代表。

关于不注册，M 组织主要有两个方面的忧虑。一是钱的问题。因为如果没有法人机构，那么他们就只能靠个人兑换外币做项目，而每个中国公民每年能兑换外币的额度为 5 万人民币，这对于一个大型项目来说，是远远不够的。另外，若以工商注册，M 组织每进一笔款项都需要打 5% 的税。事实上，因为民政部门已经出台政策加强对公益性机构的扶持和管理，所以工商部门现在对这种公益性组织的工商注册行为也特别谨慎。

虽然也与中国的政府部门进行过合作，可是 M 组织还是希望能有一个合法的身份，在国内更好地开展工作。云南省一直对涉外组织抱有比较开放的态度，也因此吸引了很多涉外组织驻扎。截至 2010 年 8 月，有 13 家在滇境外

NGO 获得备案通知书。2010 年 12 月，备案的境外组织数量达到 140 家。广东省毗邻港澳与国际的交流也较多，因此在这方面的需求也较为迫切。

（六）注册后的困难

有人把社会组织的注册称为"围城"——在外面的人想进去，进去了的人想出来。这种表达其实说明了一个问题，就是社会组织即使注册了以后，也会遇到不少的困难。

对于注册后的困难，身心飞翔表示主要是资金方面的问题。虽然能够免除国税，可是对于企业所得税等的免除及税前扣除资格的获得，社会组织还是面临着极大困难的。身心飞翔的负责人说，注册后意味着需要按规定交税，这是一笔庞大的开支。目前，身心飞翔的所有费用都是由志愿者和工作人员摊分，这就给志愿者造成了较大的负担。

另外，对于财政方面的规范化，很多组织表示还需要学习。以前很多社会组织有自己的一套财务规范，同时也可能会按资助方的要求进行财务公开。但是大部分的社会组织并不十分了解民政部门对财务方面的要求，因此也需要慢慢摸索。

最后，有机构表示注册后工作量都大幅增加了。金丝带的负责人表示自从注册之后，几乎每天都要在支付审批表上签字。除了少量的职员外，金丝带互助中心主要是靠义工来运作的。他们用业余时间来做公益，而注册之后繁杂的流程给他们的工作带来了更多压力。

三 政策建议

基于上述考察和分析，本文提出以下具体政策建议。

1. 继续放宽公益慈善类的概念

政策放开后，对于像环保组织等被广泛了解的组织来说，注册可能是一个走程序的过程。虽然其中他们也可能会遇到类似注册资金、场地之类的问题，可是这毕竟是可以靠组织自身的努力去克服的。但是对于一些还未被广泛了解与接受的组织来说，注册还和以前一样艰难。从同性恋亲友会七进七出省民间组织管理局的例子就可以看出。事实上，我国2004年首次向外公布了中国同性恋人群的数量为500万～1000万人，而长期从事同性恋研究的专家则估计这个数量可能已达5000万人左右。对于给同性恋人群及其亲友提供支持和帮助的社会组织，也应该被定位为"公益慈善类"组织。对于一些被边缘化而确实在从事公益慈善服务的组织，我们应该看到其存在的必要性，而不是简单地说"不"。因此，公益慈善的概念宜继续拓宽。

2. 各区（县级市）民政部门之间需要协调一致

如上文提到的，各区民政部门对于"公益慈善类"的定义不一，对于操作上的具体实施标准也不一样，这致使本来应该是"标准化"的程序呈现不标准的一面。对于民政部门来说，灰色地带使其对社会组织的管理效率降低；而对于社会组织来说，因为标准的不一致，所以他们需要花费更多的精力去寻求"最低标准"，并去游说相关人员。所以，广州市民政局必须协调各区的民政部门，进行统一的培训与协调，尽量在政策的实施过程中呈现"标准化"的表现。

3. 对场地的要求应该降低

对于很多初始发展的社会组织来说，并不需要一个很大的场地，与其他组织合租、使用同一个场地完全是可能的。事实上，就算是在团委下孵化的组织注册，他们能使用的场地也只是集体办公室里面的一张桌子。所以，民政部门应该重视社会组织对办公场地的需求，适当放开对于注册场地不能"一地多用"的限制。

4. 民政部门的工作需要更加细致，因为一些小问题也会给社会组织带来极大的困难

以身心飞翔为例，在其名称核准的文件中写的是"广州市黄埔区身心飞翔心理援助服务中心"，而在发证的时候写的却是"广州市黄埔身心飞翔心理援助服务中心"，所以到银行办对公账户的时候银行就因为这个"区"字的差别而不予办理。民政方面表示有无"区"字都表示的是同一家机构，而银行方面则觉得中间可能会有差异。最后身心飞翔的工作人员与两方进行多次沟通之后，终于说服民政部门出具一份相关证明，然后才在银行办理账户成功。这些问题看似微不足道，可是却会为事情顺利进行带来不必要的障碍。

5. 民政部门需要协调物价局等各方，降低注册过程中所产生的费用

现在，对社会组织收取的各种费用与商业组织收费相同，这显然对于一个非营利组织来说是不合理的。因此，民政部门应该出面协调与各相关部门之间的关系，降低非营利组织在注册过程中所产生的相关费用。

6. 尽快出台涉外组织登记细则

广东地区事实上已经有不少涉外组织在开展工作，也希望能在中国境内取得合法的身份，更好地开展工作。广东省《方案》既然已提及对涉外组织的登记问题，就应该尽快地拟定细则，不然对于涉外组织登记开放的政策就只能是"一纸空文"。

7. 尽快协调社会组织注册后的免税资格及税前扣除资格的审定

中山大学公益慈善中心7月时曾做了一份调研，发现民间背景的社会组织很难取得这两个资格，因此注册后由于税费导致机构的行政成本也相应增大。事实上，对于税费的减免是政府扶持社会组织的有力措施。因此，民政部门应该协调财税部门尽快落实和规范社会组织注册后免税与税前扣除资格的审定。

8. 民政部门应多开展社会组织注册、财务、年审方面的培训，使社会组织能更快地走上规范化的道路

现在民政部门会为已经注册了的机构提供像年审这类主题的培训，很多社会组织反映说这类培训十分必要。但也有已注册的社会组织表示，它们根本不知道有这类培训，也没有收到过任何的通知。因此，民政部门应该更大力度地推进这类培训的进行，同时也把培训的对象推广到潜在希望注册的组织当中，让其对注册有更深入的了解。

嵌入中的专业社会工作与
街区权力关系*

—— 对一个政府购买服务项目的个案分析

朱健刚　陈安娜**

摘　要：

本文以一个政府购买服务项目的实践为个案，揭示了专业社工以政府购买服务的机制嵌入原有的行政社会工作之后，对街区原有治理主体形成的适应和挑战的过程。本文指出，专业社工被吸纳到街道的权力网络过程中产生了外部服务行政化、内部治理官僚化和专业建制化的过程。复杂的街区权力关系限制了专业社工深度嵌入社区治理，这使得表面光鲜的社会工作在街区权力体系中逐渐式微，失去影响。笔者认为，要挽回式微的专业权力，就要有专业社会工作的批判意识，策略性地与街区政府建立既独立又合作的关系，社会工作者还需要重拾资源公平分配的价值观，与原有的本土社会工作结盟，这样才能推动街区社会治理的民主化变革。

关键词：

中国社会工作　嵌入性发展　专业　权力关系

一　问题的提出

20 世纪 80 年代以来，保持基层社会的安定有序成为国家转型的热点和难

* 本课题为国家社会科学基金重点项目"社会建设背景下的社会组织管理创新研究"阶段性成果（项目批准号为 12AZD027）。感谢匿名评审人的中肯意见。
** 陈安娜，中山大学中国公益慈善研究院研究员。

点。市场经济的急速发展使得社会结构相对滞后，社会矛盾日益凸显。作为国家政权的末梢和人们生活世界的城市街区动荡不定。面对这些社会矛盾，以街区为细胞的基层社会逐步由街居制①向社区制这一基层管理体制转变②③。社区制的政策改革试图改变以往街区只是由政府单独治理、居委会一家垄断的局面，呼吁更多的社区居民自治，也呼吁社会组织能够更多地介入到社区治理过程中来。然而这样的改革举步维艰。其关键的问题在于，在社会矛盾聚集的基层社区，基层行政体制能力不足，基层政府难以有效管控社会组织，也很难回应社区居民的自治诉求。

早期的研究较为孤立地分析治理结构中国家或社会的权力形态，对互动过程中的复杂性考虑不足，在政策层面呈现一种或者"行政化"或者"社会化"的争论④，甚至将政府组织和社区组织"对立化"⑤；随后，人们认识到街区内组织有更加复杂的权力关系。在我们针对20世纪90年代街区权力的一项研究中发现，随着90年代大量转岗人士进入社区，街区内许多权力组织和制度已经不再只是自上而下的法律制度安排，而是还有很多处于中介作用的社区内平行组织，如居委会、业主委员会和老年人协会等都通过自身实践自下而上地生产秩序⑥。当时学者们普遍比较乐观地认为，街区为社会治理的民主化变革提供了一个相对合适的空间。强调治理、善治或共治的多元合作主义越来越成为学者们对基层社会的愿景⑦⑧。不过随后人们逐步发现，这种多元治理的理论

---

① 中国的城市社区大体以街道办事处所辖的行政区域为界限，其基本的组织依托是街道办事处和居委会，此即"街居制"。

② 朱健刚：《城市街区的权力变迁：强国家与强社会模式——对一个街区权力结构的分析》，《战略与管理》1997年第4期。

③ 华伟：《单位制向社区制的回归——中国城市基层管理体制50年变迁》，《战略与管理》2000年第1期。

④ 徐中振：《社区发展与现代文明——上海城市社区发展研究报告》，上海，上海远东出版社，1997。

⑤ 卜万红：《是走向社区自治还是建立社区治理结构——关于我国城市社区建设目标定位的思考》，《理论与改革》2005年第6期。

⑥ 朱健刚：《城市街区的权力变迁：强国家与强社会模式——对一个街区权力结构的分析》，《战略与管理》1997年第4期。

⑦ 卜万红：《是走向社区自治还是建立社区治理结构——关于我国城市社区建设目标定位的思考》，《理论与改革》2005年第6期。

⑧ 李友梅：《社区治理：公民社会的微观基础》，《社会》2007年第2期。

本身仍然单薄，容易乐观地相信"公私部门之间以及公私部门各自的内部均趋于模糊"①，很难理解到在国家与社会界限还比较模糊的情境中，其实强势团体对弱势团体有着较强的控制力②③④，外来的社会组织（NGO）仍然容易引起地方政府的警惕。因此，多元合作主义在中国基层管理体制中的适用性还需要结合微观场域的具体情境和权力视角来观察。

近年来，在外来社会组织仍然受到地方街区行政体制限制，社区自身业主委员会也难以充分发育的情况下，专业社会工作和专业社会工作机构介入街区治理成为国家主导的社区建设中最引人瞩目的现象之一。我国专业社工从教育界开始恢复重建，其发挥功能的场域是街区。在重建初期，它所能做的基本上是社区服务中的无偿服务，与志愿者组织发挥的功能相似，很多时候社会工作机构是通过与基层政府和居民自治组织的社会服务上的合作来参与社会治理进程的。随着我国政府对国际经验中的柔性管理和新管理主义的借鉴，政府似乎是通过引入专业社会工作来代替对外来 NGO 的需求，同时也能够在合作治理中更好地对其实行管控。专业社会工作通过一系列中央级政策文件的发布⑤获得国家的认定。在国家主导的政策转型下，专业社会工作逐渐走出象牙塔，并通过政府购买服务⑥开始相对独立地参与街区治理。⑦

---

① 斯托克·格里：《作为理论的治理：五个论点》，《国际社会科学》（中文版）1999 年第 2 期。

② 哈贝马斯：《交往行动理论》，洪佩郁、蔺青译，重庆，重庆出版社，1994。

③ 俞可平：《治理与善治引论》，《马克思主义与现实》1999 年第 5 期。

④ 徐勇：《治理转型与竞争——合作主义》，《开放时代》2001 年第 7 期。

⑤ 从社会工作者国家职业标准的颁布到社会工作者职业资格认证制度的建立，社会工作者的职业身份和专业技术人员的地位得到国家认可，在《国家中长期人才发展规划纲要（2010～2020 年）》中，社会工作专业人才被提升为主体人才，2012 年中央 18 个部委和群团组织联合印发的《关于加强社会工作专业人才队伍建设的意见》，进一步明确了社会工作专业人才在社会建设和社会服务中的地位与作用。

⑥ 我国内地的政府购买首先产生于上海、深圳、广州等地区，服务领域包括行业性服务与管理、社区服务与管理和行政事务与管理。

⑦ 近年来，一些地方政府尝试把越来越多的社会服务打包，让社会组织来购买，以期用较低的行政开支取得更好的社会服务效益。专业社工在北京、广州、上海等发达地区通过政府购买服务在基层社会治理结构中日益获得主体地位。例如，广州市委市政府在 2009 年出台《关于学习借鉴香港先进经验推进社会管理改革先试先行的意见》，提出增加政府购买服务的投入，积极推进街道组建社区综合服务中心。

　　理解这类专业社会工作的介入引发了对社会工作发展理论的升温，一些学者关注专业社工能否发挥善治的作用①，自身是否在体制文化、机构和政府的控制下保持自主性和宏观思维②③④，政府与专业社工能否建立平等合作的利益关系⑤⑥。这些讨论引起学者对社会工作理论本土化的关注⑦⑧⑨⑩，其中，王思斌运用嵌入理论从结构意义上对中国社会工作发展的理解引起了广泛的讨论⑪⑫⑬。他通过对中国社会求—助关系的分析及对国内底层群体接受帮助的理论分析后指出，西方理性主义社会工作制度在中国的适用性有很大挑战，中国的社会工作应该从了解受助群体复杂的需求结构、受助者的问题世界及建构符合中国文化情境的帮助—受助过程来尝试中国社会工作的本土化⑭⑮。他指出：专业社会工作在中国的发展是一种嵌入性的发展，改革开放使得舶来的专业社会工作在与原生的本土社会工作实践的互动中不断进入本土实践领域，并从政府主导下的专业弱自主性嵌入状态走向政府—专业合作下的深

①　孙立平：《走向积极的社会管理》，《社会学研究》2011 年第 4 期。

②　朱志强、何国良：《社会工作的本质：道德实践与政治实践》，载何国良、王思斌主编《华人社会社会工作本质的初探》，香港，八方文化企业公司，2000。

③　张和清：《专业的确信与后现代视角下的社会工作》，《华东理工大学学报》2003 年第 3 期。

④　史柏年：《体制因素与专业认同——兼谈社会工作职业化策略》，《华东理工大学学报（社会科学版）》2006 年第 4 期。

⑤　朱眉华：《政府购买服务——一项社会福利制度的创新》，《社会工作》2004 年第 8 期。

⑥　罗观翠、王军芳：《政府购买服务的香港经验和内地发展探讨》，《学习与实践》2008 年第 9 期。

⑦　范明林、徐迎春：《中国社会政策和社会工作研究专业化和本土化》，《社会》2007 年第 2 期。

⑧　陈钟林、吴伟东：《社会工作研究的本土化：实践，反思与启示》，《中国青年政治学院学报》2006 年第 1 期。

⑨　熊跃根：《后现代主义与当代社会工作：理论与实践反思》，载王思斌主编《中国社会工作研究》（第四辑），北京，社会科学文献出版社，2006。

⑩　李迎生：《构建本土化的社会工作理论及其路径》，《社会科学》2008 年第 5 期。

⑪　徐永祥：《建构式社会工作与灾后社会重建：核心理念与服务模式——基于上海社工服务团赴川援助的实践经验分析》，《华东理工大学学报（社会科学版）》2009 年第 1 期。

⑫　方劲：《嵌入式发展：学校社会工作在高校的发展路径探索》，《华东理工大学学报（社会科学版）》2011 年第 4 期。

⑬　唐咏：《关系和嵌入性之外：中国社会工作理论本土化研究的路径选择》，《深圳大学学报（人文社会科学版）》2009 年第 2 期。

⑭　王思斌：《中国社会的求－助关系》，《社会学研究》2001 年第 4 期。

⑮　王思斌：《底层贫弱群体接受帮助行为的理论分析》，载王思斌主编《中国社会工作研究》（第四辑），北京，社会科学文献出版社，2006。

度嵌入。他从建构论的角度指出，社会工作是社会建设的组成部分，专业性是社会工作嵌入性发展的基础和优势，而与政府部门、社区工作员（主要是街道居委会人员）及服务对象的合作能力实际上决定着专业社工嵌入发展的过程①②。

这个在社会工作理论领域广泛讨论的嵌入（embeddedness）概念借自于著名经济学家博兰尼的原创理论，强调人类原以为理性主导的经济活动其实是被种种非理性的认知、人际关系、社会价值等文化因素所包围和渗透的③。后来经过马克·格兰诺维特进一步阐释而成为新经济社会学里一个最常被引用的关键性概念，格兰诺维特特别强调经济活动会被人际网络、信任和情境所架构④。不过沙朗·佐金和保罗·迪马乔则进一步细分嵌入，认为有认知、文化、结构和政治嵌入⑤。其中政治嵌入是研究原苏联、东欧和中国从计划体制过渡到市场经济过程的重要视角⑥。

王思斌所说的嵌入，表面上是强调社会工作在服务上的嵌入，而"通过向服务对象提供服务、缓解矛盾和冲突进而维持社会秩序只是它的衍生功能"。但是，他也承认"重建中的社会工作的主要功能是专业社会服务，但也与实际社会服务和社会管理有交叉，这就是实态的嵌入"⑦。由于嵌入是专业社会工作向行政社会工作的嵌入，这种嵌入不可避免地会受到原有街区治理秩序的影响，产生"政治嵌入"或者"体制嵌入"⑧。这种对原有党政一体的街

① 王思斌、阮曾媛琪：《和谐社会建设背景下的中国社会工作发展》，《中国社会科学》2009 年第 5 期。
② 王思斌：《中国社会工作的嵌入性发展》，《社会科学战线》2011 年第 2 期。
③ K. Polanyi, *The Great Transformation*：*The Political and Economic Origins of Our Time*（Boston：Beacon Press, 1944）.
④ Mark Granovetter, "Economic Action and Social Structure：The Problem of Embeddedness", *American Journal of Sociology* 91（1985）.
⑤ S. Zukin and P. DiMaggio, *The Structures of Capital*：*The Social Organization of the Economy*（New York：Cambridge University Press, 1990）.
⑥ Victor Nee & David Stark（ed.）, *Remaking the Economic Institutions of Socialism*：*China and Eastern Europe*（Stanford, CA：Stanford University Press, 1989）.
⑦ 王思斌：《中国社会工作的嵌入性发展》，《社会科学战线》2011 年第 2 期。
⑧ 熊跃根：《论中国社会工作本土化发展过程中的实践逻辑与体制嵌入》，载王思斌主编《社会工作专业化及本土化实践》，北京，社会科学文献出版社，2006。

区治理结构的嵌入之所以会发生，其原因正如不少社会工作学者所指出的：社会工作服务的对象及要解决的问题其根源往往并不在个人，而是在于制度和社会政治安排①②③。如郑广怀在对工厂员工精神健康的研究中发现，独特的工厂体制构成员工精神健康问题的根源，流动的劳动力体制造成了员工位置感和归属感的丧失，工会的特殊地位（与企业的利益关系使得他们是冲突的调停者而难以代表员工）限制了员工改善精神健康环境的可能行动④。从以上分析可以看出，专业社会工作的嵌入在很大程度上存在着政治嵌入，从社会工作发展的制度设计来看，社会工作也必然要发挥出社区治理的功能才能有立足之地。

在随后的研究中，也有社会工作学者将嵌入不仅仅看做解释性概念，更提出将嵌入或者"植入性"社会工作作为社会工作在基层社区发展的策略⑤⑥。这些学者认为，这种深入到地方权力体系中去、以购买政府服务为主要表现形式的策略既可以使专业社会工作获得发展的资源，又可以推动基层社会管理发生专业化的转变。因此他们对政府购买服务给予了很高的评价，认为从一些地区支持建立社会服务机构并实施政府购买服务的举措中，可以看到国家与社会关系上的国家合作主义特征，这似乎呈现了对社会善治的乐观态度。然而，究竟社会工作在实践中是如何嵌入到基层社会治理结构中去的？这种嵌入是否真的能带来社区治理的转变，还是本身有可能异化，在卷入基层的权力关系中逐渐迷失自己的专业价值呢？这是目前相关研究较少讨论但又极为重要的议题，本文将对此进行讨论。我们认为，嵌入理论需要运用权力视角加以扩充。通过对一个专业社会工作机构嵌入 B 街区的个案研究，本文尝试对专业社会工作嵌入性发展中的权力关系进行考察，从而分析这种嵌入对街区权力结构及专业

---

① 郑广怀：《迈向对员工精神健康的社会学理解》，《社会学研究》2010 年第 6 期。
② 张和清：《灾难的社会根源与灾害社会工作》，《开放时代》2011 年第 10 期。
③ 郭伟和：《流动的希望——建筑业农民工社会工作服务模式初探》，载王爱丽主编《中国道路与社会发展——中国社会学会学术年会获奖论文集》，北京，社会科学文献出版社，2011。
④ 郑广怀：《迈向对员工精神健康的社会学理解》，《社会学研究》2010 年第 6 期。
⑤ 王瑞华：《从嵌入性理论看中国社会工作的专业化战略》，《河南师范大学学报（哲学社会科学版）》2011 年第 5 期。
⑥ 陆士桢、漆光鸿、徐选国：《植入性社会工作组织的生成路径与发展策略——以汶川"5·12"地震灾后五家社会工作组织试点为例》，《重庆工商大学学报（社会科学版）》2012 年第 5 期。

社工主体的影响。为了进一步验证个案的典型性，在个案分析之后，我们还通过一个全省的调查来分析这种治理嵌入困境的典型性所在。

二 嵌入的背景

T 街是 Z 市 M 区属下的一条行政街，地处 Z 市老城区中心的繁华地带，面积 0.51 平方公里，下设 9 个居民委员会管理，全街有户籍居民 3.7 万人，非户籍居民 3.4 万人，流动人口 0.7 万人。该街道多次获得省市乃至国家社区建设的试点机会，可谓社区制改革的"明星街道"之一，其社区服务均由政府直接管理。

2009 年，T 街成为 Z 市政府借鉴香港先进经验推广社区综合服务中心的社区建设试点街道。Z 市虽然对建设社区综合服务中心提供了政府购买服务、政府直接管理和混合模式三种管理模式，但是也明确规定了项目工作人员要以专业社工为主体并制定了相应的量化指标，从而激励基层政府选择更富改革色彩的政府购买服务模式，实现基层社会管理体制的成功转型。然而，面对市政府要求，T 街更愿意采取政府直接管理的模式，街道民政科甚至在市级红头文件公布前已经撰写了项目计划书，这样资源就可以控制在街道政府手里。但是T 街的这一做法没有得到上级政府的支持，区政府要求他们公开招标，将项目外判给民办社工机构，并指出政府购买服务模式可以相应增加 100 万元的财政经费。受到体制创新、上级要求及经费诱导，T 街的试点工作不得不采取政府购买服务的方式。

当 T 街决定找社工机构合作时，却发现有能力承接项目的机构供不应求，D 社工机构在这时主动找到了 T 街。D 社工机构在 Z 市民政局登记注册为民办非企业，是由高等院校 M 大学社会工作专业 3 名老师发起、依托于 M 大学社会工作专业成立的专业社会工作服务机构。此次试点为注册一年多却无项目可做的 D 社工机构带来了摆脱"空挂"而成为实体的希望。为了促成与 T 街的合作，D 社工机构承诺将其打造为中国社区综合服务"新品牌"，通过为社区居民提供全方位、专业化的社工服务，建设一个资源和人员循环互动的幸福社区。2010 年 1 月，T 街决定购买 D 社工机构的服务，共同建设 T 街社区综合

服务中心（以下简称"T"项目）。D 社工机构组织了 7 名社工、1 位中心主任（以下称王姑娘）和 1 个项目督导（以下称督导 K）的团队进入社区，通过街道的协调及居委会的配合开展社区调研和个案服务。

我们可以从中观察到专业社工嵌入街区的背景：第一，专业社工嵌入街区的方式是以民办社工机构作为法律意义上的独立法人，通过承接政府付费的社区服务项目，进入街区承担街区治理结构部分原有的社区服务功能。经由这一过程，专业社工实际上成为了街区行政治理的一部分。第二，D 社工机构主动将社区善治认同为专业社工的目标，其"建设幸福社区"的承诺迎合了政府对发展社会工作的期望，成为专业社工嵌入街区的正当性所在，但这也使得专业社工一开始就无法回避社区管理体制改革总布局给予它的使命。第三，T 街迫于上级压力最终将服务项目外包给民办社工机构，这并不代表街区原有行政机构真正接纳和认可了专业社工。第四，专业社工与原有街区治理主体通过社区服务项目首次发生实质的联系，但正如王思斌所说，"专业社会工作嵌入实际社会服务具有明显的'物理性'，这是一种外来物的进入。一种外来物要进入庞大的强势体系，需要亲和"，双方能否有较深层次的合作从而呈现深度嵌入的实态，这依赖信任关系的建立。第五，D 社工机构嵌入 T 街的前提之一是市场内缺乏可供选择的服务供应者，社区服务市场份额本身的大小、其他服务主体的多寡、机构自身兑现承诺的能力均对机构能否持续嵌入 T 街形成挑战。

T 项目运作至今已有两年半的时间，经历了与原有街区治理结构相磨合的关键阶段。这个过程展现出王思斌所说的专业社会工作与行政性社会工作的"深度嵌入"，但是我们关注的焦点不是结构的变化，而是专业社工与街区治理主体之间权力关系的演变。我们的研究者以实习生的身份在 T 项目中从2011 年 6 ~ 11 月连续做了 5 个月的民族志式的田野工作，把项目发展过程中先后进入和退出的行动者作为观察对象，包括专业社工①（在社区从事专业服务、多数有社工证的社工，他们均大学毕业不到 2 年）、原有社区工作员②

---

① 文中将"专业社工"与"社工"交互使用。
② 文中将"本土社工"与"行政社工""社区工作员"交互使用。

（转岗到 T 项目的 3 个居委会专职人员及 1 名下岗职工，他们没有社工证，年龄在45～55岁）、政府官员、居委会专职人员等，通过观察他们对自身及他人的言语和行为，笔者得以描绘出专业社工深度嵌入街区的权力关系图景。此外，我们也回溯了 2011 年 6 月以前的组织发展历史，从而便于我们对权力变迁有更深入的了解。我们发现这一嵌入过程并不如嵌入式发展理论所揭示的那么积极，相反却存在着社会服务行政化、内部治理官僚化和专业社工建制化的困境，这使得专业社会工作在社区治理体系中的影响力逐渐消失。

三 政府权威的渗透与服务行政化

其实，在市政府关于政府购买服务的资助及服务规定的文件出台前，D 社工机构尚未与相关政府部门签订合同就已经进入 T 街开展了近一年的无偿服务。此时，三方并没有什么协议来规范三方的权力关系。购买服务的确定意味着三方将签订合同关系，不过即使与区政府和街道签订了协议，三方的角色及权利、义务也仍然存在不少模糊地带，与街区内其他利益相关方的关系也不明朗。协议签订的时间差及内容的模糊性使得专业社工在嵌入街区的初期与街区原有治理体系有极大的角力空间，其中既有街道权威的渗透，也有专业的自主性抗争，但总体呈现强政府、弱专业的权力不对等状态。主要表现在如下方面。

第一，行政部门责任履行不足。协议规定街道要"解决项目的硬件设施、对居委会及区级政府职能部门进行协调以及为服务开展提供一切必要的协助及便利、协助调研和服务方案的制订"。然而，街道并没有承担政府规定的"解决项目的硬件设施"。对于协议规定的协调责任，一旦涉及区级政府的职能部门，例如社工开展社区矫正工作时需要司法所的配合，街道就缺乏协调作为。第二，监督过度。协议规定街道的权利是对项目的具体管理监督，但街道对专业社工的监督次数、范围和力度不断增加。街道推动自身与社工机构及区政府建立三方联席会议制度，要求社工开会、写报告来报告工作进度，并频繁对社工的工作开展突击检查。中心主任王姑娘回忆那段日子："不仅有开不完的会，讨不完的论，还有写不完的报告，我们的关系一度很糟糕，甚至觉得街道

不欢迎我们，处处与我们作对。"第三，管理权力不断延伸。由于协议并没有明确限定政府对项目的管理权限，街道对专业社工的管理权限延伸到项目的方方面面。街道一面干涉社工的服务，如规定社工的服务范畴、服务指标、外出工作的时长，一面干涉机构的行政管理，如随意改造社工的办公场地。

在社工与街道围绕项目管理权进行角力期间，项目资助程序的缺陷使机构陷入对街道的资源依赖。市区两级政府要实施项目评估后才分期拨款，但评估日期却一再推迟。评估完成后，还要经历从市级到区级再到社工机构这一耗时极长的项目拨款过程，环环相扣的资助程序使得 T 项目在一年内两次陷入"断粮"的困境。尽管机构意识到单一的资金来源严重制约了自身的发展，但向别的机构筹款失败使得资源依赖的现状未能改变。于是，财政上本不应与专业社工有瓜葛的街道变成了机构陷入资金困境期间的唯一援助者，这就使得街道办事处强化了管控社工的实质能力。

面对被街道纳入管理网络的行政化危机，社工进行了自主性抗争。例如，社工们每天花大量时间做文书工作，如个案时数、小组时数与文书时数的比例分别是 1：4 和 1：7，这不单是督导 K 的要求，也与市区级政府将文书作为评估的关键途径有很大关系，这时，尽管街道不喜欢社工成天待在办公室，但社工们宁可顶住街道的压力也要完成文书任务。但是，这样的自主性抗争很快就消弭了。2011 年 3 月，街道向机构施压，使得机构将拒绝执行街道某些行政任务（如接待媒体来访和政府参观）的王姑娘调职，社工与政府的协商与制衡能力更加脆弱。

在社工与街道的关系逐渐从监督—被监督的关系向管理—被管理的关系转变时，社工与街道辖区内其他组织则由合作走向隔离。最初，社工通过居委会发掘服务对象及与居民建立关系，向其他社区组织（如社区文化站）借用场地、合作开展活动，尽管这使得社工很快在社区"混个脸熟"，但他们发现这样的合作方式使居民对社工和街区原本从事社区服务的人员产生混淆，社工对社区治理的影响更加难以评估。于是，机构内部多次开会，调整了与原有社会服务人员的合作方式，只将对方作为服务信息的传播平台，如请居委会帮忙通知居民参加社工举办的活动，并通过强调自身的专业性，区分于对方的行政性功能。

然而，对参与社区治理的专业优势的自我认识却在实践中受到社区乃至部分社工的质疑。对于服务对象，有社工在服务中出现"不知道这样做是案主的需要还是我们（社工）的需要"的困扰，有社工为了达到街道规定的个案会谈时数而在案主家滞留，结果遭到了居民的投诉。当社工以服务而非礼品来吸引居民却面临参与人数下降时，社工最终也只好像居委会一样，选择发放礼品的方式。此外，社工本来将自身界定为资源联络人，于是频繁将居民个案转到居委会，但是这种做法使居委会专职人员认为社工对实质问题的解决无能为力。既然动员居民的社区活动及资源联络者的角色均告失败，社工便通过增加个案和小组服务来凸显解决个别居民困难的优势，但是恰恰是这一方面的个案一直没有取得实质性进展，小组活动也人气不佳且成效模糊，这些服务常常无法延续。

> 他们（居委会人员）问过我一些事情，比如为什么总是要跟个案，那样跟有用吗？被那样一问，我也觉得很难去回应。如果我做一个个案有成效，那我可以理直气壮地说我做得怎样，有说服力嘛，但现在我的个案跟进，我觉得有真正明显成效的还没有咯，这样我去反驳人家，心里也没底，很难去解释清楚。（刘社工）

在 D 社工机构嵌入街区初期，我们可以看到政府权威借行政性社会工作不断渗透、导致专业社工自主性不断减弱的服务行政化过程。而当社工无法以专业性来证明自身的嵌入能够改善原有的社区服务，那么为了继续获得嵌入的合法性，就需要用形式上的专业（做个案、做小组）来补充实质上的专业（解决实际问题）。服务行政化的后果是社工的服务越来越多地反映了街道政府的意志，以服务对象的需求为本的专业使命受到威胁，比原有社区服务人员更能实现社会善治的专业承诺受到怀疑。社工机构没有成为街道政府的伙伴，而是变成了伙计。

四　权力集中与内部治理官僚化

当我们关注嵌入发展时，我们很容易把焦点聚集在专业社会工作与行政社

会工作之间的矛盾与冲突，但是却可能忽视购买服务项目行政化后，专业社会
工作机构、制度和文化价值观念本身也会发生变化。在 T 街，政府的权力不
断渗透，使得社工服务走向行政化的外部权力安排深刻地影响了专业社工的组
织治理结构。项目运行之初，理事层不干涉项目的具体运作，督导 K 与社工
是师徒关系，中心主任也没有脱离一线服务。但是随着项目管理权收归街道，
富有民主改革意识的中心主任被迫离开，督导 K 成为 T 项目的最高决策者。
由于督导 K 通过精湛的专业知识形塑了"专业权威"的形象，社工的集体决
策极大地让渡给了督导 K 的个人决策，项目中的民主氛围随之被削弱。而当
督导 K 的决定与直接对政府负责的机构行政领导的决定发生冲突时，包括新
的中心主任周姑娘在内的社工大都选择听从督导 K，这使得行政领导觉察了自
身权力的减弱，于是机构领导层发生了冲突。行政领导借有员工抱怨福利制
度，辞退了督导 K 和为员工争取福利的林社工，收回规章制定、信息发布和
划定工资标准等权力，并将项目的另两个社工调职，任命了新的听话的项目管
理者，拆散了原有的社工团队，组织在人事变动的权力斗争中走向集权化的内
部治理结构。

　　由于社工的服务成效不尽如人意，行政领导取得机构的决策权后寻求让社
工遵从街道命令以获得行政权力的保护。他向社工传递"机构乃至整个行业
的利益优先于服务对象的利益"的理念，社工的首要专业价值是"令政府满
意"。如果机构和行业的形象不佳，政府会停止向社工购买服务，服务对象的
利益就会受到损害。他说：

> 　　社工的专业性不仅是坐在那里做个案开小组（会），这些行动成效较
> 慢，运用社工的专业性来提升社工的影响力才更加重要。……到时候
> （被）市领导注意到，与街道层面工作人员的矛盾和不解肯定都没了，街
> 道甚至还会反过来给你资源让你继续开发新项目，因为你让街道出名了
> 啊。（机构领导人）

　　由于项目权力高度集中于服从政府的机构领导，弱专业更加弱化了与政府
制衡的力量。于是政府更加深入地干涉 T 项目的管理，安排了 3 个居委会专职

人员（秋姨、翠姨和琴姨）和 1 个下岗职工（马叔，T 街党工委帮扶的生活困难党员）到中心就业，出现了行政社会工作对专业社会工作的反向嵌入。而 T 项目的社工却无力反对政府对机构人事的干涉。尽管项目后来成立了工会，但工会主席的产生没有经过法定的选举程序，也没有任何集体活动。由于争取福利的林社工被辞退的事件彻底破坏了中心自下而上的沟通机制，当遇到权益方面的问题时，社工们倾向于等待自上而下的意见征集。

至此，科层制的管理思维营造了等级制、集中化的权力关系，社工间的情感联系被削弱了，整个团队更像是完成指标任务的机器。开会时，一切与指标无关的事情都不会被讨论，每个人都被要求做好自己分内的事情。这一阶段，机构开始发生人员流失，新入职的社工没有原来 7 个社工的经历，他们并不适应严肃的组织氛围，而原来的社工则认为这些新社工没有经历过艰难时期，没资格抱怨太多，"老人"和"新人"相互不理解而很难融合到一起。

> 旧一批（原来）一起工作的人，是整个中心对我支持最大的人，主要是情感上的支持。那个时候我们配合得挺好的，一起被督导 K 骂，一起被街道骂，闲下来，大家可以一起骂督导 K，骂街道啊！我们有凝聚力、有归属感，但我们没有往一个好的方向去成长，还没有一起达到什么（目标）就被拆散了。现在感觉有人不断离开和加入，是因为这个群体使人坚持不下去而离开，这种感觉不是一种好的、健康的离开和加入。……他们担心我们成为一个团队会影响他发展，影响他管理，这个外力阻止我们变成一个很强的力量。（尹社工）

> 我们这些做惯了居委的人，以前在居委会都是大声讲话，吵吵闹闹。中心的社工都不讲话，成天低着头做事，一点都不像年轻人。我问阿楚："我们是不是来到了 007 保密公司？"（秋姨）

相对于弱专业，转岗到社工机构的原有的本土社会工作人员（中心称他们为"社区工作员"，从而与"社会工作者"区分开来）则更为弱势，他们不仅无权参与中心事务的决策，甚至不能决定自身事务。社区工作员被办公场所和会议制度隔离开来。他们没有办公场地，"不知道去哪里，感觉自己很多

余，好像外人的感觉"。他们入职 2 个月后才被要求参加中心的报告会①，但内容是全体员工报告指标的完成情况，如"本周探访老人 XX 人次，电话探访 XX 个"，似乎来开会更多是为了监管而非鼓励他们参与。而中心给他们的工作任务像是在打发他们。

> 居委会一人一条线，你自己去上门、熟悉居民，做好你那条线的工作。我刚到这里来的时候就没人分配，后来我知道我们做访问，但没一个明确的目标给我们，访问什么人，直到现在都没明确要访问什么对象。周姑娘根本不知道我们是怎么做，就说你们自己负责，反正要做好自己的工作。(秋姨)

D 社工机构对社区工作员既是粗放式管理，又有不少"不让听、不让干"的限制。社区工作员不仅与社工接触的机会少，有时社区工作员想要发挥自身熟悉社区的优势陪同社工走访社区或找街道协调工作，社工却常常婉拒或表示要请示上级。而当秋姨试着跟周姑娘提一些工作上的建议时，周姑娘就会说"行了，他们（社工）会去做的"。对此，社区工作员只能说："社工自己有一套，还说什么呢？我们就是编外人那样的。"社区工作员与原有社区组织的联系也有一定的阻碍，用秋姨的话就是"跟周姑娘说什么，她都说不行"。

可以看到，当外部服务行政化以后，内部机构也逐渐趋向官僚化。行政权威最终挤走了专业权威，当组织权力集中在一个依附政府的领导者手中时，弱专业也进一步弱化，政府的权威则进一步生长，直至机构的人事管理分化，政府将原有的社区服务人员放入项目之中，而这些社区服务人员原来的行政背景使得社工对其拥有一定的防范，与他们相区隔，建立了"一个机构，两套人马，两种管理"的官僚化体系，这更加深化了社工在街区中自我孤立的尴尬处境。

---

① 在 T 项目中，会议制度分为督导会和报告会，督导会只有社工、机构管理者和政府官员才能参加，社区工作员则不能参加督导会。

五　专业建制化与行政性控制

在外部服务行政化和内部治理官僚化的影响下，社工开始呈现专业建制化的特征。所谓建制化，是指个体或组织朝着与国家体制关系更紧密的方向变化其社会位置。专业建制化就抽象层面来看，是一种冀求拥有统治权力（即所谓的公权力）或权威力量的心态或意向①。在 T 项目实施期间，其专业建制化表现在社工几乎没有底线地执行政府的要求，与当地原有的社区服务人员更加疏远，与机构内社区工作员的冲突外显化。在这个过程中，社区工作员通过对机构管理的一些抗争行为及他们自身的社区熟人网络获得了自治的权力，他们反而成为专业社工与服务对象乃至政府之间的协调者。

为了得到街道政府的认可与支持，专业社工允许了服务资源分配不均的"潜规则"存在。例如，长者配餐服务是为 80 岁以上的高龄老人提供的服务，但有街道官员在不改变规则的前提下将一些不到 80 岁的老人也带来接受服务，尽管这引发了其他老人的不满和议论，而社工却默许了这一现象。社工的专业建制化在迎接领导视察期间表现得最为突出，从中可见"客观的权力关系倾向于在象征性的权力关系中再制自身"②。

> 阿翠叫一个居民来中心做花。领导来的那天，他们（社工）说人多，就让人家走。那个居民因此非常的生气。你说人多，那你就应该安排个位子让人家坐着也好，但他们却把她带出居委中心，直接让她回家。那居民的感觉是好像自己是反革命的一样，还要押送我走，说以后再也不来中心了。需要人的时候就邀请人家来，不需要的时候就一声不吭地让人家走，这样是不好的。（秋姨）

相比对街道的依赖，社工与街区内其他治理主体的疏离使得他们始终无法

---

① 陶蕃瀛：《社会工作专业发展的分析与展望》，《社区发展季刊》1999 年第 88 期。
② 皮埃尔·布迪厄：《社会空间与象征权力》，载包亚明主编《后现代性与地理学的政治》，上海，上海教育出版社，2001。

嵌入本土网络，而拥有对开展服务至关重要的社区熟人网络恰恰是社区工作员的优势和专业社工的劣势。因为社工均不住在社区，与社区建立的联系是基于职业需要的正式关系，而缺乏个人之间的情感纽带和信任。机构领导人虽然强调服从政府，但是也忽略了与 T 街的领导建立私人关系和情感。而在基层社区，私人关系冷淡很容易导致难以建立起机构与机构之间的信任关系。例如，T 项目邀请街道官员出席机构年会，结果街道方几乎无人出席。相反的，社区工作员在邻里中有权威，他们文化水平不高但做事讲究实效，对居民的需要十分敏锐且善于修补居民关系，街道领导对他们比较尊敬，作决策前常问询他们的意见。社区工作员秋姨根据自身 30 多年的居委会工作经验，常常能在复杂的权力关系中找到平衡各方利益的路径，以及借用在社区内的声望及与街道领导的良好关系来抗议不公。她曾代表全体员工向机构领导争取高温补贴、员工会餐等福利，还曾因为街道主任每次来中心都大声责备社工们而向街道书记投诉。

在这种建制化的过程中，社工的专业优势不仅无法体现，甚至形塑了缺乏活力、弹性和沟通能力的自身印象。"他们（社工）是会写不会做，我们（社区工作员）是会做不会写！"社区工作员如是说。"会做"是经验的呈现，"会写"是学历的表征，在原有的社区治理主体看来，以学历作为专业的表征是行不通的，甚至实践中的某些以规定、公平为由产生的"专业行为"反而降低了服务质量。这时，社区工作员便运用经验成为修补居民与社工关系的协调者。

> 有七八十岁的阿婆参加中心的游园活动，夹气球要来回走七八次才算过关，有些阿婆夹了五次后不想再走了，社工说一定要走到规定的次数才可以，有两个阿婆就找我投诉，说再也不参加社区的活动了。我连忙说："社工不给礼品，我给。"将中心的环保袋拿了几个给她们。（翠姨）

> 一次，报纸上登了一个居民的新闻，那个居民找社工借回去看。后来还回来，说没看完，问能不能续借或者拿走。社工说不行，说这样对其他居民不公平，而且报纸要存档。我就奇怪了，这样怎么不公平？而且怎么可能存档呢，已经是过期很久的报纸，一直是我们负责卖掉。结果我到报

摊、街道、居委到处去给这个居民找报纸。社工这样做事迟早要跟居民把关系闹僵，我们在居委工作这些年，我们知道的。（琴姨）

社区工作员不但开始质疑社工的专业性，并向社工争取自主权。虽然"不要干涉社工的工作"这条中心不可言说却又处处存在的隐性规定使得社区工作员难以应对，但她们还是成功地突破了一些让她们感到不舒服的规定：例如座位没给他们安排，那就随便坐好了；高声谈笑似乎问题也不大，反正也没人说什么；居委会那边需要帮助就去吧，这样才有人情味；不可以讨论居民的事情，那就到与厨房相连的小组活动室去讨论吧……通过秋姨领导下的集体行动，社区工作员的诉求一步步得到表达和实现，他们能够坦然地面对中心对他们的忽视：

> 当时领导来检查，安排阿翠在前台，我在棋牌那里，后来她（周姑娘）说不用我们两个了，也不知叫我们去哪里。我心想，你不需要我也无所谓，我一出去就会有位置（地方）去了。我一出去，居民科长就叫我快点到孵化室帮忙，当时我想，阿翠没人要，就快点叫阿翠过来。我就不怕，我一站出去就肯定有人叫我，我就算回去居委会都会有人叫我帮忙。（秋姨）

然而，在专业社工的区隔下，社区工作员的抗争只是取得了短暂的胜利。机构本来就无意留下社区工作员，在经费既定的情况下，政府又将"拥有社工证的社工"作为评估指标，那么机构更要招聘社工来增加获得政府购买的资本。在街道与机构的关系好转后，中心开始实施全日工作制、员工在周六轮流值班等新规定，迫使每周需要三个下午照顾孙儿的秋姨辞职，一直没能加工资的马叔也离开了中心。而专业社工的状况也并不比社区工作员好，原来7个社工的团队仅剩1人留下，尽管不断有新社工加入使得项目不至于陷入"社工荒"，但他们没有与组织同舟共济的集体记忆，而是从一开始便为指标任务奔波。

进入街区两年后，专业社工不仅没有给社区带来改变，反而强化了原有的

政府行政性控制。伴随着有抗争意识的组织成员纷纷离开 D 社工机构，专业的权力走向实质性的瓦解。专业的建制化过程最终使得走向服务建制化和官僚化控制的 D 社工机构在街道的嵌入如浮萍一般难以深化，街道甚至在社工机构之外引进其他社会组织，用街道财政支持和培育本地社会组织，并多次向秋姨这些有权威的居委会人员征求意见，意在寻找更具成效的方式替代 D 社工机构在街区的位置。D 社工机构在社区治理中逐渐被边缘化，影响式微。与此同时，机构却在街区之外继续积累着"专业"这一象征资本优势，频繁获得省市乃至国家的各项荣誉奖项，承接其他政府购买项目的数量和份额均持续上升。专业社工在社区内部治理中浅层的、日益边缘的嵌入与其在街区之外与政府的深度嵌入成为并存的吊诡现象。与此同时，2011 年以来全省社会建设新政使得大量社会组织应运而生，社会服务市场上出现了更多的供应主体，如何在市场竞争中持续获得专业的优势地位，这是 D 社工机构正在面对的又一难题。

六 全省的调查：专业社工机构嵌入街区治理的类型学分析

D 社工机构在 T 街街区治理中的嵌入困境是个别现象还是一种典型现象？为了回答这一问题，我们在 Z 市所在的 Y 省有政府购买服务的城市中开展了社工机构嵌入街区现状抽样调查。[①] 调查发现，本土社工和专业社工已经形成了非常鲜明的共存现象。总体上民办社工机构的专业工作人员比城乡社区组织原有的行政性社会工作人员有更高的学历、收入、取得职业资格证书的比例，并且年龄层次更低，而本土社工在这些方面都处于明显的弱势。研究发现，Y 省社工机构嵌入街区治理的方式可以分为三种类型。

---

① 这次调查是受 Y 省民政厅的委托，对专业社会工作和原有社会工作员制度进行调查。受访对象包括政府机关、人民团体、事业单位、城乡社区组织（社区居委会、社区工作站等）和民办社工机构等方面共 127 名有关人员，涉及全省 10 条街道（镇区）共 17 家社工机构，并发放了 190 份调查问卷对 Y 省城乡社区组织和民办社工机构里的人员构成、工作现状、职业能力等内容进行了了解，问卷回收率为 97.22%。

第一类是"隔离型"。这类专业社工服务机构嵌入方式类似于社工机构空降到社区。他们的项目运作偏重民生等服务产出而没有改善社区治理的意图，他们基本不与地方政府发生关系，也不愿过多卷入到地方政治环境中，而是在有限范围内选择学校、其他社工机构等非营利、非政府组织为合作伙伴，并谨慎地将自身与包括居委会在内的官方和半官方组织在工作上区隔开来。某社工机构副总干事这样说："我们肯定愿意请高校毕业的人，而不是居委会的人，很简单，便于管理。居委会干部算作社工也没问题，关键是机构招什么人进来，这个由我们来决定。"而这类社工机构虽然在社区工作，但是并不熟悉街区，对街区治理机制也没有任何影响，可谓"有服务无改变"。服务的效率自然受到居委会等机构的质疑。

> 现在居民有困难是主动去找居委会，哪怕是门挨着门，这边是家庭服务中心，这边是社区居委会，他宁可来到居委会，其实从服务项目上讲，他就是家庭综合服务中心的。……我们的服务不是单纯的服务，要联结社区的资源，比如学校、医院，还有大老板，还有为居民服务的便利店，通过我们的资源为居民提供方便。要联结这些资源，如果对社区不熟，是办不到的。（某居委会书记）

由于将自主性而非嵌入性视为组织发展的优先策略，这类社会工作机构就脱嵌于社会建设的总体框架，"隔离型"社工机构与街区政府和相关行政部门缺乏亲和力和相互配合。但我们也发现，由于缺乏嵌入，这些机构不但服务成效大打折扣，而且也并非真正独立，他们常常要靠更高层级的政府部门对街区政府部门的硬性要求才能得到服务居民的机会。

第二类是"冲突型"。这类社工机构在项目运作中与当地政府或者权势集团的主张或利益相冲突，不少机构引发街区治理结构的"排异反应"而被迫撤出或者陷于瘫痪。由于得到了高于原有社会服务主体的政府资源，这类社工机构面临着后者对其服务成效巨大的问责压力，他们的服务成效不受认可，其专业优势常常被街区治理主体认为是威胁其在社区建设中的位置的竞争对手。

他们在比较之后就有很大的失落感，社工机构的中心主任拿几千块钱一个月，文化站站长干的工作并不比他少，都是社工啊，我们也觉得很不公平啊，干的工作都一样，为什么你拿的就比我多。（某街道主任）

我们以前搞社工试点的时候，有一个月下去实地抽查，就会发现这个社工不认识了，下个月又换一个，我们就很恼火的，社工试点就一年，你这个社工还不停地换来换去，你怎么开展服务的？（某区民政局副局长）

我们现在建立宏大的社会工作人才队伍，把它提到很高的程度，要建立家庭综合服务中心，要求有主任，要有三位督导，要有专业的社工，提得非常高。但是它对我们社会工作、社会服务的促进怎么样呢？大家心里有数。而且各个街道的领导，各个部门的领导，都有这样那样的看法。我们这么多年实打实做基层工作的人员（的功绩）不可抹杀。（某区民政局局长）

社工机构的冲突型嵌入方式使得社工机构不但面对街区治理主体的怀疑、排异、消极对待甚至驱逐，在赢得居民的信任方面也常常存在障碍，他们自身的行动未能很好地适应地方的治理规则、人际关系和地方文化，有的甚至被怀疑可能引发信访事件，从而恶化街区的社会秩序并引发更大的冲突。

居民一进来说我要找工作，我说我这里是民间机构，你要想找工作，我们可以整合资源帮助你去找工作……他一听说我要把他转到其他机构的时候，就会认为我不负责任的，说你是什么态度啊，你怎么可以这样子，还要投诉我。（某社工机构的社工）

第三类是"互惠型"。这类社工机构既保留了专业性，又在整个街道通过有效的服务，悄悄地改变治理方式，推动社会变革。他们会努力寻找和地方政府部门的利益合作点，希望能够在实现自身目标的同时也能够实现地方政府的目标，从而达到双赢的效果。这类社工机构积极与原有街区治理主体展开形式多样的合作，甚至接纳原有社区服务人员进入机构以提升组织与当地社区的融合。当与政府意见出现分歧时，这类社工机构在坚持自身使命和原则的同时能够积极沟通以寻求协商共识。这样，他们的弹性和亲和力使得自身较能得到原体制因素的接纳与配合。

> 政府一直很希望我们马上做很多，手把手教它怎样去做。但是我们觉得头半年不应该这样做，所以我们不会那么快进入，即不会那么快碰到他们那么核心的东西，第一步就是关系的建立。例如课程的设计，不是我们定了告诉他们是这样，而是定了方向之后，你想学什么，大家一起讨论，给他们的感觉就是我们是一个同路人的角色，而不是高高在上带着你走。（某社工机构的中心副主任）

在我们的整体调查中，发现嵌入过程中的冲突型关系在调查的 17 家机构里占了 10 家，而互惠型的社会工作机构可以说是社工机构中的标杆，但是在行业中却屈指可数。因此，D 社工机构对街区权力关系的嵌入困境在这个背景下并非个案，我们在对其他社工机构的考察中，也发现许多类似的建制情况，只是有的冲突更大，甚至涉及索贿行贿；即使有些机构在冲突中能够保持相对独立，也举步维艰。

七 结论与建议：专业社工如何推动街区治理变革

基于上述案例分析可以看到，专业社会工作以政府购买服务的方式进入社区，与当地治理机制存在着治理嵌入的问题。虽然本文并不反对嵌入性策略，也认为专业社会工作机构和行政部门之间仍然存在着可能的合作治理关系，但是本文却认为，嵌入性策略并不如国家合作主义观点所期待的那样乐观，如果没有合适的、可行的社区动员技术和不能坚守服务群体为本的价值观，嵌入性发展就可能既给专业社会工作发展，也给基层社区带来新的迷思。这是因为：第一，作为社工深度嵌入的机制之一，政府购买服务具有市场竞争的性质，尽管国家与专业有一定的双向选择，但权力的界限模糊且不对等。当弱小的专业依附于国家并交出了部分自主权，专业权力就会表现为服务行政化。第二，专业社工有提高服务成效和促进自身发展的双重目标，由于具有专业情结、忽视

非正式权力关系且高度依赖政府权威，专业社工对本土社工从试探性的合作走向自我孤立的功能区分，这会使得专业内部治理容易走向官僚化。第三，这种深度嵌入的后果是专业社工成为建制的主体，他们在科层制下日趋行政化并远离服务对象，即使有的本土社工和专业社工可以成为抗争的主体，发出质疑并向专业争取自主权，力图在专业与国家、居民等主体间发挥协调的作用，但是仍然难以抵御这一建制化过程，这导致了社会工作专业权力的空心化。

D社工机构的个案似乎表明，以政府购买服务的方式深度嵌入街区的专业社工既未必能保证自身的专业性，也未必能有助于街区善治。社工是在得到市区政府的政策优惠（优先购买专业社工而非其他 NGO、本土社工等主体的服务）和社工服务机构供不应求的市场环境下嵌入社区的，一旦其不能协助基层政府实现社区善治的承诺，它在社区的地位就变得岌岌可危。而若是其将获得体制内社会服务资源的能力等同于自身的发展，将与以居委会为主的原有社会服务人员相区分作为获得社会服务资源的策略，将象征性的服务成效作为获取权力的工具，那么内部权力就将走向瓦解，不但动摇了自身的专业价值，其专业能力也朝向形式化的方向发展，在原有的街区治理体系中成为孤芳自赏的、既无法深度嵌入也无法独立生长的"盆景"，造成专业发展的困局。

如何面对这一社会工作专业深度嵌入带来的困局呢？从转型社会工作的视角来看，专业社工必然要走体制嵌入性深度发展的道路，但是这种嵌入不能仅仅是与行政性社会工作在服务上的简单嵌入，专业社会工作还需要适应本土情境，将推动社区治理的变革作为自己的要务。专业社会工作若是继续持有"专业社工是最有资格从事社会服务"的专业神话，为行业设置自我保护的门槛，就不可避免地要受到原有街区治理体系的排斥和干预。社会工作的专业性就会成为一个权力争夺的场域，社会工作甚至会被诟病为"一门获得政府购买的生意"，专业的人本主义逻辑也会被资本的工具主义逻辑取代。而要挽回式微的专业权力，专业社会工作就要有相应的批判意识，可以策略性地与街区政府建立既独立又合作的关系。更重要的是，社会工作者还需要重拾资源公平分配的价值观，与原有的社区服务人员结盟，才能推动街区社会治理的民主化变革。事实上，原有社区服务主体是在地方性知识与本土价值系统上发展起来的，尽管它与社工之间不可避免地存在资本与权力之争，但结盟的空间仍然是存在的——原有社区服务主体是社工深度嵌入性发展的根基，而不是社工要取代或驯化的对象。亲近这些本地的社会工作员事实上也就亲近了多元化的民间。

在文章的结尾，笔者以 T 项目的厨工马叔日记中的一个片段作为结语，以此自省并与同僚共勉：

口口声声地说依照合约去做的所谓"专业精神"能够行走多远呢？其实在实践中已经有了答案。由"资深督导"策划的垃圾分类活动，义工足足有 30 多人，送上盆花（做礼物）都无人要，门庭冷落，最终将花当垃圾处理，宣传环保反而制造垃圾，真是讽刺！而三个臭皮匠做"母亲节"活动，有声有色，人声鼎沸，像赶庙会一样的热闹，如果不是天黑下雨转回室内，氛围一流评 90 分是不夸张的。这两件事对我很有启发：凡将一简单易行的事说得云里雾里、故弄玄虚，不是别有用心，就是不懂装懂，要警惕！什么"香港资深"的广告大约是包装商业操作行为，真正要做实事时还是"老经验"。希望最好的结果是：团队不分彼此，精诚合作，优势互补，而不是分"斯文人"和"无文化"，搞"劳心""劳力"那一套。（马叔）

公 益 文 化

Culture of Philanthropy

B.12

中西比较视阈下
公益慈善的伦理诉求*

王硕 李萍**

摘 要：

伦理诉求是对道德动机和行为价值目标的综合判断，是理解公益慈善
活动的内涵及意义的关键所在。作为人类道德生活的实践内容，公益慈善
在不同的文化传统中呈现不同的范式，其伦理诉求是其文化内在伦理精神
的体现。相对于西方旨在构建公共领域之善的社会改造诉求而言，中国传
统公益慈善的价值目标更倾向于维护既有的伦理秩序，构筑"伦理共同
体"。在全球一体化的当代社会，中西方公益慈善伦理诉求的交融视阈在
于建立以"交互主体性"为基础的"爱的共同体"。

---

* 本文是 2012 年国家社会科学基金重大项目"社会转型中的公民道德建设工程研究"
（12&ZD007）和中山大学青年培育项目"公益伦理研究"（1209158）的阶段性研究成果。
** 王硕，中山大学哲学系讲师，中国公益慈善研究院研究员；李萍，中山大学哲学系教授、博
士生导师，中国公益慈善研究院院长。

关键词：

公益慈善　伦理诉求　报　义　仁　爱的共同体　交互主体性

公益慈善作为"具有实质内容的道德事业"①，是社会建设的关键领域。公益慈善的动机和目的关涉人们对道德社会的认识和愿景。伦理诉求问题即对道德动机和行为价值目标的综合判断，可谓文化内在伦理精神的体现，是一种与生活经验密切相关的价值生态。② 但伦理诉求并不是抽象的道德要求，一旦脱离"生活世界"及其依存的文化传统，伦理诉求则陷于虚幻或苍白无力。诚然，作为人类道德生活的实践内容，"公益慈善"在不同的文化传统中会呈现不同的范式③，因为文化传统总是深刻地影响着人们的生存样式和思维方式，具有强大的预制性功能，这种"预制性"表现为对人类生存和社会发展而显现的潜在、先在和先天的制约影响特性。④ 通过追溯中西方公益慈善的思想传统，比较不同文化传统下伦理诉求的差异，我们以为，西方文化限定的伦理诉求很难对中国传统作有力的解释，反之亦然。中西方伦理诉求的差异不仅体现文化传统的差异，更是在全球化的现代社会追求人类共同伦理精神的宝贵资源。

一　西方视阈及其阐释局限

伦理诉求被西方学者视作公益慈善概念的重要诠释向度。⑤ 哲学家佛朗西斯·培根是把公益慈善的希腊理念引入英语写作的第一人，他认为，希腊人所说

---

① 郑功成等：《当代中国慈善事业》，北京，人民出版社，2010，第1页。

② 参见樊浩《"伦理精神"及其"价值生态"》，《樊浩自选集》，南京，凤凰出版社，2010，第40~52页。

③ 参见 Robert L. Payton and Michael P. Moody, *Understanding Philanthropy: Its Meaning and Mission* (Bloomington: Indiana University Press, 2008), pp. 13 - 14.

④ 参见李萍《文化传统的预制性与公民教育》，《中国德育》2009年第2期（人大复印资料《教育学》2009年第5期全文转载）。

⑤ 参见 Marty Sulek, On the Meaning of Philanthropy (WIMPS Presentation, April, 2008), pp. 14 - 16。其中第15页的表格中专门列了目标理想（ideal）一项。本段中未特别注释的慈善定义源自此研究。

的"philanthropia"意为"热爱整个人类"（the affecting of the weel of men）①，这就是他所采取的"善"（goodness）的意义。韦伯辞典的定义表明，公益慈善的动机是"普遍的善良意志"，其价值追求是"普遍善"（universal good），这一概念显然受到康德伦理学的影响。康德认为：公益慈善（philanthropia）即"人类之爱"，其道德动机是以他人的福乐（salus）为乐，"行善，即尽自己的能力帮助身处困境的其他人得到他们的幸福，对此并不希冀某种东西，这是每个人的义务"。②一些当代学者沿袭了康德的道义论视角，如舍维什认为：公益慈善的动机是道德义务，目标是满足一种交流的需要；史密斯提出：公益慈善的目的是利他或公共服务，而且这种行为并不期待获得较大可能的相似利益回报。③另有一些学者则更偏向结果论的角度，范·泰尔提出，"志愿捐赠的目标或动机"是"满足某种慈善的需要"；佩顿给出了简明扼要的定义：公益慈善是谋求"公善"（public good）④的志愿行动。

这些概念尽管各有侧重，但其背后有两个不容忽视的文化背景。

一是宗教传统背景。在基督教教义中，慈善是极其重要的道德要求，而基督教的慈善观又聚合了来自希伯来和希腊两个基础性的理念：公正和爱。

第一，来自犹太教的公正理念。在《旧约·以赛亚书》中，从"呼喊"到"公正"的文字游戏"表现着希伯来人的正义情绪：应该对发出求助'喊叫'的弱者做出坚定的、父亲般的、仁慈的回应，这样才能有公正"。这一理念深刻地影响了西方公益活动的"抗争"特质。"在18世纪以后，被关怀的

---

① 一般将"the affecting of the weel of man"译作"有利于人类"。笔者在此译作"热爱"，是基于两方面理由：第一，philanthropia的希腊语义为"爱人类"；第二，affecting的英语词义是触动情感、感动，强调的是深刻的情感。见牛津词典在线版：http://oxforddictionaries.com/definition/english/affecting q = affecting。

② 李秋零编《康德著作全集》（第6卷），北京，中国人民大学出版社，2007，第461、464页。

③ David Horton Smith, Robert A. Stebbins and Michael A. Dover, "*A Dictionary of Nonprofit Terms and Concepts*"（Bloomington：Indiana University Press, 2006），p. 172.

④ public good通常译作"公共善"或"公共利益"。笔者将其译作"公善"，以区分"共善"（common good）和公共领域之善（goodness of the public realm）。有学者也注意到了这些概念的差别，《政治学、宗教和公善——罗尔斯访谈录》（〔美〕B. G. 布鲁萨克著，何小玲、李小科译）的译者留意到罗尔斯用词上的差异，故注。

喊叫加上了平等的政治权利的喊叫。没有这种合法的、被传统保证的'喊叫',福利社会与工业民主都是不可想象的。"①

第二,来自希腊文化的"爱"。与"神爱"不同,希腊神话强调对人类的爱。现代英语"公益慈善"(philanthropy)一词的本源就是普罗米修斯的"爱人类"(φιλος – ἀνθρωπος)精神。在埃斯库罗斯的古希腊悲剧中,普罗米修斯之所以遭受百般折磨,是因为他把宙斯的宝物"那适用于各种技艺的火焰光辉盗取给人类,为这罪过,他理应遭受天神们的惩处,让他从而学会应该服从宙斯的无限权力,不再做袒护人类的事情"。② 基督教将"人类之爱"融入"神爱",让"神爱"成为爱他人的动因,把慈善之举看做爱神的证明。"仅仅因为上帝一开始是无条件地爱我们的,我们才会被命令去爱上帝,才能够坚定地爱上帝,也才能够像爱我们自己一样爱邻人。"③ 慈善行为出于对上帝的爱,也是对上帝之爱的表达。《新约·马可福音》中"青年财主"与耶稣的对话生动地诠释了这一点。青年问耶稣:"我该做什么善事,才能得永生?"耶稣首先告诉他,除了上帝以外,没有一个是良善的;然后说:"你若要进入永生,就当遵守诚命。"青年问:"什么诚命?"耶稣说:"就是不可杀人,不可奸淫,不可偷盗,不可作假见证,当孝敬父母,又当爱人如己。"那少年人说:"这一切我都遵守了,还缺少什么呢?"耶稣说:"你若愿意作完全人,可去变卖你所有的,分给穷人,就必有财宝在天上,你还要来跟从我。"在这里慈善的诉求超越了伦理而归于信仰。

二是以理性主义和个人主义为基础的公共领域。从漫长的中世纪苏醒过来,启蒙主义让"理性"和"个人"从"信仰"和"上帝"中解放出来。通过公民的志愿联合,追求自由、平等和博爱,西方的公共空间进一步拓展,逐步实现了"公共领域的结构转型"。参照哈贝马斯的历史梳理,从建构"公共性"的角度,从康德、边沁、穆勒到黑格尔、马克思,都可谓拓展公共领域

---

① 毕素华:《论基督教的慈善观》,《南京社会科学》2006 年第 12 期,第 55~56 页。

② 《古希腊悲喜剧全集》(第一卷),北京,译林出版社,2007,第 142 页。

③ Timothy P. Jackson, Wayne Proudfoot and Love Disconsoled, *Meditations on Christian Charity* (Cambridge: Cambridge University Press, 1999), p. 12. 转引自毕素华《论基督教的慈善观》,《南京社会科学》2006 年第 12 期,第 57 页。

的思想骑士。[①] 在这个大背景下，无论是重视道德动机的道义论者还是重视行为结果的功利主义者，甚至包括近年来自由主义与社群主义的争论，都指向同样的伦理诉求——公共领域之善。"道德意志""最大多数人的最大幸福""人类解放""公善"（public good）"共善"（common good）等看似不同的观念都可以归于对这一伦理诉求的具体表述。

在追求"公共领域之善"的历史进程中，人们对公益慈善的理解也在拓展，不仅止于简单地施舍，而是致力于建构更加合理的伦理秩序、更加美好的世界，公民组成的公益慈善社团成为落实"道德想象"的社会力量，"事实上，公益慈善就包含在变革传统自身的价值和方式之中"[②]。

然而，正是由于西方公益慈善有其自身的历史语境和文化传统，它就有其阐释的局限。简单套用西方的视阈来看中国——这个既没有基督教传统也没有西方意义上的公共领域的国度，就如同戴了一副有色眼镜。最让西方人困惑的正是中国人做公益慈善的道德动机和目的。1872 年来华的美国传教士阿瑟·史密斯就用"扭曲"一词形容中国人的慈善动机，"发自内心的仁慈，对中国人来说是少之又少"。他语重心长地"提醒中国人去注意一个令人深思的细节：表示'仁'的汉字没有以心字作偏旁，它与其他和感情有关的汉字不同。这说明，它代表的美德通常是缺少诚意的。至于结果如何，我们都已经看到了。实际上，慈善活动应是一种本能，无论有无明确的必要，都要找机会表现出来。这种精神是中国人完全缺乏的。这的确不是一种人类的进步。倘若中国人想创造出真正的慈善，就必须经历西方人过去的经历，把仁慈变成人生的重要成分"[③]。面对发达的西方公益慈善理论和事业，中国人也显得很无力，就如同鲁迅所说："只有外国人说我们不问公益，只知自利，爱金钱，却还是没法辩解。"[④] 误解

---

① 参见〔德〕哈贝马斯《公共领域的结构转型》，上海，学林出版社，1999，第四章"资产阶级公共领域：观念与意识形态"。

② Robert L. Payton and Michael P. Moody, *Understanding Philanthropy: Its Meaning and Mission* (Bloomington: Indiana University Press, 2008), p. 14. 另参见该书第五章"道德想象的社会史"，作者指出了"公益慈善"作为"道德想象"在西方社会历史上的思想和实践意义。

③ 〔美〕阿瑟·史密斯：《中国人气质》，《中国人三书》，哈尔滨，北方文艺出版社，2006，第110～113 页。

④ 转引自《汉语大辞典（第二卷）》"公益"词条，上海，汉语大辞典出版社，1988，第69 页。

或许是理解的开始，因为"理解本身始终是一个对话和交流，是一种不断的探求和询问"①。要想回应"阿瑟·史密斯们"的观察，我们必须进入中国的视阈，追问中国人做公益慈善的伦理诉求。

二　中国视阈：伦理共同体

一则"思想史事件"② 可作为洞察中国文化视阈的引例。

> 鲁国之法，鲁人为人臣妾于诸侯，有能赎之者，取其金于府。子贡赎鲁人于诸侯，来而让，不取其金。孔子曰："赐失之矣。自今以往，鲁人不赎人矣。"取其金，则无损于行；不取其金，则不复赎人矣。子路拯溺者，其人拜之以牛，子路受之。孔子曰："鲁人必拯溺者矣。"孔子见之以细，观化远也。（《吕氏春秋·先识览第四·察微》③）

这则故事呈现一系列耐人寻味的对比。首先，就行为而言，子贡赎人，子路救人。二者都做了可谓"公益行为"的好事。接着，就结果而言：子贡未领赎金（拒收回报），子路受人之牛（收受回报）。最后，孔子给了他们截然相反的评价：批评子贡，赞扬子路。这里出现了道德判断上的吊诡，正如袁了凡所说："自俗眼观之，子贡不受金为优，子路之受牛为劣；孔子则取由而黜赐焉。"孔子给出的理由似乎符合功利主义的路径：子贡拒报会导致人们不去赎救同胞，子路受报则会激励大家救人。正所谓"子贡让而止善，子路受而劝德"，"乃知人之为善，不论现行而论流弊；不论一时而论久远；不论一身

---

① 章启群：《意义的本体论——哲学诠释学》，上海，上海译文出版社，2002，第6页。

② "思想史事件"是被叙述与解读的历史经验，是有助于塑造精神价值的事件，是中国哲学书写的一种方式。对思想史事件的解读可以洞悉其意指的精神文化传统。参见陈少明《经典世界中的人、事、物——对中国哲学》，《中国社会科学》2005年第5期，第57~67页。

③ 《吕氏春秋译注》，北京，北京大学出版社，2000，第516页。这则故事在《吕氏春秋》《淮南子》《说苑》《孔子家语》《了凡四训》等古籍中都有类似记载。在此引用《吕氏春秋》的版本是因为它成书的时间最早，并且在内容上完整地记述了子贡和子路的对比。

而论天下。现行虽善，而其流足以害人；则似善而实非也；现行虽不善，而其流足以济人，则非善而实是也"。① 然而，某个人收受回报与否为什么会给社会道德带来如此大的影响？为什么孔子宣扬的道德标准似乎反而比"俗"人低？这里其实隐含了中国人行善的内在逻辑。恰如《礼记·表记》开篇所揭示的："仁者，天下之表也。义者，天下之制也。报者，天下之利也。"中国人公益慈善行为的伦理诉求可分为三个层面——"报""义""仁"。

（一）"报"的层面：求"天下之利"

在西方传教士看来，中国人对"报"的诉求消解了他们慈善行为的道德价值。阿瑟·史密斯发现"寻求来世好的报应，是大部分中国人行善的动机，换句话说，他们行善是期望获得回报"。除了"来世报"，中国人还重视"现世报"，他们施舍乞丐、给难民小赈济，"并不是为了使难民受惠"，而是怕那些人前来骚扰、影响生意。总之，"行善者的一切行为目的只是使自己在现代或未来生活得更好些"。② 这些观察是敏锐而现实的，但却只看到了"报"的一个侧面——期望得到回报。与这个侧面相对的是，回报他人才是更根本的道德义务，且"滴水之恩，当以涌泉相报"。更全面地看，"报"的意义体现在信仰信念、社会关系和个体德性三个层面。

首先，"报"是中国人信仰系统中的一大支柱，而且是儒释道共同认可的信仰。据王国维先生考证，"报"的初始义就是一种宗教活动，是先民为答谢神灵和祖宗恩典而举行的祭祀。③ 这在古典文献中多有佐证。如《国语·鲁语》中"有虞氏报焉"的注即为"报，报德之祭也"。④ 梁启超先生在阐释"非其鬼而祭之，谄也"（《论语·为政》）时说，"其鬼"与"非其鬼"与西方人的看法不同，这里"意思只是，鬼神不能左右我们的祸福；我们祭他，乃是崇德报功。祭父母，因父母生我养我；祭天地，因天地给我们很多便利，

---

① （明）袁了凡：《了凡四训》，北京，中华书局，2008，第97页。

② 〔美〕阿瑟·史密斯：《中国人气质》，《中国人三书》，哈尔滨，北方文艺出版社，2006，第112页。

③ 参见王国维《观堂集林》第二册，北京，中华书局，1959，第410页及第424～425页，引文见第426页。

④ （清）阮元：《经籍纂诂》，成都，成都古籍书店，1982，第806页。

父母要祭，天地山川日月也要祭；推之于物，则猫犬牛马的神也要祭；如此'报'的观念便贯彻了祭的全部分。……中国所有的祭祀，都从这点意思发源，除了道教妖言惑众的拜道以外"。① 杨联陞先生肯定梁氏所谓祭义属于"报"的原义，并指出："这是中国人的伟大思想，而且是在佛教来华前的东西。"② 崇尚"报本反始"的儒家由此发展出一整套基于天报的报应观。这种信仰的核心是道德因果律，即善恶报应的必然性，而且这种报应的作用点不在虚幻的来世，而是现实的人伦生活，也即《周易·坤卦·文言传》所谓"积善之家必有余庆，积不善之家必有余殃"，以及《尚书·伊训》所说的"作善降之百祥，作不善降之百殃"。中国的天人关系与西方不同：希腊人的天人关系是部分与全体配合的和谐；欧洲的天人关系是二元或多端的敌对系统；中国的天人关系是"彼此相因"的交感和谐。③ 在天人维度内的"报"即是在天和人、天道与人道、自然与人为之间起作用的机制。它正是"彼此相因"发生的一个渠道，体现了人们对"交感和谐"的平衡状态的向往。"天道福善祸淫"（《尚书·汤诰》）的报应观不仅是后世儒者们的信仰，而且，也可能是推动儒家伦理原则的"神学基础"④。中国土生土长的道教假借黄老之学潜滋暗长，给先秦道家的"阴报"说赋予了更多的内容，发展出"承负"说，并结合民间传说，创造了一个庞大的神祇系统，作为"报"的主体。道教神祇在乡土社会几乎无所不在，可谓"举头三尺有神明""天网恢恢，疏而不漏"。后传入的佛教因果报应观慢慢与儒道合流，构成了中国人对"报"的立体信仰。如梁启超先生在《余之生死观》中所言："个人之羯磨，则个人食其报；一家之羯磨，则全家食其报；一族一国乃至一世界之羯磨；则全族全国全世界食其报。由此言之，则言家族之余庆余殃者，于佛说岂有违异乎?"⑤ 直至今天，"善有善报"仍是中国人行善的重要动机，积德行善以求全家平安仍是很多善男信女布施的期待。

① 梁启超：《中国历史研究法补编》，北京，中华书局，2010，第 171 页。
② 杨联陞：《中国文化中报、保、包之意义》，香港，香港中文大学出版社，1987，第 6 页。
③ 引自杨慧傑《天人关系论——中国文化一个基本特征的探讨》，台北，大林出版社，1981，第 11 页。
④ 参见李申编《儒教报应论》，北京，国家图书馆出版社，2009，序。
⑤ 梁启超：《饮冰室文集之十七》，《饮冰室合集（2）》，北京，中华书局，1989，第 7 页。

其次，"报是中国社会关系的一个基础"。在中国这样一个以血缘关系为基础、以情感联系为纽带的国度，"报"如同构成纽带的纵横纤维，深入生活和制度的各个方面。杨联陞先生指出，相较于其他社会，"报"在中国的不同之处在于："这项原则有由来已久的历史，高度意识到其存在，广泛地应用于社会制度上，而且产生深刻的影响。"① 为什么孔子认可收受回报的行为？因为"以德报德，则民有所劝"（《礼记·表记》）。在血亲关系之外，善报意识可以激励人们帮助陌生人；同时，对受恩者"一饭之恩必偿"的道德要求建立了"善"与"福"之间的实际联系，保证行善者获得心灵的满足或者物质的回报，增加与人为善的动力。在民间，这样的善行被认为能够增加声誉、"广结善缘""积德累功"，如林语堂先生所说，"人们应该做好事，因为好事合乎人情，行善是体面的事情，这是应该能够理解的"。② 孔子所重视的不是一时一事的"德"，而是"报"所体现的"德得相通"的伦理普遍性，不要因为个人所谓的"崇高"而破坏"报"的机制③，破坏人们对回报的预期，其本质是对人的社会性联系的深刻理解，正所谓"广行方便，为人何处不相逢；多结冤仇，路逢狭处难回避"。④

再次，"报"内化为一种主体德性。"报"之为德本源于人们感恩父母的自然情感，"父兮生我，母兮鞠我。抚我畜我，长我育我，顾我复我，出入腹我。欲报之德，昊天罔极"（《诗·小雅·蓼莪》）。因为感受到至亲的关爱，而自然生发地希望对方幸福快乐的心情也是一种普遍的人类体验。将这种体验描述出来、提取出来，即所谓"哀哀、蓁蓁，怀报德也"（《尔雅·释训第三》）。然而，如何将这种体验扩大化，固定下来，成为全民为善的动力呢？报被规定成一种不对等的义务：施者"舍己毋处疑，施恩勿望报"的要求基本上只是一种圣贤理想；受者"受施甚勿忘"并且加倍报偿才是绝对的义务，否则就是忘恩负义的小人。"自古以来，在人们的道德关系中，能不能对受到

---

① 杨联陞：《报——中国社会关系的一个基础》，《中国文化中报、保、包之意义》，香港，香港中文大学出版社，1987，第49~50页。

② 林语堂：《中国人》，南京，学林出版社，1994，第110页。

③ 参见王硕《"报者，天下之利也"——论内嵌于传统伦理秩序的报机制》，《现代哲学》2011年第3期，第117~124页。

④ 李泳炎、李亚虹：《中华俗语源流大辞典》，北京，中国工人出版社，1991，第112页。

'恩惠'加以报答，这是判断一个人有无道德和道德高低的一个重要标准。"①
回报也就成为一种"常人道德"。"在传统中国任何时期，社会上小人都比君
子多得多，因为只有小部分人口受得起教育，至于那些不曾多读书的平民小
人，他们的道德见于俗谚以及各样的民俗中，其中交互报偿一直是正常的标
准，既然这在儒家看来是一个低下但却可以接受的标准，这个原则遂成为君子
与小人二者共同的立足点——换言之，即是整个社会的基础，这里才是真正的
意义所在。"②

《礼记·曲礼上》云："太上贵德，其次务施报。礼尚往来，往而不来，
非礼也；来而不往，亦非礼也。"在动机论者看来，行善的动机若加入了利益
的考量，遂为不善。但综合信仰、人伦和德性教化各维度，"报"其实超越了
个体的层面，而是一种"社会事实"，构成"伦—理—道—德—得"③ 这一中
国伦理秩序的一环，系统地促进了社会道德行为即"施"的发动，遂可谓
"天下之利"。

（二）"义"的层面：求"天下之制"

"义"在中国古代社会的公益慈善活动中格外重要。行善的人被誉为"义
人"，具有"侠肝义胆"；善行被称作"义举"；范仲淹等儒士乡绅领导的民间
组织被称作"义庄"。儒家和墨家都塑造了"求义"的价值追求。

在儒家看来，作为"天下之制"的"义"是根本的裁断原则④。"子曰：
君子之于天下也，无适也，无莫也，义与之比。"（《论语·里仁》）"见义不
为"的人被孔子斥为"无勇"（《论语·为政》）。那么，怎样才算是符合义
呢？第一，"义者，宜也"。（《礼记·中庸》）《说文》释"义"的本义为
"己之威仪"，而处于等级制度中的人必须适宜、适度、得当才会受到敬重，
否则就没有尊严可言，为他人所不齿。因而，"羞恶之心"是"义之端"。

---

① 肖群忠：《中国孝文化研究》，台北，中华发展基金管理委员会、五南图书出版公司，2002，
第 3 页。
② 杨联陞：《报——中国社会关系的一个基础》，《中国文化中报、保、包之意义》，香港，香港
中文大学出版社，1987，第 73~74 页。
③ 参见樊浩《"伦"的传统及其"终结"与"后伦理时代"》，《哲学研究》2007 年第 6 期。
④ 王文锦：《礼记译解（下）》，北京，中华书局，2005，第 804 页。

（《孟子·公孙丑上》）进一步追问，怎样才是"宜"呢？一方面，做事要符合自己的伦理角色，以及承担该角色所赋予的道德责任。对于国君而言，"尊贤为大"（《中庸》）；对于在位的君子而言，"有勇而无义为乱"（《论语·阳货》）。另一方面，要合情合理。不能只限于自己的道德逻辑，还要考虑别人的感受，如《淮南子·缪称篇》所说"义者，比于人心，而合于众适者也"。"义"不是"绝对"的正义，而是"正义衡平感觉"①。子贡恰恰在这两个方面都不得宜。身为士，他没有按照国家的法律要求去领赎金，破坏了制度，也不符合自己伦理秩序维护者的身份。再者，不领赎金显示的高尚却反衬得领赎金者境界不高，使他人陷入道德两难，导致善行难以为继。第二，义是行为的道德规范和道德原则。孟子发展了孔子的学说，将仁义并举。"仁，人之安宅也。义，人之正路。""居仁由义"（《孟子·离娄上》）意味着善意和善行的合一。在道德原则的维度，义具有了超越性价值，孟子的"舍生取义"与孔子的"杀身成仁"异曲同工，成为后世仁人志士最高尚的道德精神。

墨子重"义"，提出"万事莫贵于义"（《墨子·贵义》）。他试图打破儒家限于宗法等级的"宜"的限制，并解决"义"与"利"的矛盾，追求"兼相爱""交相利"。他认为，"义"就是"正"，其标准是"万民之利"，追求的是"兴天下之利，除天下之害"（《墨子·兼爱下》）。这可谓是追求"共善"的公益理想。更难能可贵的是，墨子求义的实践是组织化的，墨家是中国最早的民间结社组织。如果把创立于约公元前387年的"柏拉图学院"看做西方公益组织的前驱的话，那么墨家团体很可能更加久远。②"墨子服役者百八十人，皆可使赴火蹈刃，死不还踵"（《淮南子·泰族训》）。他们反对侵略，阻止战争，可谓当时的跨国界和平组织。他们实践墨子"有力者疾以助人，有财者勉以分人，有道者劝以教人"的主张，不惜以自苦为极，以达到

---

① 参见〔日〕滋贺秀三《中国法文化的考察——以诉讼的形态为素材》，《明清时期的民事审判与民间契约》，北京，法律出版社，1998，第3～4页。

② 据考证，墨子生于公元前480年（前后误差不超过3年），卒于前389年（前后误差不超过5年），而其万年返回故里定居，学术和组织实践活动是其盛年所为。照此推论，墨家组织要早于柏拉图学院。参见徐希燕《墨学研究：墨子学说的现代诠释》，北京，商务印书馆，2001，第14～20页。

"饥者得食，寒者得衣，乱者得治"的"此安生生"的社会理想（《墨子·尚贤》）。"在中国伦理思想史上，像这样严密组织的、以笃行道德为宗旨的团体是绝无仅有的。"① 但是墨家组织到秦汉之际就衰败了，其精神在后世由民间游侠承载，成就了行侠仗义的英雄人格。

儒墨一度并称"显学"（《韩非子·显学》）。他们求"义"的努力，从根本上说都是试图确立合理的行为标准，继而建构理想的价值秩序。相较于强调"安伦尽分"之"宜"的儒家，墨家的"兼爱"精神近于平等，"贵义"主张近于公正，"尚贤"的组织程序近于"民主"，"天志"信仰近于宗教，而且又有近于现代公益团体的组织化的道德实践，有大公无私的团队成员，但是，却仅仅延续百年就在历史的长河中灰飞烟灭了。为何墨家"兼爱天下"，"天下"却没有选择墨家？这其中的缘由值得公益慈善研究者深思。《颜氏家训》评道："墨翟之徒，世谓热腹，杨朱之侣，世谓冷肠；肠不可冷，腹不可热，当以仁义为节文尔。"② 仁义观确实是在利他（墨子）和利己（杨朱）之间取了中道，然而这条道之所以能走到庙堂之高，是因为儒家维护统治形态的思想结构。墨子"兼爱贵义"和杨朱"重生贵己"都意味着对既有伦理秩序的颠覆，故被孟子斥为："杨氏为我，是无君也；墨氏兼爱，是无父也。无父无君，是禽兽也。"（《孟子·梁文公下》）加之墨家强烈的社会实践精神和组织形式，更为统治者所忌惮。中国历史上最具行动批判力量的道德团体就被遮蔽了。儒墨命运的对比凸显了中国伦理秩序与政治秩序的同构。后世中国民间的公益慈善活动往往以维护既有伦理秩序为使命，活动包括：维持稳定为目的的救济、团结宗族为目的的家族互助和以文化传承为目的的教化等。③

（三）"仁"的层面：求"天下之表"

1912 年，中国首位留美社会学博士朱友渔（1886～1986）出版了其在哥伦比亚大学的博士论文，研究中国人互助的精神和事业。在他看来，中国公益

---

①　罗国杰主编《中国传统伦理思想史》，北京，中国人民大学出版社，2008，第 132 页。

②　颜之推：《颜氏家训》，武汉，崇文书局，2007，第 134 页。

③　参见梁其姿《施善与教化：明清的慈善组织》，台北，联经出版事业公司，1997。

慈善精神（the spirit of Chinese philanthropy）就是儒家的"仁"。①"仁者，爱人。"（《孟子·离娄下》）在"爱人"的表述上，儒家的仁与古希腊的"爱人类"似乎一致。其实在内涵上，二者仍有一些微妙的差异。且看《论语·雍也》中子贡与孔子的问答：

> 子贡曰："如有博施于民而能济众，何如？可谓仁乎？"
> 子曰："何事于仁！必也圣乎！尧舜其犹病诸！夫仁者，己欲立而立人，己欲达而达人。能近取譬，可谓仁之方也已。"

如果从"爱人类"的视角来看，"博施于民而能济众"显然更符合我们今天对公益慈善的理解和期待。但孔子不认为这是"仁"。表面看来，他似乎说的是，博施济众是比"仁"更高的境界，连尧舜都很难达到，故常人无法追求，才退而求其次而求仁。实际上，"圣"与"仁"之别并不在难易，而是名实问题、人己问题。

首先是"名实（虚实）问题"。明末清初思想家王船山问道："不知所谓博众者，有量耶？无量耶？……所谓博者非博，众者非众，徒侈其名而无实也。"②"博施"与"济众"说起来美好至极，但如何称得上"博"，如何称得上"众"？每年福布斯榜都会列出"中国首善"，拔得捐款头筹的企业家可谓博施济众了吧？但是，中国首善之外还有"世界首善"；而世界首善之间，比如洛克菲勒和比尔·盖茨相比，到底谁更称得上"圣人"呢？或许有人会说，"博""众"只是虚指，不必如此较真。但是，语言表述只是这个问题的表象，其内在是仁善能否用"量"来衡量？当我们习惯于用捐钱多少、救人多少来描述善行的时候，就会导致"善"成为一种"名"，"善名之下"又有多少"名不副实"的恶，或者"为名所累"的无奈呢？深圳慈善家丛飞临终前曾"十分严肃地提出了一个请求"："能不能不让慈善变成'祭坛'？谁上去都下不来怎么行？"③

---

① Yu-Yue Tsu, *The Spirit of Chinese Philanthropy：A Study in Mutual Aid* (New York：Columbia University Press), 1912.

② 程树德：《论语集释（二）》，北京，中华书局，1990，第429页。

③ 王振耀：《慈善：无缘无故的爱》，《慈善的真相》（推荐序），合肥，安徽人民出版社，2012。

这正体现了"博施济众"的圣人逻辑对善的异化，以及对善人的异化。

更进一步的是"人己问题"。普罗米修斯和耶稣都是"爱人类"的代表，但他们都是人类之外的神，爱人的起点是什么？在很多西方哲学家看来，一是爱神，二是爱己；基督教"爱邻如己"的命令又将二者结合在一起。儒家"爱人"的起点则是"亲亲"。有子曰："孝弟也者，其为仁之本与！"（《论语·学而》）孟子说："亲亲，仁也。"又云："亲亲而仁民，仁民而爱物。"（《孟子·尽心上》）仁爱形成了由近及远的顺序。有人认为这是中国人冷漠的源头，陌生人社会缺乏道德的根源所在。这种误读恰恰是现代社会人我二分的体现。其实，回到真实的生活世界，任何人对爱的体悟都是从母亲（或养育者）的怀抱中开始的。孩子并不是像爱自己那样去爱母亲，一个初生的婴儿因为母亲的抚摸而产生安全感的时候，它尚无自我的概念，它对母亲的依恋就是它的存在本身。而母亲对孩子的爱也超越了自我。母亲并不是像爱自己那样去爱孩子，而是爱孩子爱到忘了自己，自己的幸福完全融入孩子的幸福之中，融入他的成长当中。母子之间的爱是不可分割的生命体验。在母亲和婴儿的爱中，彼此相融，对方就是自己的全部世界。以此推之，"老吾老以及人之老，幼吾幼以及人之幼"（《孟子·梁惠王上》），对他人的爱也正如亲亲之爱一样，他人并不是外在于我的，而是与我休戚相关的；再推而广之，万物亦在我之中，我们原本就是一体，因而孟子说"万物皆备于我"（《孟子·尽心上》），这也与庄子所见相同："天地与我并生，而万物与我为一。"（《庄子·齐物论》）宋儒进一步阐发了这种人己合一的思想。朱熹录程子曰："医书以手足痿痹为不仁，此言最善名状。仁者以天地万物为一体，莫非己也。认得为己，何所不至；若不属己，自与己不相干。如手足之不仁，气已不贯，皆不属己。故博施济众，乃圣人之功用。仁至难言，故止曰：'己欲立而立人，己欲达而达人，能近取譬，可谓仁之方也已。'欲令如是观仁，可以得仁之体。"（《论语集注·公冶长》）由是观之，"己欲立而立人，己欲达而达人"绝不是"己所欲，施于人"的意思，而是说，"己欲立"和"使人立"密切相关，"己欲达"和"使人达"本就是相连的，不是矛盾的，"自己要站得住，同时也使别人站得住；自己要事事行得通，同时也使别人事事行得通"。[①]

---

① 杨伯峻：《论语译注》，北京，中华书局，1980，第65页。

可见，"能近取譬"的为仁之方并不是执着于简单地施与，也并非纯粹地利他，而是反身自诚，从身边开始发觉，将万事万物纳入自己的生命体察当中，体悟"立必俱立，知必周知，爱必兼爱，成不独成"①的道理，从而自然而然地关切自己和他人的共同命运，继而立人达人，"兼善天下"，实现"大同"的社会理想（《礼记·礼运》）。

仁，是儒家道德生活的根本诉求，孔子说："求仁而得仁，又何怨？"（《论语·述而》）"朝闻道，夕死可矣。"（《论语·里仁》）仁从"德"和"伦"两方面都可谓"天下之表"：从个体道德来看，它是众德之率、全德之名，因而是最高的价值。从伦理实体的关系来看，求仁的过程就是与万物和合的过程，"民吾同胞，物吾与也"②，仁遂成为天下的表征。

回到孔子"取由而黜赐"的故事，可以看到，"报""义""仁"三个层面的诉求都在其中左右着人们的道德判断和道德行为。它们共同的指向在于对"伦"的维护。

"仁有三，与仁同功而异情。与仁同功，其仁未可知也。与仁同过，然后其仁可知也。仁者安仁，知者利仁，畏罪者强仁。仁者右也，道者左也。仁者人也，道者义也。厚于仁者薄于义，亲而不尊；厚于义者薄于仁，尊而不亲。道有至、义，有考。至道以王，义道以霸，考道以为无失。"（《礼记·表记》）这段话指出，"仁"有三种情况：第一是极为精当的"至道"，有道德的仁人自觉地安于行仁；第二是裁断得宜的"义道"，有智谋的人基于理性的判断，会有目的地行仁；第三是尽心稽查的"考道"，怕受惩罚的人被动地勉强行仁。施行仁道时功效相同而动机各异。行仁的功效相同，从效果上看，就不能知道他们各自行仁的动机。施行仁道时都犯了过错，然后才能知道他们各自行仁的动机。这与《中庸》中的思想一脉相承，"天下之达道五，所以行之者三。曰：君臣也，父子也，夫妇也，昆弟也，朋友之交也，五者天下之达道也。知，仁，勇，三者天下之达德也，所以行之者一也。或生而知之，或学而知之，或困而知之，及其知之，一也。或安而行之，或利而行之，或勉强而行

---

① 《张载集·诚明篇第六》，北京，中华书局，1978，第21页。
② 《张载集·乾称篇第十七》，北京，中华书局，1978，第62页。

之，及其成功，一也。"人有不同的思想起点和行为动机，无论是出于天性之善，还是主动地理性认知，抑或被动地感知，只要去"行"善，都可以达于大道——融入并维护我们生存于其中的伦理共同体。在古代，这个伦理共同体有"五伦"：君臣、父子、夫妇、昆弟、朋友。置于现代社会中就是权力关系、亲缘关系、友爱关系。至于五伦之外的陌生人之间的关系，从"民胞物与"的视角来看，在伦理共同体之中，其实也可以归入一种保有基本善意的友爱关系。

中国传统思想对行善事业的这种洞察是很深刻的，它揭示了人的社会性本质及善的社会生成规律。但它也有自身的问题，就是把对伦理关系的维护视作压倒一切的目的，从而形成了一种"中国人特有的把人伦的'伦'看得比人还重的文化传统"。① 于是，"伦"也就成了吃人的礼教，人在"伦"面前失去了权利和尊严，也失去了改造"伦"的权力。在"伦"固化之后，人也就被限定在既有的伦理关系之中：对于"圈子"之外的人就可以"事不关己，高高挂起"；"圈子"之内，则易陷入"报"层面的人情关系之中。没有了超越性的"仁"的追求，慈善就很可能沦为某种工具。

三　视阈融合：爱的共同体

"如果没有过去，现在的视阈就根本不能形成。正如没有一种我们误认为有的历史视阈一样，也根本没有一种与世隔绝的现在视阈。理解其实总是这样一些视阈的融合过程，而这些视阈总是被我们误认为是独自存在的。"② 我们借用伽达默尔的"视阈融合"的方法去理解中西传统并探寻其共享的当代维度。

如果说中国文化有重"伦"的"人伦传统"的话，西方则有重"人"的"人道传统"：个体的价值得到充分的尊重和发扬，个体理性被看做价值诉求的基础。但由此也产生了人的原子化、道德抽象化和工具化的"现代性"危机。如何把人从个体的困局和理性的牢笼中解放出来，成为现代思想家和行动

---

① 王蒙：《人文精神问题偶感》，《人文精神寻思录》，上海，文汇出版社，1996，第110页。

② Hans-George Gadamer, *Truth and Method*, (New York：The Crossroad Publishing Company, 1975), p. 75.

者的问题意识，由此西方文化出现了范式的转型：哲学回归"生活世界"，社会领域崛起"共同体主义"，伦理学则"追寻美德"和女性主义的"关爱"。同时，公益慈善组织在前所未有的深度和广度上建立了世界公民的链接。

从广义上说，公益慈善是一种道德行动，它的目标是为了建设更美好的世界。然而，更美好的世界是什么样子？或许，没有既定的美好世界，美好世界是不断生成的，是"人"和"伦"彼此成就的生活世界，是人在"伦"中享受天伦之乐并优化"伦"的过程。这种思想蕴涵在中国先贤寻求"一体之仁""大同世界"的思想之中，哲学家胡塞尔则用现象学的方法作出了更现代的表述——爱的共同体。

爱，是普世的人类体验。"爱在真正意义上是现象学的主题之一，这个问题不是抽象个别的和分离的问题，而是普遍的现象学问题。"① 原因就在于，"爱包含了作为驱动和创造性的力量的意向性的深度和高度"。②

爱的共同体因人的"交互主体性"特质而成为可能，这正是把"人"和"伦"结合的基础。"在意识存在中，任何人格都是自身统一体，任何他人的人格也是一个统一体，他们综合为一个统一的人格。任何人格的意识中都带有构造的关联性的意识流，这种意识流包含了陌生意识，并被统一到已经统一为属于人格的共同流之中。"③ 这种意蕴在先儒"仁者以天地万物为一体"的思想中就已显见，但是，这在古代社会那可能只是贤达的"先见之明"。而对现代人来说，则是必须直面的存在境遇。身处全球化的商业和科技大潮中，没有人是孤岛，每个人都先验地和他人的人格直至世界万物密切相关。一个用着最先进手机的美国青年和一个先天残疾的中国婴儿有关吗？事实证明，生产手机的产业帝国的污染排放正在严重威胁其产业链周边地区的环境和公众健康④。

---

① 胡塞尔未出版手稿 Ms. Elll2，36b。转引自曾云《意志与应当——胡塞尔伦理意志现象学研究》，复旦大学博士论文，2010，第 105 页。

② Jams G. Hartm，*The Person and the Common Life*，Kluwer Academic Publisher，1992，p. 225. 转引自曾云《意志与应当——胡塞尔伦理意志现象学研究》，复旦大学博士论文，2010，第 105 页。

③ Hua XIII，473。转引自曾云《意志与应当——胡塞尔伦理意志现象学研究》，复旦大学博士论文，2010，第 107 页。

④ 参见自然之友等环保机构对苹果公司污染情况的调查报告，《苹果的另一面 2：污染在黑幕下蔓延》，2011，http://www.ipe.org.cn/Upload/Report-IT-V-Apple-II-CH.pdf。

"我"要对南极某种生物的灭绝负责吗？是的，因为我生命的每时每刻使用的能源都是温室效应的罪魁之一。在现代社会，"交互主体性"不是哲学的创造，而是现实的体验，是对人的生存本质的描述。

在交互主体性面前，对善行动机的"利他""利己"判定就显得狭隘了。比如，"光宗耀祖"是从古至今很多中国人捐赠的动机，但它却很难在"利他—利己"的二元框架中定位，于是通常被视作一种不甚"高尚"的本土文化诉求。而在我们看来，作为行善动机的"光宗耀祖"是中国人对自身历史人格的见证，是血缘亲情的延续和扩展，不失为一种"谁言寸草心，报得三春晖"的美好情愫。

"交互主体性"不仅意味着人与人的联系，还要用行动把"爱"注入这种联系，从而建立"爱的共同体"。基于交互主体意识的爱，不是怜悯而是感同身受，不是施舍而是关爱。如《圣经》所言："我若将所有的接济穷人，又舍己叫人焚烧，却没有爱，仍然与我无益。"（《哥林多前书》13：3）爱，是一种实际的善意，爱是尊重和分享。"公益慈善"就是这种"人类之爱"，康德赞其"世界的一种伟大的道德光彩"——"这种人类之爱甚至无须计较好处（幸福的好处），独自就是把世界看做处于其全部完满善性之中的一个美的道德整体"①。

以"爱的共同体"为伦理诉求，公益慈善就不再是"祭坛"或者"圣坛"，而是人类本然的生活方式，是每个人存在本质的呼唤，是使人之为人的"成人之道"。这是中西思想交融的哲学视阈，也是古今中外的善人义士共同见证的生命智慧。正如诺贝尔和平奖获得者、哲学家史怀哲所说："作为一种与世界有积极联系的存在者，他与这个世界有一种灵性的关联，并不是靠单单为自己活着这个事实，而是靠他自己与他的存在领域的所有生命是一体的这一感情。他将所有的生命体验感受为他自己的体验，他尽己所能给这个一体以帮助，他感受到……生存对于他来说要比他只为自己而活着要艰难得多，但同时，这又是一种更丰富、更美妙、更幸福的生存。"②

① 李秋零编《康德著作全集（第6卷）》，北京，中国人民大学出版社，2007，第469页。
② Schiweitzer, *Out of My Life and Thought* (New York: Henry Holt and Co., 1933), p.179. 转引自陈立胜《王阳明"万物一体"论——从"身-体"的立场看》，上海，华东师范大学出版社，2008，第227页。

B.13
文化传统的预制性与公民教育

李 萍　童建军*

摘 要：

　　文化传统深刻地影响着人们的生存样式和思维方式，具有强大的预制性功能，公民教育必须高度重视传统的文化基因之影响。所谓文化传统的预制性，是指文化传统对现实的人类生存和社会发展而显现的潜在、先在和先天的制约影响特性。这种文化传统的预制性可从根源性、特殊性和生存性的角度去理解，它深度地影响着公民教育的价值取向与定位。

关键词：

　　文化传统　预制性　公民教育

作为以公民的本质特征为基础和核心而建立起来的教育目标体系，公民教育以公民的独立人格为前提，以合法性为底线，以权利与义务的统一为基础；它由此表现为理论上和实践中的主体性教育与平民教育特质，并以权利与义务相统一为其基本的教育取向。① 公民教育是世界性的，它无疑已经成为当今世界主要国家基础教育的重要组成部分。与此同时，公民教育又是民族性的，不同国家、民族和地区的文化传统成为它的预制性因素，影响着公民教育的价值取向、公民教育的展开和公民教育的设置，使之在不同的国家、不同的时代，其内涵所及与包容的是一个变数。

---

* 童建军，中山大学社会科学教育学院副教授。

① 李萍、钟明华：《公民教育——传统德育的历史转型》，《教育研究》2002 年第 10 期。

一　一个调查引出的问题

我们从 2007 年 10 月到 2008 年 6 月，通过半开放式问卷和访谈提纲，以笔谈和口谈的方式，总共访谈了广东省部分高校 200 名大三和大四的高年级法律本科生，调查研究他们接受法律专业教育后的人情观念。

调查表明，98.5% 的学生认为，在中国法律实践中服从人情法则，是传统文化对当代中国社会发生影响作用的必然结果。在他们看来，中国自古就是一个讲人情的社会，为了维护和实现社会和谐，干什么都要适当地考虑人情因素。因此，司法实践中的人情是一个传承下来的习惯，是一种无法避免的潜规则，是一个深深地刻在我们民族内心的印记。受这种既定习惯的影响，中国的司法实践就不可能按照现代的法律观念和法律程序展开，无法脱离人情的羁绊。人们甚至将运用人情干扰司法审判的行为看做有能力的象征，是足以增加求情者和施情者面子的事件。我们不能以当代的社会标准去评判历史传统，只能选择接受它，并按照它的要求处理社会关系。

95% 的学生指出，当代法律实践强调人情法则的规范作用，是很多法律工作者适应残酷的社会现实需要的选择；法律教育灌输法律信仰的价值与意义，可是社会现实逼迫个体逐渐卷入人情的大熔炉，公正廉明等法律职业道德要求最终只能在顺从人情的大潮中被遗忘。他们认为，律师在法律代理实践中如果要接收到案源或者能够在诉讼中取胜，除了要具备良好的职业素质，还必须多与公、检、法各个机关部门的人员，通过人情的运用建立良好的关系。法律关系中的当事人深谙国情，为了赢得诉讼，往往优先选择与司法系统有着密切联系和深厚人脉的律师。

57% 的学生认为，人情干扰了司法独立和司法公正，甚至使人们失去了对法律工作者与法律的信任。在他们看来，当人情介入时，司法的公正诉求就变了质、换了样。"人情"足以使是非颠倒、黑白不分；甚至因为司法实践中人情因素的存在，人们对司法的独立和公正失去了信心与信任。他们认为，沉重的人情负担使得中国很难实现司法独立，从而无法保障司法公正。法院在审理一个案件的时候，要考虑到一些其他方面的因素，包括来自公、检的，也包括

来自律师的甚至犯罪嫌疑人的，这些都会影响到司法独立，影响到审判公正。但同时有不少学生认为，人情可以使办事人得到方便，节约时间，有利于提高审判结案率，在司法领域是一种必需的利于办理案件的途径，应该值得肯定和保留。

在人情与法律发生冲突的时候，100%的学生选择服从人情的需要。他们认为，人情是中国社会中的普遍现象，人情无处不在，世人无法离开人情而存在。这是中国几千年历史形成的问题，并非势单力薄的法律专业人士朝夕之间所能改变的。既然无力改变，就应该接受。以法律的公正理想抵制社会的人情现实，反而可能会陷自己于不利之中。在一个人情味很浓厚的社会氛围中，如果个体仍然坚持"包公审案"时的不阿情怀，最终可能遭到社会现实的遗弃。相反，司法实践中如出现人情的阻滞，则只能通过人情的再运用来解决，接受了高等教育的法律专业学生应该更熟稔地利用人情以处理世故。

90%的学生认为，要改变中国司法领域的人情现状，从长远而言，取决于人们价值观念从群体主义到个人主义的变迁。但这种转变不是朝夕之间可以完成的。因此，他们提出，作为一种过渡时期的可行方案，我们只能依靠不断健全和完善的司法监督制度、司法准入制度等，加强对司法行业与司法过程的规制。但是，在进一步的深度访谈中，他们对这种设想又表示了深层担忧，指出如果多数人的价值观念仍然以人情为主导，那么这些制度设计也无法在实际生活中得到切实遵循。很显然，司法机构并不是中国社会的唯一中心，并不是所有人都只围绕着司法来转。司法职业者无法超脱于庞大的人情关系网之外。整个社会制度、机制都是如此，想抽身于关系网之外而诸事方便是基本不可能的。

人情是中国传统社会乃至现代社会中一个极为重要的维系交往关系的工具。它是社会生活中公认却又未能或无须明言的行为交往准则，并通过礼节应酬、礼物馈赠、情面和恩惠等日常人际互动表现出来。"关系、人情和面子是理解中国社会结构的关键性的社会—文化概念"，"是中国的成年人用以处理其日常生活的——用舒茨（Alfred Schutz）的术语来说——基本'储藏知识'（stock knowledge）之一部分。"[1] "两个人之间人情的厚薄往往表

---

① 金耀基：《金耀基自选集》，上海，上海教育出版社，2002年，第93页。

明了他们之间的关系的亲疏远近","而培养人情则是建立和维持关系的先决条件。"① 中国文化由此明显地表现出人情文化。人们出生后即受着人情氛围的包裹,从小就必须学会通明人情世故,长大后必须建立和处理自己的人情网络。"亲密社群的团结性就倚赖于各分子间都相互地拖欠着未了的人情。""来来往往,维持着人和人之间的互助合作。亲密社群间既无法不互欠人情,也最怕'算账'。'算账'等于绝交之谓,因为如果相互不欠人情,也就无需往来了。"②

从法律的角度看,公正是司法的最高形态。"一次不公的判断比多次不平的举动为祸尤烈。因为这些不平的举动不过弄脏了水流,而不公的判断则把水源败坏了。"③ 司法独立是司法公正的基本前提之一。意大利法学家 M. 卡佩莱蒂教授指出,司法独立本身不具有终极价值;它本身不是一种目的,而只具有一种工具性价值,它的最终目的是确保另一项价值的实现——公正而无私地解决争端。④ 但既有的研究表明,中国文化中深厚的人情传统的负面性已经成为影响当代社会公正实现的重大障碍,是滋生公共权力腐败的文化因素之一。

值得我们关注的是,20 世纪以来,中国社会的发展始终摆脱不了对传统文化批判的主线。我们所调查的对象,都出生于 20 世纪 80 年代中后期,基本没有接受传统文化的正式教育(指学校),甚至是成长于传统文化受到全面反思、扬弃的时代。但是,为什么他们的价值观却有如此明显的文化传统印记和"认同",我们认为,这恰恰表明了文化传统的"预制性"特征。

二 文化传统的预制性

所谓文化传统的预制性,是指文化传统对现实的人类生存和社会发展而显现的潜在、先在和"先天"的制约影响特性。其实,包括 80 后在内的现代中国人,正生活在前工业社会、工业社会和后工业社会三种社会形态的交错汇合

① 金耀基:《关系和网络的建构》,《二十一世纪》1992 年第 8 期。
② 费孝通:《乡土中国生育制度》,北京,北京大学出版社,1998 年,第 73 页。
③ 〔英〕弗朗西斯·培根:《培根论说文集》,北京,商务印书馆,1993 年,第 193 页。
④ 请参阅高其才、肖建国、胡玉鸿《司法公正观念源流》,北京,人民法院出版社,2003。

中，生活在传统、现代和后现代三维文化向度共存的空间里，他们是现代的，亦是传统的；他们是传统的，同时又是后现代的，使得文化的发展主要不是表征为普遍的和制造的，而是呈现经由历史延续而培育的特征。其中传统文化对人们生存样式和思维方式的影响则是"预制性"的。文化传统的预制性功能可以从其根源性、特殊性和生存性进行分析。

1. 根源性

每一文化必有其源头，也就是文化的根源。从源头到支流是一整体。从支流的角度而言，经过时间的流逝后，源头就成为传统。现实的文化无疑正是这一条条支流，它们最初始的传统就是其各自的源头。源头不同，那么经源头流淌出的支流会存在差异。德国哲学家雅斯贝尔斯通过对其"轴心时代"观念的展开，从理论上论证了文化多元性的"原初"根源。在他看来，公元前五百年前后，在世界不同地区出现了许多大思想家，他们从各自的反思路径出发对宇宙人生等根本性问题作出了思考，这些反思路径又是迥异而互不影响的，由此导致了经此路径发展而来各民族精神文明形式的差异，成为各具特色的民族文化传统，构成不同民族生存的"集体意识"，世代影响并塑造着个体生命。杜维明在分析雅斯贝尔斯"轴心文明"的历史论证的基础上，得出鲜明的结论：人类文明发展的多元倾向有着相当长的历史，多元文化是世界文明发展的大脉络，而不同"轴心时代"的文明有不同的源头活水，不同的精神资源，不同的潜在力，不同的发展脉络。这种"源头活水"的根源性差异导致当今世界各种现实文明的差异和人们思维习惯、生活样态的差异。

马克思主义经典作家在论及人类由原始社会进入文明社会的历史进程时，认为东西方曾经走了两条不同的途径，即以希腊为代表的"古典的古代"和以古代东方国家为代表的"亚细亚的古代"。"古典的古代"是从氏族到私产再到国家的进程，个体私有制冲破了氏族组织，而后国家代替了氏族。"亚细亚的古代"则是由氏族社会直接进入到国家，国家的组织形式与血缘氏族制相结合，我国古代奴隶制的形式可以说就是典型的"亚细亚"生产方式。正如侯外庐先生早在 20 世纪 40 年代提出的，如果用恩格斯"家族、私产（有）、国家"三项作为人类文明路径的指标，那么中国氏族公社的解体和进入文明社会的方式与西方国家不同。西方是从家族制、私产再到国家，国家代替了家族；中国是由家族到国家，国家混合在家族里。① 当"国家混合在家族里"时，国就是大家，家就是小国，家国获得了本质上的同构性。而由于家国同构的政治文化，"君父同伦，家国同构，宗法关系因之而渗透于社会整体"。② 个人与国家的关系是个人与家的关系的合理外推。君可以比之于父，友可以比之于兄。在社会生活中，中国人由此表现出明显的处理社会事物时的家庭化和亲缘化倾向，强调通过人情法则的运用，在彼此之间发展和维系关系。

2. 特殊性

儒学是中国传统文化的主流，以儒家文化为主导的传统中国社会既不是个人本位的，也不是社会本位的，而是关系本位的。③ 在中国的文化传统中，对关于人为何或人的本性为何的看法上，存有从关系的角度去论证的倾向，认为人是人伦中的人，是在人我关系中被定位的。许慎在《说文解字》中考证，"仁"从二，亦即人与人之间的关系。即个体并不是孤立绝缘的个体，而是在复杂人际关系中显现的中心点，是人际社会相互依存关系中的网结。"我"是谁？我就是关系，是关系的产物（父母关系的结晶），是关系中的角色（相对最早的关系父母而言，是他们的孩子）。正如有学者考察中国文化中"人"的概念时指出："人与我对称，使人、我两称谓的意蕴显得十分明确。与'我'对称的'人'，是指我以外的、与我发生关系并具有与我同样意识的别人或他人。人与我总是相比较而存在，舍我无人，舍人无我。……在人我关系之中，我为一，人为多，从而使我处于人我交往的轴心地位"。④ 在孔孟看来，人一生下来就离不开对父母、对他人的依赖，离不开特定的群体关系，这是人之为人的天性。儒家正是基于这种认定，推演出了其全部的伦理原则、规范及实现道德目标的方式、途径。——任何个人都必须寄寓于特定的关系才能生存和发展，所以维护、协调自己所处的关系就显得十分重要。

在中国传统文化中的个体实际上是复杂人际关系中所显现的中心点，是人

---

① 侯外庐：《中国思想通史·第1卷》，北京，人民出版社，1957年，第6~12页。
② 冯天瑜：《中华文化史》，上海，上海人民出版社，1990年，第208页。
③ 梁漱溟：《中国文化要义》，上海，学林出版社，1987年，第96页。
④ 请参阅李萍的博士论文《道德教育论》，中国人民大学，1997，第28页。

际社会相互依存关系中的"网结"。因此，个体或"我"是依附某种群体及其关系而存在的，个体并不具有独立存在的价值和意义，个体与群体、社会的基本关系是依附关系，个人生活与公共生活并无明确区分。当然，其逻辑结果是，个体是卑微的，群体、整体是高尚的。故个人要照着关系的规则行事，中国俗语所描述的"人怕出名，猪怕壮""枪打出头鸟""木秀于林，风必摧之"很贴切地表达了中国传统价值观的倾向和文化的潜规则。在关系本位的社会系统中，主体不把重点放在任何一方，而是从乎其关系，彼此相交换。① 有些关系是基于自然血亲而形成的，但更多的非自然的关系则是个体在生活中有意识地建立起来的。人情作为发展和维系关系的一种规范，它所调整的不是有着深厚的自然血亲基础的父子兄弟，也不是彼此陌生的外人，而是熟人。通过人情法则的运用，交往双方可以使工具性的关系情感化，使陌生人之间的关系亲缘化，从而使对方做出有利于己方的行动安排。这种文化传统成为一股无形的力量，潜移默化地塑造和影响着一个民族的基本价值观，在现代社会即成为一种"文化潜规则"。

3. 生存性

美国人类学家 A. L. 克罗伯和 C. 克拉克洪搜集的资料显示：文化的定义多达 160 种以上。无论对文化定义如何诠释，它与人类生活的内在关系都是极为紧密的。梁漱溟把文化直接定义为"人类生活的样法"。这并不是说"人类生活的样法"是由文化决定的，而是说文化传统对人类生活的"样法"有着无形的、潜在和极大的影响。因此，即使在生产力水平、经济条件相当的情况下，不同文化传统的人类生活样法也是不同的。由于中西方文化传统的不同，彼此的生活样法就会有差异。梁漱溟指出，人类的生活大约不出三种路径样法：向前面要求；对于自己的意思变换、调和、持中；转身向后要求。他认为，西方文化走的是第一条路向——向前面要求；中国文化走的是第二条路向——变换、调和、持中；印度文化走的是第三条路向——反身向后要求。② 所以，"我可以断言，假使西方化不同我们接触，中国是完全闭关与外间不通

---

① 梁漱溟：《中国文化要义》，上海，学林出版社，1987 年，第 93 页。
② 梁漱溟：《东西方文化及其哲学》，北京，商务印书馆，1999 年，第 61 页。

风的，就是再走三百年、五百年、一千年也断不会有这些轮船、火车、飞行艇、科学方法、'德谟克拉西'精神产生出来。……中国人另有他的路向和态度，就是他所走并非第一条向前要求的路向态度。中国人的思想是安分、知足、寡欲、摄生，而绝没有提倡要求物质享乐的；却亦没有印度的禁欲思想"。① 这种断言即使过于主观，它还是深刻道出了"文化"对于人类生活的"样式"潜在的、长久的内在制约性。

美国社会学家希尔斯在其力作《论传统》中对"传统"的三个特性作了揭示：一是"代代相传的事物"，既包括物质实体，也包括人们对各种事物的信仰及惯例和制度；二是"相传事物的同一性"，即传统是一条世代相传的事物变化链，尽管某种物质实体、信仰、制度等在世代相传中会发生种种变异，但始终在"同一性"的锁链上扣接着；三是"传统的持续性"。② 由此可见，传统不是历史，因为历史只能是过去；传统亦不是政治，因为政治必定是现实的，故不可能代代相传；传统更不是经济，因为经济是不断变革的力量，不可能相传事物的同一性和具有持续性。毫无疑问，"传统"与历史、政治、经济都有密切的关系，但传统最直接的载体却是文化。文化既是有形的，也是无形的，它可通过物质实体、社会范型来表达，亦可通过思想意识、制度理念来体现。因此，文化尤其是文化传统对人的影响方式，才具有渗透到每个人的毛孔，流淌到每个人的血液中之功能。而从"文化传统"的社会功能来看，"她使代与代之间、一个历史阶段与另一个历史阶段之间保持了某种连续性和同一性，构成了一个社会创造与再创造自己的文化密码，并给人类生存带来了秩序和意义"。③

三　公民教育定位的思考

经由对文化传统预制性的分析，我们就不难理解，在人类文明的发展中，特别是在中国社会的历史进程中，无论出于何种想法，无论以何种方式"反

① 梁漱溟：《东西方文化及其哲学》，北京，商务印书馆，1999 年，第 72 页。
② 〔美〕E. 希尔斯：《论传统》，上海，上海人民出版社，1991 年，第 15 ~ 17 页。
③ 樊浩：《中国伦理精神的现代建构》，南京，江苏人民出版社，1997 年．第 199 页。

传统"，传统始终反不掉。我们需要的是对传统予以理性地审视、批判地扬弃，在历史的变迁中不断发展、积淀优良的传统。那么，文化传统的预制性对于公民教育而言意味着什么呢？晏阳初曾指出："外国的公民教育未必可直接模仿为中国的公民教育。外国的公民活动亦未必可直接模仿为中国的公民活动。有外国的历史文化和环境，而后产生出他特有的公民教育。有我国的历史文化和环境，亦当有我国所特有的公民教育，方能适应我国的需要。要知道什么是中国的公民教育，非有实地的、彻底的研究不可。我国办理教育数十年，成效未著，原因固然复杂，而我国从事教育者奴隶式的抄袭外人，漠视国情，也不能不说是失败的一个大原因。"① 他将中国公民教育失败的原因部分归结为从事教育者漠视历史文化传统方面的国情，无疑洞察到了文化传统的预制性对公民教育内在而深层的影响。

1. 公民教育的价值取向要考虑文化传统的预制性因素

就当前国际公民教育实际的分析来看，不同国家或地区都会立足于各自独具特色的文化传统开展公民教育。由此，不同文化传统中公民教育的价值取向存在差异。"一个国家或地区的历史，特别是有关公民权利及如何在权利与义务之间达成平衡的历史，对该国家或地区对公民教育涵义的理解及所采用的途径具有重要的影响，它决定了一个国家或地区对公民教育基本价值的界定，影响着公民教育的价值取向。如，以日本、韩国和新加坡为代表的儒家文化传统背景下的公民教育和以英美等为代表的西方'自由、民主'文化背景下的公民教育就存在很大的区别。"②

关系本位是中国文化传统重要而显著的特质。它使得中国人不是自由主义的，因为他们不会追求自由主义式的权利、利益与自由；他们也不是共和主义的，因为他们不会强调共和主义式的国家利益、社会利益和公共善。如果非要贯以"主义"的称号，对他们更为贴切的表达应该是关系主义的。因此，中国的公民教育就应该致力于教授学生批判性建构现代化关系的能力。这一公民教育价值目标包括对传统关系审慎的批判能力和反思意识；对现代关系理性的

---

① 晏阳初：《晏阳初全集（第一卷）》，长沙，湖南教育出版社，1989 年，第 65 页。
② 洪明、许明：《国际视野中公民教育的内涵与成因》，《国外社会科学》2002 年第 4 期。

建构能力和自觉意识；与现代关系相吻合的德性修养和主体意识。通过以"关系"为核心概念的公民教育，学生在对关系本位的文化传统存有温情敬意的同时，不失批判的立场；在走向现代化关系社会的途中，不失对传统关系特质的认同。他们在传统的批判和现代的建构中，能够对关系予以识别与描述、解释与分析、评估与辩护，并形成关系的批判能力、关系的建构能力和关系的参与能力，养成关系的批判意识、反思意识、自觉意识和主体意识。它使得经由此路径教育而成的公民既区别于"无他"的私民，又区别于"无我"的臣民；既不是原子式的个体，也不是奴隶式的附庸。他们在"我—他"的关系中历史地和文化地确立自身的地位，承担自身的责任和享有自身的权利；他们立足于特定的社会关系，并在这一关系中完成社会人和政治人的使命。

从关系本位的文化传统视角出发，社会是由各种关系交织而成的网络，个体成为关系网络中的接点。在中国传统文化中，最重要的是熟人社会的五种关系，即"五伦"。随着现代社会的转型，以血缘、家族、亲情为纽带的熟人关系，要扩展至个人与陌生社会大众的关系；传统社会处理个人与个人之间的关系，更要进展到处理个人与社会、人与自然、社会与自然的关系。资质合格的公民在于能够恰当地履行接点的使命，辨别接点的关系结构，并根据各种不同的境遇予以权衡与合理取舍。从这种意义而言，香港教育学院李荣安的观点是有启发性的。他将公民关系视作公民教育的起点和公民身份的前提。"人首先从家庭这种最亲近、最直接的关系出发，才能理解逐步扩展到邻里、社群、国家、国际等较远、较间接的社会关系……必须要从公民置身社会中多重关系的层次性出发，否则就会出现很多公民不愿意接受的问题"，"公民教育就是公民身份的教育，公民身份的教育就是公民关系的教育，公民关系的教育要先从人际关系开始。"[1]

2. 公民教育的展开要关注接受主体的文化传统预制性倾向

公民教育包括教授与学习的两个过程。就教授的过程而言，教育者、传导者是主体，被教育对象、接受者是客体，但这并不意味着接受者是被动的接受器。从接受活动的整体来看，真正起决定作用的是接受主体与接受客体的相容

---

① 朱小蔓、李荣安：《关于公民道德教育的对话》，《中国德育》2006 年第 5 期。

程度，如果接受客体的内容、形式与接受主体的成长需要、所达到的认知水平等相符合，就会刺激接受主体开启"接受之门"，从而产生教育效果。否则，无论教育传导者如何努力，接受环境的压力如何大，真正意义上的接受活动都是难以产生的。就学习过程而言，被教育对象、接受者是学习过程的主体，教育内容、教育者是学习过程的客体。因而学习主体的需要动力系统（主要包括动机、需要、兴趣）和知识系统（个人素质、教育程度、价值倾向、认知能力和水平等）对主体的学习主动性、选择性起着关键的制约作用，而对学习主体主动性的调动仍然取决于接受客体与接受主体的相容程度。

由于关系本位的文化传统，所以无论是从中国历史传统还是从近现代社会现实来看，民众由于公共生活经验的普遍缺失，往往难以形成"公共性意识""公共性知识""公共性思维习惯""公共性道德"及"公共性人格"等现代西方公民社会意义上的品质。韦政通认为，在传统的中国，除了家族外，就没有社会生活。"这是不易培养客观社会意识的，如果有客观的社会意识，则公共事务、社会事务的观念必将产生。有公共事务和社会事务的观念，则公德观念必随之俱来。因为同样的原因，中国人一向没有守纪律的习惯，也缺乏团体精神。"①韦政通对中国民众作出了家族主义和宗族主义病根的诊断。但是，由此断言这一病根成为他们缺乏"公共性"的唯一或者主要原因，并不完全是客观的结论。中国民众并不缺乏"公共性"，家族或者宗族就是他们"公共性"的生活和领域。但这种"公共性"迥异于现代西方公民社会的"公共性"，前者建立在以己中心往外而推的关系中，距离越远则"公共性意识"越淡薄，表现为费孝通式的"差序格局"。20世纪的中国社会发生了翻天覆地的变化，但关系本位主导下的民众心理思维模式并没有发生根本性转变。

由此，中国社会公民教育的展开就必须深刻关注关系本位的文化传统对接受主体的预制性倾向，使对文化传统的客观分析成为教育的逻辑起点。人们生活在密匝的关系网络结构中，以自己为中心，由近及远，从最简单的家庭关系进至社区邻里关系，再推延至复杂的社会关系和国家关系。不同的关系属性，

---

① 刘志琴：《文化危机与展望——台湾学者论中国文化（下）》，北京，中国青年出版社，1989，第51页。

具有不同的角色期待和权责要求；同时，外推的关系圈的大小和远近反映了个体德性上的层次与境界。我们的公民教育应该从公民最切近的关系圈开始，首先使人们成为合格的家庭成员和社区成员，使之关注私人德性；然后渐渐过渡到关系圈的最远端，使人们成为资质合格的现代社会公民，具有高尚的爱国情怀和大公无私的精神；使人们将狭隘的家庭的爱扩展为对家乡社区、对国家社会的大爱，从家庭的"私我"进而成为社区的"群我"，最终提升至国家社会的"公我"①。从而将公民教育的先进性与广泛性相结合，引导人们在遵守起点准则的基础上，不断追求更高层次的价值目标。如果将这种秩序错位了，那么公民教育的效果就要受到挫折。

3. 公民教育的设置要以文化传统的本源性为基础

文化人类学者 E. 泰勒将文化经典性地定义为："文化是包括知识、信仰、艺术、法律、道德、习俗以及其他作为一个社会成员所必须具有的能力和习惯的总和。"② 钱穆先生在《从中国历史来看中国民族性及中国文化》中说道，"文化是民族的生命，没有文化，就没有民族。文化是一个民族生活的总体……不是指每个人的生活，也不是指学术生活，或经济生活、物质生活、精神生活等。它是一切生活的总体。英国人有英国人的生活，德国人有德国人的生活，印度人有印度人的生活……这个生活就是它的生命，这个生命的表现就成为它的文化"。③ 无论是泰勒还是钱穆，他们都强调了理解文化的"总体性"原则。这种作为"总体"形式存在的文化在时间的长河中积淀成传统后，就成为一个民族、地区或国家的人们生存的"基因密码"，潜在而深刻地影响着他们的思维模式和行为方式等。对于文化积淀成传统所产生的预制力，钱穆先生的这段话已经表达得十分清楚了："本源二字是中国人最看中的，一个民族是一个大生命，生命必有本源。思想是生命中的一种表现，我们亦可说，思想亦如生命，亦必有它的一本源。有本源就有枝叶，有流派。生命有一个开始，就必有它的传统。枝叶流派之于本源，是共同一体的。文化的传统，亦必与它

---

① 王巨光：《公民共和主义：平教总会公民教育的思想特色》，《高等教育研究》2007 年第 4 期。
② 转引自周大鸣、乔晓勤《现代人类学》，重庆，重庆出版社，1990，第 26 页。
③ 钱穆：《从中国历史来看中国民族性及中国文化》，香港，香港中文大学出版社，1979，第 13 页。

的开始，共同一体，始成为生命。"①

公民教育在不同的国家、不同的时代，其内涵所及与包容的是一个变数。我国当前公民教育与思想道德教育所含范围基本是一致的，包括了政治教育、思想教育和品德教育三大部分。当然，在对个人权利的重视程度、教育的价值取向及教育内容的普适性等方面，二者存在区别。对于培养合格的中华人民共和国公民而言，这三大方面无疑都是非常重要的，它们的实效性直接关联着受教育者政治、民主、公共生活、法律及道德等方面的意识与能力的优劣。但一个无法回避的现实难题是，包括青年学生在内的当代中国民众并没有按照既定的教育设置被完全改造，而是流露出文化传统中的某些特质。这正是文化传统预制力的鲜活体现。

因此，从文化传统的预制性出发，我们就会清楚地认识到，关系本位的文化传统预制了"公民"在中国语境中不会完全等同于西方世界的"公民"概念，决定了中国公民教育价值取向的特殊性，从而使得我们公民教育的设置要以文化传统的本源性为基础。从价值层面而言，我们之所以重视文化传统，乃是因为它表达了文化领域中一个历史—现实—未来的连续性；它代表着或象征着不同文化的特征，消解了"传统"，就消解了不同文化的个性。从工具层面而言，脱离了本民族文化传统根源性的公民教育，实效性往往更低，因为它难以获得民众的发自内心的接受与认同，也就难以在中国特定的文化土壤中生成。例如，从基督教在中国传播过程的"遭遇"来看，固然有许多具体的原因，但"文化传统"预制力是个重大而不可忽视的因素。这正如李鸿章在给皇帝的奏章里说道，"孔夫子的教导和耶稣的教义看来都是建立在规劝的基础上，他们的教义被表达和传播是为了整个人类——异教徒和基督徒的改善。我懂得这个道理，如果我的生命是被抛到英国、法国或美国的话，那么我也称自己是一个基督徒，因为基督教是这些国家的宗教，一个人要是这样安排生活，那他就会免遭麻烦且受到尊敬。他不会想到孔夫子，因为孔夫子及其教导他是一点不需要的。在中国也是同样的道理，只是情况相反"。②

---

① 钱穆：《从中国历史来看中国民族性及中国文化》，香港，香港中文大学出版社，1979年，第77页。

② 贺麟：《文化与人生》，北京，商务印书馆，1999年，第153页。

无论我们愿意还是不愿意，中国的公民教育都无法摆脱其植根的文化土壤（传统），而这块土壤的悠久与曾经辉煌、独立与系统，使其产生极大的惯性和文化的拉力。"尽管充满了变化，现代社会生活的大部分仍处在与那些从过去继承而来的法规相一致的、持久的制度之中；那些用来评判世界的信仰也是世代相传的遗产的一部分。"① 从这种意义上来说，我们一生下来就生活在传统的掌心中；传统对于我们每个人而言都是无法摆脱的命定。在这深厚的文化传统之前，我们不仅需要勇气，也需要智慧；不仅要有自觉的意识，更要有回应的能力。

---

　　① 〔美〕E. 希尔斯：《论传统》，上海，上海人民出版社，1991 年，第 2 页。

B.14
中国公共倡导多元化发展现状分析

郭婷 付涛 刘海英*

摘　要：

随着我国公民社会格局变化和外部倡导环境的发展，近年来以在公共领域中发声为形式的倡导呈现多元化发展态势。本文以多元化为关键词，从主体、手段，以及具体到NGO领域内的倡导功能发育三个方面梳理了2008年至今的部分公共倡导行动（事件），其主角既有草根NGO，也有新兴起的基金会，还有具有责任意识的企业家与媒体，以及公民（网民）个体。这些倡导者从不同的议题和事件切入，以多元的姿态和行动策略、手法，试图推动中国社会制度和环境迈向善治和公平。

关键词：

公共倡导　多元化　NGO　倡导主体　倡导手法

一　引言

迄今为止，有关"倡导"（advocacy，advocate）一词的定义和分析，在各国学术界以及公民社会行动领域都众说纷纭①。就倡导的主体而言，通常普通公民和组织都包括在内，一些定义尤其强调公民尤其是弱势和边缘群体的主体性，认为公民团体或者说NGO应视为普通公民的集合或者说公民利益的代理

---

*　本文系中国发展简报在加拿大基金资助下完成的《中国公共倡导的多元化发展》分析报告的缩编版，该报告完成方式为文献资料分析与对近年来公共倡导当事人的访谈相结合，作者均为中国发展简报编辑。

① 　全球消除贫困联盟（GCAP）－中国：《什么是倡导？——倡导的概念与辨析》，http：//www.cdb. org. cn/ngo_ Talkview. php？id＝1796。

者。关于倡导的方式，中国发展简报于 2006 年发布的《非政府组织倡导在中国的现状》作了以下分类："法律倡导、人权倡导、政策研究倡导、基于某一支持者群体的倡导、运动型倡导、社会运动倡导、游说与直接交流。"① 其中有些方式，如运动型倡导、社会运动倡导，主要在公共空间中生发、开展，而法律倡导、政策研究倡导，更偏向于为专业人士和专业机构采纳并在体制空间内进行，其他倡导方式，可能两者兼备。不同策略和议题下的倡导行动和策略，具有不同程度的对抗性和张力。我们认为，公共倡导是指公益组织、公民个人及以公共利益为指向的媒体等群体，通过各种传播手段发声，制造、传播公共事件并产生公众影响力，从而对政府的公共政策与资源分配、企业的社会责任履行，以及既有社会文化和社会结构形成压力乃至促成改变的过程②。

近年来，中国公民社会出现重大格局变化。在政府社会管理创新的驱动下，有关部委、地方政府对 NGO 和基金会的注册、管理政策放宽，各地相继出台政府采购的鼓励措施；2004 年《基金会管理条例》的颁布实施则为非公募基金会的兴起打开了空间，中国公民社会增加了在国家意志之外的本土资源和支持；由于这些来自政府、企业的力量与支持，NGO 在合法性、资源、关注的议题和行动策略、项目运作方式等多方面都发生了很大变化，并出现了从研究机构、资助方、NGO 能力建设与支持机构、企业 CSR 咨询到草根组织等进行行业细分的态势，上下游分工的公益产业链概念也被提出。与此同时，公共倡导的外部环境也在不断改善。在政府层面上，依法行政和公众监督成为政府工作的新标准；从公益的公众认知和舆论环境而言，新媒体成为微公益兴起的主要场域和公共倡导的新传播平台；在主流媒体上，公益慈善也已经成为媒

---

① 中国发展简报：《国际非政府组织倡导在中国的现状》，2006，第 3 页。

② 这一定义中公共倡导的对象，除了权力拥有者（政府和企业），公众也涵盖在内。这一提法与西方和国内部分倡导的对象定义有所不同，但在当前中国公民意识尚未健全的背景下，在部分领域如针对乙肝/艾滋等弱势群体的歧视尚普遍存在的情况下，部分公众意识与行为本身就是一种对弱势和边缘群体的压迫，针对公众的倡导属于促成既有社会文化和社会结构发生变革的重要环节。此外，针对公众的有效倡导，能够形成社会动员，构成使政府和企业等权力拥有者发生改变的民意基础和前提，因此，这一定义强调了公共压力在倡导中发挥的作用。同时，从以上定义可以看出，公共倡导与公众参与密不可分。公共倡导背后的核心价值和倡导的合法性来源，是公民参与的权利。以公民参与进行公共倡导，有利于拓展现有的制度空间，探索化解社会矛盾和社会冲突的有效机制。

体时常关注的热点议题；而改革开放以来尤其是近年来网络兴起之后，公民权利与责任意识的兴起，更成为公共倡导得以兴起的内在原因。

在此背景下，部分 NGO 从权利视角出发，以公共施压和适度挑战为手段，发起以媒体及新媒体等平台为传播工具并强调公众参与的倡导行动。NGO 之外，多元行动者的声音更为广泛地涌现。拥有强大社会资源和舆论引领作用的基金会、企业家、媒体在一些倡导议题上的支持与发声，为中国公民社会的发展拓宽了边界；以个人身份进行公共倡导的先行者们，则身体力行地践行着公民的权利与责任；尤其在近年来，一些公众自组织的集体维权行动和抗争，代表弱势人群的利益与政府和企业进行对话，甚至提出挑战，试图改变引致权益损害的不公平、不合理的权力关系，推动政府改善政策，约束企业的不当行为，凸显出社会对政府和企业的问责期望。为了取得更实质的效果乃至突破公共倡导整体面临的制度性限制，这些倡导者各尽所长，以形成公共影响力为特征，采取了行为艺术、影响性诉讼、社会运动、联名上书、公开提案、广告宣传等多元化的倡导手法，使得近年来的公共倡导舞台异彩纷呈。他们关注的领域同样突破传统公益慈善囿于扶危济困、支教赈灾的局限，将倡导扩及环境保护、公共卫生、企业社会责任、性别平等、劳工权益等领域，促进公民社会以多元的姿态向前发展。总而言之，随着中国公民社会格局的重大变化与倡导环境空间的拓展，中国公共倡导从参与主体、倡导手法、代表利益群体等都出现了多元化兴起的趋势。

"让无声者有声，让有声者多元"，是以改革凝聚发展共识的时代强音。这既是媒体需要承载的社会功能，也是公益组织及每一位具有公共精神的公民所努力推动的目标。随着公民社会格局的变化和外部倡导环境的发展，近年来以在公共领域中发声为形式的倡导呈现多元化发展态势。基于此，本文以多元化为关键词，从主体、手段，以及具体到 NGO 领域内的倡导功能发育三个方面梳理了 2008 年至今的部分公共倡导行动（事件），其主角既有草根 NGO，也有新兴起的基金会，还有具有责任意识的企业家与媒体，以及公民（网民）个体。这些倡导者从不同的议题和事件切入，以多元的姿态和行动策略、手法，试图推动中国社会制度和环境迈向善治和公平。他们共同构成了一个成长中的以权利倡导促成发展的公民社会。

二 NGO 倡导功能的多元化发展

作为公民社会的核心要素，NGO 应当成为公共倡导最重要的主体，并以组织化的倡导行动促成公众与政府、企业之间的沟通，推动权力者的改变，促进社会进步。基于现行的社会环境和各种影响因素，中国 NGO 的功能发育存在强服务、弱倡导的特点，改变这种不平衡性是公民社会走向成熟的必经之路。近年来，一些 NGO 重视公民参与、积极介入公共议题，以打造支持网络、发起倡导联盟、建构倡导空间等多元化的形式和手法促进 NGO 的倡导功能发展。虽然总体看来，这一趋势在公益业界尚显边缘，但值得单独加以分析。

（一）中国 NGO 的倡导功能在边缘中发育

当前 NGO 的主流趋势是与政府和市场合作，高效、透明、专业、创新地提供社会服务。而在倡导功能发育方面，NGO 中部分出现了脱离社区、无法有效回应社会诉求的问题——部分为边缘群体提供服务的 NGO 名义上是公众和弱势人群的利益代表，却无法在真正意义上代表民意，出现了边缘化的危机。

这种危机来自合法性空间的制约、NGO 自身的组织定位等各方面的局限。当前很多组织都定位为联系政府和群众的桥梁和纽带，是政府的朋友、伙伴、参谋、助手、补充。此外，NGO 普遍采用项目制，从人力资源、工作计划、工作成果等方面在项目框架中进行，也相应抑制了部分社会功能的发育，弱化了倡导功能，形成了中国特色的 NGO 生存策略。

但另一方面，随着社会空间的扩大、新媒体的兴起及近年来民间组织整体力量的不断壮大，NGO 内部也出现了重视倡导功能与价值、以公民的权利理念为本、将自身使命定位在以倡导为策略推动政府决策和企业行为改变、提升公众意识的 NGO 及 NGO 网络。在近年部分公众事件中，这些组织和网络成为公民权益倡导的核心参与者和推动者，通过多元的形式和手法"高调"地介入和推进一些社会议程。这些在公民社会整体发展中看起来还有些"边缘"的现象，虽然并非当前 NGO 发展的主流，却值得重视。

（二）NGO 倡导支持网络的形成与发展

公共倡导在 NGO 业内的发展与崛起，体现出一种行业生态变化，专注于推动 NGO 倡导意识和倡导行动能力提升的倡导支持性网络，以及致力于营造倡导公共空间的 NGO 的出现，正是这种生态变化的反映。前者比较典型的有全球消除贫困联盟（GCAP）- 中国和中国环保倡导行动网络，后者有一元公社和东珍人权教育中心组织的反歧视沙龙和相关工作坊。

GCAP - 中国成立于 2005 年 9 月，致力于推动民间参与消除中国贫困，合作伙伴来自乡村建设、妇女及性少数权益、劳工、教育、残障、环境保护、卫生健康等多个领域。这一网络通过提升 NGO 的倡导能力及协调减贫相关的联合倡导行动，促进 NGO 及社群的参与，消除由结构性原因造成的贫困和不公正。

2006 年之后，GCAP - 中国开始组织 NGO 倡导能力建设的系列活动，比如举办发展与倡导沙龙、组织 NGO 倡导能力工作坊、开设"倡导在线学习"邮件组等在线倡导交流平台，它们还与 NGO 伙伴合作推出《公益组织倡导手册》等倡导工具。

除推动倡导能力建设之外，GCAP - 中国还推动各领域 NGO 针对国内外的减贫议题联合发声。如 2007 年，在联合国千年发展目标（MGDs）中期评估时，GCAP - 中国联合多家 NGO 发布了《中国实施千年发展目标民间报告》。2012 年，在联合国就千年发展目标之后的全球性发展框架进行咨商之际，GCAP - 中国组织了《公众参与社会管理》调研及"后 2015 发展框架咨商会"等活动，推动中国公民社会组织参与这一重要的国际发展议程设定。此外，GCAP - 中国也关注本土议题，曾组织多家 NGO 参与调研并撰写了有关农民工问题的多篇政策倡导报告。

在环保领域，由厦门绿十字牵头发起的中国环境保护倡导行动网络，也是一个以 NGO 倡导能力建设为定位的网络组织。该网络发端于 2011 年 9 月《中国环境保护倡导指南》的出版——由于备受好评，出品方厦门绿十字很快开通配套资源网站环保倡导在线（www.eac - cn.org），提供这本书的网上下载以及其他资讯。

2012 年 6 月，在厦门绿十字的倡议下，中国环境保护倡导行动网络宣告成立，首批发起单位及成员共 22 家各地环保组织，同时通过选举组建了网络指导委员会。这一网络致力于对开展倡导行动的环保 NGO 开展系列专项能力建设，使他们熟悉中国法律框架下的环保倡导工作手法，提升以法律为基础的专业倡导能力。

（三）倡导公共空间的营造

公共倡导的兴起基础是公众的参与，而让公众能聚集起来为一个话题发声、参与，需要公共空间的营造，以及将人人都能看到的社会问题在公共空间中组织讨论、赋予意义的组织化 NGO。近年来，基于以上需求，出现了东珍人权教育中心（以下简称"东珍"）和一元公社这样的专门定位于公共倡导与支持、营造公共空间的 NGO。

2009 年 12 月，东珍发起"经济、社会、文化权利"沙龙，每期针对不同的社会议题，如社会性别平等、少数民族权益、艾滋病病毒感染者权益、农民工权益、教育公平等，以权利视角切入现实，邀请针对社会议题发起公共倡导行动的学者、律师和 NGO 行动者以及公民个人分享和参与。沙龙中的反歧视系列，除分析歧视产生的社会文化、法律保障外，还具有行动导向，探讨反歧视的行动方法和策略，推动行动者利用多元有效的工具展开倡导行动。截至2013 年 2 月下旬，沙龙已举办 48 期。

东珍还在 2011 年 2 月启动东珍书院，营造公益人士和公益机构的交流空间。书院现有一千多册有关公益、社会议题和社会运动的中英文图书可供阅读。空场则提供给需要的组织使用，LGBT 组织北京纪安德咨询中心的酷儿（Queer，即性少数）大学、女权志愿者开展的工作坊、国际助残的盲人反歧视展览以及一些机构的筹款活动等也都在此举办。

由 NGO 工作者韩红梅、吕频和社工专家曲平联合发起的一元公社，最初缘于为边缘人群提供活动空间，后来同样发展成为北京小有名气的开放式公益活动中心。东珍和一元公社举办的活动为公益组织营造了讨论和思考现实议题、推动行动的公共空间，促进了公民社会各个领域思想和行动经验的会聚、交流和动员。

（四）公共倡导指向 NGO 的出现与增长

近年来，群体公益、公共事件热闹非凡，但由于组织行动的敏感性，许多焦点事件中难以看到 NGO 的身影。面对这种"边缘化"的危机，一些长期采用传统手法但保持"低调"的倡导类 NGO，开始主动回应民众高度关切的突发社会问题和社会事件。如原北京大学妇女法律中心（现北京众泽妇女法律咨询服务中心），一直以专业方式从事妇女的权益维护工作，承接了大量相关法律援助案件。2009 年 5 月发生的"邓玉娇案"受到公众和舆论的高度关注，中心顶着压力，几次介入该事件，与北京益仁平中心就此事件共同发起了"妇女人权与尊严维护法律研讨会"，还在网上加入邓案"女界声援团"并发表公开声明，为邓玉娇提供道义和法律援助。如此介入突发公共事件，使中心突破了传统精英式的法律维权倡导模式，回应了社会的期待。

还有一些历史较长的"老"服务组织向倡导组织转变，如东珍人权教育中心，最初是以河南艾滋病孤儿救助为使命，最终转型为艾滋病等公共卫生领域的人权倡导。妇女传媒监测网络从媒体监测的专业机构到女权倡导组织的转型、反家暴网络（现注册名为"北京帆葆"）在反家暴倡导上的实践，也彰显了公共倡导在 NGO 中的发展。

中国发展简报 2006 年发布的《非政府组织倡导在中国的现状》发现，尽管不少受访的机构将倡导作为工作的一个部分，但很少有机构明确将公共倡导作为机构的价值理念。而近年来，公益领域带有"倡导"或"公共倡导""标签"的发声组织数量有所增加，对现实议题的介入更为直接、公开，出现了一些专门定位于倡导，以倡导为核心价值，并常常运用公共影响力推进议题的NGO。

例如，在乙肝和艾滋领域推动反歧视和公平就业的益仁平（北京）、亿人平（郑州）、天下公（南京）、衡平（深圳）四家机构即是如此。北京益仁平中心成立于 2006 年 12 月，致力于消除歧视的倡导工作，协助乙肝携带者、艾滋病感染者、残障人士等边缘和弱势群体进行反歧视维权，其中大部分案件成为社会广泛关注的影响性诉讼。益仁平还参与过多项法律法规和规章的制定和修订，积极关注并介入毒奶粉事件、镍铬烤瓷牙事件等突发公共卫生事件，为受害者提供协助。益仁平发源于乙肝维权者的自助、互助行动，最终从互益性向推动公共利益的公益性组织转变。亿人平（郑州）、天下公（南京）、衡平（深圳）同为协助弱势群体维护权益的组织，它们的出现和发展与北京益仁平有密不可分的关系，四家机构在运作上既相互协作，又相对独立。

这四家机构有一个共同的特征，即自下而上的草根（独立）立场，但草根立场并不意味着这些 NGO 拒绝专业能力。与此相反，为进行有效的倡导，它们非常重视积累相关议题上的专业资源和专业能力，以及公共倡导的手法创新。

（五）NGO 联合倡导趋向务实

在 NGO 的公共倡导中，不同组织的联合已成为常见策略。但 NGO 的联合也分不同的层次，只有通过专业化分工，避免同质化才能有深入合作，才能获得更大的合作空间，多家环保组织联合发起的绿色选择联盟在这方面进行了尝试。

2007 年 3 月，公众环境研究中心（IPE）与 21 家环保组织结为联盟，共同发起了绿色选择倡议，以 IPE 开发并进行动态更新的水污染和空气污染数据库为基础，开发了绿色选择供应链管理体系。作为一套系统性的解决方案：一方面，环保 NGO 对大型采购商（品牌商）的中国供应商的环境表现进行独立跟踪调查，通过透明、参与的方式对其进行审核，敦促其采取改正行为、公开企业信息；另一方面，推动采购商（品牌商）更加有效地发现环境违规的供应商，通过供应链施压的方式，促使污染问题得到解决。

绿色选择先后针对 IT 行业的重金属污染、纺织行业污染情况进行持续跟踪、调研、曝光，与污染企业沟通互动，最终取得了显著成效。其中，连续三期针对"标杆"企业——苹果公司供应链的污染和劳工问题发布报告，最终促使其改变了抵触和否认的态度，与环保组织沟通合作，采用 NGO 监督下的第三方审核，推动其供应商整改环境违规问题。

目前绿色选择联盟的成员为 46 家，来自全国 20 个省市自治区，并有一套确保联盟公信力及行动有效性的共同决策与明晰化分工操作模式。

联盟成立早期，成员间主要是通过倡导行动联名发信的方式，提供道义支

持。后来在此基础上，部分成员间形成了更为实质性的合作。例如，公众与环境中心与达尔问自然求知社、自然之友、北京环友科技研究中心、南京绿石环境行动网络、重庆两江志愿服务发展中心、湖南绿色潇湘等成员，共同向阿拉善 SEE 基金会申请资金，通过类似议事规则的公开透明机制共同决定资源的合理分配和使用。此外，这种合作还尽量发挥不同机构的专业能力，做到优势互补。公众环境研究中心主要负责调研、报告撰写及与企业沟通，达尔问自然求知社主要进行所擅长的媒体传播和公众动员，自然之友在各地的地方小组分工进行污染源的调研和消费者动员，环友科技则主要负责联盟内部的沟通协调。其他地方性环保 NGO 成员，也视需要参与到地方污染源调研中，并为公众环境研究中心进入当地社区调研提供落地联络和推介。此外，为保证联盟的公信力，避免成员单独行事可能形成的非正常操作，在对企业审核报告的认可及是否撤除污染记录方面，需要联盟内成员机构的共同认可。

（六）NGO 倡导中更强的公众性和政策指向性

传统的 NGO 倡导，要么缺乏制度渠道并限于专业能力，只能主要围绕议题进行公众教育；要么依靠体制渠道建言献策，公共参与性不强。近年来，由于公共倡导空间与渠道有所扩大、公民权利意识的普遍提高，NGO 的公共倡导行动连接了更强的公众性和政策指向性，开始出现打通公众与政府的趋势。

2011 年 10 月，在北京经历严重的雾霾侵扰之后，美国使馆对馆内空气的实时测量，引爆了微博上有关大气污染物 PM2.5 的公共讨论。从商界精英、专业人士到普通公众，都在微博上议论北京的空气质量。美国使馆自测的空气质量指数与北京市环境保护局报告之间存在巨大差别，源于当时环境空气质量标准并未将 PM2.5 纳入监测指标。由此，环保组织牵头或个人自发的测空气活动在全国各大城市兴起。达尔问自然求知社的创办人冯永峰通过微博向网友募资购买 PM2.5 检测仪，动员更多城市的环保组织和公众加入。最终，在北京、上海、天津、广州等近 20 个城市开展了此项活动。

民间行动倒逼官方出台相关标准。2011 年 11 月，环境保护部公布《环境空气质量标准》二次征求意见稿，将 PM2.5 纳入常规空气质量评价。2012 年 3 月，新修订的《环境空气质量标准》增加了 PM2.5 的检测指标。当年 12

月，《环境空气质量信息标准》试点实施，率先在直辖市、省会城市和长三角、珠三角等重点区域的城市开展 PM2.5 监测。

"我为祖国测空气"运用新媒体的力量，与公众行动结合紧密，筹款方式快速有效，实现了较高的公众参与度；同时，与有经济能力的中产阶层和有媒体影响力的意见领袖形成互动。这些特点使倡导行动跨越了传统的 NGO 项目制操作方式下目标人群的小圈子，既带动了公众对此议题的切实关注，又提供了不同层次的参与和表达机会（微博评论、转帖、捐款、参与实测行动），并与其他社会力量形成合力，最终倒逼政府响应信息公开的民意诉求，出台空气监测的政策标准，为下一步推动污染治理打下基础。

三　倡导主体多元化

（一）基金会公共倡导的集体亮相与行业组织倡导

作为公益领域的优势、领导力量，2004 年《基金会管理条例》的实施使基金会发展进入了一个新的阶段，非公募基金会的崛起和部分公募基金会的转型，直接促成近年来公民社会的快速发展。

从公益供给的角度，我国基金会主要向社会提供两种产品：公益资金和公益服务，而从社会发展的长期历史进程来看，基金会向社会提供的将不仅仅是资金和服务，更多的是社会创新①。中国基金会长期以来的资助和服务方向偏好教育及传统的救灾济贫、扶弱助残等慈善领域，对社区发展、政策倡导、公益支持乃至社会创新等更为广阔的社会公共领域的资助则较弱②。

然而，一些基金会的成立和转型已使基金会提供的公益供给逐步打破类型单一化，出现多元化趋势。如 SEE 基金会等以环境保护为主要支持方向的基金会迅速发展，也出现了南都公益基金会这样定位为行业支持的基金会。在广

---

① 刘海龙：《论非公募基金会的公益供给功能：分类、供给方式与最优决策》，《中国非营利评论》2011 年第 1 期。
② 高功敬：《中国非公募基金会发展现状困境及政策思路》，《济南大学学报（社会科学版）》2012 年第 3 期，第 63~71 页。

东，同样出现以资助草根组织和社区发展为目标的千禾基金会。在支持公共倡导的基金会尚十分稀缺的背景下，基金会对公共事件的发声具有特别重要的意义。2009 年的多家基金会"抗税"事件，被公认为基金会倡导公益整体利益的标志性事件，可谓基金会在公共倡导上的一次集体亮相。

2009 年 11 月，财政部和国家税务总局发布《关于非营利组织企业所得税免税收入问题的通知》和《关于非营利组织免税资格认定管理有关问题的通知》，分别对非营利组织免税收入范围和免税资格认定予以明确。由于其内容对免税收入的限定范围过窄，非营利组织免税资格限制过严，从而侵害非营利组织的合法权益及公共利益。

当年 12 月，南都公益基金会、友成企业家扶贫基金会、中国青少年发展基金会（以下简称"青基会"）等 9 家基金会就此提出质疑，联合签署要求国务院对此进行违法性审查，并同时致函财政部和国家税务总局，提出就相关问题沟通的请求。三天后，另外 15 家公益基金会也参与进来，联署基金会达到24 家。

据媒体报道，当时徐永光还是青基会的副理事长，他曾就加不加入联名一事征询秘书长涂猛的意见，涂猛说："这不仅是为我们机构自身，也是为了这个行业，没有不加入的道理。"作为附议人之一，涂猛本人也在公开声明中签了名。

虽然到目前为止，两通知规定的免税收入范围和免税资格认定尚未有实质性的改变，许多基金会也没得到政策层面的回应。但根据 2011 年《公益时报》的采访，青基会在 2010 年夏天和北京市财税部门有过接触，并解决了当时迫在眉睫的缴税难题；在 2010 年两会期间，也曾有政协委员提交提案，就基金会税收问题提出质疑。南都公益基金会副秘书长刘洲鸿表示，他后来一直利用各种场合，为基金会的税收问题发声倡导。如在非公募基金会发展论坛举行税收研讨分论坛；参加关于基金会发展的研讨会时，也时常谈及基金会面临的税收困境；在 2010 年的《中国慈善发展报告》中，他在《非公募基金会在中国的发展》一章专门谈及税收问题。

基金会之外，同样被归为社会组织的各种商会、行业协会在市场经济的发展成熟过程中，也迅速成长起来。行业协会能够起到降低交易成本、制衡倾销等作用，并在市场中代表中小企业、消费者、工人、农民等群体的利益，他们作为多元利益主体的代言人，倡导和影响公共政策，构成公民社会发展的要素之一①。在食品安全频曝危机、质量问题层出不穷的时期，代表消费者利益的全国及各地消费者协会，应当更多成为弱势消费者的倡导代言人。当前一些行业组织在为中小企业利益倡导上进行了尝试，如在快递行业市场准入权的博弈中，快递委员会采取了全方位、立体化的倡导行动，既通过座谈会发表意见，又多次向全国人大、国务院法制办公室提议案、递交报告；还以提供研究经费的方式委托国务院发展研究中心和中国行政管理学会进行专项课题研究，并将研究报告递交相关政府部门，以及利用多家媒体向国家决策机构进行舆论倡导。②

（二）公民以个人身份进行公共倡导

相对在公共倡导中时常受到掣肘的 NGO，个人身份在一定情况下更容易开口发声；而对比国内 NGO 总体发展程度不高、社会影响力有限的现实，许多以个人身份出现的公众人物在动员社会各方面的资源上更有效；此外，在近年来一些慈善组织频频出现信任危机之时，个人身份发起倡导往往更令参与者信服。

近年来借助传统媒体与新媒体平台发起有影响力公共倡导的个人，大多是在微博和传统媒体都具有公众影响力和话语权的名人。

自 2001 年以来，中国社科院研究员李银河连续多年游说人大代表和政协委员递交同性婚姻合法化提案。作为知名学者尤其是开创性的性学研究者，李银河有相当的媒体影响力，因此她对同性婚姻的倡导被众多主流媒体广为报道。相比普通公民，李银河的精英学者身份也让她更易接触到两会代表委员等立法资源。同为社科院研究员的于建嵘，在微博发起"随手拍照解救乞讨儿童"后引发更大范围的连锁反应，其名人效应和行动本身的正面与简单易行，

---

① 王名：《走向公民社会——我国社会组织发展的历史及趋势》，《吉林大学社会科学学报》2009年第3期，第5~12页。

② 周俊：《行业组织政策倡导：现状、问题与机制建设》，《中国行政管理》2009年第9期，第91~96页。

让媒体和网民纷纷行动起来。

媒体人也是参与公共倡导的社会精英主力。发起"免费午餐"的邓飞、"大爱清尘"的王克勤、"老兵回家"的孙春龙，都是知名的调查报道记者，在社会上拥有一定的公信力。建立人民监督网、曝光和揭露腐败官员以推动制度革新的朱瑞峰，以及自1999年即开始推动公民参与立法进程的熊伟，也都曾有过在中央与地方媒体做记者的经历。媒体人的专业经验让他们在倡导传播上具备优势。相比其他专业人士，媒体人不但掌握话语权，而且拥有各种人脉和资源，更容易识别信息和资源所在，也具备调动和整合资源的能力。

除了具备名人效应、社会资源、专业能力的公众人物和专业人士之外，还有非"名人"以个人身份进行倡导，如在2012年年初发起"占领男厕所"运动的女大学生李麦子、多年来一直坚持反乙肝歧视倡导的斗士雷闯。

现为上海交通大学研究生的雷闯，是媒体笔下的乙肝斗士。从2007年起，他以权益受损者的身份为乙肝病毒携带者维权，曾致信524位中科院院士、1983所高校校长，呼请在招生中消除乙肝歧视；也曾在多个权力部门及多家企业门前通过行为艺术讽刺就业中的乙肝歧视问题。

雷闯在2010年休学一年，和朋友跑遍全国30多个城市"征人吃饭"，科普乙肝不会通过吃饭传播。雷闯还冒着被医院和公司报复的风险，举报他们对入职者"暗查"乙肝。从那年开始，他一直随身携带两块砖头，路见不平以砖相拍，例如温州动车追尾后，雷闯在铁道部门口"拍砖"。

自2011年3月22日起，雷闯每天去邮局给总理寄信，并当场邀请志愿者（通常为恰好路过的路人）帮忙拍照，之后发微博，希望于7月28日"世界肝炎日"请总理吃饭，当年未果；2012年继续，又未果；今年又继续，至今已坚持700多天，即使是春节，也未中断。雷闯的头发从最初的光头到现在的披肩长发，唯一不变的是他脸上始终保持的微笑。

雷闯强调温和理性的表达，他给行政部门送"鸭梨"暗示压力，过年向有关部门工作人员寄明信片，表达理性沟通的愿望。他在倡导中时刻面带微笑，一是微笑能传达出温和与理性，二是微笑能让他更有坚持下去的力量。

为了强调公民个人权利诉求的表达，避开组织化倡导的负面影响，很多原本是NGO工作者的倡导者，也在一些公共倡导如发起联名、递交申请、两会提案等倡导中以公民个人身份进行。在 2012 年年末多位女权人士发起"万人签名促反家暴立法"活动，特别强调每个公民"一个都不能少"的参与。组织方认为，这样的活动"每个人都很重要"；每一个在联署上新增的公民姓名，都是让更多人不可少的信心来源。而且中国的"民间社会，没有发号施令运动群众的权力，没有振臂一呼应者云集的条件——不是我们的事业不受支持，而是我们不能那么高调"。① 只有每个普通公民的接力动员，才能形成有影响的公共倡导。

（三）企业家与媒体加入倡导主体阵营

依照通用的三分法，社会被分成三个部分。第一部分是政治社会，即国家系统，主体是政府组织，主角是官员；第二部分是经济社会，即市场系统，主体是企业，主角是企业家；第三部分是公民社会，即民间组织系统，主体是民间组织，主角是公民②。但是这三大部门绝非井水河水，官员、企业家，在职业身份之外，也可以选择成为公民、担负社会责任。作为拥有巨大社会资源和社会权利的群体，企业家的公民意识和社会责任意识如何，对整个社会的发展影响重大。

近年来，不少有社会责任意识的企业家发起成立社会组织。2004 年，一百多位企业家共同成立了中国最大的企业家环保 NGO——阿拉善生态环保协会，他们是中国企业家中关注环境与发展问题、开启民主自治实践的先行者。此外，为数众多的中国企业家俱乐部成员及众多非公募基金会的发起人也属此列。除了成立公民社会组织或提供支持外，还有一些企业家以关注环境、保护生态平衡等社会公共问题作为切入点，直接现身公共倡导舞台。

2012 年 7 月，在美国野生救援协会的协调下，黄怒波、冯仑、胡葆森、李东生、魏雪五位企业家联合出镜，拍摄了一部拒吃鱼翅的宣传片，并在全国

---

① 妇女传媒监测网络：《万人签名促反家暴立法裸胸行动专题报道》，www. china-gad. org/Infor/ShowArticle. asp？ArticleID = 16543。

② 俞可平：《中国公民社会研究的若干问题》，《中共中央党校学报》2007 年第 2 期，第 14 ~ 22 页。

各大电视台播放。这并非中国企业家第一次倡导不吃鱼翅，早在 2009 年 4 月王石、冯仑、柳传志等企业家就曾在"2009 中国绿色公司年会"现场发起过"保护鲨鱼，拒吃鱼翅"的公益倡议，代表 140 名企业家宣布拒食鱼翅。

野生救援之所以邀请企业家站出来面向公众倡导不吃鱼翅，是因为"在中国，鱼翅消费以中产阶级以上群体为主，但这一群体大多并不十分了解鱼翅给身体带来的害远大于利"。此外，由于商业圈的宴请是鱼翅消费的主要渠道之一，野生救援认为，著名企业家参与倡导，足以从行为及意识方面影响鱼翅的主力消费群体。

除了这种面向社会尤其是中产阶级以上群体的公众宣传式倡导外，还有企业家以两会提案的方式进行政策倡导。SEE 基金会理事、企业家万捷曾在 2011 年与杨澜等 45 位全国政协委员联名呼吁制定禁止鱼翅贸易的法规，后来这一提案被全国政协转入商务部。根据万捷和 SEE 基金会的追踪，禁止一项贸易的立法需要涉及多个部门，办理流程复杂，所需时间漫长。他们对此结果并不满意，因此在 2012 年改变策略，万捷联合人大代表、企业家丁立国提交关于约束鱼翅消费的提案，不再直接提出禁止鱼翅贸易，而是建议政府出台禁止公务和官方宴请消费鱼翅的规定。此举不仅相对立法来说操作更为简便——只需请国务院相关部门在限制三公消费规定里把这一条加进去，也能顺应当前政府不断减少公务支出的大趋势。

策略转变后，效果明显。2012 年 6 月，国务院机关事务管理局正式发函给丁立国，明确表示将发文规定公务接待不得食用鱼翅。根据媒体联系国务院机关事务管理局政策法规司的回应称，将在三年内正式发文规定公务接待不得食用鱼翅①。

除企业家之外，一些具有社会责任感的媒体近年来也不再单纯作为倡导的工具和渠道，而是身兼倡导主体功能，主动发起公共倡导。

2004 年 10 月，《南方周末》制作的首个内地人物创富榜发布，以个人财富、社会责任、企业文明和公众形象作为主要评价标准。在当时，CSR 理念尚

---

① 新华网：《国务院证实 3 年内将发文规定公务接待不得食用鱼翅》，news. xinhuanet. com/politics/2012 - 07/02/c_ 112339856. htm。

鲜为人知、一些榜单都以财富排座次的背景下，《南方周末》开创了一个不一样的富豪排行榜。当年底，"南方周末中国内地人物创富榜"入选中国国际公共关系协会"2004年度中国十大公关事件"。"创富榜"收获良好反响后，《南方周末》随后推出"世界500强在华投资最佳企业"排行榜（后改名为"世界500强企业在华贡献排行榜"），从在华投资额、在华经营状况、社会责任、企业文明、地区贡献五个方面对世界500强在华投资企业进行全面评估。

2008年，在此两榜的基础上，《南方周末》增设国有上市企业社会责任排行榜，成立中国企业社会责任研究中心，以进行调研、发布相关企业社会责任排行榜单等形式，对企业履行责任进行公共倡导，至今已持续9届。此外，《南方周末》还定期举办"社会责任大讲堂"，在广州、上海、北京等地的高校里开展活动，搭建媒体与企业、企业与社会的沟通交流平台，对企业社会责任理念进行倡导。

四　公共倡导手法的多元化应用

在政策乃至社会改变的长期、反复的进程中，单一的倡导手法很难达到目的，多种倡导手法往往互相结合，并在不同的公民社会领域体现出应用上的差异。近年来，公民社会倡导领域出现了多元化的倡导手法应用，如影响性诉讼、行为艺术、新社会运动等，通过影响公众与媒体形成诉求、构成对决策者的适度施压，开展公共倡导。

（一）乙肝与艾滋领域的影响性诉讼

影响性诉讼兴起于20世纪五六十年代的美国，通常是指在一国或一个地区的相关人群普遍知晓、广受关注，可能引起立法和司法变革、引起公共政策改变、影响公众法治观念、促进弱势群体权利保障的典型个案①。在当时民权运动兴起、社会变迁催动既有权利边界变更之时，它原本是美国法官造法

① 安凤德、赵华军：《"个案改变中国？"——影响性诉讼中公众意见对司法的影响及其阐释》，载万鄂湘编《全国法院第23届学术讨论会获奖论文集（上）》，北京，人民法院出版社，第136~144页。

（即判例法）背景下实现社会变革的一种司法化政治活动方式①。

虽然中国是成文法国家，但成功的影响性诉讼也能通过舆论的压力促进法律规则的改进，并在公众关注和参与的过程中培养公民的法律意识。一些典型的影响性诉讼案件如2003年孙志刚案、2009年邓玉娇案，因其本身的典型性和代表性，引起媒体的广泛传播及法学家们的研讨兴趣，比普通的诉讼更具有社会关注度和影响力，甚至直接引发制度变革。

2005年，全国律师协会成立宪法与人权委员会，该组织先后发起多场重大案件研讨会，并与《南方周末》等媒体联合进行一年一度的"中国十大影响性诉讼评选"活动，这使得"影响性诉讼"在国内形成制度化运作。②

在代表群体更具体、维权目标更清晰的民间乙肝和艾滋反歧视领域中，影响性诉讼是推动这两大受歧视群体争取平等权利如就业、入学、医疗的重要手段。由于艾滋与乙肝群体的不同特征和所受歧视的差异，这些影响性诉讼的进展和影响也各不相同。

与乙肝群体就业歧视有关的案件，早在2003年浙江大学毕业生周一超因公务员体检为乙肝病毒携带者被拒录愤而杀人案中便广为人知，此后年年都有乙肝就业歧视相关的行政诉讼案件，《南方周末》在2006年和2008年均将相关乙肝就业歧视案评选为当年十大影响性诉讼案件。在这些案件和乙肝维权人士的推动下，2009年7月发布实施的《食品安全法实施条例》明确取消多年来食品行业对乙肝携带者的从业限制，2010年2月发布的《关于进一步规范入学和就业体检项目维护乙肝表面抗原携带者入学和就业权利的通知》则宣布取消入学、就业体检中的乙肝检测项目，乙肝携带者的消除歧视倡导工作在制度上取得重大突破。

艾滋就业歧视的倡导则由于公众意识等因素起步较晚，但近来也取得实质性进步。2010年，安徽省一名大四学生小吴（化名）因教师招聘体检中艾滋病检测呈阳性，安庆教育局根据《公务员体检通用标准》认定他不能从事教

---

① 艾佳慧：《网络时代的影响性诉讼及其法治影响力（下）——基于2005—2009年度影响性诉讼的实证分析》，《中国法律》2010年第5期，第41~46页。

② 范钟秀：《合作与对抗之间——中国影响性诉讼影响公共秩序方式的初步研究》，《长春理工大学学报（社会科学版）》2008年第4期，第40~43页。

师行业。在北京益仁平中心的帮助下，小吴对教育局等相关部门提起诉讼，是为中国"艾滋就业歧视第一案"。

诉讼同时，北京益仁平也展开法律程序外的倡导行动。当年10月，他们向人力资源和社会保障部、卫生部寄送公开信，建议尽快审查相关公务员录用条款是否违法，消除对艾滋感染者的制度性健康歧视，并从具体操作层面上杜绝歧视。

11月中旬，此案一审判决小吴败诉，小吴很快再向安庆市中级人民法院上诉。11月30日，81名艾滋病感染者联名致信人力资源和社会保障部、卫生部，呼吁修改《公务员录用体检通用标准（试行）》，保护艾滋病病毒感染者的平等就业权。

虽然"艾滋就业歧视第一案"未取得法律诉讼上的胜利，但由于起诉前后媒体的广泛报道，使长期生活在歧视、道德评判之下的艾滋感染者开始有了维权的意识，用北京益仁平中心时任协调人的于方强的话说："案件最大的意义是让更多艾滋感染者关注到这一信息，并鼓励他们也能勇敢站出来维权。"对公众而言，这更是一种对艾滋病传播途径等相关知识的扫盲工作。

2013年1月，全国第四起艾滋就业歧视案的原告小齐（化名），从被告江西进贤县教育体育局处顺利拿到了补偿赔偿金4.5万元，成为我国迄今艾滋就业歧视诉讼案中第一例艾滋感染者获赔的案件。

（二）不同领域的行为艺术倡导与探索

行为艺术兴起于20世纪60年代末的西方，与传统艺术相比，具有开放性、现场性、事件性、公共性等特征，其中公共性是本质特征，表演者通过公共空间、观者、社会话题等要素实现行为艺术的公共性[①]。因此，行为艺术天然适合作为公共倡导的手法。王曼发表于《中国发展简报》2012年春季刊的文章认为，行为艺术与主流的体制内倡导手法和以对抗性为主的高风险倡导手法相比，在成本上所需社会资本较少且安全可控；效益上则通过媒体对议题的传播、公众对议题的认识加深而有利于营造政策实施

---

① 杨远峰：《论中国行为艺术的发展历程》，山东大学硕士学位论文，2008年。

的氛围①。

由于这些因素，近年来，行为艺术被弱势、边缘群体广泛用来作为公共倡导、维护权益的手法。

前文所述经常开展"影响性诉讼"的乙肝艾滋领域，行为艺术往往是配合诉讼的重要手法。在 2010 年"艾滋就业歧视第一案"中小吴被判败诉后，深圳艾滋防治志愿者良子认为这将树立一个恶劣先例，因此他和朋友利用周末在深圳莲花山公园开展行为艺术，声援"艾滋就业歧视第一案"。在未发起诉讼时，行为艺术也是乙肝、艾滋群体引发社会关注、扭转社会观念的重要手段。2007 年以来，"乙肝斗士"雷闯先后策划了在郑州二七广场征求拥抱的"乙肝抱抱团"、在北京名校门口摆出"冏"字造型抗议不公招生录取的"乙肝求学门"、医院门口坐马桶打标语抗议违规检测乙肝等于"将禁查乙肝规定当手纸"等引起媒体广泛报道的行为艺术。

2012 年可谓是国内女权主义者争取平等权益的行为艺术之年。从年初同时在多个城市发起的"占领男厕所"行动，到六月网上线下同时引起争议的反对"上海地铁二运性骚扰不当言辞"事件，再到 7、8 月的"光头姐争取男女生高考平权"事件，以及年末的"万人推动反家暴立法签名"，贯穿始终的行为艺术以夺人眼球的效果，引发媒体和公众关注。女权组织和志愿者在进行行为艺术的同时，往往还以提案、政策建议等形式表达行为艺术背后的诉求。如广州的"占领男厕所"行动在 2012 年全国两会和地方两会上均被多个人大代表、政协委员作为提案议案，很快得到部分地方政府的回应，如广州市将立法强制性要求男女厕位比例不低于 1∶1.5。

由于行为艺术的低成本、低风险，具有忍耐精神与生存智慧的中国农民和外来农民工也常常采取这种方式维护权益。但是相比乙肝、艾滋、女权等领域在行为艺术倡导时的明确诉求和有效策略，农民、劳工群体的维权行为艺术往往更个人化和草根化，借助偶发性"行为艺术"的非制度性和不可控因素传播，难以推动整个群体的维权制度性运作。而在当前的环

---

① 王曼：《如何有效开展街头公益行为艺术——以"受伤的新娘"及"占领男厕所"活动为例》，《中国发展简报》2012 年春季刊，第 63~67 页。

境下，劳工领域的民间组织又难以介入权益维护相关的公共倡导活动。对此，深圳一家劳工组织选择女工议题，以行为艺术等方式进行了劳工倡导的探索。

2011年11月20日，深圳宝安凤凰山森林公园，50多名男工友脚穿统一的三寸红色高跟鞋，浩浩荡荡地走在广场上，边走边大声喊口号："男人都可以温柔贤淑，女人都可以顶天立地""家暴不是家务事"等。在男工友前面打头阵的，还有20多个戴上手铐模型的女工友，象征女性受到社会上的种种枷锁难以解放。这是深圳"手牵手"工友活动室（以下简称"手牵手"）为"国际消除对妇女暴力日"而组织的"穿上她的鞋，同走一里路"公益倡导活动。

据活动负责人王宝钰介绍，这一活动期待通过让男工友穿上女士高跟鞋，以亲身体验站在女性的角度和立场理解和反思现实中女性的处境，并希望通过此次活动引起社会对女性尤其是女工权利的广泛关注和维护。

2012年三八妇女节前后，手牵手又组织了"女工的100个不爽"活动。除网络外，她们通过街头摆摊的方式，现场请过路女工写下自己的"不爽"，并请义工拍照，在最后的发布会上以照片墙的形式展示女工们在身体、女工权益、工作场所、婚姻家庭等方面遇到的"不爽"。通过这些征集到的"不爽"，手牵手在发布会上提出让女工参与工厂管理、实施男女同工同酬、政府应建立托儿服务等倡议。

王宝钰认为，关注工友议题时，很可能会忽略女工的特殊诉求。此外，相比难以推动的工伤、职业病话题，女工倡导或许可以成为劳工倡导工作的突破口；以体验式、参与式行为艺术进行倡导的方式，更易让工友发出自己的声音。在她看来，很多劳工机构在进行倡导工作乃至被媒体报道时都比较谨慎，但身在维权领域，不做倡导工作也有自我边缘化的可能。机构主动做一些合法性高、形式有特色的活动，有利于机构自身的发展。

（三）新社会运动在环保领域的兴起

20世纪六七十年代民权、女权、反战等社会运动兴起之时，西方社会科学界发现传统的马克思主义关于社会运动的解释——无产阶级和资产阶级是资

本主义社会主要冲突的理论模型失灵，他们开始积极寻找新的解释，形成了新社会运动理论①。哈贝马斯认为新社会运动是二战以后国家加强对社会和经济的干预，从而导致人的需要受到忽视的结果，与个人的生活质量、自我实现和权益密切相关②。新社会运动之所以"新"，因为它是社会性而非政治性的，不以推翻某个政权为目标。

在中国，自 2007 年厦门 PX 事件后，接连发生的环境群体性事件被很多人视为新社会运动率先在环保领域出现的标志。然而，与西方不同的是，中国近年来的环境群体事件并非由 NGO 动员发起。当然，很多关注、熟悉中国民间环保组织的人都清楚中国 NGO 的生存现实，以及"社会运动"一词在当前语境下的敏感性，同样不能忽视环保组织在更多基层社区工作中的扎实工作。③

但把"敏感性"摊开来说，政府和 NGO 也许都应该重新考虑在当前转型社会中，社会运动更应该是建构和谐社会、推进社会稳定的常态化机制之一。目前西方社会的大多数社会运动已经体制化，其社会运动很多，但革命的可能性趋近于零。当前西方新社会运动的主要功能在于：通过运动参与者的积极行动，在一定程度上弥补政府失灵和市场失灵，展示人们对民主和政治新的理解与挑战，进一步推进社会的多元化和多样性。④

在中国，由于包括社会运动在内公众参与的非体制化，许多涉及权益维护的诉求缺乏有效的回应机制，许多民间组织往往不敢或者无力在其中发挥作用，使得民众自发群体性维权事件成为弱势群体利益表达和权利诉求的主要途径和方式。这一有中国特色的新社会运动一方面反映出公民意识的提高，并培育了公众参与的能力，另一方面也呼唤来自体制的进一步变革和 NGO 的组织化回应。

2012 年，从什邡到启东，中国接连发生环境群体性维权事件，引发媒体

---

① 王瑾：《西方社会运动研究理论述评》，《国外社会科学》2006 年第 2 期，第 45～52 页。

② 曾特清：《哈贝马斯新社会运动理论述评》，《太平洋学报》2012 年第 4 期，第 63～71 页。

③ 刘海英：《组织公益：黯然失色在个人公益的光影下》，《中国发展简报》2011 年冬季刊，第 8～10 页。

④ 曾特清：《哈贝马斯新社会运动理论述评》，《太平洋学报》2012 年第 4 期，第 63～71 页。

和国内外学者关注。与 5 年前的厦门 PX 事件相比，什邡和启东事件中，便捷的通信技术和新媒体在事件迅速扩大影响上起了决定性作用。很多当地的网民通过手机、电脑对现场进行文字、图片直播。公众人物和网民在互联网上对什邡的市民广泛声援，许多青年人心中的偶像作家韩寒连续发表长文章，声援什邡维权行动，并以文字图片的形式在新浪微博传播。作家李承鹏则亲自前往什邡，进行现场报道并发表分析性文章。

舆论和行动带来的压力使政府迅速作出回应，两地均很快宣布永久取消受质疑项目的实施，事件迅速得以平息。但由两次群体性事件的过程来看，如何防止民众在群体性事件中的"情绪失控"，如何让受质疑项目今后不"迁移"到别的城市，如何建立民众与政府之间以信任为基础的长效互动机制，都是值得进一步追问的问题。

在社会学家应星看来，国内群体性事件中的民众情绪（"气"）与法国社会心理学家勒庞所说的"乌合之众"之间有关联，但更多的是区别。勒庞认为个体平时通常都很理性，但只要卷入到群体中，当谁也不用承担责任的时候，就会变得非理性。应星指出，对于中国群体性事件可能出现的负面影响，更多要从社会结构的层面来分析。很多群体性事件发生之前都经历过有理有节的上访，但往往受到打压或是没有比较满意的效果，才可能转化成群体性事件——往往是在依法抗争无效之下，才慢慢一步步被激发出来。① 在中国的社会结构中，群体性事件发生时更应该警惕的依然是公众参与的制度化缺位。

政治学学者唐昊同样指出，当前民众参与的环境社会运动兴起正是过去十年国家环境治理失效的产物——传统的由上而下的环境治理无法发挥作用，来自民众直接的、自发的环境社会运动便作为新的环境治理主体登上社会舞台。但这一运动需要关注的问题是，无论怎么轰轰烈烈，目前为止都未带来制度变化，影响环境的项目因群体事件而叫停，但项目决策机制、开发商优势等制度性安排并未改变。②

---

① 应星、张天潘、陈奕勤：《应星：释放与消解社会之"气"》，http://epaper.oeeee.com/C/html/2012 - 12/02/content_ 1765247. htm。
② 唐昊：《10 年回顾：从环保风暴到社会运动》，http://www.chinadialogue.net/article/show/single/ch/5660 - China-s-street-protests-won-t-change-failing-system。

常成在《中国可持续发展回顾与思考（1992～2011）》报告中提出，过去二十年来，环境保护公众参与在中国的发展依托于三条主线：环保民间组织的涌现和行动、执政管理者的改革，以及普通民众在新媒体支持下的自发环境行动。这三条线索有时互相促进、互利共赢，但在绝大多数时候相对独立，缺乏联系和互动。[①] 如何在新社会运动兴起的背景下让三者更好地协调配合，将是留给政府和 NGO 的重要课题。

五　结语与讨论

（一）公共倡导的本土化特征与地域差异

公共倡导在中国的兴起，既仰赖于近年来环境和社会冲突加剧、公民权利意识觉醒和行动力加强，也与互联网作为新技术手段提供新的表达空间，以及在公民表达的制度空间方面取得的进步有关。从另一个角度来看，自下而上的公共倡导的兴起，也与体制内对话渠道仍然有限、难以满足公众高涨的利益表达需求，以及 NGO 的专业倡导能力仍然有限等因素相关。在这样的环境下，客观上因为缺乏制度化的表达机制，公众或者 NGO 在倡导和权利表达的过程中更多地依靠公众化的行为施加社会压力，与政府和企业形成非制度化互动。

总体而言，尽管公共倡导的空间有所拓展，但制度环境仍然是限制性的。当前许多非制度化的公共倡导尽管接近于西方意义上的社会运动，在权利为本的理念和价值观方面也借鉴了西方经验，外在表现出适度对抗和施压的特征。但本土 NGO 的倡导策略和倡导方式，仍需同时考虑国情和议题的敏感度、制度环境所容许的空间。

例如，绿色选择通过供应链管理推动污染企业改变，在进行"线下"的消费者社会动员方面，考虑了大规模社会动员的敏感性，主要针对大学生社团进行动员；而在"线上"的新媒体和网络平台上的动员，则采用了全面的公

---

① 常成：《环境领域公众参与的三条主线》，载创绿中心等六家机构联合撰写的《中国可持续发展回顾与思考 1992～2011：民间社会的视角》。

众动员方式。在多元化的倡导方式中，很多行为艺术的采用者也设定为个体性的表达，既希望达成公众影响，又避免形成群体事件。而在污染事件中利益受损的社区民众，采用的散步等集体表达形式，通常也会尽量表现出"非组织化"特征。这些都是国情之下的策略。

此外，公共倡导的发生与所在地政府的开明程度、当地主流媒体的理念和当地公众的意识有很大关系。相对而言，发达地区的政府公共治理理念较强，对 NGO 与政府互动和多元化的公共倡导方式的接纳程度高于内地。对媒体而言，在市场化竞争更充分的地方，媒体对行为艺术等公共倡导方式的态度也更为开放。各地 NGO 对公共倡导的理解和公益文化也存在区域性差异。在内地，政府能接受的与社会互动的方式有限，强调与政府合作，通过发展项目的实操去争取政府的认同，通过体制内渠道推动基层公共参与的空间，仍然是非常重要的影响政府的"传统"倡导方式。因此，从事公共倡导的公益组织还需要考虑所在地域倡导空间的特点。

（二）公共倡导的落地需要更多 NGO 的承接

虽然整体来说近年来公共倡导有兴起之势，但在涉及不同倡导议题的具体领域，由于前述倡导空间的特点和地域差异，民间组织的角色各有不同。

有的倡导组织从无到有、从弱到强，发展为该领域公共倡导的核心力量，并实现组织新的生存与发展动力，如女权领域、乙肝反歧视领域。有的领域如部分地区的劳工维权组织由于种种原因，倡导功能步步收缩，甚至剥离倡导功能；在环境保护领域出现的群体运动中，环保组织也在大多数时候与群体行动相分离。具体到领域内部，由于组织的站位不同，不同机构在同一倡导议题上也有"发声者"与"后援队"的区别，如在反家暴倡导领域，反家暴网络、北京众泽妇女法律咨询服务中心等专业机构多年的研究积累和体制内资源是台前女权倡导者们的坚实后盾。

综合来看，视具体议题发生的领域和地区的政策空间、公共倡导所需的组织程度与专业程度，NGO 在不同的公共倡导领域扮演了从核心力量到支持者及旁观者的角色。

值得注意的是，个体行动和组织行动在议题与诉求及定位和空间上由于存

在巨大差异，当前二者的结合还需要注意策略。但无论如何，公众倡导中个体行动的分散性与风险性，呼吁来自民间组织的更多介入。

由于媒体传播尤其是近年来兴起的新媒体传播特点，当倡导形成话题、引起社会关注后，很可能在更多话题涌现后被迅速淹没。因此，当公共倡导发声后，和实际的社区需求、公民行动相结合，并最终真正推动社会改变，需要更为成熟完善的公共倡导社会链条。即倡导引起关注后，能具备接力式的持续操作，在公众意识和媒体传播层面使倡导得以继续，在实际操作层面则形成组织化的持续运作。但在当前的公益业界，这一社会链条总体尚显支离破碎。①

当前更多NGO的定位依然是提供社会服务，这些工作如何与倡导相衔接，仍需进一步探索。但显而易见，更多的NGO应当加入倡导链条，成为倡导声音的承接者。前文所述个别组织对此已有一些比较清晰的、主动的意识，但从整个公益业界来看，更多组织尚缺乏清晰的认知和定位。倡导声音的承接、落地、持续，需要更多实际、具体、创造性的工作，这对所有NGO都是挑战。

（三）自下而上的倡导期待政府的制度化回应

除了NGO之外，如何在当前社会建设如火如荼之际、如何在转型社会中让各利益群体尤其是弱势群体合法、有序、畅通地进行表达，形成社会各阶层利益表达的平衡机制，同样是政府必须面对的议题。

相比NGO，政府往往非常务实，对"权利"的抽象讨论不感兴趣，但与NGO的共同之处在于，政府同样特别关注为"维稳"和社会和谐寻找有效的解决办法。需要一种机制去平衡不同社会群体的利益和需求，平衡经济增长与环境保护及社会安定的需求。随着社会利益主体的多元化及社会矛盾冲突的普遍和深入发展，这种平衡的难度更加困难。在与国家和市场合作推动社会进步的同时，公民社会独立于国家和市场权力进行公共倡导的价值不可或缺。

如果社会建设和维稳机制始终在政府的主导下进行，势必压抑社会自治能力的提升及自发的回应和修复社会问题的能力。政府应从对服务类组织的开放逐步过渡到确认公民、NGO独立倡导的价值，为NGO的有序倡导提供制度化

---

① ＊本段及以下一段内容综合梁晓燕对本文的评点编写而成。

的政策渠道和空间。在社会迫切呼吁进行体制改革应对社会危机的情况下，独立的公民社会能够增加社会应对挑战的活力，提供体制外的改革动力。社会活力的高低及健康程度的衡量，既包括服务型组织响应社会需求的效率、效果，也包括倡导类组织所具有的制衡权力、平衡多元利益和推动社会资源公平分配的能力和空间。

在当前的发展现实中，民间组织倡导功能的发育和发展仍然受到限制，NGO的公共倡导的很大一部分依然是针对公众意识的提升。而公共倡导的最终目标，还是要在公众意识提升的基础上，与政府或企业进行制度性对话，并促成其政策和行为改变。因此，公共倡导最终还要落脚到推动公众参与的制度化建设层面上来。

公众参与促进了公共倡导的兴起，同时呼唤来自NGO和政府的回应。在当前国情下，更重要的是政府的回应。面对翘首以待的NGO和公众，政府如能创新公众参与机制、为常态化公共倡导行动提供支持性环境，将更能了解和理解不同利益相关者的观点，以多元利益群体的参与，促进社会利益平衡、社会资源公平分配，在不断的变革发展中真正实现稳定和谐的社会。

B.15
中国传统慈善近代转型的
文化动因

唐 昊*

摘 要：

中国传统慈善文化由官方文化、民间文化和知识分子文化这三种主要的文化模块组成，并具有相当的自足性和内在张力：自足性表现为封闭体系中的内省式诉求传统，而内在张力则体现为长期以来的等级制度和平等诉求之间的斗争。其结果是形成了中国传统慈善在政府主导下的超稳定结构。以往研究多关注官方文化及知识分子文化的演进，而民间文化模块对于中国传统慈善文化转型的作用则被低估了。但在明末清初所开启的中国慈善近代化的过程中，最重要的转变则发生在民间文化模块。本文试图通过分析中国传统慈善近代转型的文化动力结构，探讨在传统固化的格局下，新文化传统形成的路径。

关键词：

慈善文化　近代化　民间文化模块

一　中国传统慈善文化的结构划分

对于中国传统慈善文化的内在结构，如果从慈善文化的表现形式来划分，可采用文化研究（the study of culture）的一般性学术定义，即将文化分为观念形态、精神产品和生活方式三种内容。其中观念形态包括与慈善有关的宗教信仰、价值观念、法律政治等意识形态；精神产品指的是文学艺术和

---

* 唐昊，中山大学中国公益慈善研究院研究员，华南师范大学副教授。

一切知识成果；生活方式则为相关的民情风俗、生老病死及社会生活的其他习惯。① 如果从慈善文化的思想源流来划分，可将中国传统慈善文化归纳为西周以来的民本思想、儒家仁义和"仁政"学说、佛教的慈悲观念与因果报应说、民间善书所宣扬的道教思想四个方面。② 本文试图在上述两种文化结构划分方式的基础上，从文化生成主体的角度对文化作内部结构的划分。如此可有助于我们认识传统慈善文化的实质，并理解一种蕴涵于文化结构的内在冲突。

和政治上的中央集权和大一统格局不同，中国传统文化远非铁板一块。表现在慈善文化领域，依其生成主体的不同，传统慈善文化可被分为官方慈善文化、民间慈善文化，以及知识阶层文化三种主要的文化模块，并且因为这三者之间的相互作用而具有相当的自足性和内在张力。在明清以后中国慈善近代化的过程中，慈善文化的转变尤其剧烈。其最重要的动因在于不同阶层的政治地位、经济利益和文化结构的分化日趋明显，并且这种分化与内在冲突成为总体上中国近代文化发展的新动力。

所谓官方文化模块，是历代专制王朝的统治集团所提倡、并以国家机器强力推行的价值观、道德规范、导向性官府判例及其他相关文化。中国的官方文化以儒家和法家文化为主体，有所谓"外儒内法"的说法。儒家的"仁政"之说亦因此成为官方慈善文化的支柱。与此同时，官方慈善文化也可在很大程度上主导知识分子文化和民间文化的方向。如马克思所言，一个国家的统治思想无非是这个国家统治阶级的思想。此外，官办慈善的文化不但是一种思想和主张，更建基于一种具有强制力的现实规制：即使在民间慈善有所兴起的明清时期，最具规模的慈善机构——养济院的最高负责人也是知州或知县。③

所谓民间文化，是民间社会从自己的生活经验出发所生发出来的系统性文化思潮。在慈善领域，佛教的慈悲观念与因果报应说、民间"善书"所宣扬的慈善思想成为民间慈善文化的主流。这种慈善文化在民间以正式的"善书"、村规民约，以及抽象但有效的道德标准、民众好恶、传说人物等形式体

① 陆扬：《文化研究概论》，上海，复旦大学出版社，2008。参考陆扬对文化和文化研究的定义。
② 王卫平：《论中国古代慈善事业的思想基础》，《江苏社会科学》1992年第2期。
③ 〔日〕夫马进：《中国善会善堂史研究》，北京，商务印书馆，2005，第432页。

现出来，并且成为"善堂"等民间慈善组织及个人的价值观念和行为规范的来源。

实际上，在主流官方慈善文化和民间慈善文化之间，还存在知识阶层文化的渗入。所谓知识阶层文化，指的是作为文化精英的知识分子阶层所提出的独立思想和文化价值观念。作为体制的附庸，其与官方文化有紧密联系；但作为知识生产者，又与后者有较大差别。在同时为官方和民间提供观念形态、精神产品（如系统的理论贡献和经典阐释）之外，这个文化模块自身也体现出较大的独立性。特别是在明末和清末两个时期，中国知识分子的独立思考达到了相当的高度。顾炎武的"保天下"等理论，为人本思想的发展奠定了基础。在同时期的西方历史中，人本思想正是政治发展、慈善现代化等潮流的前提。至于晚清时期中国知识分子特别是底层知识分子的群体式奋起，更成为中国政治经济和社会文化现代化的主要动力和核心载体。

此三种文化模块之间并非互相排斥，在大多数情况下彼此通约，特别是中国古代知识分子秉持的儒家的"仁者爱人"和民本思想，成为传统慈善的理论来源。此种慈善理论与西方基督教背景下的"博爱"思想有所不同，但和西方文艺复兴以来所倡导的世俗化的人文主义却有相通之处，从而为民间慈善文化的发展提供了支持，并成为沟通官方慈善与民间慈善的重要桥梁，如在明清时期的民间慈善中，朝廷退休官员就扮演了相当重要的角色。

对中国传统文化进行内部结构划分的重要性在于：不同的文化模块之间的差异性也决定了传统文化的丰富性和自足性。丰富性自不必言，其自足性表现为封闭体系中的内省式诉求传统，而其内在张力则体现为长期以来的等级制度和平等诉求之间的斗争。其结果是形成了中国文化和体制的超稳定结构。但即使在这种超稳定的文化结构中，不同的部分接受外来文化的影响程度和意愿也是大不相同的。而中国民间慈善文化比另外两个模块更顺利地完成了近代化过程，则可视为中国民间慈善意识与西方慈善文化结合的最佳例证。

官方文化和知识阶层文化的相对封闭和保守其实来自于这两个文化模块对于文化进步发展过程中最活泼的因素——人的主体性——的压制和消解。由官方垄断慈善是中国的传统。在官方文化体系中，慈善本是政治的附庸，是统治者为维护政治统治而采取的稳定社会、救济斯民的国家举措。政府主导的慈善限制了中国人主体意识的觉醒。但问题是政府本身即是慈善所力求解决的诸多问题的根源——中国人的初始贫困及主要原因多来自于官府的捐税严苛。因此，民间贫困的消除从根本上讲不能不要求公民改善、住民自治、个体权利等，这些都对官府权力形成挑战。而官府应对此挑战的方式就是：慈善的权力必须由官方垄断，民间慈善的发展被严格限制。

对于慈善文化的另外一个生成主体——知识分子而言，除却少部分知识分子[①]具有明确的民间慈善意识并付诸行动外，中国文化精英的整体保守性是其重要特点。知识阶层自先秦以来就以固守传统作为自己的使命，面对现实问题时向后看已经成为习惯。这一习惯体现出这个阶层对于自身的创造能力和创新资格并不自信。在慈善领域，自"仁者爱人"的观念形成后，在后来相当长的时期内并无对春秋时期形成的慈善观念的重大发展，反而塑造出了必须要通过外在秩序来规约的道德动机与价值目标，即通过政府"仁政"这个唯一的工具来实现"仁"的目的。这种反求诸外的安排显然不利于个人主体性的发挥和慈善精神的成长，以至于阿瑟·亨德森·史密斯等西方学者断定：虽然"仁"为中国士大夫文化的核心，但发自内心的仁慈对中国人来说是少之又少。[②]

相比之下，主体性的消解在民间文化模块中最不成功。相对权力固化的官方文化和固步自封的知识阶层来说，中国民间社会因为没有太多的权力考虑和历史包袱而显得并不保守。特别是在关乎民间利益的慈善领域，更加脱离了官方文化和知识阶层文化的范畴。例如宗族救济是民间社会自我救济和存续发展的重要形式，道教、佛家的思想也成为中国人进行慈善行为的理论和心理基础。也正是这个文化模块，会经常出于对社会资源重新分配的渴望，提出"等贵贱、均贫富"等"离经叛道"之口号，以及按照自身需要修正慈善传统。

不同的慈善文化生成主体及其所塑造的慈善文化模块之间的冲突，在传统慈善近代化的过程中表现得尤为激烈和深入化。这一近代化过程是从明末清初

---

① 如前文所述的部分朝廷退休官员。

② 〔美〕阿瑟·亨德森·史密斯：《中国人的性格》，北京，中国华侨出版社，2011，第 20 章"仁爱之心"。

开始的。当时，市民社会日趋强大，民间文化的独立性和影响力都有所上升。民间慈善文化的主导性开始显现，并对保守的官方文化和知识分子思潮提出挑战。但来自国家层面的干预则使得这种民间慈善行为和理念举步维艰，甚至在很多时候（如雍正年间）出现了慈善领域的"国进民退"现象。但总体上看，作为民间文化的近代慈善文化在西方外源性文化动力的支持下获得了极大发展，并在民国期间初步完成了近代化的过程，并对中国传统的慈善事业和慈善文化进行了彻底的改造。

二 国家主导慈善传统的形成——对"仁"的文化资源的垄断

传统社会的慈善文化发展轨迹与传统慈善事业的演进历程相符，大致上经历了四个阶段：在先秦秦汉时期开始发轫，经魏晋南北朝佛教慈善文化的融入，在隋唐宋元期间走向成熟，于明清时期向近现代意义上的慈善文化过渡。[①] 而在中国走向近代化之前，即明清之前，中国传统的慈善文化多将国家作为最重要的慈善主体，在知识阶层的背书下，逐渐形成了国家对"仁"的文化精神资源的垄断。"仁政"的垄断性在以儒家"仁"的学说作为号召的同时，反而在很大程度上妨碍了"仁"的主旨目标的实现。二者之间不协调的互动成为中国古代慈善事业和慈善文化的核心矛盾。

古代中国历史上最早记载的商周时期"饥者食之，寒者衣之，不资者振之"及关心、爱护鳏、寡、孤、独等四种"天下之穷民而无告者"的政策，即直接由国家负责社会救济事业，并成为君主政治的传统。由此才有了以尊崇周礼而建构学说的儒家对于仁爱、仁政的推崇。

春秋时期管仲提出了"兴德六策"[②]，即"匡其急""振其穷""厚其生""输之以财""遣之以利"及"宽其政"。其中"匡其急"是指"养长老，慈孤幼，恤鳏寡，问疾病，吊祸丧"；所谓"振其穷"，包括"衣冻寒，食饥渴，

---

① 韩帅、靳力：《略论我国传统社会的慈善文化》，《济南市委党校学报》2007 年第 2 期。

② 出自《管子·五辅》。

匡贫窭，振罢露，资乏绝"，亦是由国家承担社会救济事业的主张。此类主张在普通家族等社会性力量并不发达的时期亦是正常的选择。

儒家早期在朴素的"老吾老以及人之老，幼吾幼以及人之幼"① 之上，主张通过仁者爱人来实现少孝、中爱、老慈，进而达到齐家、治国、平天下的儒家义理。但后期的发展却越来越依赖政府来实现政治目标，其在"仁者爱人"等社会成员责任论的基础上，更提出"仁政"理念。作为精神资源的"仁"与作为权力资源的"政"两者的结合，暗示了中国传统慈善的伦理建构路径：慈善起源于家庭，推及于社会，但依赖于国家。

这些将慈善责任归之于国家的理论建构，在先秦时期就已经大致完成。那时的慈善事业还未作为一项制度、一种政策固定下来，而带有临时救济的性质，却早早地形成了一种传统为历代统治者所继承。而在宋代以后，商品经济的发达为官方慈善的开展提供了财政基础，而当时的程朱理学注重风俗教化功能，对宋朝的福祉政策也产生了一定的影响。在官方的主导下，宋朝的福田院、居养院、安济坊、惠民药局、漏泽园、慈幼局等一系列慈善机构纷纷建立。对于不断兴起的民间慈善组织，政府采用中央统筹设立和公款支付慈善组织开销等方式加强了控制。其他如荒政、养济等通过官方救济民间的举措终于成为国家制度固定下来，并且得到了全国性的推广。儒家以理学整合其他思想资源，政府以"仁政"的国家名义取代"仁"的社会名义；通过以政府政治积极介入慈善领域的努力，至此达到一个高峰。

国家是慈善事业主体的观念，经历代王朝的实践而成为中国慈善历史上一个悠久而深刻的传统。国家负有慈善责任，灾荒和养济皆需依赖国家，这即使在民间社会也已经成为一种思维习惯。更有甚者，统治集团为独占统治的合法性计，不允许民间慈善的独立发展。如唐朝宋璟就曾上书请罢废悲田养病坊，并解释废民间慈善的原因是："人臣私惠，犹且不可，国家小慈，殊乖善政。"② 在这种慈善事业被事实垄断的情况下，传统社会的各种慈善理念毫无例外地期望由政府主导慈善事业，而民间以此名义进行的互助行为则被作为官

---

① 出自《孟子·梁惠王上》。
② （宋）王溥：《唐会要·病坊》，北京，中华书局，1998，第863页。

办慈善的附庸。由此完成了国家对"仁"的文化精神资源的垄断。

之所以在中国会出现国家主导慈善甚至垄断慈善文化资源的传统，外部原因在于，中国是一个气候上地区差异比较大的国度，也是一个灾害多发的国家，对于社会资源的配置能力要求较高。而作为较早实现统一的政府，中央集权的制度使财富主要藏储于各级政府手中，政府有能力办慈善。越大的权力意味着越大的责任，当政府势力巨大而民间社会力量弱小时，政府必须承担起社会资源调配、保障国民基本生存需要的职责。如饥荒年间只有政府开仓赈灾、在全国范围内调配资源，才可能挽救千万生灵。长此以往，国家主导慈善就成了一种制度化的行为。

不仅如此，政府垄断慈善事业还基于"人心向背"的政治考虑。所以，中国历代政府都以儒家思想为指导，政府把实施社会救助看成是仁政、爱民的表现，因此慈善行为一直被认为最好由政府来做，以增强政府的合法性。有时统治者对于国家所面临问题的责任承担甚至超出了正常的限度。如在灾害频频发生的时节皇帝必须要下诏罪己。当然，和慈善救助的行为一样，这种家国同构格局下的责任担当的最终目的还是维系政权的合法性。

同时，由于慈善行动很容易导致结社，而中国历代政府又往往禁止民间结社，以防威胁到自己的统治，于是出现了只有政府做慈善而限制民间慈善的传统。另外，中国传统社会里人民的文化知识水准普遍较低，而文明程度较高的社会精英又大多为政府所笼络，因此慈善救济行为也只能多由政府承担。后果就是古代的慈善救助多是以政府为主体来承担，民间慈善起辅助、补充的作用。而所谓慈善文化的保守，不过是国家为维持自身的权力而限制民间力量发展的垄断行为而已。在这个意义上，官方慈善可视为国家对"仁"的文化资源的垄断。

在中国历史上，官方力量过多介入慈善，并且在慈善文化中也发挥出道义作用，固然促进了社会资源的再分配，并且在救灾等领域具有一定的资源调配效率和优势，但其所带来的问题也相当明显。

其一，政府过度介入使得慈善及其理念成为权力的附庸。政府介入慈善的缺点就是过多运用行政手段，而没有采用立法手段。如此一来，这些慈善行为的可靠性便打了很多的折扣。慈善成为权力的附庸，而缺乏自身独立发展的根基。在政府主导慈善成为一种文化传统和行为方式的情况下，中国古代的民间慈善，特别是有组织的、以民间机构为主体的慈善事业并不发达，从而限制了中国慈善事业的创新和发展。家族成员的互相扶持、乡里互助虽然也存在，但这种熟人社会所产生出来的慈善文化和现代民间慈善显然相去甚远。佛教虽然也开展了一些慈善活动，但其入世程度并不深，从未达到基督教在西方慈善事业中的那种地位。在中国历史上，在大多数情况下，国家成为最大的慈善家。

其二，慈善的责任归于国家而非社会，不利于社会成员慈善主体性的发挥，并形成了封闭体系中的内省式诉求传统。在政府主导慈善的背景下，中国传统慈善的形式大多是慈善救济，是授人以鱼①，而非授人以渔②。多呈现为一种消极的救助。同时在一个封闭体系内，社会成员缺乏对国家慈善的反思；传统慈善的有限目的和消极方式也导致慈善形式创新不足，社会成员无法在慈善中获得成长，更无法从根本上解决社会问题。

其三，世俗政府主导慈善，特别是"仁"的文化资源被政府垄断，使得慈善的精神目标无法实现。同时中国传统慈善的物质目的大于精神目标。即世俗政府所主导的慈善救助方式多以养济为主，只救身体而不救灵魂。在政府主导慈善和世俗文化成为主流的情况下，明显缺失介入性宗教力量（佛教在此领域的作用有限）。而宗教的进入只是在有利于或者至少不妨碍于中国的官僚体制的时候才得到允许。另外"中国传统文化本身就是世俗的功名利禄和家庭宗族的文化，所以对外来的真主、耶稣还是如来佛，都是采用实用主义的态度任其发展，但是前提是不能动了政治体制，与中国人的核心价值理念。因而实际上中国传统文化是放弃了宗教精神领域的照管，也无力与真正的宗教分庭抗礼，于是显得就宽容了，开放了"。③ 也是在宗教精神缺位的情况下，中国人总是被批评缺少真正的利他主义精神。至于曾在先秦时期宣扬无条件利他主义的墨家学说，则在短暂的兴盛后迅速衰落并长久地被中国主流文化所遗忘。

---

① 这里是指慈善救助的直接提供，例如养老、育婴、恤嫠、义学、义冢、施衣、施医、施棺、施粥、栖流等。

② 这里是指慈善教育的开展，例如贫民学校、贫民工厂、以工代赈、习艺所等场所。

③ 许锡良：《中国传统文化的要害在哪里？》，http://www.360doc.com/content/10/0710/11/1944344_38024463.shtml，最后访问日期：2012年12月28日。

"仁政"在这里反而限制了"仁者爱人"理想的发挥。

在传统慈善近代化的过程中，也是由于政府主导慈善的传统实在太过深入，即使国家认识到自身的局限性并试图另寻出路，也无法放手民间力量的发展，使慈善步入正常发展的轨道。例如，在明清时期，民间善堂等民间自发慈善组织已经开展起来，但国家仍然主动介入收编，使其民间性质发生变化。雍正年间蓬勃兴起的民间善堂在经雍正皇帝的大力嘉许后，却被地方官吏理解为需要用"国有化"的方式来加以支持，于是在其被皇帝肯定之后却成批地被地方政府收编，改造成为原有官办组织养济堂的模式。其所使用的"公捐"形式实际上是一种变相的摊派和徭役，完全违背了皇帝的初衷。① 此后雍正皇帝对这个偏差有所察觉并下旨纠正，但为时已晚。地方政府曲解雍正的意图而将民间自发的慈善变成一种"徭役"，表明的是政府力量介入民间事务的惯性非常强大。

中国传统慈善文化所体现出来的政府主导性，以及由此所产生的保守性和世俗化等特征，与中国传统文化的群体本位有着本质性的关联。由于个体自由和主体性的不发达，人生活在与自然"天人合一"的关系之中，缺少自觉地征服自然的精神导向，支配人的生活和社会活动的主要文化要素是传统、经验、常识、习惯、自然节律，而不是理性主义文化模式所倚重的理性、科学、自由、主体意识、创新精神。因此这种文化模式是"以过去为定向"的，具有消极性和保守性，缺少历史感和超越感，在这种文化模式生成的主体性缺少内在驱动力和发展的活动。② 这种情况造成了中国传统文化的极端保守性，以及向后、向历史寻找合法性的习惯，形成了中国传统文化在政府主导下的超稳定结构。

文化转型的困难意味着社会转型之艰难。中国社会的近代化努力屡屡受挫，不断退回原点，甚至呈现内卷化（involution）而非演进（evolution）的特性，中国传统社会向近现代转型之艰难的内在文化原因大抵在此。哈耶克对一种不再前进的文明作了这样的描述："一种文明之所以停滞不前，并不是因为进一步发展的各种可能性已被完全试尽，而是因为人们根据其现有的知识成功

---

① 〔日〕夫马进：《中国善会善堂史研究》，北京，商务印书馆，2005，第412页。
② 衣俊卿：《文化哲学十五讲》，北京，北京大学出版社，2004，第248页。

地控制了其所有的行动及其当下的境势，以致完全扼杀了促使新知识的出现的机会。"①

三 传统慈善的近代转变及西方因素的介入

西方传统的宗教慈善、中国传统慈善，以及近现代公益慈善三者之间的区分，似可由郑功成先生的一个简单论述来解释："宗教慈善事业是天国上帝的慈悲，官办慈善事业是人间帝王的慈悲，民办的慈善事业则是个人发自内心的慈悲。"② 而慈善从传统走向近现代的过程也可被认为是慈善及慈善文化的主体从国家机器和宗教组织向民间自发组织的转化过程。

明末清初以来，中国传统慈善文化开始了大规模的近代化过程，突破了中国传统文化上千年的政府主导特质。这个慈善近代化（民间化）的过程体现在多个方面，如在慈善主体上从官办慈善转向民间自发慈善；在慈善形式上从国家开仓和富人放粮转向联合义赈；宗教力量更深地介入慈善；慈善文化从原来的以等级观念为背景的施舍型慈善转向平等人民之间的相互帮助；专业和现代意义上的慈善机构、授人以渔和制度倡导型的现代公益组织开始出现；等等。上述转变大多发生在民间慈善的领域，显示出在官府主导的慈善传统之外，中国民间慈善其实并不保守。

有资料③显示，明清时中国民间慈善组织大量兴起。明末标志着民间慈善关怀的善堂纷纷兴起，并在清末获得更大发展。至民国年间，仅宁波就有400多个慈善组织，其他民间组织如地方会馆救济、德教会（五教同宗）、红万字会、五间善堂医院等不一而足。其中潮汕善堂应用了本土宗教资源，拜神为宋朝僧人宋大峰（林灵鹫）；而存心善堂儿童院现在仍存在，并开设有爱心快餐、老人院、骨灰阁等机构。善堂之影响甚至远及海外，东南亚善堂组织很多，如新加坡修德善堂、马来西亚明休善社等在当时有很大影响。在明代，有组织的慈善活动还仅限于江南等少数地区，而清代的慈善活动则已遍布全国各

① 〔美〕哈耶克：《自由秩序原理》（上），北京，三联书店，1997，第39页。
② 转引自李长林《中国慈善史研究中的几个问题》，《文化学刊》2007年第5期，第37～47页。
③ 王卫平：《论中国古代慈善事业的思想基础》，《江苏社会科学》1994年第1期。

地，慈善组织数量大增。据对 1911 年以前全国各地慈善团体的建立情况所作的统计，包括育婴堂、普济堂、施棺局、清节堂、栖流所等在内的各种慈善团体，总数达 3589 所，数量相当庞大；仅吴县一地，据县志记载，在清朝年间就有民间慈善组织 30 余个。

除了世俗的民间善堂大量兴起外，宗教力量成为慈善的重要主体。特别是西方的各种基督教派别纷纷进入中国，并成为慈善事业的新主体。明末清初，一些来自欧洲的天主教传教士来到中国，在进行中西文化交流的同时，也将西方的慈善传统介绍到了中国。明万历十年（1583 年），意大利传教士利玛窦在葡萄牙教会支持下来华传教，始定居广东肇庆。按对中国文化历史的理解，把华夏民族崇仰的"天""天帝"，宣称就是西方崇奉的"天主"，故译称为"天主教"。利玛窦于 1601 年到北京，他向万历皇帝献上了自鸣钟、地图、西洋琴等 30 多件贡品，得到万历允诺在京传教。结交了朝廷官员和一批有识之士，其中相国徐光启、工部侍郎太仆寺卿李光藻及时任监察御史的杨廷筠入教后，被称为天主教"三柱石"。[①] 这是东西方两种慈善传统的第一次对接和碰撞。但那时西方文化主要着眼于影响中国的官方和知识分子，对中国民间的影响一直微乎其微。

直到鸦片战争之后，西方新思潮不断传至中国，一些西方慈善思想也流传到中国学术界，中国传统的慈善事业受到冲击。儒家讲仁爱，佛家讲慈悲，基督教讲博爱。西方慈善文化促进近代中国慈善文化的发展之处在于，慈善没有国界，慈善是人类共同的美德；慈善不仅仅是传统的救穷，慈善关系着国家和民族发展。慈善主体的变化使得原来以灾害之年政府帮助弱势群体为主要内容的传统慈善认识转变为近现代慈善更丰富的内容。其间慈善文化的转变更为明显：一些现代的慈善观念，如平等人民的相互帮助、授人以渔等逐渐进入慈善领域的主流。晚清思想家郑观应在一篇题为"善举"的文章中，列举了西方各国的慈善机构，主张中国也应通过官绅合力遍设西方式的善堂。[②] 中国传统

---

① （明）徐光启、李之藻、杨廷筠：《明末天主教三柱石文笺注》序言，李天纲笺注，香港，道风书社，2007。

② 参考《中国古代的慈善家》，http：//www.china.com.cn/chinese/zhuanti/xxsb/1083653.htm，上网时间 2012 年 12 月 29 日。

的慈善事业也逐渐转变为近代公益事业。许多传教士都力图把西方的宗教慈善与中国的传统慈善融合起来。在某些地方，它们确实结合得很好。如清末的灾荒期间，欧洲的传教士与地方政府官员、本地商人合作进行的联合义赈，已经初具现代公益行动的雏形。而1904年万国红十字会的成立、1918年中国红十字会的成立，标志着专业和现代意义上的大型慈善机构开始登场。西方慈善与中国传统慈善的结合过程，体现了西方文化与中国民间文化相互影响的成功之处。近代历史的诸多案例表明，中西文化在民间层面的交流可达到相当的契合。而在官方和知识分子层面则会遭遇更多的抵触和曲解。

在没有外来强制和官方主导的情况下，中国传统慈善在明末清初以来发生了重大的转变。在这个慈善近代化的过程中，中国民间的慈善行为和理念已开始脱离原来儒、道、佛文化影响下的传统慈善，而开始向现代公益转变。这些近代化的转变体现出，在慈善领域，中国传统文化中的民间文化模块似乎更容易也更愿意接受西方的影响。这个过程在一般情况下并非由权力的强力推行而完成，而属于人们的自发选择。这一历史事实表明：中国传统文化并非铁板一块，所谓的保守和开放是这个文化内部不同文化模块的各自选择。

值得一提的是，近现代的中国慈善具有全民慈善的特征，并与现代民族精神相联系。特别是在大灾之年或抗战期间，慈善突破阶级阶层限制而焕发出一种强烈的民族情感，全民参与成为重要特征。慈善事业在这种精神的激励下，成为增强民族凝聚力、彰显国格和人格的重要手段与途径。近代中国著名的慈善组织"中国红十字会"成立于光绪三十年（1904年）的日俄战争时期。为救济东三省难民，上海人沈敦和联合各国绅商，在上海成立"万国红十字会"，并于1911年正式定名为"中国红十字会"。虽然该会于1934年先后被国民政府内政部、卫生署主管，但是，该会对国内外灾变之救济赈济及伤病之治疗的宗旨始终未变，抗战时期还在国内外发动过若干次支持中国抗战的捐款行动。到慈善近代化这一过程将近尾声的阶段，1948年的《中国年鉴》披露：当时全国有4172个救济机构，其中私立者1969个，占47%。此时的慈善机构已有章程，已与海内外有许多联系，已能举办大型的赈灾活动，已在民众中有较广

泛的传播。事实上，如果在新中国成立后允许民间慈善力量的自由发展，中国的慈善事业必不会在改革开放前的一个长时段内几近荒芜。①

四 中国传统慈善转型的文化动力分析

在对中国慈善近代化过程进行梳理的过程中，文化保守性的问题屡被提及。有研究认为，中国支撑当代公益事业的本土文化资源薄弱，中国公益文化缺乏现代性②。更多的学者则强调中国传统文化中保守的一面，认为中国传统文化体系与西方文化格格不入、彼此并不相容。或者断定中国传统文化具有保守性和"以过去为定向"的特征，是一种经验主义文化模式。

笔者以为，今天意义上的慈善固然是现代化的产物，慈善的制度化、全民化、结构化、专业化都是现代性的转移。③ 但不能据此认为中国社会自身无法生长出现代慈善意识，也同样不能否认慈善文化与中国传统文化之间的联系。只不过这种联系并非一种全面的和决定性的联系。而是传统文化中的民间文化的崛起和西方文化对传统文化的改造所导致的结果。如果仍然以官方文化模块为主导，而其他力量并无发展的话，则中国传统文化的内在结构并不能自觉地发展出现代慈善文化。据此认识，之所以明末清初会出现慈善的近代化潮流并形成新的慈善文化传统，主要有三个动力来源：中国传统社会的复杂化及社会需求的变化、来自民间文化模块的内生动力，以及从西方慈善传导而来的外源性力量。

首先，中国传统慈善观念对政府依赖性的转变是在社会复杂化导致政府管控放松的情况下才出现的。根据现代化理论，所谓慈善救济、市民社会的自助，是复杂社会的现象，现代公益慈善在小型社会里是难以发展的。所谓复杂社会突出表现为社会问题的复杂化——明末清初以来，随着朝代变迁等历史环境的变化，社会问题多发，政府无力或缺位导致国家对社会的控制减弱，以及局部的社会管理失控；复杂社会还意味着治理主体的复杂化——在中国市民社

---

① 蒙长江：《中国传统慈善文化的历史沿革及现实挑战》，《西南民族大学学报》2005年第1期。

② 王振耀等：《中国公益发展研究报告》，北京，社会科学文献出版社，2010。

③ 参考严冬、钱文忠《慈善问题的关键》，《炎黄纵横》2012年第3期。

会逐渐形成的过程中，民间慈善、宗教慈善和国际慈善纷纷介入原来由国家掌控的荒政、养济等领域，表明社会层面蕴涵着极大的主体性潜力，在适合的条件下会转化为创新性。复杂社会也包括思想资源的复杂化——随着商品经济的发展，市井文化逐渐强大。在明朝中后期，四大名著中的三部均已诞生。民间文化影响官方文化的时代逐渐来临。与此同时，慈善是一个非常特殊的领域，基于合法性的考虑，国家权力不能明确禁止民间慈善的发展，这为民间力量在确立边界的基础上主动寻求与公权力的合作提供了前提条件。事实上，中国的民间慈善、宗教慈善和国际慈善在中国慈善近代化期间都很注重与政府公权力的合作。当然，这种合作是在确立了权力边界之后的合作。清末善堂的再度发展就有赖于官府的放开。这个领域的官民合作意味着官办慈善机构与权力机关有可能形成"同构"关系，从而成为权力共同体的一分子。

其次，民间文化模块的崛起是中国慈善近代化的主要内生动因。在善堂等民间慈善组织的背后，善书和进入民间社会的知识分子成为慈善文化转型的重要力量。明清时期是中国民间社会的繁荣时期。在精神产品方面也是话本、小说的繁荣时期。和诗歌等多为上层阶级所掌握不同，小说更多的是源于民间和服务于民间、符合市民趣味的文化形式。与这些精神产品类似，所谓善书，即宣扬伦理道德，以劝人为善为宗旨的民间通俗书籍也是民间的发明创造。宋代以降，随着印刷术的普及和市民文化的兴起，善书的刊布流传呈现前所未有的兴旺景象。明清之际，社会剧烈动荡，一方面皇帝失德，阉党专权，朝纲紊乱，政治腐败；另一方面，由于商品经济的发展，在江南地区城市中正孕育着新的思想观念和生活方式，不断地冲击着旧的伦理观念和道德规范。在这样的背景下，为了扶世教、救陋俗，用通俗语言做成的善书被大量地编纂、重刊，出现了再度兴旺的情况。① 在中国慈善近代化的过程中，民间精英的作用不可小觑，读书人、官员等知识分子或准知识分子阶层成为民间慈善的领导者。在当时纷乱的社会环境中，民间精英占据了文化和道德的双重制高点，对文化传统中维持社会人伦关系的道德观念起到了领导作用。

---

① 参见〔日〕丽井忠夫《中国善书的研究》，东京，弘文堂，1960。转引自王卫平《论中国古代慈善事业的思想基础》，《江苏社会科学》1994 年第 1 期。

再次，一种新文化传统的形成还需要某种外源性力量的支持。西方文化在中国传统文化改造中所发挥的作用，就是作为中国民间社会成长的外源性力量而促进了本土文化的创新成长。实际上，中国传统慈善理念的变化及慈善事业的转型，与西方基督教慈善观的影响是分不开的。那么，西方文化在中国传统文化改造中究竟发挥了什么作用？可以说，其成为中国民间社会成长的外源性力量，通过民间文化模块、知识分子文化模块的改造而影响官方文化模块。而中国慈善近代化在清末的加速转变过程与西方因素的进入几乎是同期发生的，而中国慈善近代化的过程恰好赶上了西方慈善的现代转型，使得二者的契合更加紧密。在历史上，西方的慈善传统也经历了由传统慈善到现代公益的发展。原有的慈善（Charity）原本出于基督教，是一种宗教义务。这和当时财富主要集中于贵族地主和教会的经济结构有关。此种慈善内涵与中国世俗化的慈善传统并不兼容，因此在明清时期短暂地产生影响后就濒于衰落。但随着西方社会市民阶层和资产阶级的出现和发展，特别是资产阶级上层拥有了巨大的财富后，逐渐成为社会财富主体及慈善主体。因此19世纪以来西方公益慈善（Philanthropy）所体现出来的慈善开始着重于富人所强调的人文精神。这种更加世俗化的慈善文化扩展了原有的慈善领域，并且通过公益慈善建构出由精英支配的文化——在反对政府干预的考虑下，有钱人更愿捐助而非缴纳赋税，以获得权力名望和成就感并支配相关机构。这些世俗化的慈善文化特色及精英选择的路径，恰好符合中国文化和谐转型和对民间精英崛起的期待。因此，此种外源性力量在号称保守的中国传统文化圈的进入过程算是非常顺利的。

此三种文化层面的动力不但带来了传统慈善的转型，事实上还促进了慈善创新能力的形成。官方和知识分子层面的文化在近代乃至于当代，一直拒绝全盘西化式的转型，而致力于保存原有的传统。但在此以"拒绝"或"保存"为主题的过程中，却忽略了文化创新。反而是民间文化在这个问题上并没有太多的包袱，其自由创新的个性得到充分发挥。特别是在慈善领域，由于其直接根植于帮助弱势群体的行动，其形式和组织乃至文化观念上的创新所受到的限制更少，因而近代化（现代化）的程度甚至超过许多官方组织。而在现代中国，许多文化传统上的创新其实也并非来自官方和知识分子，而是民间的直接创新。这种民间创新也更加容易和西方因素及部分知识分子相结合，从而形成一种文化发展的推动力量。甚至在促使中国官方文化、知识分子文化转型的同时，带来新的文化传统。

自鸦片战争以来，中国的传统文化就一直处于转型之中，至今尚未完成。本文经由中国传统慈善事业和慈善文化演进的真实过程，所试图说明的是：中国本土文化资源其实具有供给现代慈善发展的能力。所谓文化保守性其实并非文化特质，而是政治衡量，其实质是僵硬的官方力量不允许活泼的民间力量的崛起，而后者在接受慈善近代化转型的过程中通常显示出务实而非保守。所谓中国传统慈善的近代化历程，在很大程度上正是从国家主导向民间社会主导的演变历程。慈善文化在此过程中经历了不同文化模块之间的竞争与冲突，特别是官方慈善文化与民间慈善文化的冲突。现在看来，这些内在文化冲突是一个重新塑造中国慈善发展本土资源的痛苦而必要的过程。

可惜的是，这种业已完成近代化转型的慈善传统在 1949 年之后一度断绝，当然这主要是由于官方文化的意识形态化所致。但在改革开放后的中国这一传统又开始恢复。特别是在 2008 年之后，中国的公益慈善圈逐渐成为中国公民社会的核心力量，并成为诸多领域中最具有活力的部分。在此情景下，思考过去历史上此一领域的近代化历程，及其与西方因素、官方文化、知识分子文化之间的复杂而微妙的互动，是有其现实意义的。

权威报告　热点资讯　海量资源

当代中国与世界发展的高端智库平台

皮书数据库 www.pishu.com.cn

　　皮书数据库是专业的人文社会科学综合学术资源总库，以大型连续性图书——皮书系列为基础，整合国内外相关资讯构建而成。包含七大子库，涵盖两百多个主题，囊括了近十几年间中国与世界经济社会发展报告，覆盖经济、社会、政治、文化、教育、国际问题等多个领域。

　　皮书数据库以篇章为基本单位，方便用户对皮书内容的阅读需求。用户可进行全文检索，也可对文献题目、内容提要、作者名称、作者单位、关键字等基本信息进行检索，还可对检索到的篇章再作二次筛选，进行在线阅读或下载阅读。智能多维度导航，可使用户根据自己熟知的分类标准进行分类导航筛选，使查找和检索更高效、便捷。

　　权威的研究报告，独特的调研数据，前沿的热点资讯，皮书数据库已发展成为国内最具影响力的关于中国与世界现实问题研究的成果库和资讯库。

皮书俱乐部会员服务指南

1. 谁能成为皮书俱乐部会员？

- 皮书作者自动成为皮书俱乐部会员；
- 购买皮书产品（纸质图书、电子书、皮书数据库充值卡）的个人用户。

2. 会员可享受的增值服务：

- 免费获赠该纸质图书的电子书；
- 免费获赠皮书数据库100元充值卡；
- 免费定期获赠皮书电子期刊；
- 优先参与各类皮书学术活动；
- 优先享受皮书产品的最新优惠。

卡号：9923292020101154

社会科学文献出版社 SOCIAL SCIENCES ACADEMIC PRESS (CHINA) 皮书系列

密码：

（本卡为图书内容的一部分，不购书刮卡，视为盗书）

3. 如何享受皮书俱乐部会员服务？

（1）如何免费获得整本电子书？

　　购买纸质图书后，将购书信息特别是书后附赠的卡号和密码通过邮件形式发送到pishu@188.com，我们将验证您的信息，通过验证并成功注册后即可获得该本皮书的电子书。

（2）如何获赠皮书数据库100元充值卡？

　　第1步：刮开附赠卡的密码涂层（左下）；

　　第2步：登录皮书数据库网站（www.pishu.com.cn），注册成为皮书数据库用户，注册时请提供您的真实信息，以便您获得皮书俱乐部会员服务；

　　第3步：注册成功后登录，点击进入"会员中心"；

　　第4步：点击"在线充值"，输入正确的卡号和密码即可使用。

皮书俱乐部会员可享受社会科学文献出版社其他相关免费增值服务

您有任何疑问，均可拨打服务电话：010-59367227　QQ:1924151860

欢迎登录社会科学文献出版社官网(www.ssap.com.cn)和中国皮书网（www.pishu.cn）了解更多信息

"皮书"起源于十七、十八世纪的英国，主要指官方或社会组织正式发表的重要文件或报告，多以"白皮书"命名。在中国，"皮书"这一概念被社会广泛接受，并被成功运作、发展成为一种全新的出版形态，则源于中国社会科学院社会科学文献出版社。

皮书是对中国与世界发展状况和热点问题进行年度监测，以专家和学术的视角，针对某一领域或区域现状与发展态势展开分析和预测，具备权威性、前沿性、原创性、实证性、时效性等特点的连续性公开出版物，由一系列权威研究报告组成。皮书系列是社会科学文献出版社编辑出版的蓝皮书、绿皮书、黄皮书等的统称。

皮书系列的作者以中国社会科学院、著名高校、地方社会科学院的研究人员为主，多为国内一流研究机构的权威专家学者，他们的看法和观点代表了学界对中国与世界的现实和未来最高水平的解读与分析。

自20世纪90年代末推出以经济蓝皮书为开端的皮书系列以来，至今已出版皮书近800部，内容涵盖经济、社会、政法、文化传媒、行业、地方发展、国际形势等领域。皮书系列已成为社会科学文献出版社的著名图书品牌和中国社会科学院的知名学术品牌。

皮书系列在数字出版和国际出版方面成就斐然。皮书数据库被评为"2008~2009年度数字出版知名品牌"；经济蓝皮书、社会蓝皮书等十几种皮书每年还由国外知名学术出版机构出版英文版、俄文版、韩文版和日文版，面向全球发行。

2011年，皮书系列正式列入"十二五"国家重点出版规划项目；2012年，部分重点皮书列入中国社会科学院承担的国家哲学社会科学创新工程项目；一年一度的皮书年会升格由中国社会科学院主办。

法 律 声 明